本书获云南省高校“地方文献整理与研究”科技创新团队项目经费支持

"近现代名人与地方治理"研究丛书

唐　靖 / 主编

近代报刊有关龙云资料汇编

综合卷

目　录

顾品珍垄断云南之反动力

【滇讯】蒙自卫戊〔戍〕司令李友勋等率军赣境一节，已志前报。兹得李氏及其部下通电云：（衔略）窃闻国家兴亡，匹夫有责，勋等虽谬绾兵符，同负有捍卫国家、保护人民之责。乃自顾氏入滇，首先宣言护法到底，实行军民分治，民意曲全，天下共知。勋等当时以为护法可继，一致服从，冀全未竟之功。不料主政未满两月，尽悖前言，一切设施，显系降北。既借名以实行军民分治，又攫取省长以自兼，欺世盗名，莫斯为甚；加以自树党帜，力排异己，对于本省护法军队，尤恣意摧残，日谋宰割，甚至派兵兜围，意图网尽。凡此种种鬼蜮伎俩，不胜枚举，致使军心摇动，人各自危。夫勋卫戊〔戍〕南防，职责所在，诚恐糜烂地方，涉及外交，故敢冒不韪，出此下策，否则护法事业，将见中断，于心何忍！复念护法救国，频年牺牲，生不足以对护法之各省，死无以见诸先烈之忠魂。兴言及此，曷胜慨叹。不得已，为保全地方，避开冲突起见，乃率部脱离滇境，与我护法各军，一致携手，冀收一篑之功。不料顾氏不谅衷曲，竟存间离，迭电黔桂当轴，不曰“受刘运动，扰乱黔境”，即曰“率部图桂，请军兜剿”。此种蜚语谰言，识者不齿。在勋等此举，实系良心上之自动，非他人所能借箸，本无辨论价值，但恐传闻失实，泾渭难分，故特电请垂察。临电迫切，不胜惶悚之至。司令官李友勋，参谋长奚冠南，第一纵队长龙云，支队长蒋复初、孟友闻，第二纵队长江映枢，支队长鲁琼、马嘉麟，营长卢汉、史朋勋、孙尔斌、刘正有、金凤鸣、宋保元、周建勋、周铭，炮兵队长罗寿春，机关枪队长何如仁、岳文同叩，马，印。

《益世报》1921 年 6 月 30 日，第 6 版

关于唐继尧返滇之两电

滇将领请返滇之原电；唐继尧将不教湖山笑人

广州消息云：唐蓂赓军队，自十二日起，已络绎入滇，唐本部闻已

抵泗城。广州政府虽欲制止之，势将有所不能。惟一般反唐派之滇系，多造出风传，谓为林俊廷所袭，并传有李友勋、郑开文阵亡之说，实则无所根据，不甚足凭信者也。又闻于滇军将领电致孙中山，声明返滇及唐蓂赓致金汉鼎司令之复电，夙昔不过探共□略而传布之。兹觅得其原电如下：

滇军全体将领李友勋、田钟谷等□□□□□桂林大总统钧鉴：民国肇造，祸乱迭承，启处不宁，未遑建设。我西南力维正义，数载于兹；惟彼寇仇，久稽天讨。今国事日非，燃眉势迫，允宜大张挞伐，一举澄清，用息纠纷，早筹国计。忆自滇军护国，屡奠邦基，际此颠危，益加奋发。比奉会泽联帅特命，饬速搜简单军实，分道会师；职责所关，敢不努力。顾自滇军援桂以来，艰苦备尝，驰驱数省，身经百战，天寒则缟挟不温；远戌〔戍〕穷荒，粮尽则无沙可唱。饷糈之补充既急，军实之消耗亦多，呼吁既穷，绸缪无术。昔汉祖转饷关中，乃能士马饱腾，歼夷楚项。方今北伐议定，筹备宜先，必巩固其策源，乃杀敌而致果。用是决议，恳请唐公于此最短期间，先行率旅旋滇，积极筹备，即当会师汉沔，共扫逆气，征旆所择，同趋一路，敬瞻马首，期不后时。谨电布达，即维明鉴。李友勋、田钟汝〔衍文〕谷、胡若愚、杨益谦、郑开文、龙云、庚〔张〕汝骥、奚冠南、江映枢、杨德源、陈维庚、李玉昆、张怀信、龚德胜、赵德裕、李秉阳、李永和、高向春、孟友闻、蒋复初、马家麟、鲁琼、张青选、孟智仁、莫玉廷、杨瑞昌、徐为光、孙渡、欧阳永昌、毛鸿翔、郭玉□、马鋆，率全体官兵同叩，□，印。〈后略〉

《益世报》1922 年 2 月 25 日，第 2 版

北伐事件之四周形势

粤方之招兵与筹饷；……滇黔政变之新形势

北伐事件之内，恐不似吾人纪述之郑重，此殆已渐次明显者。新近之广州电讯，不过谓孙中山以兵不敷北伐之支配，业已急电李福林，就韶关

附近各县招兵，加紧训练，以资出发。余则为军费之筹措问题，现在西南政府对此亦无他项办法，只有令广州财政当局，加急筹备。至切要方法，不过仍为加税抽捐而已。〈中略〉

此外尚有牵掣西南北伐之滇黔政变消息。据广州电云：唐继尧前部之龙云，已与顾品珍之部下相见于黄土场。闻唐又有电致广西之南大总统行营，大报其捷。泗城陵云一带又辍市，人民皆逃避一空。同时更据桂林消息，谓袁祖铭在湘桂边境募集旧部，乘黔人反对卢焘之机会，已组合部下由洪江开拔入黔，现状亦极险恶云。

《益世报》1922 年 3 月 2 日，第 2 版

滇军将领之通电

昆明函云：靖国滇军改编，共为五军，以胡若愚、田钟谷、龙云、张汝骥、李选廷分任军长。五军长乃于昨通电西南，宣示主张云：（衔略）前以北寇盗国，久稽天讨。若愚等奉靖国军总司令官会泽唐公令，搜简军实，分道出师，当经讨论，北伐之议既定，筹备之事宜先，一切士马糇粮，装械军需，必巩固其本源，乃杀敌而致果。用是合词吁恳联帅，于最短时期，率旅旋滇，积极筹备，即当会师武汉，共扫逆气。曾由庆远通电，谅邀鉴及。此次若愚等各率所部扈从会泽联帅，以备他盗；非欲耀兵乡里，残贼同气也。不意前靖国第一军长顾品珍，智蔽于群小，心昏于利禄，于会泽联帅初入滇境之日，竟敢驱使全滇军队一万余人，密布迤南各县，意图抗拒。我会泽联师〔帅〕不惜苦口劝诫，文电交驰，至再至三；顾品珍等冥顽不灵，终不用命。联帅深恐蹂躏桑梓，损我健儿，乃暂休兵蒙自。父老子弟，壶浆箪食，无远无近，事先犒师，联帅于三月二十五日入省安民。是役也，我回滇军士及□义民军，旬日之间，以较少之众，削平逆军二万余人者，虽曰“师直为壮”，实则我会泽联帅，前此镇滇八年，功德在民，天与人归。又该逆等，窃据年余，残民以逞，众叛亲离，全省父老子弟皆群起而攻之所致也。若愚等扈节南还，初表幸副，未逞干戈残杀之威，适慰会泽联帅慈仁之隐。现在滇省三迤秩序，业已完全恢复，顾品珍虽死由自取，会泽联帅就以其前此靖国之后，不无微

劳；两次犯上，皆出其左右奸徒挟持所致，业经派员从丰厚殓，并将其家属财产，妥为保护，以示不忘故旧之意。至其余孽，或窃款以行，或弃职而逃，皆已各窜远方，匿迹销弭。拟将内政整理，恢复旧观，即行率师北伐，始终与西南各省一致进行，不渝前盟。诚恐远道音疏，辗转讹传，事实不明，致淆闻听，于我西南大局，关系非浅。用敢将若愚等此次扈从会泽联帅回滇情形，详悉电达，伏冀公鉴。除分呈外，特电奉闻。靖国军滇军副指挥官兼第一军军长胡若愚、第二军军长田钟谷、兼代第三军军长龙云、兼代第四军军长张汝骥、第五军军长李选廷等所部各官兵同叩。

《益世报》1922 年 5 月 4 日，第 2 版

唐继尧颁赏荣典

颁赏荣典，为大总统之特权，载在约法。中央政府无论已，即广州之护法政府，因西南各省之结合，非常国会之拥戴，亦可予以相对的承认。顷据云南快讯，唐继尧近忽以总司令名义，颁赏荣典，其文云，“本总司令此次徇军民之情，回滇戡平内乱，诸将士或运筹幄幕，或驰骋疆场，或防守边要，或维持治安，均属宣劳国家，勋劳茂著，事定论功，允宜行赏。兹特授胡若愚以勋二位，并给予大绶宝光嘉禾章；龙云、张汝骥均授以勋三位，并给予二等文虎章；田钟谷授以勋四位，并给予二等文虎章；李选廷、杨益谦均授以勋四位，并给予二等文虎章；吴学显给予二等文虎章、三等宝光嘉禾章；奚冠南、□友闻、徐□瑗给予二等文虎章”云云。

《益世报》1922 年 7 月 17 日，第 3 版

滇东土匪已肃清

【云南函】滇东马龙、嵩明一带，巨匪张兴洪、张兴发弟兄及蓝正堂，连年盘踞东路一带，无恶不作。初不过各集众百余人，拦劫山箐间。

殆今春唐继尧回滇，顾部残军向北路溃散，兴鸿〔洪〕弟兄截得其机关枪四挺、快枪千余支，蓝亦得数百枝，遂形猖獗。省军方准备痛剿，该匪等即来省投诚。唐许以自新之路，并委张兴洪为省军江防第一路分统，蓝正堂为第二路分统，使编为正式军队。计张部约千二百人，蓝部五百人，饬其约束所部，保卫地方。殊张、蓝等借招安之名，进驻各县扰害闾阎；复借保商为名，代商人保护货驮，既抽其保护费，复暗纵其部属诡言中途哗变，据为己有。商人、士民之受害者控告来省，无日无之。唐派人查复，均证据确凿，乃立派滇东镇守使龙云，前往剿办。张部现分驻嵩明、长坡、杨林三处。龙镇使奉到命令后，立即星夜前往，用迅雷不及掩耳之手段，带兵两营，分向三处进击。龙镇守使自任嵩明一路，拂晓时进兵。该匪等在睡梦中，一时措手不及，尽数缴械。长坡、杨林者虽有数分钟抵抗，亦悉数缴械。蓝部在富民亦被击破。计是役张部千二百人，尽数捕获，得机枪四挺，快枪千三四百枝；张及队长以上者，均就杨林地方枪毙，蓝即当场格毙，余党亦悉数缴械，得枪五百余枝。

龙镇使将于行营通电宣布其八大罪状，略谓该匪春间烧抢马龙县城，奸淫妇女，官民皆被其残，以致人人怨痛，其罪一。包揽运送商货，名为保商，实则诱至半途，嗾使所部假意溃变，劫货以逃，或暗令拦劫，为害行旅，以致东路不通，其罪二。易隆、杨林附近，良家妇女稍有姿色者，该匪侦悉，辄强娶为妾；或令其部下横娶为妻，蹂躏良弱，奸恶尤甚，其罪三。该匪首招抚后，盘据杨林，勒派人民当兵，日事裹胁，杨林左近村寨，悉被搜括；屡次奉令调遣，均顽抗不遵，坐残地方，不服调遣，其罪四。该匪在嵩明、寻甸等县，妄干词讼，贿赂者胜，无力者败，有不遂意，辄加残杀，以致人民冤抑无伸，转遭陵虐，其罪五。郭汉臣以为政府委任，系为正式军官，该匪妒嫉，将郭汉臣无辜暗杀，戕官违令，其罪六。前来顾军溃败时，招集溃兵，未奉明令，辄妄称“混成旅长”，自带少将阶级，紊乱军制，其罪七。此次军队改组，所有炮队、机关枪，均直隶政府，该匪所部机关枪，迭催令缴，抗不遵行，玩视军令，其罪八。至龙镇使所宣布上述之罪状八端，系人人共见无可讳言者，其余残贼横凶，及隐而未发者，尚难悉数。今该匪等，既全部肃清，从□滇东半年来之塞途可通矣。

《益世报》1922 年 12 月 21 日，第 3 版

省公署公文

令滇东镇守使龙云呈转《迤东物品展览会章程》应准照办由

第八六号

呈转《迤东物品展览会章程》应准照办由：呈及章程均悉。查迤东气候温凉，较为适中，物产丰阜，惟因交通不便，故实业一项，虽迭经政府设法提倡，而进步较迟。该［镇守］使等拟于昭通县云兴街开办迤东物品展览会，萃集物品陈列展览，审查奖励，俾企业家获以考证、参观，奋起其改良精神，洵属促进实业之要策，至堪嘉尚。所需经费，拟由各县所产蜡虫每挑抽银一元，不敷再行筹措等情，应准照办。所拟《章程》亦简要可行，并应照准办理。会毕，即编具报告书，呈候考核。除将《章程》存署备案外，仰即遵照，并录案咨行财政司，饬物品经过地方各厘员，遵照办理可也。此令。省长唐继尧、军政司司长马聪、实业司司长由云龙。民国十三年六月二十一日。

《云南实业公报》第 23 期，1923 年，第 15 页

川省要闻之束　滇唐有到黔说

重庆特派员　不阿

〈前略〉滇省长唐继尧，近因袁祖铭返戈在即，已于本月五日在滇就副元帅职，兼川滇黔联军北伐总司令。所部共编定六军，每军三个混成旅，先以五军（军长龙云）、六军（军长何海清）由黔入湘，与熊（克武）所部川军一致行动。唐（继尧）氏本人则率三、四两军向黔出发，拟驻节贵阳，居中策应云。

《益世报》1924 年 11 月 18 日，第 6 版

各方面对唐继尧就职之态度

国民党要人表示反对；唐派驻沪代表加紧疏通；唐氏本人事前亦无准备欤

京中民党方面及广东联军方面反对唐继尧就副元帅职，此事本在意料之内，兹又闻日昨有人晤民党方面某要人，问唐继尧忽然就副元帅职，是否民党公意。某要人言：不然。唐继尧如在去年八月就职，则民党方面均无反对；乃唐氏迟迟不就，至中山已死，而忽然通电就职，是有意取巧，殊难承认。现国民党中央执行委员，已通告讨唐，逆料唐必不能成功云云。又上海二十七日电，唐继尧通电就任广东政府副元帅职后，北京及广东联想今后西南问题之推移，颇有相当议论。东方通信记者历访在沪国民党要人，叩其意见，据叶楚伧曰，“孙中山在世中，推唐继尧为副元帅，斯时唐氏并无何等表示。今忽通电就职，吾人殊难认为稳当。现虽非当地民党表明意见之时，然党员大部分表示反对，予亦为反对中之一人”云云。章炳麟曰，“民党老辈，与唐继尧意见上并无不合，且大元帅与副元帅，在出兵时固属必要，但在今日已无副元帅之必要。而唐氏竟通电就职，予雅不欲表示赞否之意见”云云。胡汉民一派，对于唐继尧就任副元帅，认为因自派握广东兵柄，致启失去立脚地之疑心，故亦表示反对云。〈中略〉

近日各方面对唐多作怀疑与反对之表示，盖唐氏事前并无准备，特因孙之逝世之消息传到昆明后，遂就所谓副元帅职，以故此项电报到京，各方质之王九龄，与出席善会之各滇代表，亦谓事前并未与闻知。且外传汪精卫于孙病危时，曾密电滇唐及胡汉民、许崇智等商洽此事之说，现汪已正式登报声明；昨日北京饭店中央执行委员开会，汪亦有口头辩正。据此以观，是唐此届就职，各方面事前均无闻知，至属明甚。目下京中与唐有关系之各方面，业已分电滇省及云南驻沪港各代表，查询详情。真相如何，日内当可分晓也。

【香港电讯】南宁龙云部滇军退出，实系开赴对河亭子地方布防，城内由林俊廷、蒙仁潜各部驻守。范石生军已进至近贵县，黄绍雄部、蔡振云军开赴宾阳，传陈济棠已攻下桂岭。范石生二十一日抵浔州，驻指挥部，二十二日下攻南宁令云。

《益世报》1925 年 3 月 30 日，第 2 版

范石生变更攻唐计划

【香港五日电】范石生攻唐计画，原定由李宗仁、黄绍雄军队，沿梧州南路要隘，节节布防，拒止唐军侵入粤境；范部则由柳州直趋都安南下，截断唐军归路。近因武鸣、那马、庆远、永顺一带，唐军防守颇坚，而新到滇军两旅，复开抵邕宁，恐李黄势力稍孤，故抽调所部一旅一团，从桂平赴横县，与李黄军队接线。昨日中在永淳附近，突遇唐军，双方鏖战数小时，唐部仍退驻南宁云。

【广州四月六日电】自滇唐宣布就副元帅后，联治分子，颇形活跃，因之外传有刘震寰、杨希闵与滇唐携手之倾向之说，仅据连日粤电已证明不确云云。

据港电：唐军全数退出邕宁，除龙云某旅已调返百色外，其邕宁、长岗领〔岭〕之唐军警戒部队，及布置镇守炮台之炮兵，现亦撤回，调返百色，唐氏军队确已完全后退云云。

《益世报》1925 年 4 月 7 日，第 3 版

入桂唐军退向龙州

邓本殷、申葆藩不与唐合作

某方面昨得桂电：唐继尧入桂势力，新被范石生、李宗仁联军夺回南宁，唐军司令龙云之军队，仅余二千人，正向龙州退却云。

又据香港电：范［石生］、李［宗仁］、黄［绍雄］军包围南宁，已征实。龙云自愿退出桂境，正与范［石生］等商息兵条件云。

【广州十八日电】唐继尧因李宗仁、黄绍雄联合外援，孤军四面受敌，危机日逼，又托胡若愚向邓本殷、申保〔葆〕藩磋商联络。邓、申要求，（一）唐须表示联陈态度；（二）须接济所部饷款十万元，方允合作。唐于

（二）尚允照办，唯宣布联陈主义，恐动党人公愤，树敌益多，只允对粤事声明中立。邓、申仍未满意云。

《益世报》1925 年 4 月 21 日，第 2 版

唐继尧力难兼顾滇桂黔

顾品珍党在滇活动；龙云、沈鸿英连电告急；袁祖铭部反抗驻黔滇军

【香港二十三日电】顾品珍党羽闻唐败，运动在滇起事，唐恐根本地动摇，而邕宁军事紧急，胡若愚、孔庚力阻返旆，乃急电入湘之唐继虞，率队回滇坐镇。沈鸿英叠电告急，令由韩彩凤派军驰防云。

【广州二十三日电】唐继尧对袁祖铭背弃滇黔协约，密联友军反抗，极为愤懑，已电驻黔滇军，结合刘显世旧部，力拒王天培回籍；并电熊克武，赶率所部沂〔折〕沅水下流，从芷江西入黔边，先作钤制，再与滇军会师定黔。熊因所部将领决计返川，对唐电持徘徊念，复请接济饷械。唐忌袁甚深，又催刘震寰率师入桂，拟自已〔己〕腾出滇军，先清黔患，顺道回滇云。

【香港二十日电】黄绍雄寒（十四）电称：龙云率二千余人死守邕城待援。经我军围困逾旬，伊仍顽抗。现彼复于城内，封仓锢井，居民多死于饥渴，并将城外附近民居，纵火焚烧，邕宁已成灰烬，望为政府后盾，扑灭此獠云云。

《益世报》1925 年 4 月 25 日，第 2 版

胡汉民、唐继尧妥协尚难成立

联军将领多主慎重

【香港二十五日电】唐继尧因桂省战事不得手，经孔庚、胡若愚敦劝，电由刘震寰转达胡汉民，允加入党籍，唯廖仲恺、谭延闿以唐态度善变，并无直接表示，劝胡慎重考虑。蒋［介石］、许［崇智］亦电主张双方条件，须征集党员公意，方能承认。杨希闵称，唐氏代表，最近径饬胡思舜

留守惠州，划为滇军防地，不俟胡汉民命令，颇启廖［仲恺］、谭［延闿］疑忌。李［宗仁］、黄［绍雄］、范［石生］又联合李济琛电胡［汉民］反对，妥协条件恐难成立云。

【香港二十二日电】龙云在邕，以地雷炸联军，范石生部退驻横州。黄恐龙云援军开到，调俞作柏部回驻宾阳，免归路断绝。又讯：范石生在邕城南长掘地道，欲炸南门，龙云在南门桥掘壕沟拒之。至真（十一）范军攻城，龙遣调军出城拒战，直至文（十二）稍息。后龙恐联军再掘地道，用火油百余箱，焚烧城外各屋云。又电：范石生筱（十七日）电粤，本日遇敌胡若愚部于武鸣，大破之，获枪八百余，俘逾千云。

《益世报》1925 年 4 月 28 日，第 2 版

龙云向唐继尧告急

唐［继尧］令林［俊廷］、韩［彩凤］出兵

【香港二十七日电】唐继尧得新到滇军之生力援助，复自永淳进攻横县，黄［绍雄］范［石生］联军退却三十余里，李宗仁赶派一旅，自桂平开抵横县，协同黄、范军队，猛力反攻。龙云向唐告急，唐檄令林俊廷、韩彩凤出兵马平，并令沈鸿英整率残部，分扰桂林各属，牵制李军云云。

《益世报》1925 年 4 月 30 日，第 2 版

唐继尧回援邕宁

唐继虞入桂说

【香港二日电】唐继尧恐滇内乱，方秘密回籍，途中得龙云电告邕宁失守，赶带一旅亲自回援。南宁现被林俊廷部及援军助龙云夺回，但前敌碍难东进。纷传唐继虞将会同熊克武军队联师袭桂林，李宗仁亦恐桂林不测，危及黄［绍雄］、范［石生］，将桂省北路交李济琛主持，另派一混成

旅为助，其南路李军仍驻浔州云。

《益世报》1925 年 5 月 5 日，第 2 版

广西联军围攻南宁

滇军龙云孤城死守

据梧州通信：滇唐军自经宾阳、高田、昆仑关大败后，退回南宁负隅死守，被联军包围，已逾两旬。滇唐为龙云所部，系奉滇唐电令，谓“胡若愚援兵已在途中，无论如何，必须死守南宁”等语。查胡若愚援邕兵力仅二千余人，由百色顺流而下，至果德登陆，向南宁前进，行抵午〔武〕鸣，被桂省联军范部迎头痛击，剧战两昼夜，卒被范军击败，胡氏率残部千人向隆安方面退却，故龙云实已无援兵可望。联军以龙云死守南宁封仓錮井，人民饥渴而死者甚众，现决取急进主义，连日在后方续调黄绍雄部炮兵二连、炮四尊，李仁宗部炮兵一营、炮六尊，范石生部炮兵一营、炮五尊到邕，以备攻城云。

《京报》1925 年 5 月 10 日，第 5 版

唐继尧出走续闻

黄云鹏来电报告；闻袁祖铭、刘湘亦有电来；唐已由蒙自往富州说

报告一　滇局发生变化一节，昨已报告。此事详情如何，尚未能闻知。惟滇唐平时好大喜功，企图扩张势力，向外发展，而省中因务外之故，力量转形胆〔单〕薄，亦为不可掩之事实。袁祖铭原与唐不洽，唐氏敌党之金汉鼎亦久在袁左右，此次袁令金为前敌总司令，意在仍令金回滇，此或系预定之计划。政府方面昨亦接到政府驻渝专员黄云鹏之电告，叙述滇事变化，颇为详尽。兹觅录如下：

（衔略）滇军在桂失败，唐继尧拟亲往督师，刘督处数日前已有报告。顷得袁督方面确息：据在黔军队电称，唐被迫出走，滇事交大理李镇守使代行。袁督现任金汉鼎为援滇黔军前敌总司令，率队返滇，并令彭汉章出罗平、宜梁〔良〕，直趋昆明；令周西成由威灵出昭通、东川，会攻省城。刘督对金

汉鼎助枪一千，在泸州拨付。据金云，“如能早日回滇，各军统驭无人，收拾较易”。查金之为人，诚笃谨厚，在滇舆论甚佳，如能成功，滇事当无问题。川事中南两路，尚在作战，无大胜负，谨以上陈。云鹏叩，元（十三），印。

报告二 唐继尧出走一节，昨日执政府已接到袁祖铭、刘湘同时来电报告其事，但电文内容措置绝简，仅云唐因主张援桂，致为部下反对，迫而出走。详情究竟如何，此时尚难明确。此外又据外人方面所得香港电讯，略称：唐继尧近鉴入桂滇军，已迫浔、梧；而杨希闵、胡思舜、廖行超三部之改编问题亦告妥协，故特于前日，由昆明驰赴蒙自校兵，准备亲身督师入桂，勘定两粤。殊唐甫离省，内乱遂作。在省之反唐派如顾筱斋（即已故滇督顾品珍）旧部，罗佩金、黄毓成、金汉鼎残部，皆因平昔不满唐氏，于是乘机联络一致，起而驱唐。唐闻讯大为震惊，乃由蒙自遁往富州，致电其弟继虞，赶派军队由桂返滇，肃清内乱。现唐继虞已调龙云、张汝骥各一部驰往百色就援云。

报告三 滇省内部，自民二以来，军队林立，党系复杂。大别之，除唐部新军不计外，蔡锷旧部为一派，黄毓成、金汉鼎又为一派。唐在第一次未离滇以前，其资望尚足勉维一时，及至二次返滇，本身势力，已丝毫无存，乃招募杨天喜、吴学显各股匪，杂凑成军，驱之分扰黔湘桂各省。顾此次在外，滇军一败于湘，再败于桂，数月以来，兵力耗散，唐氏遂决定亲身出马，作最后之一掷。计定之后，乃于前日离去昆明，前往蒙自阅兵。殊知唐甫离省，而内乱遂作，反唐派之军官竟联络一致，起而驱之。唐氏闻讯，现已离去蒙自，准备直出百色，与唐继虞、龙云晤会，徐图善后。至外传袁祖铭已由川赴滇之说，此时尚难证实。盖川滇相距遥远，山峦重叠，平日行旅往来，非数月不能达，即使军行较速，亦非转瞬可达云云。〈后略〉

《益世报》1925 年 5 月 18 日，第 2 版

桂省之军情政讯

南宁龙云军心涣散；张一气设桂长行署于浔州

【桂林讯】桂省战事，自滇唐出亡消息传达后，据守南宁之唐军龙云、

胡若愚部，因根本地摇动，军心为之涣散。闻龙云近为保存实力起见，曾一度托邕垣地方社团代表出城，晋谒联军长官，请求停止进攻，准彼部自行退出南宁，并附带三项条件：（一）请范、黄两军撤离南宁三十里。（二）当彼部退却时，联军不得乘势追击，并下令沿路联军，准其安全回兵。（三）龙、胡两部退出邕城后，准其开回滇省。联军以龙、胡之请求，纯系因滇唐出亡，拟急速返滇，恢复唐氏势力之计。范石生主张龙、胡两部退兵，未尝不可允许，但须将龙、胡两部武装解除，方有磋商余地，非此则不足以表示诚意。龙、胡以联军之答复，窥其隐谋，遂亦不敢再派员出城为第二次之磋商矣。

联军以唐氏在滇，既已罪盈自倒，正宜乘机将其龙、胡两部爪牙剪除，以绝唐氏今后之野心，而永纾滇人之苦痛，顷已主张向南宁为再次□攻击，其总攻击期原定月之十五日，嗣因李宗仁由桂柳调赴前线之钟祖培、陆超两部，由大河上溯，不能如期集中目的地，改期十七日下总攻击令。前大本营特派副官萧某，赴桂省前线慰劳各军，顷已任务完毕返省。据称当彼由桂起程时，邕城前线，业已发生猛烈之攻击。至开火后情形如何，则未知悉云云。

萧氏返粤，并携有范石生、杨蓁致胡汉民一函，道达谢意，并表示贯澈主义之决心。原函云："展堂留守吾兄赐鉴：弟等奉命西征，先驱杀贼，分所应尽，辱承吾兄派员慰劳，并蒙惠赐多□，全军将士拜领之下，曷胜欢欣鼓舞。此间龙、胡残寇困守孤城，弟等会同德邻、季宽所部，严重包围，歼灭之期，谅不在远。窃维我西南护法，建国政府数年来不克发扬光大，皆由二三败类，违反主义，背叛党纲所致。弟等不敏，誓以一片精诚，尽力拥护。如有敢于假借名义，危害本党者，务必尽量诛锄，天日不共。此次为国杀贼，灭吾兄西顾之忧，为政府一得之助者，即弟等所以报大元帅、报本党也。敬布区区，诸维亮察，并颂勋祺。范石生、杨蓁启。"

观于范、杨此函，实对于亲唐者隐有所指摘。又，刘震寰拟以黎鼎鉴代理桂长，与桂人林俊廷支配邕城各政权。但李宗仁、黄绍雄系之前广西省长张一气，以黎、林自称长官，深恐外间不察，淆乱听闻，曾于日前在浔州暂设桂长行署，以继续执行省署职权，并拍电通告已设桂长行署于浔州，以自别于黎鼎鉴之省长。兹将张氏通电附录如下：我桂兵祸频仍，交通硬〔梗〕阻。本年春月，桂柳战事方殷，南宁偏处一隅，调兵筹饷，诸多不便。一气遂与军事当局商定，设行署于浔州，以期敏给。讵云南唐继尧狼子野心，利我内乱，乘我空虚，诡称北伐，始则寇我边疆，继竟占我都邑，现正会师痛剿，悉力围攻。敌军困守南宁，未敢越雷池一步，顷已力竭智穷，弹尽援绝，歼灭之期，直指顾间事耳。远劳廑注，敬以奉闻。如有公文电报，请径递浔州行署为祷。广西省长张一气呈叩，铣。（五月二十一日）

《益世报》1925 年 6 月 1 日，第 6 版

黄绍雄、范石生夹击龙云

龙部损失甚巨

【香港十五日电通电】龙云部数千人，乘范军退出永淳时，蹑后穷追，在横县附近，被黄（绍雄）、范（石生）伏兵夹击，损失甚巨。唐继尧尚在百色，胡若愚劝唐召军回省，以重兵扼守百色。唐意颇为所动，唯龙云及林俊廷仍主战。

《益世报》1925 年 6 月 17 日，第 3 版

唐继尧兵退滇边

唐继尧兵败广西，精锐尽失，其所部唐继虞、胡若愚等乃通电班师，退驻广南富川一带。该电文如下：（衔略）前奉唐总司令电令，现在外侮日亟，国势危迫，着即班师回滇，准备卫国等因。军长等遵令于七月起，分道由邕、柳等处，开拔回滇，业于本月庚青等日，全体开抵滇境，分驻滇边广南、富川、开化、罗平一带，益加训练，备为国家之用，特闻。唐继虞、胡若愚、龙云叩。

《益世报》1925 年 9 月 7 日，第 3 版

云南三镇守使电告并无拍卖学校事

云南昆明镇守使兼东北边防督办龙云等，十六日通电京沪宁云南学会同乡会，以外传滇省为维持金融，欲拍卖师［范］、法［政］两校校址及个旧草山之说，全非事实，特电辩正。原文如下：“北京云南旅京学会、上海云南旅沪同乡会、南京云南学会公鉴：顷阅云南旅沪同乡会印刷品四件，谓滇省为维持金融，欲拍卖师、法两校校址及个声〔旧〕草山之说，阅之殊为诧异。查变卖校址，整理金融，从前财政司虽有提议，然未成事实；个旧草山，更无押与外人之说。至于维持金融，已拟有具体办法，一俟表决，当即公布。乃外间不明真相，纷传失实，用特合电辩正，即希查照。昆明镇守使兼东北边防督办龙云、蒙自镇守使兼东南督办胡若愚、昭通镇守使张汝骥，铣（十六日）叩，印。”

《益世报》1926 年 7 月 20 日，第 6 版

唐继尧、沈鸿英出兵图桂

【广州通信】云南唐继尧、桂边沈鸿英图谋桂省，已传多次，然因饷械俱竭，未敢发动。及湘战发生，粤政府方面迭据探报：唐、沈皆与吴佩孚合作，为不利粤、桂之行动。唐已有电致吴，表示出兵；沈则派韩彩凤、邓瑞徵率部助叶（开鑫），现因北伐军收复长沙，布置攻赣，攻鄂，后方不免空虚，故唐、沈出兵图桂声浪愈高。闻唐氏以桂省兵力驻柳州者仅伍廷飏部一旅，驻龙州者仅吕光逵部一团，驻百色者仅范石生部千余人，其余如南宁之刘日福，郁林、浔州之黄旭初，梧州之韦云松，兵力皆甚单薄，认为有机可乘，曾在昆明开对桂出师会议，召集滇省将领及刘震寰等，讨论计画。决议出兵三万，以龙云、胡若愚、张汝骥三军为主力，一由剥隘以直入百色，一由富州、镇边以直入龙州。广南、富州等处，已发现滇军集中举动。军饷一项，决议将个旧锡矿，向某处抵押借款若干万元，以资军糈。

连日百色之范石生部频致密电政府，报告滇唐动作。桂省腹部军队为

巩边圉起见，业由黄绍雄以戒严总司令名义，抽调前往边疆防堵矣。沈军除已入湘之韩、邓两部，现随叶军退守岳阳防线外，其余尚有三千余人，由沈鸿英亲自率驻湘南、绥宁、靖州六县，近应滇唐之约，将由绥宁、靖州入桂林、柳州，因桂林、柳州与绥宁等地接壤也。至沈氏在湖南利用该地苗猺人为助，苗猺多蓄发，作明代装束。沈氏为迎合苗猺人心理起见，亦蓄发蟠髻，苗猺人颇多信之，群呼沈为“猺大王”。现沈氏计画，即以苗猺人编为队伍，以为图桂之先导。驻柳州之伍旅，及桂林之李宗仁后方军司令部，对沈此举极为注意，亦电请黄绍雄拨兵增防。黄对桂柳防务，已电长沙李宗仁，请将已入湘边之李瑞明部一旅，由全州调回桂林、隆庆等处，以固后方。

《益世报》1926 年 8 月 22 日，第 6 版

滇军攻桂

【东方社广东消息】唐继尧近有攻桂之说。近据报告，唐已派孟友文〔闻〕、李显〔选〕廷、刘广南、刘斌、陆云桂等到桂边，乘机图桂。又，唐军龙云部，已由滇出发，所率部队，为第五军及翊卫一军，其中路为张汝骥一军，刘震寰为前敌总指挥。

《益世报》1926 年 8 月 22 日，第 3 版

滇省之倒唐运动

龙云、胡若愚督办军民两政

云南消息：滇中镇守使徐进，在腾越有独立说，主张倒唐（继尧），推龙云、胡若愚督办军民两政善后事宜，由各县公民在腾越开全面治安会议。

《益世报》1926 年 10 月 9 日，第 2 版

酝酿已久之滇省倒唐运动谈

云南三镇守使联合倒唐，及唐被胡若愚军拘禁一节，已志前报。兹据旅京滇省某要人述：谓倒唐运动，酝酿在一年前，缘唐二次回滇后，只注意防范旅外滇军回滇，对于内政无暇顾及，任其亲信徐保权、董泽等，倒行逆施。滇人反感，尤以旅外青年为尤甚。彼等乃秘密组织团体，如云南狂飙社、云南青年社、新滇社、新云南社等团体，其共同目的，皆为改造云南政治，唐遂为众矢之的。一部份青年分子，投入范石生军队中，力唱回滇。后见范部实力太小，且军队腐败，乃又秘密混入省内胡若愚、龙云幕中代为规划一切，日向其中下级军官尽力宣传，故进行极有步骤，现时倒唐表示，决非一时忽起之变化。刻下青年团体方面，已提出严厉条件：第一步须惩办徐保权、董泽、白之翰、李子猷、吴焜、王九龄、张瑞萱、周钟岳、白云龙、袁嘉谷十余人。姑志之以待证实。

《益世报》1927 年 2 月 26 日，第 6 版

龙云逃亡　为胡若愚击败

【云南十四日电通社电】胡若愚受南京政府之命，联张［汝骥］、李［选廷］两镇守使，驱逐龙云，双方交战结果，龙云负伤，遂即逃亡。据法使馆云南无线电：胡若愚十五日就任滇省军政委员会总裁。前云南镇守使龙云，现率部退往百色。惟滇省将领对胡若愚亦表示不满，致内部暗潮甚烈。滇越铁路交通，尚未恢复。龙云刻委任其部下旅长何柱石向云南府进兵，驻省胡若愚部下亦积极备战。

《晨报》1927 年 6 月 21 日，第 2 版

龙云军队暂驻桂边　运动范石生攻滇

【电通社香港电讯】龙云被胡若愚击败后，近日退兵百色，转派其参

议王某，至邕宁访范石生，说以入滇之利，愿领本部为前导。但现时之所谓范石生部，名称虽为三旅，而实额在范掌握内者，实不及六千人。龙云余部，约共三千余人，合计不满□万。加以粤之李济琛鉴于桂军多数远调，黄绍雄亦在湘界未返，不欲对滇起衅，故对龙、范请□〔济〕饷弹，不允颁发。惟以龙军既至百色，宜予援助，已允划桂边之百色、恩阳、奉议三县，为龙军防地。

《晨报》1927 年 6 月 25 日，第 2 版

龙云被捕　龙部缴械

【上海二十七日国闻社电】港讯：胡若愚在会议席上捕龙云，并缴龙部械。

【上海二十六日电通社电】云南电讯：龙云在滇势力已被胡若愚根本推翻，龙恳某方面出任调停，表示只求保护其生命、财产，即行离滇前往安南。龙原定于十七日由滇出发，嗣因胡临时提出种种条件，致届期未能成行，刻正经由某方面交涉中。滇中军界势力现已归胡掌握，省垣亦已安静如常，惟胡今后能否长久维持其现有势力，仍属疑问。

《晨报》1927 年 6 月 28 日，第 2 版

滇省大局变化真相

胡若愚电述经过；龙云已安然离滇

【上海二十八日国闻社电】滇讯：寒（十四日）早，胡若愚缴龙云部械，应法领请，保龙安全离境，双方死伤五百余。胡通电本省：前次改革，误于龙作梗，毫不澈底。兹奉国民政府密令，将该部缴械。龙亦通电，谓患目疾辞职。龙已离境。

《晨报》1927 年 6 月 29 日，第 2 版

云诡波幻之滇局

云南特约通讯员　耿耿

龙云痛诋胡若愚；滇省骚乱无已时

龙云再起，滇局一变。因客军相率入境，胡［若愚］、张［汝骥］准备卷土重来，全省益陷于危疑震撼、混沌紊乱之状态中，详情已志昨日通讯（见昨日第六版）。顷龙云近有《敬告全滇民众书》，录之如下：

天佑云南，不旬月间，遂拨乱而反之正。俾吾努力革命之民众，重得解放于封建余孽反动压迫之下，续上国民革命之坦途正轨。云亦获以锋镝余生，脱险归来，以与我全省最敬爱之父老昆弟、诸姑姊妹，在青天白日之下，悲喜相见。痛定思痛，百感交集。用将此次事变之由来，与夫个人平日之心迹，为我父老昆弟、诸姑姊妹一路陈之。

吾滇之有“二六政变”，原以迎纳新机，涤除旧染，则在位者首当清白乃心，致严于公私义利之辨，以期实现纯正的、廉洁的、公开的民主政治，而完成国民革命之基本工作。职是改革以还，军民合作，成立委员制政府，凡百公开，力趋正轨，方冀群策群力，一心一德，共谋造福乡邦，于以效忠党国。彼时云以革命之一份子，谬承邦人付托之重，亦尝勉竭棉薄，追随同志，以□收改革尺寸之效，藉慰民众望治之殷。不图事与愿违，心余力绌，消弭调护，日不暇给；虽犹建设之未遑，已苦心力之交敝。在当时一念之痴，以为人同此心，相率以正，则和平改革之中，自有兆民来苏之望。

不图耿耿孤衷，诚□共谅，直行正道，或碍私图；爱人以德而不能，委曲求全而莫可。浸淫横决，遂有六月十四日之变，嗟我兄弟，同室操戈，环顾穷黎，孑遗弥痛。使我将士，肝脑涂郊原；使我民众，闾里为邱墟。凡此皆由云德薄能鲜，感导无方，以致有此阋墙自杀之惨剧奇祸，此云追维已事，言念疮痍，所为抚膺以长号，返躬而自责者也。

夫以当日情势，警耗频来，险恶日甚。云讵懵然无知，知而早为之所，则彼虽行同蛇蝎，亦将无所施其毒技。其所以犹处之坦然，漫不为备者，则以云抚心自问，对公对私，鲜可内疚。既不愧不怍，夫何忧何悸？

抑又以为□彼甘冒不韪，贸然相犯，尚有委员诸公、多数民众，当必起而主持公道，仗义责难，俾彼昏知所畏忌，个人或以保全。不图彼方凭借暴力，阴贼险狠，侥幸一时，公然获逞。竟使委员多数之公意，被其强奸，社会正当之裁制，为所劫持，此则云所由不得不为公道正义一哭，而深为我政府与民众引为遗憾者也！

至胡所以处心积虑，必欲置云于死地而后快者，根本上则由其封建余孽之传流思想，耽于割据独裁之军阀迷梦。事实上则尝有与云意见冲突，积不能容者数事，请得而备言之。

“二六政变”所以毅然主动，原期彻底改革。特云主张对事彻底，而胡则主张对人彻底；云不欲过为已甚，而胡则必欲极意诛求。意见冲突，此其一。

吾国积年致乱之由，实缘军队私有，为阶之厉。故云力主将吾滇所有军队，收归省政府直辖，以期统一军权，化私为公，打破封建式之拥兵旧制；而胡［若愚］、张［汝骥］辈则必欲趁机□张一己实力，竞起瓜分；原属政府之部队，攘为己有，借遂其拥兵争雄之野心。意见冲突，此其二。

政变以还，云对于用人行政，力主公开，任官惟贤；而胡则必欲举军、民、财三大要政，彼此朋分，以为把持政权、市恩酬庸之具。意见冲突，此其三。

治军首重纪律，必纪律严明，而后于民无扰。胡历年驻守南防，纵容部曲，恣为淫掠，大开赌禁，渔利自肥。迤南人民，备受蹂躏，衔之刺骨。云为民请命，屡以为言，冀其稍加整饬，以恤民瘼而保军誉。胡阳诺阴违，托词延宕，循至人民痛苦，益深益热，激成三次民变，彼治军无方，老羞成怒。意见冲突，此其四。

查办贪污，惩治群小，原系云最先主张，惟始终力持必俟证据确鉴，方可置人于法，不欲过事诛求，殃及无辜。胡张辈则必欲迎合一般不健全之心理，不问贤佞虚实，以为一网打尽之计。意见冲突，此其五。

出兵北伐，一面所以促成国民革命，一面亦所以减轻本省负担。而胡则必乘机利用，对于兵队、饷械各项，大事扩增，极端要挟，不顾重累吾民，贻害桑梓。意见冲突，此其六。

凡此六事，事事皆可征实，初无一语相诬。推其用心，实不外封建割据、独开〔占〕称尊之一念，而与云民主公占〔开〕之观念，根本上绝不相容，此其所以煌煌文电，谓云为“改革作梗”，诋云为“反革命”，而彼则独以主席署名，对于其他委员之连署，竟抹杀而莫之顾也。

至胡造种种莫须有之词，横相诬毁，综其借口，不外三端：一则诬云为“反革命”也。夫“二六政变”，为云主动，拥护南京政府，拥护蒋总司令，以及反共讨赤各通电，均系云领衔拍发。此而谓为“反革命”，则不知彼之所谓革命究系何指？二则诬云为暗助江映枢也。夫南防有事，云即派兵助剿，卒以双方合力之关系，南防始克底定，事实具在，讵可厚诬？三则诬云蓄谋袭彼，彼乃先发制人也。夫当时彼辈在省，合计达八九团之众；而云所部，则多驻省外，众寡悬殊，在势莫可。且彼派重兵相袭，而云住宅则仅有卫兵八人，云果有心相阨，何以漫不为备？凡此种种，概属诬毁谰言，不值识者一笑。而彼则竭情构煽，意图颠倒是非，以一手掩尽天下人耳目，亦适见其心劳日拙已耳。

综上所述，均系此次事变之真因，与夫个人平日之心迹。曲直是非，自有公论，固无待云晓晓〔哓哓〕置词。惟是此番讨暴锄奸、吊民伐罪之战役，我阖省军民，以拥护公道正义之精神，而获最后之胜利；又重劳我民众将士，本其爱国家、爱云南之真诚，以爱云之一身。云既获生还，私心感奋之余，誓将一本我牺牲之精神，拼此一身，谋所以报国家、报云南者，以还报我爱国爱乡之民众与将士。所冀此后军民合力，一本爱国、爱乡、公道、正义之面目，以与举国人士相见，期于国民革命地方建设之前途，博得最后之胜利，以长留吾国、吾滇革命历史上最有光荣之一页，则此役为不负，而云之余生为不虚矣。维我民众将士，其共勉之。

现胡张两部，势穷力蹙，仓皇溃走。念其同属滇人，不欲过事穷追。倘彼辈能翻然悔悟，纠合残部，听候编调北伐，则不唯网开一面，予以自新，并当蠲愤释仇，始终引为同志。若再徘徊歧路，一味执迷，甚至招聚土匪，勾结外兵，以图破坏革命，贻祸桑梓，则当视为阖省公敌，与众共弃。云为拥护国民革命，保障本省安全计，誓当以平民资格，纠举义师，为阖滇民众先驱，以锄奸慝而伐有罪。维我民众，幸共鉴之。（八月十二日）

《晨报》1927年9月4日，第6版

龙云与胡若愚议和　请阻黔军入滇

云南特约通信员　大观

黔军入滇势近已急转直下，昨据昭通沿途归客所述，黔军准备三师来滇，确已证实，且其出动并非一路，故此间须拟办法，请胡若愚妥速迅将黔军谢退。昨特由龙云急电胡［若愚］、张［汝骥］，火速解铃系铃，兹录原电如左：

急。昭通胡军长子嘉、曲江张军长伯群均鉴：吾滇历来安内攘外，事功人格，彪炳寰区。二六改革，同志交勉，原冀努力革命工作，借收靖［国］护［国］之全功，不图激于一时意气，竟至兄弟阋墙。试返初衷，同深悔忏，板桥面订各款，当即逐一履行，各方亦主调停，并经同意赞助。东防所部，立予调回；南防本军，亦经停进。盖以多年患难袍泽，不忍长此萁豆相煎，息事宁人，谅邀同感。不料尊处前此急不暇择，竟尔请援黔军。现黔军乘隙入滇，节节进逼，事已至此，痛哭何云！吾滇历年用兵，声威远播，讵可开门揖客，自损省际声光？矧滇本我父母之邦，庐墓所在，身家所托，千七百万同胞息食共命之所，又安可徒逞一时意气，拱手让人宰割？在前此相煎太急，意气用事，饮鸩止渴，容非得已；而今则事过境迁，调停有望，北伐留守，一唯自择，更有何万不得已，而必欲借重客军？我辈自反良心，亟宜趁此大敌当前，诚心悔祸，释嫌蠲愤，善遣客军。系铃解铃，非异人任，倘或失此不图，因循坐误，甚或意存侥幸，起而作伥，则是悍然孤行，一误再误。云属滇人，一息尚存，为捍卫桑梓计，维持省际地位计，自唯有纠合旧侣，革命同志，保滇御侮，大张挞伐，唯力是视，生死以之。言尽于此，伫候裁答。龙云叩。（八月二日）

《晨报》1927 年 9 月 20 日，第 6 版

唐继虞军肉搏滇垣　已被龙云击退

【云南二十三日电】唐继尧物故后，其弟继虞逃往迤西，秘密勾结唐

之旧部唐继锛〔麟〕、欧阳好谦等，拟一举驱逐龙云军，收复省城。本月十八日，使一部队攻击呈贡，二十一日未明攻至省城。龙云得市民之援助，极力防御，据城壁交战。至翌二十二日午前六时，攻击军死二百，守兵死十数名，市民死数名。攻击军之指挥官为欧阳好谦，六时始向西方退却，有再袭之风说，人心汹汹。龙云军出动呈贡及曲靖之部渐次开回，此后唐军再来，恐仍未易攻陷。（达）

《益世报》1927年9月28日，第3版

唐继虞军直攻云南城　龙云军据城鏖战一昼夜

【云南二十三日东方社电】唐继尧逝世后，其弟继虞逃往滇西，秘密勾结唐旧部唐继锛〔麟〕、欧阳好谦等，拟一举驱逐龙云军，占领省城。本月十八日，使一部队攻击呈贡，二十一日黎明攻至省城。龙云得市民之援助，极力防御，据城壁交战。至翌日（二十二日）午前六时，唐军死二百，龙军死十数名，市民死数名。唐军指挥官为欧阳好谦，六时始向西方退却，有再袭城风说，人心汹汹。龙云军出动呈贡及曲靖之部，渐次开回，此后唐军再来相攻，恐亦未易攻陷。

《晨报》1927年9月28日，第2版

云南内争可望解决

滇省内部发生纠纷后，该省人士，雅不欲以一部分之关系牵动全局，因即联合各界奔走调停，冀息内争。其调停办法，大约将胡若愚部调离滇省，参加北开军队，而以龙云部留驻滇省。至参加北开部队，仍由滇省接济。闻此项办法已得龙云采纳，惟龙以滇省系取辖于广州政治分会，仍须向粤主席李济琛请示，及接洽军长范石生后，方能决定，因特派代表林鉴湘来粤接洽一切。

林昨已抵粤，十四日晋谒李济琛代达一切，并为龙云、胡瑛表示拥护党政府及广州政治分会命令之诚意，随述及“胡若愚请黔军入滇，助长滇省局部战事，要求广州政治分会下令制止，如已入滇之黔军，亦当克日撤回”等语。李亦表示与龙合作诚意，至关于黔军入滇事，李云：“前准范石生请求，曾去电贵州询问周西成，周复电否认。现据称仍未撤退，允再去电制止。”林随又请求转陈宁府，命令胡若愚率师北进，并先指定地点，俾胡部驻扎，李氏已允为之转陈宁府矣。林以所请各节均得要领，决于日间回滇复命云。

《益世报》1927 年 12 月 9 日，第 6 版

龙云电请胡若愚、张汝骥同时下野

并约定日期携手同游

【云南十一月七日通讯】滇省自“六一四”以还，龙、胡、张三最高将领，因意见分歧，内讧顿起。半岁之中，军队则转战不息，股匪则趁势抢劫，全滇百余属，或无一片干净土。最近则川、黔两军，又复挥兵再进，滇人死亡无日。龙云日昨特电胡、张同时下野，军政还诸滇人，以谢千七百万被难民众。唯闻胡、张对此尚无表示，是滇局仍未可乐观也。兹觅得龙致胡、张电，特为照录如次：

省城分送省政府马、王、由、熊、丁各委员，各团体、各机关、各部队、各报馆钧鉴：顷致胡子嘉、张伯群一电，文曰“特急”。曲靖探送胡子嘉、张伯群两弟，暨各师旅团长同鉴。前以吾辈阋墙之争，致遭客军压境之侮，引狼入室，或出一念之差；亡羊补牢，犹幸为时未晚。已误不堪再误，系铃还望解铃，故曾屡布腹心，冀相觉悟。旋接子嘉函电，及所向各界宣言，均谓乞援邻省，实为解救曲围，但求曲围朝解，即令黔军夕退，并以人格担保。而伯群□电，亦认负责退出黔军。对于“六一四”之举，尤深表□憾。誓本改革初志，贯澈“二六”主张，当由蕴山在曲［靖］，与伯群面订盟约。既经双方将领签名盖章，复有各界代表在场作证，我军□于十月九日，依约解围，撤兵回省，以为信誓昭然，外侮可期止息矣。

乃我军践约惟谨，两弟竟食言而肥，非特不退黔军，更招川匪续至，近复移至曲靖，不知意究何居。若以云在滇一日，则两弟一日不

能甘心耶？云自乐于牺牲一切，以满两弟之欲。但两弟在滇一日，而民众仍一日不能安枕，愿两弟亦牺牲一切，以灭全滇民众痛苦。盖今日全局汹汹，只为吾三人之故，已觉愧对桑梓，倘再兵连祸结，必陷全滇于万劫不复之地。云固不欲为此罪人也，愿两弟亦憬然思返，不必为此罪人也。

即以今日实力论，云部实倍于两弟，且皆精锐，得民众同情，而云犹不欲拥以自重，两弟实力及民心向背如何，高明当自知之，似亦无所用留恋。今谨以最恳挚之意，奉约两弟，联衔通电解职，以谢全滇，并酌定日期，同时携手出游，思过海滨，借图自赎。所有滇事，一切悉听民众公意处理。吾辈负咎之身，自可无事置喙也。症结所在，一言而解，如承赞可，幸速裁复。即由两弟主稿见示，并请决定离滇日期，以便偕行，是所至盼。龙云，支（四日），印。

《益世报》1927 年 12 月 11 日，第 6 版

龙云下野之通电

【一日沪讯】云南政局，最近发生变化。张汝骥已率所部进驻省垣，龙云于上月二十三日解职，通电下野，其电文云：特急。分送滇省政府各机关，各团体，各报馆，各县知事，各军、师、团长均鉴。前以变故迭乘，谬膺人民付托，承乏委员，共负艰危。复职以还，三月于兹，窃愧匡济之未能，早苦心力之交瘁。查现政府系属临时组织，原定期限，瞬即届满，自当亟卸仔肩，依限解除委员职务，以符初衷。特电布达，即希公鉴。龙云叩，梗（二十三日），印。

《益世报》1927 年 12 月 12 日，第 6 版

粤共产党员往投龙云

【电通社广州九日电】自粤变发生后，粤、桂间之共产党员〈……〉投效龙云部下，图利用龙云军队，而与农民自卫军，共策再起之法。滇中现虽

有建国第二军胡若愚部，然因龙军势大，无法加以制止云。(辰)

《益世报》1928 年 1 月 11 日，第 2 版

龙云为滇主席　宁府常会议定

【上海十八日国闻社电】 昨宁府常务会议，决定任龙云为滇主席，范石生、胡瑛等为委员。

《晨报》1928 年 1 月 19 日，第 2 版；《龙云为滇主席　宁府常会议定》，《益世报》1928 年 1 月 19 日，第 2 版

龙云誓师攻黔

【香港十六日国闻社电】 龙云有誓师攻黔通电。

《晨报》1928 年 2 月 18 日，第 2 版

宁府将免周西成职

何应钦请勿发表

【复旦社云】 某方确息：黔军袁祖铭部自上年在湘西失败后，大部分俱已回省，尚留小部分驻扎洪江一带。因该处为输运鸦片之要道，黔军以饷项关系，不肯让出。黔军首领周西成与袁祖铭关系密切，对于袁氏遇害一事，引为莫大之耻，故年来锐意整理内部，以为待机而动之谋。上年秋季，适逢滇省唐继尧死，其部下忽分散为龙云、胡若愚、张汝骥、李选庭〔廷，下同〕、吴学显、唐继禹〔虞〕六部，每部各有五六千人，各不相下，各占一方，整个云南竟成四分五裂之势。内中胡若愚、张汝骥、李选庭等较为接近，对于龙云，皆视为眼中钉，乃会同密遣代表赴贵阳请周出师，解决龙云。周因某种渊源，遂命毛光翔为总指挥，阮德炳、黄丕谟附之，带领黔军二万人，向曲靖、宣威一带开拔，声称调停滇省风潮，且无积极动作。

尔时龙云已占领昆明有日，其派赴南京之代表李荣国，早已抵沪。宁

府徇李之请，因将胡若愚免职，另任龙云为省政府主席，兼滇军总指挥，并电令周西城（成，下同）速将所部开回黔境。周对宁府此种办法置之不理，周因之极为宁府所不满，确有即免周职之议。惟何应钦、王伯群均为黔中巨头，亦深知黔滇症结所在，力请宁府勿糊涂发表，遂而搁置。但龙云之部队与黔军毛光翔部队，已到箭在弦上之势。何、王二人，于是一面电告周（西城）、龙（云），勿得妄动干戈；一面电请津中某要人，迅速回省调处。某要人以桑梓关系，业于前日首途，但只承认以私人资格回黔解释，绝不受何项名义，何、王亦极赞同。据闻某要人与周、龙两方关系素深，此行定可化干戈为玉帛云。

《益世报》1928年3月12日，第2版

胡若愚到成都

【电通社成都十八日电】云南第三十军胡若愚部，前被龙云追入川境，遂即驻屯叙州附近，现率少数卫队，于本日行抵成都。

《益世报》1928年4月24日，第2版

龙云代表赴粤桂　商联合剿匪

【上海十一日国闻社电】龙云派代表到粤桂，联络商联防剿匪。

《京报》1928年6月14日，第3版

李燊返黔开衅　实即邓锡侯、田颂尧、杨森等抗二刘

二刘又助胡若愚返滇，并电周西成夹击龙云

【成都通讯】现在川滇黔之局面，两派人互相角逐，有滇省龙（云）、胡（若愚）之相竞，在黔有周（西成）、李（燊）之不容，在川有邓（锡侯）、田（颂尧）、杨（森）、二刘（湘、文辉）之不睦。邓、田、杨、龙、李为一派，二刘、周、胡又为一派。此次川省二刘欲以资州会议拉拢

邓、田，并利用政治手腕冀获得最高权利。〈……〉而胡若愚久戍川南，思归甚切，若能助其回滇，声援既厚〈……〉故二刘最近议决，由刘自乾担任胡若愚返滇款项，至必要时，可出兵一师以上之兵力援助；由刘湘密电周西成出兵夹击，刻正积极进行。于是云南民众欢迎胡若愚返滇之电，纷纷现于市面矣。龙云非呆子，亦即分遣代表，于邓、田、杨、李各处，请予援助。刻闻邓、田各军，业已准备动员。〈后略〉

《京报》1928 年 11 月 27 日，第 5 版

龙云动员　滇黔将有战事

范石生电请制止

【国闻社三日下午三时十分上海电】 范石生由郴州电粤，谓接滇函，龙云动员，滇黔将有战事，请严电制止。

《新中华报》1928 年 12 月 4 日，第 2 版

滇黔将有战事　范石生报告龙云动员

【三日上海电】 范石生由滇电粤，谓“接滇函：龙云动员，滇黔将有战事，请严电制止”。

《益世报》1928 年 12 月 4 日，第 3 版

龙云援李燊引起滇省纠纷　邓演达化装入滇

【国闻社云】 李燊与周西成交兵后，云南之龙云，出兵援李，致使滇省防务空虚，滇人殊不谓然。昨日由昆明来平之某要人，与记者谈及此事，略以滇省军队，以龙云实力为最大，但枪枝亦不过七八千之数；现共产党首领邓演达等化装由川入滇〈……〉势力已不可侮。今龙云又以其精锐开往黔境，则滇省危险，殊不可言状。现滇省各界已派代表晋京请愿，请将滇省军队，编成国防精兵两师，一驻蒙自，一驻腾越，以固边圉；一

面则请龙云万勿出师，以免共党乘机活动，而牵及西南大局。如龙云不即撤队回滇，中央将另派大员到□〔滇〕主持一切云云。

《益世报》1928 年 12 月 10 日，第 3 版

蒋令制止龙云向黔出兵

【国闻社十日下午二时五十分上海电】蒋令驻京滇代表电龙云，制止出兵向黔，并着缩编军队。

《新中华报》1928 年 12 月 11 日，第 2 版

蒋令制止龙云向黔出兵　并严禁烟毒

【国闻社十日上海电】蒋令驻京滇代表电龙云，制止出兵向黔，并着缩编军队。

【复旦社南京十日电】国府蒸（十日）电："云南省府主席龙云：马（二十一日）电悉。此次公布《禁烟法》及《施行条例》，正赖省府依限禁绝，断难以一省情形特殊，致妨通条。仰仍遵照法令办理，务速铲除烟毒为要。"

《益世报》1928 年 12 月 11 日，第 2 版

国府电龙云一致禁烟

不得借辞诿避；制止向黔出兵

【南京十日复旦电】国府蒸（十日）电："云南省府主席龙云：马（二十一日）电悉。此次公布《禁烟法》及《施行条例》，正赖省部依限禁绝，断难以一省情形特殊，致妨通条，仰仍遵照法令办理，务速铲除烟毒为要。"

【上海十日国闻电】蒋令驻京滇代表电龙云，制止出兵向黔，并着编缩军队。

《京报》1928 年 12 月 11 日，第 3 版

范石生无意回滇

勉龙云力图建设

【云南通讯】胡若愚、张汝骥谋攻云南之际，月前忽谣传胡、张已与第十六军长范石生联合图滇。政府怀疑，人民恐惧。兹由范驻滇代表钱开甲来函声明真相，龙云当即复函感谢，用特录志，以告关心滇事者。

范函：鼎三兄回柳，备道高谊，感莫可名。弟在国民党薄有历史，一切行动，惟党是遵，宵小造谣，谓弟有回滇之举。夫弟之决心武力定滇，为唐贼之反革命也；唐贼既伏天诛，兄等已加入革命，则弟对滇任务已了，此时而尚欲武力回滇，是争权夺利也，弟岂屑为哉？今欲为兄更进一解：吾滇如能实行党化，则政治当然修明，则吾滇即安于磐石，兄等亦流芳党国，故此时不必虑谁何之谋滇，只力图党的建设可也。至弟之一举一动，非有党的命令与义意，弟可死而不可动也。张、胡所部，自有其历史习惯，弟万不敢与其事。弟不求闻达，何须要人之方，以加大己之力，彼之行动盖未尝一为闻问也。远承垂注，特滤肝胆以告，凡弟所言，皆可为息壤也。弟石生特复。

龙函：顷奉惠书，教以一志专精勤求治理，宜力图党政之建设，不必虑谁何之谋滇，真诚恳挚，磊落光明，雒诵回环，曷胜感仰。查吾滇丧乱初平，训政伊始，欲图补苴建设，从事革新，首当内外相维，互为提挈。乃胡、张不恤桑梓，时谋破坏，我方剿办土匪，抚绥闾阎，彼则资以械糈，嗾使猖獗；我方整顿度支，清理财政，彼则印行伪票，扰乱金融。近乘川黔之乱，益肆图滇之谋，张派偾兴，蠢蠢欲动。凡兹凶德，谅早洞闻，是我则补救之不足，而彼则破坏而有余，欲图建设，其道何由？此弟年来备尝之苦，所欲为吾兄太息一道者也。来教谓其别有历史习惯，不屑与为往旋，足见人之无良，有识共弃。吾兄效忠党国，关怀梓桑，所望惠予提挈，时赐规箴，俾有遵循，借免陨越。弟龙云顿复。（二月十五日）

《华北日报》1929年3月8日，第9版

云南服从中央　龙云代表卢汉晋京

【南京二十九日上午九时电】滇省政府主席龙云，派卢汉入京，表示绝对服从中央，并有一电致蒋，内有“枕戈待发，期灭叛逆”等语云。

《新中华报》1929 年 3 月 30 日，第 3 版

蒋拟留汉办善后

在汉逗留一个月；处理党务及军政

〈前略〉

讨逆继起有人

【十日上海电】龙云电告已派三师向桂出动。又重庆电讯，第二十一军军长刘湘，已遵奉蒋介石令，将所部第一师开赴沙市及宜昌方面，讨伐潜入该地一带之武汉军，并已将此意旨，通电各方查照。〈后略〉

《益世报》1929 年 4 月 11 日，第 2 版

龙云攻桂　港传李宗仁抵衡州

【上海十日国闻社电】龙云电告已派三师向桂出动。港传李宗仁率八团庚（八日）抵衡州。

《新中华报》1929 年 4 月 11 日，第 2 版

蒋在汉所发表武官一批

【汉口十五日电】蒋（中正）委何键为第四路总指挥兼第七师师长并兼湘清乡司令，刘建绪第十九师师长，周斓第八师师长，龙云第十路总指挥，李尚庸为独立旅长，袁振基为长城号铁甲车队长，王澎鼎为云贵号铁

甲车队长，杨源濬、谢婴白为行营参议，臧仰山为参事，廖武郎、李雁宾为参谋，贺尹东代湘北印花税局长，贺崇悌代鄂岸缉私第三大队长，张瀚川代鄂岸缉私局长。〈后略〉

《益世报》1929 年 4 月 17 日，第 2 版

龙云就职　范石生抵汉谒蒋

【汉口十六日下午七时复旦社电】龙云删（十五日）电蒋（中正），就第十路总指挥，出兵三师讨逆。〈后略〉

《新中华报》1929 年 4 月 18 日，第 2 版

龙云出兵　朱晓东为前敌指挥

【上海二十三日国闻社电】港讯：龙云决派兵攻桂，任朱晓东为前敌指挥，限十日内出发。

《新中华报》1929 年 4 月 24 日，第 2 版

先礼后兵　粤将领再劝李黄觉悟

滇亦出兵攻桂

【二十三日上海电】粤将领联名电李宗仁、黄绍雄促觉悟。广州有人发起，联合各界，请中央派胡汉民回粤，主持粤事。徐景唐在港对人言：本人辞职，不欲问政。

【港讯】滇龙云决派兵攻桂，任朱晓东为前敌指挥，限十日内出发。

【汉口二十二日电】蒋介石已向陆海空三军将士，颁发命令，其意谓“李宗仁及白崇禧等桂系军阀，均罪不在赦，须严加讨伐，俾反革命势力，得以根本铲除”云云。〈后略〉

《益世报》1929 年 4 月 24 日，第 2 版

何键电唐　报告所部向桂边进

粤桂军事亦有一触即发势

〈前略〉另据某方接广州讯云，粤桂近势，虽未开火，而双方调动军队，盘马弯弓，殊不见有和平气象。李宗仁、白崇禧之欲为最后挣扎，黄绍雄之不听中央命令，事实昭彰，所谓“保持原来粤桂友谊”之说，已成过去之谈。桂省本来民贫地瘠，现在安插多数军队，自属不可能，窥粤之想，亦经济迫之使然。然而粤湘滇三省军队，亦决不容桂系有困兽犹斗之想，冀免将来祸患。三省军队合围形势，已整列待令。计滇省龙云拟攻桂南之百色、龙州，湘省何键调大部攻全州、桂林，粤军亦必取梧州以为牵制。〈后略〉

《益世报》1929 年 5 月 4 日，第 3 版

言中有物　龙云讨桂通电侧重对黔

云南省政府主席龙云，被任为讨逆军第十路总指挥，业在昆明就职并发通电如左：

（衔略）均鉴：四月巧日奉主座删电，任命云为讨逆军第十路总指挥等因，遵即于是日在昆明军次恭就本职。自愧轻材，难膺重任，惟同袍偕作，义自未敢后人；负驽前驱，势更无容返顾。昨闻湘变，知逆谋已著，国讨难稽，早经整率三军，敬候驱策。兹奉前因，誓慷慨以前趋，冀肃清于指日。倘有窥我远出，扰我后方，甘为逆敌之应援，借作义师之障碍，当暂移讨逆之劲旅，先除助逆之神奸。大义所在，性命以之。总期迅告肃清，无负委任。伏祈亮察，并候教言。龙云叩，巧（十八）。

《益世报》1929 年 5 月 9 日，第 3 版

蒋派员赴滇　促龙云攻桂

【南京十日电】蒋介石派杨光灿随龙云之代表卢汉回滇，催龙云出兵讨桂。杨、卢昨同乘车赴沪。

《益世报》1929 年 5 月 11 日，第 2 版

滇省奉命讨桂　龙云三路出发

〈前略〉

【南京十日中央电】昆明四日电：滇省奉命讨桂，并先出黔，肃清附逆部队。共分三路出发，朱旭师暨刘旅纵队为左翼，归朱旭指挥；张逢〔凤〕春暨纵军唐团为右翼，归张连〔凤〕春指挥；十路总指挥云龙〔龙云〕率高旅、张冲师直属部队，亲自出发督师。先头部队三日已达贵州花江，李燊部队亦已到达镇宁一带。

《京报》1929 年 5 月 12 日，第 2 版

滇军攻桂

【南京十四日路透电】云南消息：龙云率领二万进攻广西人〔衍文〕，援助讨桂各军。

《益世报》1929 年 5 月 15 日，第 2 版

龙云统滇军攻广西

【南京十四日路透电】云南消息称：龙云带兵二万人进攻广西境内，以便与讨桂各军相联络。〈后略〉

《华北日报》1929 年 5 月 15 日，第 2 版

孟坤通电攻讦龙云

党务——嗾使群小包办；财政——滥发纸币敷衍；贩土——则用飞机输运；个旧锡矿私人名义抵借外债五百万

第九十七师师长孙〔孟，下同〕坤，近以龙云将个旧锡矿抵借外债，特发通电反对，原文如次。

（衔略）均鉴。窃坤此次驻兵全川，实具万不得已苦衷，曾于盐津营次，皓日通电，略陈梗概；第恨风声所播，传闻异词，敬为国人，一详陈之：吾滇自民十六年二月江日改革后，虽属青天白日旗飞扬，并于革命立场上占一地位，凡我滇人，莫不同庆，以为可以从事建设矣。乃龙云过事专横，行无忌惮，阳奉国府为护符，阴行独裁之手段，致胡［若愚］、张［汝骥］两军长，探悉其阴谋，同率师而出省。龙氏遂变变本加厉，愈逞野心，不畏民言，肆彼私欲。党务则嗾使群小包办，财政则滥发纸币敷衍，公债则巧立名目，贩土则运以飞机。凡龙所为，概属反革命之举动，虽进忠告，转遭猜恨，以宵小为腹心，视人命为草芥。往事昭然，万目共睹，至排除异己各军，则又其余事也，最可异者。

个旧产锡，岁出在数千万以上，龙以私人名义，抵借外款五百万，行将签字，事急燃眉；不思土地国有，民权所关，党纪煌煌，民生是赖，地虽属云南，事本关于国体，凡有血气，莫不椎心。坤一介武夫，罔知大体，只知效忠党国，誓无异心；但求民众安居，他非所计。本拟率我师旅，歼彼大憝，（中略）乃于四月戡〔勘〕（二十八）日谨率所部健儿六千余人来川，诚意合作，拥护中央，共谋国事。尚望海内同志，驻外袍泽，主持正义，解滇倒悬。公是公非，敬候众决，不胜区区待命之至。谨电奉闻，惟希察察。国民革命军第九十七师师长孙坤，率全体官兵同叩，虞。（七日）

《新中华报》1929 年 5 月 20 日，第 2 版；《云南之纠纷　孙坤通电攻击龙云》，《益世报》1929 年 5 月 20 日，第 3 版；《滇师长孙坤通电痛攻龙云　率部赴川仍标拥护中央之旨　数龙罪恶以押卖个旧矿为言》，《京报》1929 年 5 月 20 日，第 3 版

龙云请讨黔　因张汝骥犯滇

【本报二十五日下午八时三十分云南专电】黔周西成，本已服从中央命令，故滇主席曾电周西成假道贵州，共同讨逆。不料滇军师行，甫次黔边，周西成乘兵不备，于篠（十七）日遣派重兵由黄草坝附近邀击，又饬张汝骥于皓（十九）日由毕节来犯镇雄，进攻昭通，号称“护党讨贼军”。黔总指挥龙云，已电中央下讨周令，并决定亲出督师，所有主席职务，以胡瑛代理。

《华北日报》1929 年 5 月 28 日，第 2 版

龙云进攻贵阳

与周部战于花江　毛光翔溃退桂境

【南京二十七日下午八时三十分电】昆明二十六日无线电，龙云部左翼军本日由安顺向贵阳前进，右翼军取道独山入桂，为周西成所部毛光翔在花江抗拒，当被攻破。毛光翔部向桂境溃窜，现正跟迹追击。周西成经此巨创，已不能成军等语。

《新中华报》1929 年 5 月 29 日，第 2 版；《滇黔开火　龙云军入桂　周西成部阻拦　当被击溃窜桂》，《京报》1929 年 5 月 29 日，第 3 版

滇军入贵阳

周西成逃亡广西　龙云电中央报告

【本报三十□日下午九时三十分南京专电】龙云陷（三十）电京：顷据戢部帅〔师〕长李旭由贵阳来感（二十七）电称：我军于感（二十七）日占领贵阳，周逆率残部向广西方面溃退等语。除饬即跟追入桂外，职并督部赶进，期竟讨逆全功。

《华北日报》1929 年 6 月 1 日，第 2 版

龙云通电讨冯玉祥

【本报南京三十一日下午八时十五分无线电】急。南京国民政府主席蒋钧鉴：窃查冯逆玉祥逆迹早著，中央倘再隐忍，任其跋扈嚣张，不特阻碍统一，实足危及党国。伏恳迅速下令严加讨伐，俾得及时铲除，实解西北人民于水火，无任盼祷之至。职龙云叩，勘（二十八日），印。

《益世报》1929年6月1日，第2版

龙云请派员主持黔政

周西成有落水毙命说

【南京四日复旦电】李铨、龙云自贵阳分电国府，谓分属军人，不谙政治，请中央速派员主持黔省党务、政治。黔省民众及中央，均希望王伯群、何应钦二人中择一为黔主席。

【南京三日中央电】贵阳二日电：李燊东（一日）电总部报告，因周西成与该部抗争，在黄角树大败，身受重伤，已落水毙命。

《华北日报》1929年6月5日，第2版；《龙云电请中央派员主持黔政》，《益世报》1929年6月5日，第3版

蒋介石关心川滇　分电龙云及刘湘

【南京七日上午十一时复旦社电】蒋介石电龙云："黔军师长黄辉彬呈称'服从中央'；周西城部未附逆窜桂各军，如果脱离周逆，听候收编，应准其来归。"又电刘湘云："保障西南，具见苦心，良为嘉慰，一切仍希见告。"

《新中华报》1929年6月8日，第2版；《黔军不附逆者准其来归　蒋电令龙云》，《京报》1929年6月8日，第3版

周西成免职查办

国务会议昨通过各要案

【本报南京七日无线电】 阳（七日）国务会议决案如下：（一）周西成免职查办。（二）第十三路总指挥兼云南省政府主席龙云报告：奉令出师讨逆，所有省府主席职务，以省委胡瑛代理；总指挥职务，拟以职部总参谋长孙渡暂代拆代行。决议照准。〈后略〉

《益世报》1929 年 6 月 8 日，第 2 版

黄绍雄、白崇禧欢迎李明瑞、杨腾辉回桂

桂局将和平解决

【中央社上海七日电】 黄绍雄、白崇禧东（一日）离梧时发出通电，谓李明瑞、杨腾辉回桂，所到之处，一律欢迎。现黄、白部队，节节退却。据军界息：桂军已退出滕〔藤〕县，向平南、浔州集合。李明瑞部前锋微（五日）进滕〔藤〕县，桂事或可和平解决。黄、白俟李、杨发表收编办法，即下野。

【七日上海又电】 陈铭枢、陈济棠商定分配防地：一师驻西北江，三师驻东江。蒋电陈济棠：李（明瑞）、杨（腾辉）两师，军饷暂由粤省拨发。陈济棠支（四日）召各长官训话，谓本人劳心过度，胃病发作，拟入医院休养三星期，即晚入颐养院，总部事务由李扬敬代行。

【本报南京七日电】 陈济棠麻（六日）电京：职部克复梧州后，士气益壮，范、刘两师先锋部队鱼晨已达柳州，猛向南宁进攻，桂军最后退守台城，特闻云云。

【又复旦社南京电】 陈济棠歌（五日）由粤赴梧，频行电何健〔键〕、龙云，请赴梧一晤。

《益世报》1929 年 6 月 8 日，第 2 版

李燊、龙云克黔败周西成经过

周逆残部窜逃桂境；雷杨两师将会贵阳；黔事即将结束

南京消息：四十三军李燊与三十八军龙云，此次奉中央明令，除周讨桂，于上月十五日，向兴义、盘县开始攻击。逆军毛光翔部守兴义，黄道彬部守盘县，李、龙两军以主力攻盘县，一部佯攻兴义，左翼主力由李氏亲自指挥，十五日占译〔亦〕资孔，旋占盘县，生擒黄道彬于盘县、普安之间，黄部几于全军覆没。及李军过盘江，占黄角树、安顺、贵阳等处，周西成仅率残部一二千溃逃南路。至二十四日，李军击溃逆部于贞丰县，逆军仓皇窜逃桂境，李军刻正尾追中。东、北两路，李部雷、杨两师长，日内将会师省垣，分头清剿，想短期内军事当可收束云。

《新中华报》1929 年 6 月 11 日，第 2 版

李燊、龙云两军入黔经过

关于周西成被逐之经过，据半官消息云：李燊、龙云于上月十五日向兴义、盘县开始攻击，黔军毛光翔部守兴义，黄道彬部守盘县。李、龙两军以主力攻盘县，一部佯攻兴义。左翼主力由李燊亲自指挥，是日即占亦资孔，十六日进占盘县，十七日擒黄道彬于盘县、普安之间，该部全军几至覆没。

此役而后，李、龙两军势如破竹，二十日过盘江，二十二［日］占领黄角树。周西成虽亲到此督战，但军心已摇，不可收拾。二十四日占领安顺，二十七日完全占领省垣贵阳，周仅率残部千余溃逃。南路右翼方面系左翼过盘江，以一部沿江东下，截堵花江后始猛攻，亦于二十四日击溃该部于贞丰。毛率残部仓皇窜往桂境，李军刻正尾追中。东、北两路李部，雷、杨两师长已会师省垣，短期内军事当可结束云。

《益世报》1929 年 6 月 11 日，第 3 版

王伯群关心黔政

【中央社南京十二日电】王伯群以黔人关系，鱼（六日）日电李燊、龙云，略谓“周西成暴戾专横，妄以偏僻一省，抗命阻兵，自背党国，亡何足惜。以前一切苛捐杂税，虐取酷刑，希望概予豁除；更进而谋地方自治工作，促党化政治与教育，养成全省人民运用四权之能力”等语。

《益世报》1929 年 6 月 14 日，第 3 版

龙云、李燊到梧商肃清办法

〈前略〉

【南京十四日下午七时电】龙云、李燊均将抵梧州晤面，会商肃清桂逆办法。〈后略〉

《新中华报》1929 年 6 月 15 日，第 2 版

龙云离昆明

躬赴前敌讨逆

讨逆军第十路总指挥龙云，昨有奉命讨逆通电到平，兹录于后：（衔略）本军奉命讨逆，所属部队，经于江日（三日）遵照指定路线出发完毕。云现亲率警卫部队，于庚（八日）日由昆明启行，躬赴前方督师进战，期于追随总座，协同友军，直捣逆巢，迅销残孽。第电奉闻，伏维垂察。讨逆军谨〔第〕十路总指挥龙云叩，庚（八日），印。

《京报》1929 年 6 月 16 日，第 3 版；《龙云亲赴前线督战　协同友军直捣逆巢》，《新中华报》1929 年 6 月 16 日，第 3 版

龙云电告出师讨桂

〈前略〉

【南京十七日下午八时电】龙云电报因出师讨桂，令李燊留守贵阳，维持现状，一切静候中央命令。〈后略〉

《新中华报》1929 年 6 月 18 日，第 2 版

讨桂事已结束　龙云即赴贵阳

【南京十八日复旦电】湘军先遣司令陈光中，十五日攻克柳州。龙云电京：已抵昭通，即赴贵阳。

《京报》1929 年 6 月 20 日，第 2 版

两广只余善后问题　黄绍雄亦愿出洋

【十九日上海电】广州报载，黄绍雄电俞作柏："本人决出洋，所部任凭改编。"龙云宣告已到昭通。香翰屏电省："吕焕炎反正，在陆川就十五路司令职，桂平残敌不日亦可就范。讨桂军事结束，我军无驻梧必要，应否移师回防？"当局复电：饬候令返防。香筱（十七）日已返省，所部回抵都城。〈后略〉

《益世报》1929 年 6 月 20 日，第 2 版

讨桂军一部班师

香翰屏候令回防　龙云军已抵昭通

【上海十九日下午二时三十五分电】香翰屏电省："吕焕炎反正，在陆川就十五路司令职，桂平残敌不日亦可就范。讨桂军事结束，我军无驻梧必要，应否移师回防？"当局复电：饬候令返防。香筱（十七）日已返省，所部回抵都城。

【南京十八日下午六时五十分电】（迟到）湘军先遣司令陈光中删（十五日）攻克柳州。龙云电京：已抵昭通，即赴贵阳。

《新中华报》1929 年 6 月 20 日，第 2 版

龙云率师入桂讨逆

【本报二十一日下午九时四十五分广州专电】滇航空司令刘沛泉来粤，语记者：黔事由李燊主持，龙云率师入桂讨逆。

《华北日报》1929 年 6 月 22 日，第 2 版

国民政府令（十八年六月二十二日）

〈前略〉

贵州省军民各政，暂由龙云以十三路总指挥名义，援照战时办法，从权处理，此令。

第四十三军军长李燊，着即开复原职，并将从前查办处分撤销，此令。

派李仲公、何辑五驰赴贵州，会同龙云、李燊，商办贵州善后事宜，此令。

〈后略〉

《行政院公报》第 59 号，1929 年，第 1 页

明令龙云权主黔政　昨下关于黔事三要令

【本报南京二十二［日］专电】本日国府令：贵州省军民各政，暂由龙云以十三路总指挥名义援照战时办法从权处理，此令。

又令：第四十三军军长李燊，着即开复原职，并将从前查办处分撤消，此令。

派李仲公、何辑五驰赴贵州，会同龙云、李燊商办贵州善后事宜，此令。

《益世报》1929 年 6 月 23 日，第 2 版；《国府对贵州善后办法　龙云暂摄军民各政　李燊开复原有官职》，《华北日报》1929 年 6 月 23 日，第 2 版

龙云请免胡张

【复旦社南京二十一日电】 龙云电总部：请免胡若愚、张汝骥职。

《益世报》1929 年 6 月 23 日，第 3 版

胡若愚等免职查办　龙云部队向滇输送

【复旦社南京二十四日电】 总部令：胡若愚、张汝骥，着即免职查办。

【复旦社南京二十四日电】 龙云中止赴贵阳，全师由昭通开始向滇输送。〈后略〉

《益世报》1929 年 6 月 25 日，第 2 版；《龙云中止赴贵阳》，《京报》1929 年 6 月 25 日，第 2 版

柳州大战

中央军距浔仅数里；龙云派队赴柳助攻；黄、白态度仍崛强

【上海二十四日下午三时国闻社电】 港电：中央军进至距浔州数里之恕滩，桂军死守柳州，连日大战。范石生部奉调赴柳加入作战，吕焕炎皓（十九）日电李宗仁、黄绍雄、白崇禧，限二十四小时内下野出洋。俞作柏派杨鼎中赴浔州劝白下野，白未纳；黄委魏荣昌为各属民团司令，龙云派队由黔独山助攻柳州。

《新中华报》1929 年 6 月 25 日，第 2 版

龙云止赴贵阳　因胡张有侵黔企图

【南京二十五日下午五时复旦社电】 龙云因胡（若愚）、张（汝骥）

等有侵黔企图，已中止赴贵阳，即将返省。

《新中华报》1929 年 6 月 26 日，第 2 版；《西南！龙云防胡张　赖心辉被逐》，《京报》1929 年 6 月 26 日，第 2 版

国民政府训令：第二一一五号（十八年六月二十八日）

令第十三路总指挥龙云、第四十三军军长李燊：

为令行事案，准国民政府文官处函开，奉国民政府令开："贵州省军民各政，暂由龙云以十三路总指挥名义，援照战时办法，从权处理，此令。"又奉令开："第四十三军军长李燊，着即开复原职，并将从前查办处分撤销，此令。"又奉令开："派李仲公、何辑五驰赴贵州，会同龙云李燊，商办贵州善后事宜，此令。"各等因，奉此，除公布外，相应并案，录令函达，查照并转饬遵照等因；准此，除分令外，合行令仰遵照，此令。

《行政院公报》第 61 号，1929 年，第 15～16 页

蒋介石一周后可返京　电龙云指定该军入桂驻地

【南京三十日下午二时复旦电】 蒋主席电京：定一周后，即可返京。

【南京三十日下午二时电】 蒋主席电龙云：黄白诸逆，今果出亡；贵军入桂，可暂留柳州或桂林。

《新中华报》1929 年 7 月 1 日，第 2 版

滇南匪患　龙云派队往剿

【南京七月一日下午六时四十五分复旦社电】 龙云电京：滇南略有匪患，已派队往剿，本人暂驻昭东待命。

《新中华报》1929 年 7 月 3 日，第 3 版；《龙云电告云南匪患》，《益世报》2019 年 7 月 3 日，第 3 版

刘震寰在桂边活动　俞作柏电请龙云制止

【四日上海电】刘震寰派旧部旅长熊镐，在滇桂边招集散兵二千余，上月敬（二十四）由剥隘进占百色，以十路讨逆军名义，向商民筹款。俞作柏以桂事已了，曾电龙云制止。〈后略〉

《益世报》1929 年 7 月 5 日，第 2 版

胡若愚等阴谋袭滇

被龙云击败退彝良镇　损失颇重已不能再攻

【本报五日下午十二时成都专电】胡若愚、张汝骥阳言取道黔边境讨桂，阴行图滇。顷据此间官方消息，胡、张占领昭通后，正向昆明进展，适遇龙云由黔调兵返滇，胡、张势不支，现已退彝良镇，损失颇重，无再攻能力。

《华北日报》1929 年 7 月 8 日，第 2 版

周西成余部谋攻贵阳

已与李燊军接触　龙云忽主张弭战

【本报南京七日下午七时三十五分专电】据贵阳电，周西成余部谋攻贵阳，三日在昭通一带与李燊部冲突。龙云在昭通电李燊，商议军事善后，力主弭战。因此，中央对黔省府主席及省委，将缓发表。

【复旦社南京七日电】周西成余党勾结张汝骥、胡若愚、赖心辉等，再扰黔省，李燊派队迎击中。

《益世报》1929 年 7 月 8 日，第 2 版

张汝骥、胡若愚反攻　被龙云击退

李燊退往黔西　毛恩翔主黔政

【南京十二日复旦电】周西成旧部毛恩〔光，下同〕翔、犹国才等十五人联军围攻贵阳，李燊为保全实力计，七日离贵阳，赴黔西，所部均随行。毛恩翔等八日入贵阳组织临时政务维持会，推毛恩翔为主席。张汝骥、胡若愚联军犯滇，经龙云派队在昭通堵剿，已被击退，滇局甚安。

【南京十二日东方电】滇省政府有以铜锡税担保，向法国借五百万元，充整理金融说。旅京滇人大愤，于十一日开会，向国府请愿禁阻。

《京报》1929 年 7 月 14 日，第 3 版

周西成旧部入黔垣　张汝骥等联军犯滇

【复旦社南京十二日电】周西成旧部毛恩翔、犹国才等十五人，联军围攻贵阳。李燊为保全实力计，阳（七日）离贵阳赴黔西，所部均随行。毛恩翔等庚（八日）入贵阳，组织临时政务维持会，推毛恩翔为主席。又，张汝骥、胡若愚亦联军犯滇，经龙云派队在昭通堵剿，已被击退，滇局甚安。

《益世报》1929 年 7 月 14 日，第 3 版

周部再入贵阳　由于李燊、龙云内讧

【复旦社南京十三日电】黔军驻京代表谭星阁接贵阳来电如下。南京谭星阁兄鉴：龙（云）、李（燊）内哄，分道引去，全黔政务完全停顿。本军循人民之请，于支（四日）日进驻省垣，由各界公推毛光翔、卢焘、王潄芳、胡仁〈……〉等十五人，为临时政务委员，已于佳（九日）日在省就职，召集第一次会议，互推光翔为政务会主席。当已电呈中央蒋主席矣。再：滇军业由盘县退出黔境，李燊残部溃散殆尽，兹已派队前往肃清。并闻，对外各事，仍请兄全权处理为荷。毛光翔，元（十三日），印。

北平某军事机关昨接由重庆转来贵阳电讯，报告贵阳政变经过甚详，原电谓：李燊率滇军入黔，节节胜利。黄果树之役，周西成身负重伤，计胸旁、嘴部受创甚巨，畀往重庆医院就医，一时难就愈；惟外间传其已死，则非事实。周既受伤，全军败溃，李燊所部及滇军遂占领贵阳。〈后略〉

《益世报》1929 年 7 月 15 日，第 2 版

云南省城惨剧　龙云赶回解围

【云南省城十五日法国无线电】胡若愚与张若愚（译音）二氏，自去年云南乱后，即退入四川，并在该处招得军人若干。今趁龙云离滇入黔之机会，胡张二氏率带军队来攻云南省城。龙云闻讯，星夜赶回本省，以解省城之围。但于本月十三日，城中不知因何发生爆炸情事，极为惨烈，居民之因而丧命者有一千人，受伤者二千人左右，无家可归者约有五千人。法国领馆亦受损失，惟法国与越南侨民方面，至今未闻受有任何伤害。

《京报》1929 年 7 月 16 日，第 3 版

龙云报告抵滇垣

又电：龙云电蒋主席，十九日已抵省垣。逆敌向迤西溃退。代主席胡瑛，此次火药爆发事疏于防范，请示处分。

《京报》1929 年 7 月 25 日，第 2 版

龙云通电　报告滇变已平

【本市消息】龙云昨有通电到平，谓逆军张汝骥、胡若愚等，称兵犯滇，经饬部进剿，逆军伤亡极多，人械俱多损失，窜入绝地，势难再振。原电录次：

（衔略）云奉命讨逆，督师全黔，底定黔省。正拟移师入桂，乃张逆汝骥，乘虚进犯昭通。适云进次咸〔威〕宁，当即派兵驱逐，克复昭通。

因讨逆任重，随复驰抵安顺。张逆探知云已逋离滇境，乃复勾结胡若愚、孟坤两逆，再犯滇境，昭通失利，遂绕窜东川，进驻省垣。云以此等残逆，若不迅予歼灭，不惟影响大局，并且防害统一。当即统率一部，回滇清剿。筱日抵省，适值逆军窜散近郊，因于巧日饬部进剿，于碧鸡关附近激战，逆方伤亡极众，向迤西分头溃窜。当由卢［汉］、朱［旭］两师衔尾追剿，沿途截获辎重、收容溃兵甚多。逆众人械俱缺，现复窜入绝地，我方用兵力跟追。仰托中央威德，于最短期间内，不难根本肃清，永除滇省后患。谨电奉闻，诸维亮察，龙云叩。漾（二十三日）。印。

《华北日报》1929年7月29日，第3版；《龙云电告滇乱已平　张汝骥等败窜绝地》，《益世报》1929年7月29日，第2版；《龙云电告不难肃清张胡等　反攻省垣时张胡等部窜之郊外》，《京报》1929年7月29日，第3版

两个月肃清胡若愚、张汝骥等部

龙云电京报告

【南京二十九日复旦电】龙云电京，胡若愚、张汝骥等部，窜至省城近郊，当饬部于碧鸡关一带，将其攻溃，掳获二千余人，定两月前后可以肃清。

《京报》1929年7月31日，第3版；《要闻简报　滇乱须两月清》，《益世报》1929年7月31日，第3版

龙云整顿军事

规定整顿办法五条

【云南讯】滇省迭次用兵，军队有加无减，财政亦因此奇绌。今年因奉命讨逆，防击胡［若愚］、张［汝骥］，兵额更形激增，军费愈感困难，现军事虽告结束，而财政上之困难如故。

龙云深虑于此，因令所属各部队，须谋最低限度之整理，特规定整

理办法五项：（一）凡出征各部，自九月一号起所有各师旅团营连及特种兵等，一律恢复讨逆前旧有编制，以后一切应领物品，均照旧有编制发给。（二）照第一项编制溢额之官长，除由本部给委者，应由本部（十三路总指挥部）核办外，其余由该部自行给委者，应由各该部自行裁撤。（三）出征各该［部］之输送队、军事队，及其他新自成立之部队等，应由各该部自行归并。所有各该部溢额士兵，预就旧有编制，有发生缺额者，应呈由本部准予如数拨补。（四）在出征期间，各路自行派往各县募兵人员，或招安队伍者，于地方骚扰不堪，应即一并取消，以安地方。（五）各部薪饷等，应俟与省府斟酌财政状况及生活程度，再为改订，另案颁布。

滇省军事，或从此而得一切实之整顿矣。

《山东民国日报》1929年9月17日，第2版；《龙云整顿军事》，《京报》1929年9月19日，第5版；《龙云积极整顿军事》，《军事杂志》（南京）第20期，1930年，第192页

滇大捕改组派

【复旦社南京十九日电】滇驻京办事处消息：本月中，有改组派分子在省散传单，攻击王柏龄，经龙云逮捕二十余人，刻正审讯中。

《益世报》1929年10月20日，第2版

龙云通电　声讨宋哲元

【复旦社南京二十九日电】龙云通电讨逆，文曰：（衔略）均鉴：统一甫告完成，编遣正待实施，剥复有机，举国渴望。不幸外交棘手，赤俄寇边，稍有人心，宜如何激发天良，共体时艰，合力同心，安内攘外。乃改组派乘机动乱于前，宋哲元、孙良诚响应叛变于后，破坏统一，破坏编遣，以国家供孤注，为赤俄作虎伥，丧心病狂，莫此为甚。查宋、孙诸逆，原系冯玉祥爪牙，素行反复，衣钵相承，变乱无常，乃其惯技。当此

群情望治、国步艰难之会，而彼辈犹敢反动嚣张，若不急予铲除，国家前途何望。云军符忝绾，志切请缨，苟有利于党国，不恤驰驱效死。仝膺悲愤，掬泪陈词，伏祈公鉴是幸。讨逆军第十路总指挥，龙云叩，沁（二十七日）。

《益世报》1929 年 10 月 30 日，第 2 版

今日提要

一、孙逆派代表悔过输诚；二、滇省府改组，委龙云等为委员。〈后略〉

《山东民国日报》1929 年 11 月 14 日，第 2 版

中央第二零四次政治会议决议案

云南省政府改组任龙云等十三人为委员……通过民食委会组织条例及治标原则五项

【本报中央社十三日下午十二时专电】 元（十三日）晨，中央举行二零四次政治会议，出席胡汉民、赵戴文、戴传贤、叶楚伧、陈果夫、古应芬、谭延闿、孙科，由谭延闿主席。决议：（一）组织民食委员会，组织条例通过，治标原则五项通过，交国府饬主管机关议定办法。（二）加推戴传贤为外交组委员，曾养甫为经济组委员，免去薛笃弼政治报告组委员，叶楚伧准辞去所兼苏省政府职务。（三）云南省政府改组，任命龙云、胡瑛、金汉鼎、张维翰、张邦翰、周锄〔钟〕岳、卢汉、朱旭、张凤崇〔春〕、唐继麟、孙渡、缪嘉铭、龚自知为委员。

《山东民国日报》1929 年 11 月 14 日，第 2 版；《中政会决定改组滇省府　任命龙云等为委员》，《华北日报》1929 年 11 月 14 日，第 2 版；《中政会通过　任命龙云等为滇省政府委员》，《益世报》1929 年 11 月 14 日，第 2 版

国务会议　任命龙云等为滇省府委员

【本报十五日下午四时三十五分南京专电】 删（十五）日第五十一次国务会议，出席胡汉民、孙科、陈果夫、谭延闿、赵戴文、戴传贤，主席谭延闿。决议：（一）改任龙云、胡瑛、金汉鼎、张维翰、张邦翰、周钟岳、卢汉、朱旭、张凤春、唐继麟、孙渡、缪嘉铭、龚自知，为滇省府委。〈后略〉

《华北日报》1929 年 11 月 16 日，第 2 版

国民政府令（十八年十一月二十一日）

云南省政府委员龙云、范石生、胡瑛、金汉鼎、陈钧、张维翰、马骢、丁兆冠、张邦翰、孙光庭、周钟岳、卢锡荣、卢汉，均着免本职，此令。

云南省政府兼民政厅厅长丁兆冠、兼建设厅厅长张邦翰、兼教育厅厅长卢锡荣、代理云南财政厅厅长陆崇仁、云南农矿厅厅长缪嘉铭，着免本兼各职，此令。

任命龙云、胡瑛、金汉鼎、张维翰、张邦翰、周钟岳、卢汉、朱旭、张凤春、唐继麟、孙渡、缪嘉铭、龚自知，为云南省政府委员，并指定龙云为主席，此令。

《行政院公报》第 103 号，1929 年，第 25 页

云南出兵百邑　直捣桂逆后方

龙云电告誓灭叛贼

【一日广州讯】 自张发奎抵桂，勾结李宗仁，企图犯粤，中央早准备应付，除调十八师张辉缵〔瓒〕由赣南下外，连日复派大队空军，由汉源源开到，不日大张挞伐。此间为早日歼敌计，昨特由军校教育长林振雄氏，电促滇省，克日出兵百邑，直捣桂逆后方，俾逆敌得早日解决。滇省府主席龙

云，昨已复电林氏，报告已准备出兵。兹将林、龙往来电文，分录如下。

（林振雄致龙云电）龙主席勋鉴：睽违数载，驰念为劳；西望三迤，我心如捣。顷桂系新旧军阀联同张逆发奎，背叛中央，进窥粤省，此间各军同仇敌忾，誓灭此獠。敝校全体官生，亦于皓日出发，参加讨逆，剑及履及，义无反顾。我公拥护党国，精忠贯日，务请克日出师，进捣桂边，抄敌后路，以收前后夹攻之效。时局多纷，正吾辈报国之日，肃此，电陈，伏维鉴核。黄浦〔埔〕军官学校教育长林振雄叩，印。

（附录龙主席复电）国急。黄浦〔埔〕学校林教育长勋鉴：奉读马电，义愤同深。此间已准备出兵，誓灭此獠，贯澈初衷，特复希察。龙云叩，感，印。（广东）

《华北日报》1929 年 12 月 16 日，第 9 版

讨逆先遣军出动　龙云西征后回师入桂

【十日云南讯】胡若愚、张汝骥、孟坤，自图滇失败，统率残部窜往滇省西北方，盘据华坪、永北，及四川之会理、两盐各处。近日遍招土匪，勾结野酋，预备反攻滇省，响应改组派，势颇猖獗。近日龙总指挥以该逆尚在，如不先行扑灭，不足以纾中央后顾之忧，于滇省后患更甚，乃电准中央，先行出师征平胡、张，然后再率全部入桂讨逆。先本定于十二月六日出发，旋因筹备未周，刻改于十二日准定启节。随征者有第一百师张师长全部约万余人，及九十八师卢师长约七八千人，及总部随征各种部队不下三万余人云。

又讯：刻下桂系余孽，联合张发奎在粤桂极为猖獗，龙总指挥奉令征讨。刻因胡、张、孟等部尚未肃清，除龙总指挥先赴滇西，解决胡、张、孟，然后再率全部入桂。然桂事既属吃紧，特先派前四十三军师长张廷光为滇军讨逆军先遣军总指挥，统率李绍宗全部、王春山全部，就近由开［远］、广［南］、临［安］、通［海］，先行入桂讨逆，一俟先遣军达到百色之后，此间大部即继续前进云。（邓质彬十二月九号寄）

《华北日报》1929 年 12 月 29 日，第 9 版

龙云服从编遣会议

龙云顷电中央及国府云：编遣会议非特整理军事，实系国家存亡。实行以后，军政统一，军费确定，国家根本建设可迎刃而解。滇省地属边远，逼处强邻，国防所系，情势特殊。惟事关救国大计，在义不能独异，无论如何编遣，谨当唯命是听，绝对服从，追随各方同志，务期一致贯澈。

《军事杂志》（南京）第9期，1929年，第20页

龙云等响应阎锡山电

【本报五日下午十时三十分南京专电】龙云、毛光翔、刘湘，江（三日）电复阎（锡山）号（二十）电云：云聆谠论，钦佩至深，谨当共同努力，拥护中央，振导祥和，以慰群望。

《华北日报》1930年1月6日，第2版

龙云出师西征叛逆

率部四万人　集中于武定

【云南讯】龙总指挥以胡［若愚］、张［汝骥］、孟［坤］刻下窜踞滇之华［坪］永［北］、川之两盐①，勾结野酋，招纳逃匪，大有响应反动派之势。如不先行解决，一旦出师讨桂，伊又出而攻滇，发〔后〕患不堪设想。故龙总指挥一面先派张廷光为讨逆军先遣军总司令，率领李绍宗、王春山等部，即日由迤南之开［远］广［南］直趋桂之百色；龙则亲率九十八师全部、九十九师一部，及一百师全部，并第七师全部，于十二月十三日十一时由滇出发。是晨八时，滇中各机关长官、各团体代表，并中央

① 即盐源与盐边。——编者注

执行委员王代表柏龄，均往大西门外地台欢送，人民前往参观者亦不下数千人。至十一时许，龙总指挥率其警卫数百人而至。先与民众各团体代表周旋，随后再与各要人略叙离情，遂撮影，并放鞭炮甚多，始各握手而去。此次出发，闻已派定张凤春为右翼，孙渡为左翼，唐继麟为正面。统计各师出发军队及总部直属部队，不下三四万人，以武定为集中地点。预定至多不出一月，即行肃清胡、张、孟残余，即移师东指，入桂讨逆。总指挥职务，由朱师长旭代行；省政府主席，交周钟岳代理云。

《华北日报》1930 年 1 月 8 日，第 9 版

龙云等通电　共同努力拥护中央

【本报八日下午七时南京专电】国府齐（八日）接龙云、毛光翔、刘湘鱼（六日）电：党国多故，险象环生；我瞻四方，忧心如捣。顷读阎、张诸公，号日通电，主张和平统一，早息内争；拥护中央，肃清反动；一致御外，巩固国防。仁者之言，心脾悽动；天人交庆，薄海从风。云等待罪边陲，忧心国难；祇〔祗〕聆谠论，夙佩至深。万望海内贤豪、各方袍泽，共同努力，拥护中央；指导蒙昧，以慰群望。谨电陈词，诸维亮察。

《华北日报》1930 年 1 月 10 日，第 3 版

龙云肃清叛逆班师回省

胡张孟等均向木里逃窜

【云南讯】云南自胡、张、孟等反抗省府、盘踞两盐后，龙云主席即亲自出征。现已次第击溃，择于日前班师回省，通电报捷如次。

《云南新报》载：急。昆明省政府各委员、总指挥部朱代行拆均鉴：真电计达。此次逆军自盐城被我中路军击退后，当即缴械甚多。真日至退至叛海子，复被我右翼军迎头痛击，胡、张落荒而走，辎重行李及所部，几完全被虏。孟本有投诚之意，因被我军压迫太急，率队远扬，其辎重及特务营亦被截获。逆党经此重创，枪支散失于民团者约千余支，其余被我

军缴获者二千以上。综计残逆人、械不满千余，均向木里逃窜。我军为除恶起见，故除调各土司分头追击，并令木里迎头兜拿外，并派高旅率同全部及卫士大队前往木里，务获首逆，解省究办。

查逆军自盘踞两盐以来，吸髓敲骨，十室九空，结怨人民，不共戴天。沿途被人民杀死及冻饿而死者，不下千人。预料逆党纵能窜至木里，所余当更有限。至于两盐，给养既感困难，气候尤复寒冷，故于删日分别班师回滇。除刘旅仍赴永北办理善后，并防残敌内窜外，其余右翼军到达大姚、牟定待命，中路军到达武定、元谋待命。一俟总部到省后，再为分别调省。

希即分电各镇，先期筹画粮秣，以便需用。所有俘虏，除客籍者就地遣散外，滇籍者已派员率领回省。到时希即分别酌发衣服旅费，遣散回籍，决勿留用。此次逆敌倡乱，重苦边民；我军所至，莫不揭竿而起，共扫逆氛。各地民军，不下万数，既扰逆敌后方，复为我军侦察。又有羊旅分头截堵，奏效之速，有以致之。作战结果，伤亡仅十余名，为历来所未有。余何日回省，到华坪后再为定夺。总指挥龙，冬，印。（一月二十日）

《华北日报》1930 年 2 月 5 日，第 9 版

二陈将赴大河督师　陈铭枢接济龙云军饷

【上海十二日国闻电】余汉谋师抵南乡，即分兵抄永淳、横县，断敌军邕贵线联络。陈策蒸（十日）下午二时偕黔代表陈炳光等赴三水，转乘舞凤舰赴梧，陈策将与陈济棠乘坚如舰赴大河督师。陈铭枢接济龙云军饷二十万元，交刘沛泉带滇。〈后略〉

《益世报》1930 年 4 月 13 日，第 2 版

宁接济滇军子弹被扣　法政府拒绝放行

【上海十六日电通电】香港电讯：蒋介石以讨伐桂军不易奏功，特与滇省之龙云电商结果，决命滇军入桂，攻击桂军后路。故最近暗经安南，向滇

省运送多数步枪子弹。事被安南政府察悉，遂行扣留该项子弹二百箱。

又电：南京政府因暗向滇省运送□之大批步枪子弹，已被安南政府扣留，极为狼狈。近虽极力向安南政府沟通，俾准予放行，但闻已被法国方面拒绝云。

《益世报》1930年4月17日，第2版；《蒋介石接济滇军子弹被扣》，《新天津》1930年4月17日，第3版

云贵联合剿匪　龙云、毛光翔协议

某机关消息：云南主席龙云、贵州主席毛光翔，以云贵毗连之处，高山峻谷，土匪出没无常，特电商联合防制，两省驻军取共同行动，以免有此剿彼窜之虞云。

《京报》1930年4月21日，第3版；《云贵联合剿匪　两省军队取共同行动》，《新天津》1930年4月21日，第2版

龙云击溃李明瑞、俞作柏残部

【上海廿四日电】龙云电粤：李明瑞、俞作柏残部由百色窜富川，经截击，缴械千余，残部逃安南边境。(国)

《新天津》1930年4月25日，第2版

陈济棠赴梧　桂战又紧

【上海三日复旦电】龙云部已抵百色，向邕推进；陈济棠决向大河急攻，夹击桂军。陈冬（二日）函广州市长林云陔，请转告粤领团，通知邕、柳、桂平间外籍侨商，一律离境暂避，以四星期为限，桂省将发生大战。又，陈济棠因军事紧急，冬（二日）午二时启行，赴三水转梧，蔡廷楷〔锴〕、蒋光鼐、余汉谋三师集中容县北流。〈后略〉

《益世报》1930年5月4日，第2版

川军集中夔州　黔军龙云一部驻思南

【汉口电讯】吴佩孚到万县后，川联军集中夔州者达六万，由军长李其相率领（李为前敌总指挥），刘湘正筹备后方。连日巫山峡一带之小火轮，均被征发，纷纷向下游出动，前军已过巴东，日内即可进抵宜昌。开驻宜之鄂军为夏斗寅部约一团，暗中似有与川军联络形势，一俟川军抵宜分布就绪，吴即入驻湖北，对双方或有正式表示云云。黔军龙云亦有一部进驻思南，相机入鄂。

《新天津》1930 年 6 月 7 日，第 3 版

陈济棠与陈铭枢破裂

俟陈部离粤即宣布反蒋；龙云现已中止出兵入桂

〈前略〉龙云因桂局解决，中止出兵入桂。〈后略〉

《京报》1930 年 6 月 8 日，第 2 版

宁军水陆援湘

【上海七日复旦电】港电：蒋光鼐、蔡廷锴、李扬敬三师迫近衡阳，协助鄂、湘军；蒋光鼐之张旅微（五日）由郴进耒阳，阳（七日）可到。蔡廷锴师鱼（六日）续进，各师兵站分监，定阳（七日）由韶移坪石。李扬敬师已抵坪，向衡急进。龙云因桂局解决，中止出兵入桂。〈后略〉

《益世报》1930 年 6 月 8 日，第 2 版

龙云独立　黔桂亦反蒋

【上海十日电】龙云已宣布独立，脱离宁政府，与讨蒋军合作。贵州、

广西两省，亦与龙云取同一态度，加入讨蒋工作云。

《新天津》1930 年 6 月 11 日，第 2 版

龙云派员即到粤

〈前略〉又电：龙云委冯冀为军事联络专员，不日到粤。〈后略〉

《京报》1930 年 6 月 23 日，第 3 版

张发奎拟入川　香港有此传说

【上海十一日国闻电】（一）港传张发奎拟商假道黔境入川。（二）陈铭枢派谭达仑代表入京，请示机宜，已启行。（三）龙云委黄飞任桂南别动队指挥，黄在龙州就职。（四）蒋□（九日）电港：嘉勉蒋光鼐、蔡廷楷〔锴〕、李扬敬，并谓蒋光鼐屡建奇勋，宜膺专阃，当令专任一路。〈后略〉

《益世报》1930 年 7 月 12 日，第 2 版；《龙云回桂》，《新天津》1930 年 7 月 12 日，第 2 版

入桂之滇军　专为售卖烟土

【香港二十八日电】滇军龙云部此次入桂，带有大批烟土，价值三百万元，兵士亦各带数十两。滇军似专为售卖烟土而来，无意作战。

《新天津》1930 年 7 月 29 日，第 2 版

李宗仁派代表来平联络军事

吕竞存等昨抵平发表谈话

第一方面军总司令李宗仁特派吕竞存、温挺修及□某三人北来，报告军务，接洽一切。〈中略〉

八月初，闻滇军奉蒋令，由卢汉率领号称三师之军队（实不过六千，枪万余）由百色新州出动。事前，滇主席龙云有代表到梧，说明其出兵目的：一为蒋［介石］、陈［济棠］曾给以重金，迭促滇省出兵；二因滇境困苦万状，纸币充斥，每八元换现洋一元，且云南大宗土产，无处出售。李总司令以云南为广西邻省，可合占之可能，对龙之举动，允为默契。滇军路〔兵〕分两路前进，一由龙州入滇安（桂滇交界处），一路入北梅（桂滇交界处，又名为雅片路）。是时，蒋复重新规定：滇军取南宁，桂军攻柳州，湘军入梧州。滇军以我军新由湖南退回后，复受夹击，亦大为心动，遂向南宁前进，嗣闻湘、粤两军后退，亦向后撤回。近闻滇军已与我军妥协矣。

刻下，平南、昭平以上，已无敌军踪迹。我军现正整顿补充，从新编组，一俟钧项有着，即可复出湖北，再入长江。李总司令刻在柳州，白（崇禧）、黄（绍雄）、张（发奎）等时往来柳桂之间；前敌总指挥部参谋处长王泽民，刻因丧由桂返沪。予等此来，系向阎［锡山］、冯［玉祥］总副司令报告第一方面军近况，日内即行赴郑、汴并各处，或将暂驻该处，担任军事联络云。

《益世报》1930 年 9 月 5 日，第 2 版

桂军退滇边　在百色一带与龙云师开火

【上海二十八日电】梧讯：张发奎、白崇禧率大部退滇边，如和平条约不妥，即入滇境。现该军已退至百色，已与龙云师接触。陈济棠派大军追击，邕宁刻在严密包围中，即将轰炸。〈后略〉

《新天津》1930 年 11 月 29 日，第 2 版

张发奎、白崇禧退滇边　龙云加调滇军入桂

【上海二十九日上午零时本报专电】龙云加调张逄〔凤〕春师入桂助战，张桂军四千余由张发奎率攻百色，只留千余协同民团守邕。〈中略〉

【上海二十八日国闻社电】 梧讯：张发奎、白崇禧率大部退滇边，如和平条件不妥，即入滇境。

《华北日报》1930 年 11 月 29 日，第 2 版

滇军发生反龙之变　龙调入桂军队回滇

【上海二日国闻社电】 滇军吴学显、李绍忠等，在迤南通电反龙云，迎唐继虞回滇。龙派张［凤春］奉是师讨吴，张抵迤后，与吴沟通。龙现调入桂滇军回滇。〈后略〉

《益世报》1930 年 12 月 3 日，第 2 版；《滇军发生变化　吴学显等反龙迎唐　龙云调回入桂滇军》，《华北日报》1930 年 12 月 3 日，第 2 版；《滇军反龙迎唐　龙云调回入桂军队回滇》，《京报》1930 年 12 月 3 日，第 2 版

桂军三路攻云南

【香港四日电】 桂军分三路进攻云南，白崇禧任第一路，张发奎任第二路，李宗仁任第三路。龙云率军赴蒙自一带抵御，并电黔省毛［光翔］主席求援。

《新天津》1930 年 12 月 5 日，第 2 版

财宋电龙云　滇关税减征办法准展期

【南京二十二日下午十时专电】 财宋电滇主席龙云，滇省关税减征办法，准再展限至明年四月底止，惟须于本年内取消入口货捐，以维税制。

《益世报》1930 年 12 月 23 日，第 2 版

云南战事激烈

龙云战争不利；张李请汪精卫入滇；蒋召开紧急会议令陈济棠速往应援

【香港二十九日电】张发奎率兵入滇，已由百色进至昆明，连日在昆明与龙云军激战。龙军失利，有已退出昆明之说。张（发奎）、李（宗仁）近电香港汪精卫，请速入滇，主持一切。

【又南京二十九日电】国府得云南龙云失利之讯，蒋（介石）今晚（二十九日）在总部召何应钦、胡汉民等会商应付之策，除电令云龙尽力防御外，并令第八军陈济棠及贵州主席毛光翔，速派劲旅，前往应援云。

《新天津》1930 年 12 月 30 日，第 2 版

张发奎仍图滇

粤汉车匪掳乘客尚无下落

【上海二十九日国闻电】港电：〈……〉张发奎部在恩隆与唐继虞、胡若愚残部联合谋窥滇。粤军对桂军投诚决容纳，对张发奎部仍请中央澈底解决。

（另一消息）滇主席龙云，本无巨大兵力，其所以得任主席，系因张汝骥部归降，迫张出走，致得乘机攫取，故中央令其攻桂，辄依违不敢急进。现张桂军失败，有攻取云南作根据地之意，故龙氏近来大为恐慌，正派遣代表与张桂磋商和解云。

《益世报》1930 年 12 月 30 日，第 2 版

国府命令（国民政府二十年一月一日令）

（一）国家欣逢履端之庆，眷维党国宣力之贤——张学良、何应钦、朱培德、杨树庄，特锡荣褒，用彰丕绩，此令。

（二）国家绥疆戡乱，端赖群材，禀总理之遗谟，作干城于党国，胜残除暴，聿著勋勤，庆洽履端，宜颁懋奖。刘峙、韩复榘、何成濬、陈调元、王金钰、朱绍良、陈济棠、徐源泉、王树常、于学忠、贺耀祖、杨杰、陈绍宽、沈鸿烈、张作相、顾祝同、蒋鼎文、王均、冯轶裴、张治中、陈铭枢、张惠长、贺国光、俞飞鹏、谷正伦、杨虎城、夏斗寅，着晋给一等宝鼎章。刘湘，着给予一等宝鼎章。蒋光鼐、刘茂恩、马鸿逵、陈策、陈诚、蔡廷锴、范熙绩、陈继承、赵观涛、毛炳文、杨胜治、香翰屏、李扬敬、余汉谋、黄秉衡、陈季良、谭道源，着晋给二等宝鼎章。鲁涤平、龙云、张钫、上官云相、孙桐萱、曹福林、毛光翔、徐庭瑶、萧之楚、郝梦龄、周骏彦、陈仪、李鸣钟、刘镇华、张之江，着给予二等宝鼎章。李韫珩、曾以鼎、陈训咏，着晋给三等宝鼎章。叶开鑫、胡宗南、胡祖玉、金汉鼎、钱大钧、谷良民、李云杰、许克祥、韩德勤、阮肇昌、刘和鼎、戴戟、阮勋、徐鹏云、武定麟、岳维峻、蒋锄欧、钱宗泽、何竞武、俞济时、林蔚、邱炜、王伦、张砺生，着给予三等宝鼎章，以示酬庸锡羡之至意，此令。

《益世报》1931 年 1 月 7 日，第 3 版

总部接济龙云　枪炮由沪运滇

【上海二十三日上午零时四十分本报专电】总部发龙云部大炮十二尊，机枪二十架，枪炮弹二三四零箱，漾（二十三）由沪运海防转滇，已商法假道。

《华北日报》1931 年 1 月 23 日，第 2 版

朱旭电龙云　请辞师长

〈前略〉

朱师长电请辞职：

急。云南主席龙钧鉴：职猥以疏庸，侧身戎伍。溯自武校毕业，十年

以还，久隶帡幪，常亲训诲，以故身与大小各战役，无不仰赖德威，所向成戎，屡荷提携，忝领师旅，感恩图报，敢忘所有！前者奉令出师，职部亦得与其事，方欣可竭驽骀，上报知遇，并誓于最短期间，扫除桂逆，籍释中央后顾之忧。乃力不如志，事与心违，师出未久，便尔引还。缅怀尽责，惶悚无地，抵达一日，即于元电乞请惩处。嗣奉钧坐皓电，不加罪谴，更复责以大会，身非木石，敢不力贾余勇，再效棉薄。

惟是职历年于役，疾病满身。客岁严父见背，已伤游子之心；此日慈母倚闾，难忘陈情之愿。是以不避斧钺，冒渎再呈，拟恳准予辞职，俾得归里奉亲，承菽水之欢，安心疗疾，藉省以往之咎。若他日边疆有警，仍愿负驽前驱，再效犬马之力。迫切陈词，伏维鉴察。职朱旭叩，江，印。（邓质彬，一月八号寄）

《京报》1931 年 1 月 30 日，第 5 版

龙云辞滇主席出走说

各将领召集会议商善后办法；川纠纷益甚，杨森愿武装调停

【路透社消息】云南于不久以前发生纠纷，及上星期而达极点，缘该省主席龙云，与省内四主要将领不协，遂于本月十一日辞职，翌日即离省城他去。省府事务，现暂由负责各厅维持，以待各将领所召集之军事会议解决。闻各将领所以出此，系因反抗编遣云。又中国西部方面，目下颇似在一般的不安状态中，因除滇事外，四川各派将领间，亦有若干纷扰。刘氏叔侄（按：系指刘文辉、刘湘）与其他大部川将领间，形势似极紧张，小冲突已发生数次，邓锡侯及杨森等，恐亦不免卷入漩涡云。〈后略〉

《京报》1931 年 3 月 17 日，第 2 版

四将领龃龉　请龙云复职

【路透社消息】滇省形势，仍属混乱。四将领逼迫主席龙云，于本月

十二日辞职出走后，对于新省府之组织，意见不能一致，故又请龙云回任云。

《京报》1931 年 3 月 19 日，第 2 版

龙云将到港说　分向粤宁请愿

【上海十九日国闻电】港电：龙云被迫下野后，已赴安南，将到港，分向中央及粤当局请愿。

【路透社消息】据华人方面所接最近云南省城来电，滇省除龙云与四将领间，在省垣发生纠纷外，西南省境民团，约有二万人哗变，彼等均有武装，赞成唐继虞复职。民团之一部分，拟占领滇越铁路，其他则由昆阳进取昆明，并发出通电，痛斥龙云，赞成唐继虞回任省府主席云。

《京报》1931 年 3 月 20 日，第 2 版

滇变龙云被迫下野出走　将向中央及粤当局请愿

【上海十九日下午二时专电】港电：龙云被迫下野后，已赴安南，将到港，分向中央及粤当局请愿。

【大北社讯】英使方面得云南确息：滇省政变未成，龙云又受一部分人拥护复职，惟须依条件分配滇省府要职，及各地征收机关，须由军队中保人。龙不允，仍请退，但有人监视其不许退云。

《益世报》1931 年 3 月 20 日，第 2 版

龙云电告滇事不生问题　编遣无困难

【南京二十日下午九时专电】龙云皓（十九）电京，称编遣无困难，将领中有不明政治者，轻发议论，但稍事整饬，不致生问题。

《益世报》1931 年 3 月 21 日，第 3 版

滇局混沌　龙云电京积极负责

各将领不明政治现在整顿中；外讯则谓滇事与桂派有关说

【南京二十日下午七时本报专电】滇主席龙云，十九日电京，前拟请假回昭化〔通〕，因军民挽留中止。编遣事办理无困难，昨以将领中有对政治不甚明了，轻发议论者，稍事整顿，不至生何问题，仍当根据中央意旨。

某国使馆接昆明来电报告，滇省政变后，主席龙云被迫出走。反龙派与张桂军有接洽，惟实力远逊龙派，龙复回驻昆明城外某古刹内，有卫队一营。滇局依然陷于混沌状态，龙亦无力统一全部。

【路透社消息】关于滇省之政治情形，闻系约当一星期之前，有军官八人，被起事之四师长逐出省垣。除省府主席龙云之外，尚有高等法院院长及外交特派员。但彼等离省之后，各师长间又不能一致，因是三师长亦乘飞机出走，追逐龙云之后，赶上后，劝之回省，重任主席之职云。

【香港十九日电通电】滇省府主席龙云出走原因，一系由于唐继虞与各师长成立联络，二系由于白崇禧、李宗仁、张发奎等桂系将领，与滇省各师长互通声气，因之龙氏遂至被迫离职。

《京报》1931 年 3 月 21 日，第 2 版

龙云卷土重来　滇局依然陷于混沌状态

【平讯】据某国使馆接昆明来电报告，滇省政变后，主席龙云被迫出走，反龙派与张桂军有接洽，惟实力远逊龙派，龙复回驻昆明城外某古刹内，有卫队一营。滇局依然陷于混沌状态，龙亦无力统一全部。

【香港二十日新联电】滇主席龙云之出走，传系因亡命中之唐继虞、胡若愚等夙有所策动，现得桂派领袖李宗仁、白崇禧、张发奎之后援而发动，遂至驱龙出滇。滇军有力师旅长与桂派夙有联络，久处失意状态之桂派，将利用滇省政变，合两粤、云贵与四川，而结成“西南五省大同盟”。

龙之出走，殆为桂派计画之发端，其开展如何，极为各方所重视。

《新天津》1931 年 3 月 21 日，第 3 版

龙云前日有电到京　滇政变不确

将领中有举动失宜者　稍事惩处已平静无事

【南京二十日下午九时三十分本报专电】滇省府主席龙云，皓（十九）电京，致其驻京李代表，文云：云前拟请假回籍，现已中止，编遣事办理并无困难，昨以将领中有对于政治不甚明了，轻发议论者，故稍事整饬，不至生何问题，仍当仰体中央意旨，妥慎办理。

【上海二十一日上午零时五十分本报专电】龙云驻港代表得龙电：云请假回籍事中止，筱（十七）已返省。滇中诸将领举动失宜，业经稍事惩处，已平静无事。

《华北日报》1931 年 3 月 21 日，第 2 版

龙云仍主滇政

【南京二十二日专电】某方消息，滇事变无重要原因，龙云已返昆明主政。蒋电卢汉、朱旭、张冲各部遵令编遣外，并电龙云速将编遣情形详报。

《新天津》1931 年 3 月 23 日，第 2 版

蒋电滇将领　须遵中央明令实施编遣

并电勉龙云安心奉职　滇将领唾弃唐继尧余孽

【南京二十二日下午十一时十五分本报专电】蒋主席养（二十二）电饬卢汉、朱旭、张冲各部，仍遵照中央文（十二）令实行编遣。又致电龙云：速将编遣情形详报中央，并勉以安心处理省政。

【上海二十三日上午一时三十分本报专电】滇将领卢汉、朱旭、张凤春、张冲等，皓（十九）电旅粤滇人，谓滇变系唐继尧余孽捣乱，张维翰

引用唐氏宵小为爪牙，孙渡挑拨军队，同恶相济，已电请中央澈查。龙公功在党国，与汉等久共患难，誓当竭诚拥护。

【南京二十二日下午八时三十分本报专电】某方息，滇事变无甚重要，因龙云已返昆明主政。蒋主席除电卢汉、朱旭、张冲各部遵令编遣外，并电速将编遣情形详报中央。

《华北日报》1931年3月23日，第2版

滇变并无主要原因　蒋电令各部队遵令编遣

【南京二十三日下午八时三十分专电】某方息，滇事变无重要原因，因龙云已返昆明主政。蒋除电卢汉、朱旭、张冲各部遵令编遣外，并电龙速将编遣情形详报中央。

《益世报》1931年3月24日，第2版

滇局已告平静

【南京二十五日本报专电】龙云电京：回省后已平静无事；省府各事，已电中央请示办法。

《新天津》1931年3月26日，第2版

龙云已返省维持政务

各部队编遣发生误会并无他因；蒋主席已令各部遵令实行编遣

【南京二十五日下午九时专电】龙云哿（二十日）电蒋：遵元（十三）电于筱（十七）回省；四师长越权渎职，实属荒谬。恳先予诰诫，以维纪律，至该师长等行为非是，其所指挥各员应如何办理，统俟另呈。

【本市消息】日来外间盛传云南事变，言之凿凿，似真有一天大风云者。昨据熟悉滇省政情者谈，此次事变，纯系滇军卢汉、朱旭、张冲各部对编遣部队，彼此发生误会，并无其他重要原因，如外间所传之甚。至滇

省府主席龙云，前向中央请假一月，往离昆明五十里之古庙休养，嗣经中央电复，未准请假，龙云现已返回昆明维持政务。日前，蒋主席亦以此事为外间所关切，特于近日除电饬卢汉、朱旭、张冲各部，仍遵照中央明令实行编遣外，又致电龙云，速将编遣情形详报中央，并安心处理省政。故滇省事变，实不成多大问题，约于日内即可平息云。

《益世报》1931年3月26日，第2版；《龙云电告回省　请告诫四师长》，《京报》1931年3月26日，第3版；《滇事即将平息　龙云请假未准　遵令实行编遣》，《通问报》第11号，1931年，第15页；《龙云电告回滇　四师长越权渎职先予告诫》，《华北日报》1931年3月26日，第2版

龙云复返昆明

关于云南政局，据闻在旬日前，云南省重要官吏八人，为四师长所迫而离省城出奔。出奔官吏中，除主席龙云外，有法院院长、市长及外交专员等。彼等出奔后，四师长间又不能一致合作，因此有三师长乘飞机追龙云，后追及龙氏，劝其再返省城，龙氏又重握省政。

但据某国使馆接昆明来电报告，滇省政变后，主席龙云被迫出走，反龙派与张桂军有接洽，惟实力远逊龙派，龙复回，驻昆明城外某古刹内，有卫队一营。滇局依然陷于混沌状态，龙亦无方统一全部。

【二十日京电】府讯：龙云皓（十九日）电京代表李培天，称龙“前拟请假回本籍，因军民挽留中止；编遣事办理并无困难，昨以将领中有对于政治不甚明了，轻发议论者，故稍事整饬，不致生何问题。仍当仰体中央意旨，妥慎办理”等语。据此，滇局似又转趋平定欤！

《国闻周报》第8卷第12期，1931年，第5页

龙云返省已平靖无事

省府各事已电中央请示办法；李培天谈此事事变经过

【南京二十六日下午八时二十分专电】龙云电京，回省后已平靖无事，

省府各事，已电中央请示办法。

【南京特约通信】记者昨晤云南省府驻京办事处处长李培天，询以此次纠纷经过情形及中央处理之办法，兹志所谈如次。

纠纷起因

去岁讨桂之役，滇军奉中央命，开赴广西参加作战，旋因军事结束，各师陆续撤回云南驻防。上月，主席龙云电总指挥卢汉督同朱旭、张冲各师长实行编遣，汰弱留强。朱旭、张冲因所部裁汰过多，意颇不惬。龙主席亦深知此意，特电召卢汉、张冲、朱旭等赴昆明，商平衡办法。

彼此误会

张冲因在广南，故未返省，仅卢汉、张冲[①]应召抵昆。龙当请卢将所部提出二团分配朱、张，卢对此事误会龙对本人不满，而卢尤以此次督师入桂，厥著勋劳，所部编遣，虽较其他各师多留二团，亦属一种极普通事，并误会龙偏袒张、朱；而朱、张复以卢汉与龙有戚谊关系，又误会龙云偏袒卢汉。一般政客，遂从中大□其挑拨离间，至演成龙主席左右助人难之环境。

卢电中央

龙氏离省后，卢汉遂借朱旭、张冲、张凤春等名义，电□中央，报告此次纠纷原因，谓因省府委员中某某等，均系唐继尧余党，要求龙主席分别撤换，而对编遣事则未提及。实则张凤春、张冲，尚远在广南，并未同意列名也。

中央处置

中央接到卢汉等电报后，蒋主席即召予赴总部详询一切。经一一陈述，蒋主席对此事非常明了。当由国府一面电四师长，严令服从命令，制止轨外行动；一面电令龙主席，迅速返省主持，以免奸人乘间活动。

---

① 应为朱旭。——编者注

龙云返省

卢汉等接到中央电令后，知此事非龙回省，不能解决。同时，昆明政、商、学各界及全体人民，亦因龙离省后，群龙无首，深恐发生意外事故，当联合派代表探明龙之住址后，即前往欢迎。龙因遵奉中央电令及人民请求，遂于十七日返省主持政务。所有以前纠纷已告一段落，编遣事决照公平办法办理，不至发生何问题云。

《益世报》1931 年 3 月 27 日，第 2 版

龙云参谋长到港

被卢汉扣留；朱旭潜行放出；马子良在宜良；张维翰失踪

【上海二十七日国闻电】龙云参谋长孙渡，有（二十五日）抵港，言蒸（十日）夜被卢汉约到张逢〔凤〕春司令部会议，即被扣留；真（十一日）被押往宜良，欲枪毙，得张发奎及朱旭缓颊始免。后朱、张乘卢回柳〔昆〕明，潜行放出，得逃海防来港。同被扣留之马子良尚在宜良，张维翰踪迹未明。

《益世报》1931 年 3 月 28 日，第 2 版；《龙云参谋长得张发奎援救 张维翰尚无下落》，《京报》1931 年 3 月 28 日，第 2 版

云南政变　龙云去来之经过（上）

各师长因不满意缩编赴宜良会议；龙云挈眷出走，卢汉等又亲身迎回

【云南通讯】本省顷因改编部队，训练新军，致演龙主席出走昭通之现象。今述此次事变于下：

事变主因

第十路军讨桂旋滇，龙于三月六日在省府召集军政要人开会协商要政，所得结果，并未公开，只有军事方面，决议缩编为七师，各师长皆不

满意，被裁军官，尤为不甘，难免不怂恿各师长，以求出路，此其一。龙主席起用于唐氏有关之人员甚多，为各师长所反对，此其二。唐继虞在香港，运动回滇甚烈，唐继麟亦欲攫取教导团，以为内应；其他宵小，高踞要津，营私舞弊，政治紊乱，此其三。故遂演成此次之巨变。

师长离省

三月十一日，九十八师师长卢汉、九十九师师长朱旭、一百师师长张凤春、一百零一师师长张冲，各带特务连，乘火车赴宜良会议，临行将龙委兼总参谋长孙渡及禁烟局长马为麟二人一并带往。十一、十二两日，由省到阿迷之火车，禁售客票。四师长赴宜良时，系乘专车四辆，于十一日上午七时启身，至十一时抵宜，驻城内法明寺。

标语布告

各师出发后，昆明市内各街紧要处，皆贴有各师标语三条：（一）各师官兵，一致团结起来，始终拥护龙主席，服从中央命令。（二）驱逐宵小，铲除唐氏余孽。（三）全体人民，各安生业，勿自惊惶。

又第一百师兼省会警备司令张凤春亦出布告云：刻因本省军政重要事件，本兼司令官与卢、朱、张各师长，出省会商办法。所有省会治安，已责由何副师长世雄，督饬宪警，妥为维持。凡军民人等，务各安生理，勿得自相惊扰。倘有妄造谣言及扰乱治安者，一经查觉，即以军法从事，决不姑宽。合行布告，其各一体凛遵，切切此布。

各师长未离省之先，曾托全省通志馆主任周钟岳、兼农矿厅长缪嘉铭、教育厅长龚自知、富滇银行会办杨文清四人，代为陈报龙主席，说明各师长此次赴宜，并无他意，对于主席，始终拥护云。

主席出走

龙主席月前曾有回籍（昭通）修墓之意，本日据报之后，立即饬令随从军士，须备行装，即欲出发，各省委各机关长官及省市党务指委闻讯，即于上午十时赶到省府（因主席修理公馆，全家移住省府）。谒见主席，陈明省中治安重要，一致挽留，请勿离省他去。但主席去志甚坚，未能容纳，各代表乃退出，至午后□时，全城人心惶惶，百物涨价。

各界公民及各团体代表八十余人，闻主席决定起身之说，遂齐集省党部商议，前往省府挽留。行至省府大门口，见缪、龚两厅长及杨会办，均伫立门口，被卫兵挡驾。继得值日副官传报，李副官长鸿谟许可，乃相率而入。至副官处，请副官长转报主席，请求赐见。因主席通宵未眠，乃派李副官长代表接见，对各代表宣布主席意见。对于各界父老、公民代表之挽留，非常感谢，只以回昭修墓，早有决心，今日有此机会，决定回里一行。各位挽留一节，实难照办，尚祈谅之等语。各代表闻听之下，知主席不肯打消行意，再请托李副官长陈报，均不得要领，遂怅然而出。

电询意见

当即推出代表二人，会同省、市指委共五人，前往宜良，向各师长传达各界公民之意旨。一面先拍急电至宜良，询问各师长意见，其电文云：万急。宜良卢前敌总指挥，及朱、张、张各位师长钧鉴：公等走后，主席准备本晚只身回昭，意极坚决。各界挽留，亦无效果，又拒不见人。现人心惶惶，治安岌岌可危，务望以大局为重。公等意见如何，盼速电复。省党指委会及各民众团体叩，真，印。

是日各要人寓所，俱有卫兵把守，省府亦加派双重卫兵云。

赴宜结果

十一日下午五时，各界代表由省府退出后，又在省党部会议。除议决公推代表起草公呈，挽留龙主席，并拍电宜良，询明真意外，复推代表即日起程赴宜。各代表即于十一日午后六时，乘坐滇越专车出发，至午后九时半始抵宜良车站，由公安局派警持灯引导，至十时抵宜城，城门已下锁。由卫兵传达后，方得开城，引入法明寺各师驻节处，由各师长延见。

各代表详述来意，询问意见，当由卢师长说明此次出省有不得已之苦衷，及始终拥护主席之诚意。张师长凤春亦表示，四个师长之态度，始终一致。至离省后对军政问题，暨驱逐宵小等项，已先于本日午后五时，专电呈报主席，并有致各团体一电，请代为带省，转致各界，电中所言（电文另录于后），期能办到。至于主席方面，无论如何，均请各界竭力劝阻，勿使高蹈云。

谈至夜间二时，各代表因专车在站，升火待发，乃辞别返省，各师长派随行送至城外。各代表由宜启程时，已夜间二时半矣。

《京报》1931年3月31日，第5版

云南政变　龙云去来之经过（下）

各师长因不满意缩编赴宜良会议；龙云挈眷出走，卢汉等又亲身迎回

至十二日晨，各代表抵省，已是上午五时半。时省中各界代表百余人，皆齐候于省府大门外，由省党指委陈玉科入府谒见主席，报告各代表赴宜询问各师长之情形，及各师长一致挽留主席之诚意。其余赴宜代表，则将情形报告省中各界，兹将各师长复各团体之电录后：军急。云南省党务指导委员会及各民众团体均鉴：真电诵悉。汉等随从主座，奔驰有年，竭诚拥护，誓矢靡他。近因曲徇私情，竟被宵小蒙蔽，迫不得已，同齐出走，一切情形，曾请周惺甫（钟岳）先生，缪、龚两委员及杨会办，代为转陈。我主座爱滇情殷，慨蒙许纳，汉等均具良知，敢负初衷？务望各指导委员及各界诸公，坚词挽留，体念时艰。若不获请，汉等负罪滋多，只有同齐退休，海外远游，不愿再闻。谨此布复，尚希亮察。卢汉、朱旭、张凤春、张冲同叩，真，印。

龙氏离省

十二日上午六时，各代表百余人，齐集大营门，见有汽车五辆，直至十二时，龙主席始由省府而出。当由各代表上前，致述各界公民挽留之至诚，请主席体念民情，切勿高蹈。主席立即对各代表演说十数分钟，大意谓回家修墓，事在必行，所有行装，均已预备，实难停留。言毕，遂偕其夫人李培莲女士、男女公子及李副官长鸿谟（希尧）同上汽车，开足马力，由马市口出大南门，直向大板桥驰去。是日同行者除李副官长而外，仅带眷属及随从十二名，皆备大小快枪、缅刀，共搭汽车二辆。另有行李

车二辆，装载简单行李，先后开走。

至于沿途保护之部队，则有总部卫士大队之一中队，已先行出省等候。主席临行时，出有布告一张，其文如下：“讨逆军第十路总指挥部、云南省政府为布告事：照得刻因本兼主席回籍省亲，所有省会治安及总部省府一切事务，由各主管机关负责办理。除电中央请假外，为此布告军民人等，一体周知，此布。兼主席龙云，三月十二日。”

继又有宪兵司令部、警备司令部、昆明市政府三处，会衔布告安民，其词意与警备部所出者相同，兹不赘述。主席离省后，各界代表遂于午后一时，在省党部组各界联合会，开会议决。以为主席离省后，省会治安甚为重要，当即公推省党指委陈玉科及各界代表八人于午后三时，又搭专车赴宜良，敦促各师长迅速返省主持云。

师长通电

十三日，省中各机关各团体接到各师长之联名通电，详述此次事变之原因，兹录于下：

（衔略）吾滇自唐继尧秉政，任用非人，营私罔利，并敢勾结军阀，反对先总理主义，以致穷兵黩武，民穷财尽。全省军民，不堪言苦，乃有十六年二月六日之改革。讵意“二六”之役，除恶未尽，王洁修等乘机挑拨，复演“六一四”胡张之变。逮及前年，本军正事讨逆，而孟坤胡〔忽〕焉叛变，并勾结张逆汝骥，妨碍后方，此皆唐氏余孽足以祸滇之明证也。

今者胡、张、孟等，确已先后消灭，而唐继鳞、张维翰（省委兼民政厅长）、孙渡（省委兼总参谋长）等，仍系唐氏余孽。政府以其有一技之长，不忍令其闲散，乃量予位置，俾得力图建树。讵意该余孽等罔知悛悔，结党营私，乘唐继虞勾结改组派反□之际，其弟唐继鳞营谋练兵（省委兼教导团副团长），意图攫取军权，以资内应；张维翰则引用唐氏著名宵小，以为爪牙（如徐之琛、张祖荫）；孙渡则挑拨军队，离散兵心；马为麟（禁烟总局长）把持禁烟，营私舞弊。其他如郭玉銮（军务处长）、袁昌荣（军械局长）、屠开宗（高等法院长）、张祖荫（昆明市长）等余孽，无不窃据要津，暗图复辟。似此同恶相济，非特流毒滇省，抑且危害党国。

汉等忝负国家委任（各师长皆兼省委），并为滇民依托，心所谓危，难安缄默，当于三月文日，电请国民政府及省主席龙公，澈查究办在案。诸公领袖群伦，代表民众，对于该唐继鳞等之大奸巨慝，知之尤确。尚望群起呼吁，一致主张，俾唐氏余孽根本肃清，庶滇中隐患彻底铲除，民众幸甚！全滇幸甚！主席龙公，功在党国，与汉等久共生死，誓当竭诚拥戴，之死靡他。诚恐外界不明真相，误会频生，尚祈详加解释，以息谣诼而释群疑。一俟诸恶铲除，本案结束，汉等自当束身省门，负荆请罪，以谢越权强谏之愆。谨电奉闻，伏维垂察，并望时锡嘉谟，俾匡不逮，勿任企祷。卢汉、朱旭、张凤春、张冲同叩，文，印。

龙氏回省

十三日晚九时，四师长应各代表之请，一同回省。至于孙渡，则在宜良，由各师长凑给滇币二万一千元，令其即于十三日乘下行火车，出洋留学，并派人护送出河口，以后并允接济款项。马为□〔麟〕则带至省城，拘于警备司令部内。至于民政厅长张维翰、教导副团长唐继鳞、军械局长袁昌荣、昆明市长张祖荫、高等法院院长屠开宗等，均已于十二日纷纷辞职，事务交由所属代理。

各师长及各民众代表回省后，于十四日早磋商，仍公推代表四人，及卢、朱、张（冲）三师长，亲乘飞机，赶往寻甸县，以待主席。至十四日午，主席驾到，由各师长、各代表一齐挽留，请勿回籍，说明此次强谏及拥戴之□〔诚〕，并行谢罪，主席方允回驾，主持省政。省中接报，订于三月十七日十二时，在南门外古幢公园，欢迎龙主席入省。一场风波，遂告平息云。（三月十六日）

《京报》1931 年 4 月 1 日，第 3 版

龙云又离省说　四师长消泥意见

【广州五日电通电】昆明电讯：滇省主席龙云，虽曾乘所部四师长意见不一之机，于三月底折回昆明，照常视事。但旋即因判明四师长已一致

采取反对态度，并开始进行，而复于三月三十一日晚出省。至是滇局遂又一变，由反对派所盘据。

《京报》1931 年 4 月 7 日，第 3 版

龙云电京愿率兵讨达赖

【本报南京十六日下午十时四十五分专电】〈前略〉又电，龙云电京：康藏纠纷，达赖甘受英帝国主义驱使，肆行无忌，非讨伐不足惩其狂妄。中央若有所命，愿率精锐誓赴西陲，解康民倒悬。

《京报》1931 年 4 月 17 日，第 2 版

龙云电告滇变经过

四师长概行免职；所部均废师改旅

【南京四月二十三日航空通讯】云南省政府主席龙云，顷有通电到京，报告三月十一日滇变经过，电云："急。南京中央党部、国民政府、各院长、各部长钧鉴，朱总长益之兄、杨参谋总长耿光兄，李代表子厚转京沪同乡诸公均鉴：窃革命军人，许身党国，大义所在，陶镕日新，类能恪守纪律，深知觉悟。滇军自光复护国以来，革命奋斗，无役不从，为国亡身，牺牲极巨。最近入桂讨逆，孤军转战，前仆后继，精神一贯，今昔无殊。乃封建余孽唐继虞，附张桂逆军，妄想投机，因其族弟唐继麟，在滇充任军职，遂借名招谣，散布流言，淆惑观听。出征将领，久战新归，不明内容，致生误会，一时冲动，遂有三月十一日妄为通电，逮捕省委之举。查各该将领与云患难相依，情同手足，动作虽则孟浪，心迹尚属无他，但纪纲所在，不容姑息。故于本月虞日，将卢汉、朱旭、张凤春、张冲四员，概行免去师长职务；张凤春素行反复，情节较重，并加以拘禁查办，以正军纪而肃戎行。所属部队，并即废师改旅，力加整饬。事实所在，用陈颠末；外间报载，传闻失实，竟有谓如何逃走、如何分化者，殊堪发噱。实则滇虽僻远，各将士亦粗知大义，是非邪正，尚能辨别，何致

悖谬如此？特此奉闻，即希亮察。龙云叩，蒸。”

《华北日报》1931 年 4 月 24 日，第 9 版

滇军废师改旅　龙云报告编遣就绪

【南京二十八日下午八时三十分本报专电】龙云电京：滇军编遣就绪，三师长赴京说不确。废师改旅后，以张冲、龚顺壁、鲁道准〔源〕、龙雨童〔苍〕为旅长，别无更动。

《华北日报》1931 年 4 月 29 日，第 2 版；《滇军编遣就绪　龙云电京之报告》，《益世报》1931 年 4 月 29 日，第 2 版

龙云卢汉属同胞

青冰

滇省连年用兵，训练上稍欠认真，军纪渐多废弛。自征桂回省，以离滇日久，情形隔阂，经奸人挑拨，遂发生三月十一日卢（汉）、朱（旭）、张（凤春）、张（冲）四师长擅捕省委之事。其后省主席龙云闻变，疾趋返省，分别查办，以第一百师师长张凤春居心叵测，“三十一”之变，实所造成，业经加以拘留，免其本兼各职，听候议处；第一百零一师师长张冲，降充旅长；第九十九师师长朱旭，辞去师长职务，专任省委；而九十八师师长卢汉，亦免军职，专任省委，其事始告一段落。

据知者言，龙云与卢汉实为同胞手足。龙云之父龙模，系四川望云坪人，以贩布入滇，赘于卢姓家，生二子，一龙云，一即卢汉。盖卢姓无子嗣，继外祖之业而姓卢也①。此次唐继虞、唐继龙〔麟〕等受张桂之运动，阴谋倒龙，卢汉以手足之谊，与张凤春、张冲、朱旭等联名发表宣言，起兵助龙，唐等奸谋遂不得遂。而逮捕省委，主动者实非张而为卢，以卢汉为龙弟，遂加罪于张，而卢则仅免军职，仍任省委。外界对此自不能多所

① 作者风闻，有误。——编者注

物议，而手足之情，宜稍优视，龙云盖深知此理者也。

《联益之友》第 187 期，1931 年，第 2 页

龙云绝对拥护中央　王柏龄由滇回京后报告

【南京四日下午九时十五分本报专电】王柏龄前奉命赴滇视察党务，支（四日）回京谒蒋主席报告。据谈，龙云绝对拥护中央，此次事变解决，更可促成滇省新局面之发展云。

《华北日报》1931 年 5 月 6 日，第 3 版；《王柏龄由滇回京报告　龙云绝对拥护中央》，《益世报》1931 年 5 月 6 日，第 2 版；《龙云拥护中央　王柏龄回京之报告》，《新天津》1931 年 5 月 6 日，第 2 版；《龙云解决变事　滇省创新局面　王柏龄返京谈话》，《京报》1931 年 5 月 6 日，第 3 版

龙云通电痛驳古陈　望全国一致拥护中央

【南京九日中央电】龙云鱼（六日）通电到京，痛驳古［应芬］、陈［济棠］各电，并望全国一致拥护中央，扫除蟊贼，巩固统一。

《益世报》1931 年 5 月 10 日，第 2 版；《龙云通电　拥护中央巩固统一》，《新天津》1931 年 5 月 10 日，第 3 版

龙云竭力怀柔四师长

朱旭、张冲分任民政厅、盐运使；双方仍未和洽，国府拉拢龙氏

【上海十八日电通电】滇省自龙云于三月底再度返省后，即于四月一日召集卢汉、朱旭、张冲、张凤春四师长及省府委员等，开临时会议。其结果，四师长遂以独断的态度，任命自派人物为各机关长官，龙氏在表面上亦予以默认，故政局颇形安定。迨四月七日，龙突在省境下戒严令，并监禁四师长，次日虽立即开释三师长，而张凤春则仍在监视中。闻其采取

严厉措施之原因，系在乘四师长所部军队散驻各地之机，对其前此擅专行为，加以惩治。现龙云为期获圆满施行省政起见，已任命朱旭为省府委员兼民政厅长，张冲为旅长兼盐运使。惟四师长似仍对龙暗中进行某种策动，而国府方面于粤事发生后，为拉拢龙云起见，亦正在极力活动中。

《京报》1931 年 5 月 20 日，第 3 版

云南最近政治状况

龙云

（编者按：此篇乃龙主席于本月九日在省府对各界之讲词，由本社记者罗君记录。全文未经讲者校正，字句或有出入，但大体可谓不差，以其所言关系云南匪轻，故特刊载于此）

自省委会发生事变，现已一个多月了，人心感觉不安，关心时局者，俱盼望于短期间有一结束。我负责政治责任，颇欲勉力以副全省父老昆季的期望，惟因兹事体大，不能率尔敷衍了之，故再审慎，至今始告结束。近二三日中，因处置四师长不当行动，社会人士群起注目，一切谣言疑虑因而发生，诚恐真象不明，奸人乘衅，今日特召集各界到此一谈，苦将此次事变前因后果、酝酿经过及结束情形，详细报告于各界，请告语社会一般人士，用释疑虑。

此次事变酝酿，远在去岁同师讨桂以前。当出师讨桂之际，省内军事初平，当时最紧要之问题，厥为结束部队，清剿土匪。我方欲致力于整顿军队、安靖地方，与全省同胞休养生息，本无出师之能力，追后所以毅然出师讨桂者，因遵奉国府命令，贯彻拥护中央之旨故也。盖以国家不安，欲图一省独治则不可能，故体察国家需要，始将出师之议提出省府会议，讨论之下，各将领亦以为结束军队，则安插编遣，需费孔多，人民负担甚巨，社会秩序亦堪顾虑；出师讨逆，既可纾中央后顾之忧，于安插□散官兵、减轻人民负担又两有禅益，所见犹同，故遂议决遵令出师，需请中央补助军费。此次出师，系宣力党国，与以前伸张个人势力不同，深得各界谅解。

但至命令下后，各将领有能切实遵行者，亦有徘徊迁延者，政府命令催促，几于无效，军纪败坏，更为人民所痛心。嗣经三令五申以责成各师就驻军区域，分负严厉维持之责，但扰民之事，犹时有所闻。此种现象，由于一班〔般〕军官平时带兵只想维持个人地位，不知应尽职责，一旦国家有事，即畏□不前。当时一般军官，以为讨桂远行辛苦，心中颇不愿去，因此出发时候，秩序便已不好，战斗结果，遂致大受损失，自己身为长官，负咎□深，曾电请中央处罚。中央宽大为怀，曲予优容，此各师长自桂旋师，在南防停驻，尚能自行整顿部伍，认真剿匪，粗知纪律，不无可取。自己亦遂本中央宽大之意，未予处分。

但讨逆军事既经结束，则当前问题，即为军队应如何整顿，军纪应如何补救，伤亡应如何抚恤，损失应如何善后。各师长自前方来电，均以非从根本改革不能矫除本省军队之弱点，本其在战斗期间所得之经验以贡献意见，颇有中肯之处，此时情形，尚属乐观。后者师长回省，我乃召集彼等开会，讨论整理办法。于开会之先，我即以本人意见，简单报告，谓目下本省军额，人数减少，自易办到，主要问题，则在整理之方法。本人认为经理与统系两项，至为重要。就经理言，虽不能做到军需独立，总须做到统一，以团为本位，直接总部指挥为原则。盖以往军队精神不振，由于士兵痛苦太深，饷项放发，师旅团营，层层中饱，士兵生活，剥削实甚。在上督责虽严，在下交相客气，互为敷衍，□致军令不能贯澈，军政军纪，一切废弛。故必须统一指挥，剔除中饱，始可以提高士兵生活，以增军纪军令之效率。次就统系言，本人以为必须统一整顿，求人员、武器、饷糈之调和补充。以往军队精神散漫，各自为谋，若分别整顿，难免不发生互相运动队伍、争招土匪流氓，以及迫民当兵、勾引团防种种弊端。如此而言整顿，结果必不堪问。夫今日之军队，非私人之所有，乃国家的军队、民众的武力，故一切招募、训练、编制、补充，均须由政府统筹。

以上两点，实为本省军队整理之前提，自己本此意思，作为提案，于开会时提出讨论，各将领略无异议，惟一般存私心者，尚觉依此办理，必使其个人发展，□其自由。故此案议决通过后，一切尚未提及，即有奸人挑拨，造作种种谣言，某也宵小，某也余孽，某也如何如何，大施离间。

各师长在外日久，不明真相，从而疑议。我谓法律重在证据，本人亦未曾有闻，如果属实，请指出证据；若关私人情感，可由法庭解决；若关公务职责，我必严办。但彼等终未能实指一人。我见彼等无理取闹，深愧治下无方，故准备辞呈，通知开会，意欲引咎自劾，促其觉悟。讵□〔通〕知书发出后，当晚即发生逮捕省委之事。我当时只恨平素治下无方，用人行政，未能尽善，本欲电呈中央辞职。但念中央未必遽许，转滋疑窦，必然来电闻问，我亦不好置答，故径行向中央请假，回里扫墓，意欲一去不来，蒙各界父老昆季，为地方计，并为我个人厚，遮道挽留，令我感惭交骈。但我对中央、对民众负有责任，国家付托以保障人民安宁秩序之职责，我既不能尽责，徒有主席地位，也觉无趣。再则当此革命时代，我辈牺牲若干性命，无非为打倒军阀、铲除封建势力，但今日握兵柄者，其行动循私害公如此，与军阀相去几何？将来愈闹愈糟，个人不能加以制裁，其罪更深，故我不得不违背各界父老兄弟之意旨，决心出省，听彼等自行，使彼知负责之难，于事实上或可得一深切教训。去至中途，彼等又驰往遮留，痛哭流涕，自承手续错误。我感彼等勇于悔过，又迫于报答地方父老厚爱之心，只好应允回省，为彼等设法补救。

我回省后，□〔召〕彼等开会，加以告诫。平常在用人上，大家常有烦言，但我始终认为本省军政人员，不能同外省派系太严。在外省□变一次，当局必有一次澈底的更替，本省自“二六”以后，因地方人才缺乏，在用人行政上我即抱宽大态度，只要是三民主义下的人才，即不能论私人的派别。我所言者，盖就大处着想，但彼等属于成见，以为过去胡、张等辈，假□“革命”招牌，行其捣乱，可为殷鉴，必欲固执，殊不知彼等为闲言所惑，不认识妄分派别之害。开会以后，我望彼等觉悟，终□执□，我对国家负有责任，见此等情形，欲引退耶？则彼等终属我所部属，将来难免互相争夺，我亦不能辞其咎。且也，“六一四”之变，我已无一兵一卒，所以能□〔消〕灭反动，无非为党国□〔维〕正义，同时所部纪律尚好，故能得全省父老□季拥护，为中央巩固一隅。现在若听其要挟，纪律何在？岂讨逆以后，即可不要纪律耶？我为尽对中央职责，自当执法以绳，况所谓用人行政，何者不当，尽可依据法理以正常手续解决，何能擅行逮捕，聚众要挟？我若纵容，则将来随事均须听从彼等，又何能尽保障法律之责？若彼等以假面具对我，则尚何事可为耶？尤有甚者，张凤春昔在行伍，即我部属，其过去历史，勿庸深论，其存心常在自身利益，不顾法纪，不顾国家，种种不对，本日省府布告，业已宣布。我虽欲念私情，予以包容，但谁能担保其将来不再有越轨行动？卢汉、张冲、朱旭等，妄信挑拨，举动失宜，不予教训，即为将来更劣行动之渐，因此种种，我再三审慎，不得不分别严予处罚，以正纪纲。

就云南全省人民利益而言，自“二六”以来，日在军事时期，去年始将反动势力完全歼灭，人民惟一希望，只在安居乐业。我自信一年以来，对于人民希望，未敢辜负，当反动消灭后，本省切要问题，不外维持治安、肃清土匪、整理金融三大端。〈……〉对于整理金融方面，在讨逆期间，军费浩繁，但经竭力筹划，各机关职员薪俸，已有相当增加，现又存得生银数百万，纸币几千万，金融整理，短期间可有办法。至对于剿匪方面，迤东、迤西及迤南开广一带，均已肃清；南防临［安］、个［旧］、江川等处，目前尚有残匪滋扰，经加派卫士大队在外剿办，现已渐次荡平。惟张凤春剿匪不力，甚且引匪自重，实属不对。自各师长回师，兵骄将惰，虽部下亦自言之，以后如再不整顿，何堪设想？惟念各师长与我久共患难，关系深切，忍痛处罚，良非素愿。前日开会，已议定处罚，按其情节轻重，略有分别，现为简单报告如下：卢汉免去军职，朱旭准予辞去军职，张冲降级，张凤春免职查办。

至此后军队整理，已有办法，其要点：一、废师改旅，统一整顿。二、团为经理单位，直接总部，剔除中饱。现在各旅团长已委定，大家见本日布告，大概已明了矣。但前晚管押张凤春时，曾派其副师长到警备司令部宣慰，令其特务营官兵安心服务，因处理不当，致有一部发生误会，自行出城。盖士兵知识有限，不知政府处置之意，惊疑散走，嗣因走出以后，不见有人追拦，始知自己错误，今日已有信来认错，准其照预定办法，送往南防归并。以上是此次事变经过及处置的大概情形，因恐大家不明了，故特详细报告。

然我犹有言者，各界得知此次处置经过后，必有一疑虑，以为诸将领受处分后，或将有所不满，则今后谅不免有一度之军事行动，此种顾虑，在处置之先，亦曾有人以有无把握相问。我老实说，亦毫无把握。或者疑我对于各该师部属，事先已有安排，此系妄自揣测，盖我若对部属取巧，令其□〔反〕对长官，何异自掘坟墓？我负国家责任，我只知照职权办事，我不能因为自己没有把握，坐令法律失效、军纪废弛。我相信如今的部下不见得是谁的私人，我尤不信谁能以个人地位身分惑人，我只求对我者鲜明旗帜，使我能分清谁是叛逆。我凭正义照正路走去，我不愿受人唾骂，我若不义，后世其谓我何？我认定我当如此处置，我纵不如是处置，终不免其变，请大家作如此想。现各团官兵深知大义，昨晚已有电来，明日将电公布后，各情即可得悉。军事决不致发生，即使有不明大义之徒，必欲自起纷扰，那政府自能制裁，请勿顾虑。

至于云南前途希望，有可得而言者，过去各项经费，每为军事所影响，将来军事预算决定，军费在范围内开支，各项经费亦须确定划分清楚，可使军人不干政，一切建设得以进行。又对于编遣问题，前此兵少官多，各将领不免争充师长，现在废师改旅，可以免除争端，将来需要师长，临时任用，故□〔编〕遣上最大难题，至此已告解决。此后本省军备，依四种情形为准：一、地方需要；二、国防需要；三、财政收入；四、武器数量。必使平时能维持治安，有事能巩固国防，并为财力所能养，以免如从前唐氏时代，非向外发展不能维持的境地。

此外，尚有欲报告各界者，则为讨逆期间军费及讨逆后伤亡官兵善后情形。讨逆期间，中央补助军费两次，共六十八万元。当时因顾虑部队入广西后给养接济不着，故□港预备，出发时各费，均由省库支出。计发三季服装，半年内预支其他伕□〔旅〕杂费约八百余万，尚有留薪及退回后沿途所用，并遣散费一百余万。走时铁路运费也算合一百多万，退回后至十一月起又发伙食费，到现在计发五百多万。综计去来开支一千三四百万，加以中央及广东补助，共用滇币二千几百万，现在伤亡官兵抚恤还没有着落。在平时养兵，各官长应使士兵认清自身责任，使有事时为□效死，但在死后抚恤亦属应当关切。过去本省军官对于死伤非常疏略，亦是要设法矫正者。此次事变经过及处置详情，随时都电呈中央，将来党部同志赴京，再备文详细报告，以舒中央南顾之忧。

总之，此次处置，全是为振纲肃纪，为维持地方，为政府威严，并非我对部属报复。再简言之，即系为正义，为公理，为法律，不得不有的一种处置。设使以小人的眼光□妄自揣测，此为个人的问题，那就大错特错。

《云南半月刊》第4～5期，1931年，第60～64页

举国一致申讨陈济棠

鄂将领复龙云电，愿一致挞伐；湘省垣各法团亦将通电呼吁和平

【本市消息】某军事机关昨接汉口行营主任何成濬、豫鄂皖边区绥靖督办李鸣钟等，转来复云南主席龙云鱼电，表示一致拥护党国，维持和平。原电披露如下："（衔略）均鉴。昨复昆明龙主席一电，文曰：'急。昆明龙主席治周〔志舟〕兄勋鉴：鱼电捧颂回环，钦佩莫名。值此叛逆敉平之余，匪共猖獗之际，本党同志莫不振奋，图治期于破坏之后，努力建设奠定邦基，树立永世强盛之势，完成总理未竟之志。乃邓泽如，古应芬、陈济棠辈竟于举国望治、民会开始之时，敢以虚无之词、门户之见，倒置是非，擅发通电，不惜逞一己偏愚之愤，希冀挑拨内乱，破坏统一初成之局〈……〉祸国殃民，莫此为甚；不加声讨，势非至财力俱尽，国破家亡，不足以快其意。弟等矢忠党国，精诚无二，有敢为戎首、危害国本、摧残民生者，誓当奋起挞伐，以维和平之局而免灭亡之惨。除通电外，谨此奉复'等语，特闻。何成濬、李鸣钟、徐源泉、吉鸿昌、范石生、夏斗寅、张印相、萧之楚、钱大钧，篠（十七日）。"〈后略〉

《益世报》1931年5月20日，第3版

广东事变之真相

省政府纪念周之报告

龙云

各位同志，今天自己对于时局略为报告一下。最近两周，广东方面发生一点政潮，云南因为交通不便，报纸方面不能把粤事真像完全报告，恐怕大家不能完全明了，所以自己简单的报告一下。

这一次召集国民会议，大家都以为恐怕在五月五日以前，或者有反动派乘机捣乱，不料民会如期开幕，很顺利的进行，出席代表在四百人以上，只有广西代表不曾到京出席。在四月三十日，省政府接到监察委员邓泽如等通电，对于蒋主席及中央负责人员有所弹劾，这个电报发表出来，只有广东陈济棠在五月三日通电响应，言词很严重，对于蒋主席，要求马上下野。邓泽如等的来电，内容所指摘的六条，与事实不合的很多。省政府接到电报后，曾经一度的会议，大家都以为各位监委，在党里面有相当的历史，这次通电，关系很大，不过离开南京通电，所行未免非法，正在想复一电去劝劝他们，接着接到陈济棠通电响应，积极准备军事行动。陈济棠是第八路总指挥，身为军人，这样的行动，说不上弹劾，完全是叛乱行为。

这一件事情发生以后，云南对付的方法，只有三种：一种是通电附和，一种是据理驳斥，再一种是不说话，不反对也不赞同。附和他们，当然谈不到，云南对于国家，别的不敢说，遵守法令的精神是有的，他们这种非法的行为，当然不能赞同。至于不说话一层，在反动派的宣传，说这次事变，是西南七省的一致行动，如果我们不说话，一方面中央不明了真相，再一方面使反动派乘机宣传，所以结果还是通电驳斥。至于中央方面，自他们通电后，都是很镇静的；国民会议，也是照常开会。这件事情，或者不必用军事解决，用党的纪律就可以平静下来的。至于广东方面，事前同桂系诚然有相当的联络，桂系同汪精卫，自然是有勾结的，西南七省一致的话，完全是一种谣言。

不过我们分析一下，广东为什么会有这一种行动呢？这当然也有他们的用心。广东一省，对于革命历史，我们承认是负担很重的，并且有当相的牺牲，为各省所不及的，因此他们就以革命的主体自居。这一次胡汉民同志辞职，对于粤方同志的中枢地位，大为降低，并且以他们素来刚强自好的民族性，当仁不让，有话必说，有事必做，所以公然有这一次的行动。广东在北伐有很多的功绩，为革命的策源地。人才方面，都有很多的供献；但是领导方面，确是蒋总司令，这是我们不能否认的。可是广东以蒋总司令为客籍，实际努力还是粤人，这是他们太过居功的原故。

云南过去讨袁，中间有蔡松坡参加，但是实际是唐蓂赓先生领导。讨衰的结果，不惟外省，就是云南，大半都是放弃这种功绩，现在弄到云南这样的痛苦，完全是从事国难，负责太重的缘故。以后我们要认清国家利益为前途，国家事自然是应尽的义务，要当仁不让，努方〔力〕工作，就是应得的权利，也不可轻易放弃了好。

这次广东事变，截止到现在，并无军事行动。据昨（十日）中央来电，非常婉惜，因谓现在国家已经和平统一，建设工作亟待开始，有这样的一点波折，对于国家前途不无遗憾；就是现在努力收回法权，经这一次的影响，外交必更辣手。〈……〉现在一般国民，在大乱之后，都是希望能够安居乐业，对外废除不平等条约，对内从事建设，现在有这样的事变，又把统一的局面破坏了。在各监委方面，虽然是爱国心切，但是临时〔事〕不慎，未免转为误国。可以预料，将来难免要受点损失牺牲的。

最近市面发生种种谣传，然详细研究下来，都是些揣测之词，不能完全可靠。我们现在只要对于广东事变的真像完全明了以后，关于本省治安，就可以知道不成问题的。

《云南半月刊》第 6 期，1931 年，第 86 ~ 87 页

龙云同志指斥邓泽如等电

特急。南京中央党部、国民政府、各委员、各院院长钧鉴，国民会议各代表、各部部长、河北张副司令，王主席、湖南何主席、湖北何主席、江西何主任、鲁主席，河南刘主席、安庆陈主席、山西商主席、山东韩主席、陕西杨主席、四川刘主席并转邓杨田各军长、重庆刘督办、贵阳毛主席、江苏叶主席、浙江张主席、福建杨主席、各路讨逆军总指挥、各路要塞司令、各舰队司令、全国各省市党部、上海各报馆均鉴：

接诵邓泽如等卅（卅日）通电，摭拾浮词，妄肆攻讦，泄一朝之私忿，而不顾大局之安危，曷胜骇异。夫提案弹劾，自有正当程序，今不问全体监委是否同意，提案是否成立，而遽贸然通电，故作张皇；明明泄忿，而假托公言；明明煽乱，而诡称护党。其发动之方式，固已自陷于违法；其煽惑人心，摇动大局之阴谋，更复昭然共见于天下。且既依法提案，自当听候依法解决，乃不旋踵而有陈济棠等江（三）电，如响斯应，

挟武力以相恫吓，欲复陷国家于分崩离析之中，稍有人心，宜莫不叹息痛恨。

阎冯新败，赤寇方张，人民之痛苦未苏，列强之凭陵犹昔。中央秉承遗教，夙夜忧勤，操危虑深，力谋统一。一方将纠纷之局，渐趋建设之途。同属国人，懔漏舟覆巢之戒，宜如何激发天良，共图赞护。矧各负责同志，更当体念艰难，顾全大局。若稍一不谅，徇私害公，逞意气于一时，置党国于不顾，是直丧心病狂，自绝于党。我革命袍泽，本党同志，洞悉利害，明辨是非，必不致为所摇惑，盲目附和也。

蒋公靖安党国，身系安危，遗大投艰，精诚不二；受命于党，何云把持？党国公忠，岂同劫夺？其挺身以国家之重任，非出于争权夺利之私。方今收回法权，初开国议，外交内治，急切莫逾此时，方勉竭股肱，以翊赞之不暇，又何忍倒行逆施，相煎太急。云于蒋公无所偏护，第念内战频年，甫有统一希望，蒋公身先北伐，实为完成总理遗志之人。如果有背党叛国行为，则吾辈亦岂能坐视。若因其忍辱负重，遂责以违法揽权，使当事者救过不遑，谁复为国家任艰巨？诚不忍统一大局、光明前途，败坏于一二佥壬之口，伏望举国同胞、本党同志，仗义执言，力辟邪说，主张正气，讨伐奸宄。云虽无似，不敢后人也，谨布区区，伏惟公鉴。讨逆军第十路总指挥、云南省政府主席龙云叩，鱼，印。

《浙江党务》第 128 期，1931 年，第 44 ~ 45 页

云南各旅长宣誓典礼

仪式庄严隆重，出席人员逾千；龙云监誓训示各员恪遵誓词

【云南通信】六月廿二日午前十时，本省新委各部队、各军事机关长官，在省政府大礼堂举行宣誓及授印典礼，仪式极为庄严隆重，兹将各情分志如次。

会场布置设有总理遗像台、演说台，礼堂门口俱从事彩扎，台下遍洒青松叶，花〔会〕堂内外及各走廊均添挂小旗多付，灿烂庄严，气象颇佳。出席人员计有省主席兼总指挥龙云、省党部指导委员陈廷璧、教厅长

龚自知、财厅长陆崇仁、建厅长张邦翰、农厅长缪嘉铭，宣誓人员及各机关代表、军乐队等总计约千人。龙总指挥及各宣誓人均着军服。

至十时，典礼开幕。出席人员先立向总理遗像台站立，举行纪念周，因时间短促，讲读遗教及工作报告仅略，继举行宣誓礼。出席人员分两面对立，宣誓人员及军职参加人员改立台右，文职参加人员改立台左，各就位毕，军乐队奏党歌，全体向党□旗及总理遗像行三鞠躬礼。日时奏乐，乐毕，由龙指挥恭读总理遗嘱，并全体静默三分钟。继监誓员龙总指挥就位，侧立遗像台前；继宣誓人员杨总参谋长益谦，曾宪兵司令恕怀、龙旅长雨苍、鲁旅长道源、张旅长冲、段团长灿奎、刘补充队长正富、李补充队长崧、万补充队长保邦、杨炮兵大队长国辉、张机关枪大队长邦藩、陶军务处长汝滨、郑军械局长铨、段军需局长克昌，依次宣誓。先肃立台前，向总理遗像行军礼，向总指挥行军礼，举右手，宣读誓词："余谨宣誓：余确遵总理遗嘱，实行三民主义，服从长官命令，捍卫国家，爱护人民，恪尽军人天职，如违背誓言，愿受最严厉之处分。此誓。"誓毕，并由总指挥授印，然后复位。

继由总指挥监誓训词："今日为各军事机关长官举行宣誓典礼，由本总指挥亲临监誓，礼既成，爰缀数语，用相勖勉。按党员入党、长官就职，照章均应宣誓，其典礼之隆重、精神之庄肃，较任何仪式为严重。诚以此日之信誓旦旦，即为他日服务尽职之金科玉律，罔敢或渝。观于背誓条例，其处分比何种法令规定独重，即可见宣誓之意义之所在也。自兹以往，望各明了自身所负之使命与责任，服膺总理主义，贯澈本党政纲，服从命令，遵守纪律，整齐步伐，严密组织。诸葛《忠武经》所谓'竭股肱之力，继之以忠贞'，吾人效命党国，正宜奉为圭臬。国步方艰，革命大业，有赖于吾人之继续努力者正复不少，毋怠毋荒，猛勇精进，有厚望焉！"〈后略〉

《京报》1931年7月12日，第5版

龙云与粤合作说

【香港十六日电】传陈济棠于月前派代表前赴滇省，劝告该省府主席龙云与粤方合作后，龙已于前日派代表至广州，表示允意。

《新天津》1931 年 7 月 18 日，第 3 版

龙云电陈该省盐津等县水灾惨重请统筹赈济案由

训令　第四五七五号（二十年九月十二日）

令内政部：为令行事：案据云南省政府主席龙云冬电陈该省盐津、昭通、彝良等县水灾惨重情形，恳予统筹赈济等情。据此，除交救济水灾委员会核办，并原电已据分致不另抄发外，合行令仰该部即便知照，此令。

《行政院公报》第 289 号，1931 年，第 15 页

全省教育会议之产生与今后全教人员应有之努力

龙云（讲）

十［月］十二［日］于全教会议开会式

主席、各会员：

本省政府近三年来，遵奉总理心理建设之遗训，及国府所颁教育宗旨，及各项法规，对于本省教育整理扩充，不遗余力。顾以本省幅员广阔，各县山川异势，民生其间者异俗，政府关于教育之各种政令，自难救其丝丝入彀，悉协时宜。即以教育行政言，一方固须高级教育主管机关，不安于现状，不好高务〔骛〕远，而维针对现状，定出适宜之方案，并督促其实施；一方尤须各级教育机关，明了意旨，各尽乃责，不阳奉阴违，不敷衍塞责，惟各尽乃责，共赴此的，夫然后事功可见。然欲靳〔臻〕此，则舍聚全省教育行政干部人员于一堂，以交换知识，共决一是，鲜克有效。此本省教育厅所以有此次教育会议之召集，其意旨，其使命，诸君子当必深悉无遗，固不必再侯絮絮也。

惟丁此灾民遍野，敌军压境，国势频〔濒〕于累卵之际，吾教育界所负责任，倍觉重大。值兹开幕盛典，诸君子跄跻一堂，机会至为难得，用

举数事，为诸君子言之。

中国地大物博，徒以人谋不臧，遂致利弃于地，内则生计艰难，外则敌人觊觎。国府有见于此，故教育宗旨，着眼于充实人民生活，扶植社会生存，发展国民生计，延续民族生命，而国民会议所通过之“确定教育设施之趋向案”，亦主张今后教育应以劳动化、生产化为指归。

本省地旷人稀，天产甚富，将如何使各项教育，皆循此以进行，以救全省于贫弱，此为诸君子所应深思熟虑者一。国民教育，训政时期约法内列有专章，吾国民智未启，故虽人口众多，然自私自利者多，急公好义者少，且民气消沈，人心涣散，故外侮侵临，惟怀临难苟免之心，鲜存与汝偕亡之想。昔普鲁士一战胜法，识者归功于小学教员，则知国民教育之实施，于民族存亡兴衰之关系为如何矣！吾滇僻处强邻，障蔽西南，其势尤为危殆，将如何求教育之普及、民智之收发，以期唤起民族精神，同仇敌忾，共拯危亡，此诸君子所以应深思熟虑者二。

末抑有进者，此会之目的，固有制定适合本省社会情形之教育方案，然徒法不能以自行，尤盼诸君虚心探讨，充分领会此方案之精神，并本于责任心之驱使，步调齐一，排万难以共赴此目的，俾坐而言者能起而行，则本省教育，庶有长足之进步，匪特政府乐观厥成，全省民众将拜诸君子之赐于无穷矣！

《云南教育周刊》第1卷第30、31、32期合刊，1931年，第1~2页

云南各种建设与教育建设的相互地位

龙云（讲）　滋伯（笔记）

省政府龙主席于日昨午后七时，在省府大礼堂欢宴全省教育会议全体会员，即席训话，宣布国家危难及治滇方针，并郑重表示特别重视教育，暨负责保障教育经费独立，增筹县区教育经费，拥护全教会议全部方案。语极剀切沉痛，全体会员莫不感动奋发。记者仓猝笔记，挂漏甚多，殊未能将主席关切党国、勉励同人之意旨，完全记出。希阅者鉴原。记者谨志。

今晚省府设筵，欢宴省县教育同人，自己得此机会，与全省教育同

人，畅叙一堂，非常愉快！

省府半年以来，很少公宴。盖自入秋以后，黄河、长江、珠江三大流域及其他地方，俱苦洪水为灾，哀鸿遍野。本省虽未普遍受灾，然盐津、大关、彝良等县，亦曾受洪水波及，灾情奇重。国家当此多难之时，举行宴会娱乐，反觉增加伤感，故政府对于公宴，不愿举行，并且劝人不要举行，即以个人经济说，宴会消耗亦属不赀，故政府曾通令公务人员，非星期日及星期六晚有必要时，不得宴会，现在更应切实遵守。

不过，今晚公宴教育同人，实与往日不同，因大家不辞跋涉，远道来省，讨论全省教育的根本建设，自己虽未参加会议，但据龚厅长报告，大家都是精神奋发，意志团结，精心讨论，很有贡献。自己认为有和大家聚谈之必要，故特设宴欢迎，使大家到省之后，了然于政府之一切计划设施。因大家是本省知识阶级，社会中坚份子，对于政治设施当然关心，故特略述大概，望回籍后转告地方父老！

本省自“六一四”事变以后，打击甚多，损失甚大，政府努力平定叛乱之后，第一在恢复地方元气，建设次之。计画已定，即努力做去，行之期年，已稍有成绩。如财政方面，自整顿税收，剔除中饱，打破调剂，实行会计制度，省库收入已较前好得多。本省现在支出，分为两部，一为金融款，一为财政款，财政支出又分军费与政费。军费开支较大，但因开源节流，同时并进，尚不大感困难。金融款项原定由财厅征收，拨交金融委员会，后以此种办法不易昭示人民，改由金融委员会直接征收，不敷再由财厅弥补。现金融状况，无甚起色，民众不免怀疑。不过政府确过〔对〕人民负责，于其病源及救济之道，认识很清，筹之已熟，不久当可见效。本省金融之所以紊乱，全由政府对于银行负债过巨，但此种债务，并非现政府亏累，由来已久。救济之方，有人主张举债。但内债则人民疾苦已甚，不忍募集；外债则抵押付还，都成问题。又若将全省收入之一部，维持金融，因根本上实力缺乏，结果仍属敷衍，无补于事。现在所采办法，比较健全有力，可期一举成功。对于已发行之纸币，自己当负责维持现状，不致使人民损失。（鼓掌）只须时机一到，政府即可将原有纸币负责收回，现已充分具有此种能力，不出民国二十年，定可做到。至详细办法，不暇细述，俟后公布。（鼓掌）

军事方面，较为复杂。第一军费开支要核实，其次军队组织要健全。（鼓掌）本省军队，连年使用，不免疲敝；军纪军实各项，均应澈底整理。故特招练新兵，先从一部试办，将军需实行独立。现在额支军费，除按月发饷外，尚有余存，即以之添补军需物品，至今已用去五六百万，即就节存开支，并未向财厅支用分文。（鼓掌）

建设厅修建公路，官民负担均重。政府渴望三迤路线早日完成，建厅为责任起见，严令各地方官征派夫役，厉行修筑。督促过严，不加分别，难免不使人民发生痛苦。自己从迤西归来，即深感人民对于公路负担之重，但为发展交通起见，亦只好忍痛一时。不过以前桥梁、涵洞，概归人民负担，自己为减轻担负、爱惜民力起见，已将五公尺以上之桥梁、涵洞，改由政府负担。于财政并无影响，并已筹有的款，每年五六百万元，专用以修公路，希望建厅努力工作，使三迤公路，务于三年以内，可以普遍通车。（大鼓掌）

说到农矿，本省人都望开发矿业，以免利弃于地，天天闹穷；如加以开发，便可由穷变富。不过话虽如此说，究竟金矿在何处，银、铁、煤矿又在何处，产量几何，开采是否有利，谁都不有把握，非先调查确实，不能轻易下手。（鼓掌）故在财政困难中，拨款数十万，交农矿厅聘请矿学专家，从事精密调查，俟将矿产状况调查确实，某处可以开采，再为投资办理。现聘请之地质专家，早已到滇，工作亦已数月之久。此外，个旧为本省利源所在，自应切实加以整顿，以前因出品不佳，致售价不良，现特向外国聘请一位专家，从事改良。此人为世界锡业有数专家，设计自可望有把握，当与之约定改良研究之事，计有三点，一为改良成色，二为扩大矿区，三为提炼锡渣，现亦正在积极工作。又可保村煤矿，已着手用新法改良开采，出产之煤，大宗售与铁路上消费。此外森林一项，由政府监督种植，积极进行造林。总计农矿所用经费，已达百余万，关系本省产业之开发不小。（鼓掌）

禁烟一项，现行办法各方多不满意，尤其禁种一项，以为近于估种。不过在行政方面，以为按亩收捐，比较实在，但因产地有出入，地方官绅又复良莠不齐，办理进行不免有苛扰之处。以故民间呼声，都望将其取消。但此举不特关系金融收入，若贸然从事，立时取消，烟毒必且更见弥

漫。各位若有良好办法，望大家贡献意见，政府极愿虚心接纳，力求改善。（鼓掌）

至于教育，自经费独立后，颇有生气，又因经理得法，故收入增加，进展甚为顺利。今后大家对于教育，应拿出努力服务的精神，切实负责，不要像从前之任意懈怠，任意旷缺功课，任意放松训管。（鼓掌）自己对于省县教育，希望其进展，极为迫切，大家务要抱定进取奋斗之精神，互相勉励，努力前进。至教育经费，当分三点：第一，已独立者，自己敢负责担保，决不使之动摇；（大鼓掌）第二，未独立者，只要与地方财政无大碍，亦当保障做到独立；（鼓掌）第三，推行经费，自己亟盼教育早日普及，当于可能范围内，负责设法筹增，决不使地方失望。（大鼓掌）

目前外患，大家早已知道，不过最近情形，觉得甚为险恶。当日军内犯之事发生，自己尝想，日本不顾公理，肆行无忌，东北军实处于防不胜防之地位，退让不抗，亦保全实力之一法。但以现在情形看来，则觉东三省官军，实在对不住党国。因为在九月十八以前，日军进犯之事，已酝酿多日，东北当局早已知之，而丝毫不作准备。迨日军来犯，不抵抗而退让，初意或系欲保存元气，但结果又非如此，故觉得东北当局实对不住国家。以个人观察，当此事发生后，东北军不战而退，中央采取镇静态度，候国联调解；国联虽开会研议，而于事实无补。盖国联决议限日本于十四以前撤兵，日本并未实行，且反而向前推进。国联主张委员调查，日本竟加以反对，恐不能实现。昨晚所得消息，国联请美国参加会议，日本又反对，正式提出抗议。至此，国联义务已尽，恐无能为力。外力已证明不可尽恃，责任要由本身负起，此诚一发千钧之时也。记得蒋主席有两句话："东北事件，可以测验世界有无公理，国人能否团结。"现"公理"既如此，而国人之团结，则广东尚有问题。如非大家开诚相见，真实团结，国家前途何如，实难忖测。就外交情势看，中国恐不能不出于宣战之一途。日来各处青年投效、自尽请愿之事，日有所闻；江浙等省，则公务人员已编为义勇队，情势之严重，国人之激昂，可以推知。本省居两大之间，情势与东北正复相同，言念前途，不寒而栗！只有埋头准备，不敢消耗地方元气，期于内力充实，自能消除外患。（鼓掌）国事如此，责任比前加重，望大家回籍后，对于地方多负责任。即以反日说，不负责任不了，能打则打，不能打也要打，这才是真爱国，真负责，非不买日货即算了事。（大鼓掌）教育界领导社会，受良心监督，不买日货，须脚踏实地从自身做起，并劝人不要买，才算负责。须知无论何人何事，总须负责，责任分明，力量始大。大家负责不买日货，一方是节俭消耗，而实际便是保育生产。消耗力小，生产力大，国家方有希望。这些问题，关系国家前途甚大。日本与中俄两次打战，俱未失败，元气未伤，故志得意满，横豪无忌；我国则不堪提，一年之内，国耻纪念，难以悉数。假如再如此忍辱苟延下去，恐怕天天都是国耻纪念。（鼓掌）处此危急存亡之时，不如朝野上下，一心一德，做一个总纪念。（大鼓掌）

在东北事件发生以前，本省早下决心，抱定宗旨，巩固国防，充实内力。盖鉴于本省历次用兵，结果都只赚得一些痛苦。与其打胜仗，不如关门整顿；与其招安匪军，不如多设几所学校。（大鼓掌）现仍抱定此项宗旨，整理内政，望即将此意旨，转告地方父老。

训话毕，当由会员田飞龙代表答谢主席关垂教育之德意，并请求拨禁烟罚金十分之二，及抽收土地税、耕地税附捐，补助县区教育经费。主席复起立训示云：

余对于各种行政事业，向持平均发展主义，不过特别偏重教育，（大鼓掌）缘因教育为作育国民、培植人材之唯一事业。现值训政建设时期，需要健全国民和专门人材，不能不特别注意培养故也。环顾国内，人材寥寥，本省更感缺乏，致每举一新事业，如会计、自治、道路之类，均须专设特种训练机关，以造就推行人材。等而上之，其缺乏与需要，更可想见。俄国实行五年计画，仅工程师一项，需要至万人之多，则我国需要之建设人材，奚止千万？自不可不于此时注意培育之，此余之所偏重教育也。大家请求各点，余全部容纳，对于原有之教育经费，当十二万分负责保障其独立。（大鼓掌）以后扩充教育应增加之经费，余亦负责添筹。（大鼓掌）不过能筹数目，此时不能答复，须俟提出委员会正式讨论，始能确定。又政府前曾决定派遣欧美留学生，此事亦拟早日实行。（鼓掌）所需经费，当完全由省库支出，决不牵动教育经费。（大鼓掌）总之，大家要求各事，余一一接受，就是此次会

议议决之方案，余亦全部拥护。（大鼓掌）大家只管放心努力前进可也。（大鼓掌）

《云南教育周刊》第1卷第30、31、32期合刊，1931年，第2~7页

龙云代表来平谒张邦翰

张邦翰谈云南建设工作

云南省建设厅长、出席四全大会代表张邦翰，日前由滇起程入京，乘四全大会延期举行之便，来平晋谒副张，于昨日上午十二时，乘平浦快车抵平，寓北京饭店。记者往访，比承接见，谈话如次：

本人此次由滇北上，系代表滇省出席四全大会，顺便来平，看视张副司令，并访问东北状况。拟先访晤行营戢参谋长（翼翘），然后再定晋谒张副司令时间。现汪（精卫）、胡（汉民）及广东代表等，集议沪上，事颇重要，本人拟在平留三四日，即南下赴沪。关于云南现况，以云南僻处西南一隅，交通不便，与外间多所隔阂。数月前，滇省内部确极紊乱，现经龙主席（云）竭力整顿，已日见就绪。惟目前最大问题，厥在金融、军队及交通三项。省府竭力整顿金融，以往全省纸币充斥，民众苦之，省府为救济金荒起见，特准备大批现金，以为收回纸币之用，此项工作已稍具成效。至军队问题，以云南处于英、法两殖民地之间，对于国防上颇占重要地位，而内部股匪，亦尚未完全歼灭，故为捍国卫民，不得不加整饬，目前计画系招募农民从新训练。至于交涉问题，云南为全国交通最感困难之一省，山路崎岖，兴筑不易，但省府方面，正积极设法。现除铁路外，正修筑马路。目前全省六路，不过数百里，至计画完成后，所有公路共计三千余里。惟省府正在整顿金融，无力及此，拟与民众共同进行。其他如禁烟问题，经当局之开导，捐款之增加，烟苗较前减少，但以土匪仍炽，未克完全肃清。以上各问题，总期于明年三月左右作一段落云。

《益世报》1931年10月24日，第3版

国防严重中　滇桂一致共御外侮

龙云复黄主席删电

【广西通讯社】自法兵进驻凉〔谅〕山，窥我边境之消息遍传后，本省政府主席黄旭初氏，以滇桂接壤，唇齿相依，急须联络一致，共御外侮，以固国防，特于本月十三日致电云南主席龙云，共商防御之策。兹查云南龙主席已有复电，原文云："南宁黄主席旭初兄勋鉴：元电诵悉。承示越南增兵，此间亦有所闻，而滇境边区，未见法兵暴露军事行动，惟滇桂接壤，唇齿相依，国防关系，自应互相切实联络。事须一致，以御外侮，俟专函及密本递到，再随时传达消息可也。先此布复。云，删，印。"

《南宁民国日报》1931 年 12 月 19 日，第 4 版

协商西南边防　龙云请准派员到粤

【国闻社上海二十二日电】粤电：龙云请准派员到粤，协商西南边防。

《益世报》1931 年 12 月 23 日，第 3 版

龙云请与粤协商边防

滇省亦传法日密约，法军有动作；龙氏代表访晤越督带回三条件

【上海二十二日国闻电】粤电：龙云请准派员到粤，协商西南边防。

【云南三日特函】云南因地居极边，南与法越毗连，西与英缅接界，故于国防，极有重大关系。况滇越铁道，自海防起点，直达云南省城，权操法人手中，故滇中形势，比较东三省尤为危险。而英人、法人之欲图滇，早已表现，如江心坡、片马等地之被占可知。近自东三省被日人占去，而云南边地之与法越接界地方，法人已挖战壕，更有谓法人近在越南增兵二联队。又据边地报称，法人近日常派飞机过我滇界窥视一切。昨有市党部邓常委据某区分部党员某君报称，接西畴县信，报法人有图滇举

动，请转达省政府严密防范云云，则外面所传日法密约之举，恐为事实。

现任河内总督巴士纪氏，前欲来滇观光，龙主席得电后，即致电欢迎，邀其早日前来，不料巴氏因事不能即离河内，转电请龙主席赴越一游，俾得欢晤。龙主席亦因事务纷纭，不能擅离，又为答谢巴氏厚谊，特改派外交部驻滇特派员王占祺君及总部副官长李希尧君两人代表，亲赴河内报聘。于前月九日抵河内，晤见巴士纪总督，宾主极为相□，招待极为隆厚。巴氏对于日本强占东省事件，甚为愤慨，而对滇省感情，尤为良好，并有希望三点：（一）请保护法人在滇生命财产；（二）请取缔越人反动行为；（三）请保障滇越铁道之安全及营业发达云云。王、李二君返滇时，巴氏并赠送龙主席珍品及像片，并闻巴氏不日将返法国一行。（彬彬）

《京报》1931 年 12 月 23 日，第 3 版

龙云代表到粤　会商西南国防

【国闻社上海三十日电】 龙云代表卢焘，艳（二十九）抵粤，商西南国防。

《益世报》1931 年 12 月 31 日，第 3 版；《龙云代表到粤　商西南国防》，《华北日报》1931 年 12 月 31 日，第 2 版

龙云代表抵粤　商西南国防问题

【广州讯】 自法国增兵越南，窥伺我西南边境，警耗传至，粤桂两省当局，已亟谋应付方法，除呈请国府对法公使提出严重抗议外，并对于西南国防之布置、抵御外侮，均积极进行。昨云南省府主席龙云，亦以法国增兵越南，侵占云桂边境，西南国防，关系□要，故特派代表萧寿民来粤，与粤桂两省当局共商国防之布置问题。查萧代表前曾任云南省府驻粤办事处主任，现充港富滇银行行长，已于昨廿一日由港抵省，分谒省当局，筹商一切，随于昨廿二日离省返港矣。

《南宁民国日报》1931 年 12 月 31 日，第 3 版

私立南菁小学举行开校典礼　省主席训词

龙云

（衔略）南菁小学，自筹备至今，历时仅达三月。此三月中，举凡校舍之修建、校具之备置、教职员之物色、学生之招收……等，皆一一办理就绪，吾人对于筹备在此种负责的精神及敏速的手腕，实不胜其欣慰敬佩！

南菁小学创办的动机，殆为有鉴于本市小学设备的因陋就简，教学的陈陈相因，而欲另辟蹊径，嘉惠儿童。南菁小学的创办者，多属本省政治上之负责人；对本省教育的改进，皆直接间接负有责任，今不尽全力以改善全省小学，而徒竞竞〔兢兢〕一小学之创设，此似所见在小，惠而不知为政。然须知公立小学，即以本市言亦为数至多，设备所需之经费，筹措至艰，而牵掣亦最大，政府虽以全力积极改进，顾断非期月所能收功，故权以私人资格创设一校为之示范，事虽至微而用心亦殊诚挚，此则希望社会人士切实明了者也。

南菁小学之特点有二：一在各种修学设备之合理化与现代化，一在学生全部生活皆在校内。就前者说，可为一般因陋就简小学示范；就后者说，小学在教师指导保育之下度其全部生活，不致为社会恶习所感染，庶能坚实健全国民之基础，此皆为一般小学所未有之特点，而深堪予以注意者也。

南菁小学虽有上述两优点，顾亦不无可虑之处。盖优良小学，来学者必甚拥挤，且必驯致为中产者子弟之集合所，此辈席丰履厚之幼童，宜如何使其习于勤劳，以去其娇惰情性，俾其成绩有以异乎一般小学，而且日常生活之俭朴，则与一般小学初无二致，此则以后教学、训管上所应特别留意者也。

南菁小学虽已诞生，顾尚在襁褓保育而维护之，俾至成年，各董事与各教职员，实负全责。现任诸董事，既皆为本校之创办人，而各教职员又皆一时之选，则南菁前途之发展，殆可操左券矣！

逢兹良辰，特述数语，聊当颂辞。

《云南教育周刊》第1卷第37期，1931年，第3~4页

私立南菁小学举行开校典礼　董事长训词

龙云

（衔略）南菁小学成立，刚才龚厅长报告，对于创办的动机、经过及将来的希望，都很详明，自己还有几句简单的话：政府当局要大规模的、普遍的将小学办理完善是不可能的，南菁的产生，完全是试验性质。南菁办好了，全省有都要一样的办理完善，这是政府当局的大责任。既为龚厅长惨淡经营于前，又有张校长及职员、教员本牺牲精神而来，为实现理想而来，大家都可以相信能够试验成功的。

还有一点要说明的，别人拿南菁和其他学校比较，不免有些神经过敏的误会，以为本校是资本化、贵族化。这并不要紧，要紧的是本校不能真正的走入资本化与贵族化，并且还要使他劳动化，戒除一切的骄奢游惰，将来才能成为模范的学校、模范的学生。各家长要能义方教子，才能与学校打成一片，发生最大的效果。家庭与学校，要希望学生将来成一个健全的公民，绝不是希望升大官、发大财，这要望互相勉励，互相努力，才能达到我们的目的。

《云南教育周刊》第1卷第37期，1931年，第4~5页

龙云通电全国　与强邻决一死战

【中中社讯】 云南省主席兼第十路总指挥龙云，昨有通电到平，谓国家危急存亡之秋，宜有忍辱负重之人，特主张拥蒋出山，统筹大计，原文如次：

（衔略）均鉴，慨自倭寇入侵，东北沦陷，国人正救国之不遑，不幸党内转起纠纷，以致中枢改组，元首因而易人，国难当头，无人负责。驯至锦州失守，津平震动，艳日上海又发生剧变，战事方酣，存亡之机，迫在旦夕，而国事未定，涣若散沙！云等前者恐蹈干政之嫌，欲言而不敢

言；至今目睹国亡无日，欲忍而不能忍。窃谓当此国家危急之秋，宜有忍辱负重之人，方足以当兹大难。为今之计，惟有吁请蒋介公即日出山，重膺巨任，统筹一切，早定大计，俾有志救国情殷效命者有所秉承，国人应协力同心，付予全权，以与日寇决一死战。如有空言责难，不负责任，误大局而长敌氛者，国人应视同卖国，群起而攻，庶几步调齐一，可望同赴国难。介公出处，关系国党安危，应请一致主张，共相敦促。滇省僻处一隅，而国防所关至重，迫切陈词，伏维公鉴。十路总指挥、云南省政府主席龙云暨各委员等同叩，卅。

《华北日报》1932年2月8日，第3版

龙云为夫人大举治丧

放礼炮十七响，需费用五万元

【云南电】省府主席龙云之夫人李培莲女士（即现任蒙藏委员会委员李培天君及云南新富滇银行行长李培炎君之妹），因生婉〔娩〕后胎衣不下，为医生妄施手术，发生血晕，因而逝世。［龙云］以骤失内助，悲伤万分，当即请假十九日治丧，一切公事，由周钟岳代为批阅。一面组织治丧事务所，开治丧会议，以军事委员会为办事地点，大殓时鸣放礼炮十七发，暂以五万元为治丧费云。

《青岛时报》1932年7月22日，第3版

省党部电促　离京中委出席三中会

实现团结共救危亡

［山东］省党部以三中全会举行在迩，而中委离京者尚多，特发巧电，分别促其齐集首都，实现团结，共救危亡，兹探录于次：〈……〉云南省党部转龙云先生〈……〉钧鉴：三中全会业经中央定于下月删日在京开会。丁兹国难期间举行，一□安内攘外之大计，悉决于兹。先生等受全党之付托，为国民所期望，务恳拨冗赴会，商决一切，实现团结，共救危

亡。民族国家，实利赖之。谨电促驾，即希鉴察。中国国民党山东省党务整理委员会叩，巧。

《山东民国日报》1932 年 11 月 19 日，第 5 版

西南战局愈陷入混乱　龙云突又向黔省出兵

毛光翔部蒋师闻已为王家烈部解决

【南京二十三日下午七时四十分本报专电】黔军在川南受刘湘指挥，助攻刘文辉之军队，系王家烈部侯师。黔北毛光翔部蒋师，与王家烈部开火，已十余日，闻蒋已被王解决。现滇主席龙云，忽又大举向黔境出兵，测其用意，似为毛光翔声援，将来西南战局，滇省或亦有卷入旋涡之可能。〈后略〉

《青岛时报》1932 年 11 月 24 日，第 2 版

本会请滇主席龙云巩固滇边防务

本会总部，日前得报：法兵四五百名于二月十二日侵入滇边，占据迤南建水县所属中猛、峨哈、牛戛腊碑等寨，有十四人悉被捆去，解往安南，不卜生死，其余男妇老幼则流离失所。未占各寨，危在旦夕，本会义难坐视，于艳日电致滇龙，对国防加以深切之注意，并对此法兵行动赶快提出抗议，以免事体拓大。〈……〉兹将两电录如下：

电云："云南龙主席勋鉴：顷见《云南新报》载'法兵侵入滇边之电告'一节，披阅之下，殊为骇异，窃以滇省迤南边防指挥普国泰，电呈各节，事实确凿，情节重大，应请执事对于国防加以深切之注意，对此法兵行动，速提出抗议，以免事体拓大。究竟详情如何，并盼电复为荷。西南各省国民对外协会总部叩，宥，印。"〈后略〉

《西南国民周刊》第 4 期，1932 年，第 57 ~ 58 页

滇主席龙云新倡议　四川、云南、贵州三省大联合

……各方取得一致同意

【重庆通信】 川中战事，早告结束，并渐复战前之常态；而黔省战事，因王家烈得桂方实力援助，亦已告一段落，只西路军车鸣翼之余部，未告肃清。滇省方面，自龙云登台迄今，尚称平静无事。惟龙近感陷于孤立，难以应付环境，特倡议川滇黔三省大联合，以期维持现局，不生变化。闻王家烈对龙主张，极表赞同，刘湘亦允川省加入。于是，龙云乃派代表卢寿慈，王家烈派代表徐道纬，刘湘派代表林碧珊，互相交换意见，取得一致同意，共同订立《川滇黔三省合作临时条例》，以资遵行。其内容如次：

第一条　本条例由川滇黔三省共同订立，名为《川滇黔三省联合条例》。

第二条　本条例之订立，系为促进川滇黔三省合作共同联络，安定地方，推行军民各政，稳固边圉，用纾中央西顾之忧。

第三条　本条例由四川刘湘、云南龙云、贵州王家烈，共同发起订立。施行后，川滇黔三省，均一致遵照，不得违背。

第四条　川滇黔三省对外一切事项，均采一致行动，所派驻留各地代表，主张一致，不得纷歧。

第五条　川滇黔三省一切生产事宜，三省一致联合，共同开办。

第六条　川滇黔三省对境内匪类，应一致联合，不分畛域，共合剿灭。

第七条　本条例在川滇黔三省联合办事处未正式成立以前，应得适用。

第八条　本条例由川滇黔三省当局签字盖章公布后，发生效力。

第九条　本条例自川滇黔三省正式合作条例产生后，即作无效。

上项临时条例，已经川滇黔三省认可施行，现刘湘、王家烈、龙云正进行筹设三省联合办事处，准备于三月内开川滇黔联合大会。

《青岛时报》1933 年 3 月 3 日，第 3 版

龙云派员北上　考察抗日军事

【南京十五日下午八时本报专电】龙云以远处西南边隅，为欲明了中央抗日军事，特派高级官长高荫槐、鲁道源等四人，率同中级官员北上实地考察，以资观摩。高、鲁等十五日由沪抵京，日内赴赣谒蒋后，再转道北上。

《京报》1933 年 4 月 16 日，第 2 版；《龙云派员北上　考察中央抗日军事》，《华北日报》1933 年 4 月 16 日，第 4 版；《龙云派员　谒蒋请示》，《西京日报》1933 年 4 月 16 日，第 2 版；《龙云派军官北上　考察抗日军事并赴江西谒蒋》，《南宁民国日报》1933 年 4 月 17 日，第 1 版

翻云覆雨之黔局

龙云从中调解犹王，化战为和；王划十一县为犹部驻防区域

【重庆廿五日电】黔省自王家烈复入贵阳后，犹国材乃赴京请援，旋间道赴滇，向滇省主席龙云请出兵相助，恢复黔局，愿划十县作酬。龙与犹本同一立场，颇有允意，但龙又恐为粤桂所不满，乃变计而为犹王作调人，着犹于云南边境，收集魏、吴残部约五千余人，军糈暂由滇省接济，以维现状；一面致电王家烈，请对犹部予以相当之安插，不致发生其他变动。

是时，王家烈因东路车鸣翼部，尚未有相当解决，北路侯之担部又与毛光翔往还甚密，顾虑殊多，但表面仍不肯示弱，对龙云主张，不肯接纳。于是，犹国材遂大震怒，即委吴剑平为前敌总指挥，彼自认总司令，率部五千向兴义、安册〔顺〕等县进攻。王则派李成章旅及何知重师前往迎敌，双方遂于兴义附近接触。

同时，黔省反王空气亦乘机而趋浓厚。王家烈感觉环境不佳，所部实力仅一万左右，散布全黔尚患不敷，实无掀起战争之能力，不得已，乃派毛月秋赴昆明谒龙云，请转达犹国材停止军事行动，共商和平办法。龙云

即应其请，紧张之黔战，遂告和缓，犹国材并亲赴罗平，与何知重磋商一切。和议结果：由王家烈欢迎犹国材返黔，并划兴义、安册〔顺〕等三县归犹部暂驻，及按月拨军饷五万元接济犹部。一场风云，始告云散烟消。惟犹以部众五千，三县地盘，难于分配，乃复致电王家烈，表示所部回黔，系暂驻性质，一俟有相当机会，决率部北上抗日，请将盘江八县一并划与。初王家烈不允，认为盘江八县划给犹军，与兴义等三县，共计十一县，防地既阔，将来犹部羽毛丰满，难免不举兵逼筑，逼彼下野。复经毛月秋、卢寿慈、龙云等竭力斡旋，王始允诺。现已正式划给，犹部亦已分别进驻矣。

《青岛时报》1933 年 4 月 26 日，第 2 版

滇前线参观团来平

【中央社】云南省政府主席龙云，近以长城各口战事激烈，我军各部官兵奋勇抗敌，为增进军事经验起见，特派军官高荫槐等六人来平，转赴前方参观。高等于昨（二日）晨十时赴军分会，晋谒何代委员长，请予介绍，闻日内即可出发云。

《益世报》1933 年 5 月 3 日，第 2 版

黔中战事　王部克遵义

龙云正努力调解

【香港今晨专电】黔代表张蕴良，十日电称，蒋逆在珍再称兵，进据遵义。接王主席七日、八日两电，经廖怀忠、侯铁□两师，于五日、六日在娄山关、板桥等处，将该逆部击败；七日克遵义，正办理善后，并派员与犹国才协商，以期和平解决黔事等语。又陈济棠接龙云电称：遵中央意旨，调解犹王争端，已得谅解，已划盘江八属为犹部防地；但犹仍求增加，正努力调解。外传王、犹再战，谅不确。

《华北日报》1933 年 5 月 11 日，第 3 版

刘文辉守金沙江

【南京五日专电】 成都电：刘湘令邓锡侯抽兵十二团剿赤，邓令该部驻雅各军回防前方。又刘文辉率部退川滇边界，龙云调部向滇北出发，在金沙江布防。〈后略〉

《新天津》1933 年 9 月 6 日，第 3 版

滇北有骚动　龙云派兵平息

【南京十日专电】 云南省驻京代表李培天，谈滇北中甸地方确有一度纷扰，绝非外兵侵入。现龙（云）主席已派独立营驰往剿，当可无事。

《新天津》1933 年 9 月 11 日，第 2 版

侵扰滇境绝非外军　龙云已派兵剿

【南京十日电】 记者今晨晤云南省府驻京代表李培谦〔天〕，据谈，龙主席已有电到行政院及参谋本部，大意谓滇北中甸地方，确有一度小纷扰，但绝非外军侵入，已派独立营前往兜剿，此事可知甚小。

《青岛时报》1933 年 9 月 11 日，第 2 版

中甸失陷后丽江告急

蛮匪四千余声势甚大　龙云电告已派兵赴援

〈前略〉

【上海通信】 云南协会为滇康数省旅外有力人士所组织，对于西南边防、文化、建设、政治，素极关心。最近中甸失陷多日，尚未收复。查中甸绾锁滇康藏三省，为云南入藏要道，与阿墩于〔子〕、丽江相犄角，屏

藩滇西，在军事上尤重要地位。不幸此次因受川刘牵掣，当地驻军单薄，为数千携有最新式武器之藏番所乘，全部失陷，滇康震动。

五六日前，本埠云南协会得悉此种消息，即召集理事徐韫、宋崇九、胡仲鸣、冯汝骥等会商。经决定，先行电询滇主席龙云，并勉省政府应切实筹边，克期收复。昨晨该会已接到滇龙急电复称："上海金神父路云南协会公鉴：青电诵悉。查中甸蛮匪聚众数千，县城又无险可守，以致失陷。昨据大理主任史华电呈，已派独立营长李从善率部赴援，本部仍恐匪众兵单，无济于世〔事〕，复将电饬大理刘旅布团加派第三营全部驰往助剿，并准于必要时得由史主任调用驻永胜龙营以资补助。又查此次蛮匪皆着军服，不无主使，复电达中央参谋本部，请派战斗机一二架驰赴战地，侦查匪人后方情形，俾明真相。诸君子远道垂询，具见关怀桑梓，特此电复，借抒廑系。龙云叩，元"等语。闻该会鉴于形势严重，关系国防及滇康安危，将于十七日（星期日）召集理事会商讨具体办法云。

《京报》1933 年 9 月 20 日，第 5 版；《蒙藏时闻：康藏问题又形紧张　龙云告派兵剿蛮》，《蒙藏旬刊》第 64 期，1933 年，第 7 页

龙云电告中甸蛮匪大败

【云南二十三日电】主席龙云二十一日电其驻京代表，谓中甸蛮匪大败，已被我军围困，不日即可全数消灭云。（中央社）

《西北文化日报》1933 年 9 月 24 日，第 2 版

滇蛮匪被围　龙云有电到京

【南京二十三日电】滇主席龙云马（念一）电其驻京代表，谓中滇〔甸〕蛮匪大致已被我军围困，不日即可全数消灭。

《南宁民国日报》1933 年 9 月 24 日，第 1 版

龙云顷电京报告　中甸业已收复

匪众三千逃者无几　边境一带已无匪踪

【南京二十六日下午八时三十分本□专电】滇省主席龙云电京报告：前为番匪所攻陷之中甸，刻已为我军克复，共毙匪九百余名。

又电：昆明二十五日来电，中甸已于二十四日克复，匪众确有三千余，当即击毙九百余，生擒五百余，夺获马匹、枪支六百余件。生擒之匪，除重要者枪决外，余皆训以大义，以示宽大。现边境已无匪踪。〈后略〉

《青岛时报》1933 年 9 月 27 日，第 2 版

黔省战局最近情形

龙云负责调停黔战事　王家烈愿谋和平解决

【长沙通讯】黔省内战，迄未稍息，王家烈与犹国材两军，仍在互持之中，嗣经云南省主席龙云，出任调停，空气始稍和缓。王家烈允以黔省清乡司令一职，畀予犹国材担任，但犹（国材）野心未已，亟欲占据省垣，逐王（家烈）自代，以致黔战□起，称兵对抗，久无宁靖之日。现王家烈为避免内战，力谋和平计，已电致该省驻湘代表胡羽高，告知黔省近况，亟愿接受邻省当局调停，俾化干戈为玉帛，并请胡（羽高）代表将该电文中情形，转呈何健〔键〕暨黔省旅外同乡，使各方得以明了黔局真相，而免误会。

记者以王氏之电，颇为重要，故将原文，志之如左：长沙胡代表羽高勋鉴：黔省迭遭军事，民穷财尽，加以荒灾，满目萧条。家烈此次回省以后，不惜委曲忍让，以求实现和平，无非仰体中央团结救亡之意思，欲黔民稍苏喘息，故听邻省调停，尽量接受，商洽信使，络绎于途。〈……〉始借滇主席龙志公（即龙云）之出任调停，临崖勒马〈……〉和平志愿，决不因此变更；息事宁人，势当贯澈始终。除电恳龙主席，继续负责调停〈……〉以期避免无谓内争，解除黔民之痛苦〈……〉俾黔乱得以宁息，

和平早告成。〈后略〉

《青岛时报》1933 年 10 月 16 日，第 2 版

史家兄妹载誉而归

壮志克举国人无不钦佩　滇主席龙云特购物相赠

【南京廿六日电】 东北游泳选手史兴隆等四兄妹，为表演游泳技能，借以唤起国人热情起见，于昨日作浦口下关间之横江游泳，壮志已举，举国钦羡。兹悉史氏兄妹四人中，除史兴隆一人在中大读书外，兴陟、兴陆及其小妹瑞声，均肄业大连，刻以来京日久，恐学业荒废，乃定明日上午十时，连袂乘车赴济［南］，转青岛候轮返［大］连。

又云南主席龙云，得悉史氏兄妹作渡口游泳之壮举，特电教部王部长转致慰劳之意，并电驻京办事处选购珍品赠送，借致敬佩。

《青岛时报》1933 年 10 月 27 日，第 2 版

史氏兄妹今日由京北返

龙云特电教王代致慰劳，并令京办事处购赠奖品

【南京二十六日电】 东北游泳胜手史兴隆四兄妹，为表演游泳技能，借以唤醒国人热情起见，于昨日作由浦口至下关间之长江横渡，壮志已偿，举国钦羡〈……〉又云南省政府主席龙云，得悉史氏兄妹作渡江游泳壮举，特电教育部王部长，转致慰劳之意，并电驻京办事处，选购珍品奉赠史氏，借致敬佩。(广)

【（中央社）南京二十六日电】 滇主席龙云，以史兴隆兄妹横渡大江，除电驻京办事处，备品奉赠，以志敬佩外，并电王世杰、石瑛，代致慰劳之意。教王已于今日复电详告史家三杰渡江游泳成绩及优异情形云。

《西京日报》1933 年 10 月 27 日，第 2 版；《龙云嘉佩三史　送赠品并致慰问》，《京报》1933 年 10 月 27 日，第 3 版；《龙云钦佩史家三杰横渡大江》，《华北日报》1933 年 10 月 27 日，第 3 版

滇军秋季校阅纪盛　总指挥龙云训话

【昆明卅日特约通讯】讨逆军第十路各部队举行秋季校阅，原定于双十节国庆纪念日，嗣因全省军队大会日期冲突，且因筹备不及，经总指挥部改期，于十月二十八日在巫家坝大操场举行，并拟定典礼秩序，分派校阅委员职务，由总部副官处事先通知党政军各机关团体，届期推派代表参观典礼。

是日，本市各汽车公司为便利参观民众起见，特开专车接送，而单车、人力车，亦沿途不绝，间有乘马者、步行者，红男绿女，络绎道上。

记者上午十时至校阅场，见已布置一新。场北搭彩棚三座，正中为阅兵台，两侧为男女宾特别参观处，省市各中等以上学校、各机关团体代表，均已陆续到场。校阅部队集合成旅，依横列形肃立场南，军旗飞扬，威仪严整。

午后零时卅分，总指挥兼主席龙云，率随员乘马到场时，军乐齐奏，悠扬声中，表现肃穆庄严气象。总指挥登台后，由临时校阅总指挥鲁道源，飞马台前报告：实到检阅官长四百三十八员，士兵七千九百二十名。报毕，即请总指挥阅兵。校阅委员袁昌荣、张培金、李涤麈、李识韩、张汝霖、缪嘉琦、华封治、张文英、张青选、陆□荣、保家珍、陈凤翔、景士奎、赵家宾、何荣□等十五员，齐随总指挥乘马莅场。各委员各负校阅注意事项，此外尚有滇军宿将黄斐章、胡蕴山两先生，亦参与出场校阅。一时军乐齐奏，阅兵官挨次检阅，且有沿〔移〕动照像机追随摄影。因部队横径过长，经廿五分钟始阅兵告竣。

总指挥上台后，用号音传达分列式，开始走排。只见旗帜招展，队伍排成旅纵，队号奏进行曲。临时指挥鲁道源，率队举行分列式。首由步兵第一团（此团系合步一团、独立一团编成），次为补充二大队、补充五大队、补充四大队、步九团，各团队均编为三三制，各团营前面俱揭番号旗帜，以便认识。行进时，官兵精神饱满，步伍齐一，官员亦指挥得当，而尤以步一团、步九团为最敏活，其余补充各大队，精神纪律亦充分表现，训练成绩殊为难能也。

步兵过后，机关枪大队继走分列式，步伍亦齐整；继则炮兵大队之分列式，人壮马强，精神异常壮健；后又有骑兵队分列式，人马精神活泼，马上姿势亦佳。骑兵分列式完毕，则有飞机队，飞机四架，挨次飞翔。

表演未毕，号令校阅官长集合团兵台前，首由龙总指挥训话，略谓："大部队校阅，应注重内容精神，非只图外观形式。如走排时，有落去水壶者、鞋子者，内容不注重之故也。且第一团三营护营旗之士兵，不上刺刀，有背仪式；而官长使用军刀，亦须娴熟。如下'敬礼，右看'之口令，须宏亮而有一定标准距离，方能精神确实。各营连排之间，隔离应照《操典》规定，不得搀前越后，致紊秩序。乘马官驾驭马匹，应在平时训练，随心所欲。统观此次成绩，各有长短优劣，望各官兵努力整饬，以备春季校阅时，得进步之成绩"云。

次为黄斐章先生训话，略云，"我国当此外患频临□至时期，军人实任，异常重大。各官兵平时训练，学术之优劣，即在此检阅典礼中表现无遗。故希望各官长努力学术，俾□劲旅而负此重大之责任"云。

又为胡蕴山委员训话，略谓"今日校阅成绩，本非数语所能葳事，但军人平时训练，即准备于将来实战之应用，故'沉着'二字，为训练所必注意，要能临大敌而不惧，临大难而不怯。如各官长今日下'敬礼'口令，有不到标准地而距阅兵台甚远者，足见不沉着所致。其余一切详评，当有待于参谋处与军事整理委员会之公布"云。

再次为孙总参谋长训话，讲略，"阅兵典礼，勿图外观，须重内容。现在的批评，即将来的改良进步。而任教育者，尤应知平日之操作，即将来的实战应用。校阅种类虽多，但每于细微部份，常见全部精神，如学术、内务、武装、经理、卫生等，均不属外观，而在于内容精神。且阅兵式是不动的姿势，分列式动的姿势，不动须如山岳的庄严，动则须如猛水的活泼，小以喻大，官兵其凛之"云。

训话毕，已午后三时，校阅典礼遂告完成，龙总指挥返旆回府，各校阅官兵亦整队回营云。（通讯员彬彬）

《南宁民国日报》1933年11月13日，第2版

蒋光鼐被软禁说

粤桂黔滇等省均未参加闽变

【上海二十一日专电】〈前略〉又据滇驻京代表李天培〔培天〕谈，滇省主席龙云素极爱护党国，拥护中央，决不参加任何无意识运动，徒增国难。现正剿匪，对闽事绝未与闻。（后略）

《新天津》1933 年 11 月 22 日，第 2 版

龙云通电否认五省谬说

〈前略〉云南省主席龙云，昨有通电到平，斥责陈铭枢等叛党害国，请中央声罪致讨。原电照录于下：中央党部、国民政府、林主席、汪院长、南昌蒋委员长钧鉴，各省市党部、省市政府、各路总指挥、各报馆均鉴：〈……〉当此国难严重，宜如何切实团结，共济艰危，乃忽有此种背叛国党举动，丧心病狂，莫此为甚。并闻有擅假滇黔闽桂湘总司令名义，尤属妄诞已极，实为国法党纪所不容。应请中央声罪致讨，用儆凶顽。谨布腹心，即祈亮察。龙云叩，漾（二十三日），印。〈后略〉

《京报》1933 年 11 月 25 日，第 2 版；《龙云、鲁涤平通电讨闽》，《新天津》1933 年 11 月 25 日，第 2 版

陈济棠联络滇黔

派秘书程璧金晤龙云、王家烈

【南京二十六日专电】粤对闽变军事计划，已呈中央决定。闻陈济棠已派秘书程璧金赴滇黔联络，先赴云南晤主席龙云，并赴贵州晤王家烈，商谈一切。粤民众救国会电请中央速下令讨伐陈铭枢、李济琛等。

《新天津》1933 年 11 月 27 日，第 2 版；《粤方拟派程璧金入滇　晤龙云商议一切》，《甘肃国民日报》1933 年 11 月 27 日，第 2 版

汪电复龙云　严厉处置闽乱

盼饬所属加意镇摄

【（中央社）南京三十日电】滇龙前电中央，请讨伐闽变叛逆。汪复龙艳（二十九日）电，略云：闽变叛逆，中央已严为处置，各方义愤同深，最短期间即当消弥。望谕所属，加意镇摄为盼。

闽变发生后，呈请讨伐文电，纷至沓来，应接不暇。国府今日接澳维域利亚省支部及南昌七七师特务部电请戡定逆孽，严缉罪魁云。

《西京日报》1933 年 12 月 1 日，第 2 版

滇主席龙云有电来粤斥闽

【香港九日专电】李宗仁佳（九）日电省，谓定寒（十四日），由邕来粤。滇主席龙云有电来粤，斥闽伪府“假借名义”，应请中央申罪致讨。

《新天津》1933 年 12 月 10 日，第 2 版；《龙云电粤请讨闽》，《西京日报》1933 年 12 月 10 日，第 2 版

滇省党委裴存藩昨抵京

谈龙云痛斥闽逆拥护中央；滇政治安定，党务进行顺利

【中央社】南京二十六日电，滇省党指委裴存藩，六日启程，绕道克〔安〕南，二十五日抵沪，今日到京，向中央组委会报告滇省党务，并请示工作方针。据谈，“自闽变发生后，龙云即通电痛斥陈、李等罪恶，对中央绝对拥护。滇省近正努力剿匪，政治安定，党务进行极顺利。本人留京一周，即返滇”。

《西京日报》1933 年 12 月 27 日，第 2 版

云南省政府主席龙云齐电

行政院复兴委员会钧鉴："东电奉悉。查滇省各属地方附捐，前于民国十九年改革税制时，即本中央厉行铲除苛杂之旨，首将通、浪等廿八县地方附加及田赋案内附征之陋规等款，分别取销在案，其余各县地方税捐，因指定用途者甚多，一旦取销，地方政务势将停顿。于是一面制定地方税捐调查表，通令各属遵式填报；一面委派视察员分往各属实地调查，列表具报，以凭核办。又于省府内设县地方财政委员会，统筹各县关于地方财政一切事宜，并通令各属，对于地方财政，无论如何困难，均应照旧收支，筹增捐款，以免妨碍进行等由在案，历经二年之久，现已渐入正轨。但以滇居边陲，交通不便，尚有少数边远区域，一时未能查明。除从严令催外，一俟报齐，即将该项表式汇呈，较为精确。经先电复，敬乞鉴核。"

《农村复兴委员会会报》第 7 期，1933 年，第 114 ~ 115 页

云南省立东陆大学之毕业典礼

三班共百余人同时毕业；龙云及各要人均致训词

【昆明一月十六［日］讯】云南省立东陆大学文理学院、工学院第六届，及教育学院第一届学生同时毕业，十五日在校至公堂举行毕业典礼。是日莅临者有省政府各委员、各厅长，及中等以上各校长，暨各界男女来宾数百人。

正午十二时，奏乐开会。该校教职员引导毕业学生入礼堂，行礼如仪。由校长何瑶报告后，由省政府龙主席、省务委员周□〔生〕甫、教育厅长龚仲钧、省党部指导委员杨镜涵，相继训词；随由毕业学生赵淑筠、晋树绩先后答词。演说完毕，由何校长依次颁发证书。计此次毕业学生，文理学院本科政治经济系九人，工学院本科土木工程系六人，教育学院专修科文史组六十二人，数理组三十六人，共一百一十三人。颁发证书后，

并举行运动会以助余兴。又闻该校拟于本月十八、十九、廿三日晚举行游□会，以资联欢。

兹将龙主席训词揭载于后，训词云：吾滇创办大学，垂十一年。历届毕业学生多数服务省内，颇著成绩，得社会之赞许。顷值第六班政治经济、土木各系及师范学院专修科诸生修业期满，举行毕业礼，余观兹盛事，欣忭之余，略具数言，为教职员及学生告：滇省僻处边陲，文化较诸腹省自逊一筹，而学子远出求学，尤为困难。在昔科举时代，交通梗阻，凡诸生赴京应试，或东出黔湘，或北经川鄂，一往返间，辄经山川跋涉，饱尝风霜，固无论矣。近来交通稍稍便利，而莘莘学生出外升学，一则需家资充裕，再则需久离故乡，仍为多数家庭所不能办到。而本省近年积极建设事业，往往因专门人才缺乏，妨害进行甚大。为本省前途计，不能不另筹方法，设立培养之所，于是斯校乃应时产生。嗣因经费支绌，政府念创办之匪易，需才之孔殷，于财政拮据中，仍竭力筹款维持，俾此最高学府日以发达，于上年由私立改为省立，经费遂得以确定，复依新颁《大学条例》，成立三学院。学校当局努力充实内容，刻正办理立案手续，用奠永久之基础。今后日有补充，务使成为西南唯一无二之学府。教育前途，实利赖之。本届毕业大学政治、经济、土木各系诸生，冀本平日刻苦之精神，教师殷殷之指导，或继续深造，或服务社会，展厥所学。师范学院专修科，为造就师资而设，诸生此去负有无限重大之责任，务须共体斯旨，抱具热忱，努力服务，为青年之表率、终身之事业，行见本省教育前途，日益发展。勉之勉之，有厚望焉！

《南宁民国日报》1934年2月12日，第2版

龙云否认镇康失陷说

谓英兵烧班老上城后回炉房

本月五日云南旅平同乡外交后援会，曾电云南省政府，询问英兵进占镇康详情。昨日该会已得云南省政府主席龙云复电，谓英兵并未占领镇康等语。兹将原电探志如后：

云南旅平同乡外交后援会鉴：微电悉。英人并未占镇康，系外间谣

传。本日据李督办六日电略称，英兵自烧班老上城后，仍返炉房，迄今未有何种动作，知注顺闻，以后如何情形，当随时电达。云南省政府主席龙云，阳（七日）秘。

《京报》1934 年 4 月 9 日，第 2 版

龙云之新头衔　滇黔边区绥靖主任

【南京一日专电】〈……〉政息：中央当局曾拟以滇省主席龙云就任滇黔边区绥靖主任，本已决定，但旋因某问题发生，致未早日实现。最近迭经电商，即可明令任命。

《新天津》1934 年 5 月 2 日，第 3 版

黔战又起

龙云派兵加入犹部进攻贵阳；已在安顺与王家烈部激战

【重庆二十五日专电】滇龙云突以八团兵力，加入黔军犹国才部，进攻贵阳，已在安顺与王家烈部激战，传王准备退黔西。

《华北日报》1934 年 5 月 26 日，第 3 版

龙云、王家烈电京　否认黔战再起

龙谓决不参与任何内战

【南京二十八日专电】前报载“滇主席龙云，以六团兵力加入黔军犹国才部，进贵阳，已在安顺与王家烈部激战”云云，龙二十八日有电到京，对此事力加否认，并谓滇省向以“拥护中央，主张和平”为宗旨，决不致参与任何一方之内战而糜烂地方；同时王亦电京，否认此说。

《华北日报》1934 年 5 月 29 日，第 3 版

龙云声明滇军未助犹国才攻贵阳

〈前略〉

【南京二十九日电】 王家烈电京，否认滇军助犹国材〔才，下同〕攻贵阳说。

又电，某报载：黔战又起，滇主席龙云以八团兵力，加入黔军，助犹国材部进攻贵阳，在守〔安〕顺与王家烈部激战。据云南驻京办事处李宝潆〔培天〕声称，龙主席有电到京，谓绝无其事，云南素来服从中央，决不干预任何内乱。

《青岛时报》1934年5月30日，第2版

藏兵聚于拉萨　企图尚不明

扬言虽在收复失地，前途如何实难预测；龙云电告赶修公路备万一

【南京三十日电】 云南省府主席龙云，电呈行政院及蒙藏委员会，略称：据报西藏最近在拉萨准备大兵，企图不明。又讯：西藏增兵，扬言收复失地，意图挑衅，前途如何，未敢逆料。我方为防备万一起见，刻拟派步兵两团兴工修立吉协一带公路，以利交通，借便军运。如何之处，请示祗遵。

《山东民国日报》1934年6月1日，第3版

滇军入盘江　王家烈有所不安

蒋［介石］、何［应钦］复电开诚修好勿自生疑

【香港五日电】 黔主席王家烈因滇军入驻盘江，中央有任龙云为“滇黔绥靖主任”说，特电汪、蒋及何应钦询问。蒋有复电云：“滇军□〔入〕盘江及龙云任绥靖主任，此间无所闻，尚盼辑睦邻封，开诚修好，勿自生疑虑为幸。”何应钦亦有同样复电。

《山东民国日报》1934年6月6日，第3版

龙云在巫家坝举行阅兵式

【云南十一日电】龙主席本日在巫家坝举行阅兵典礼，驻省各部队均一律参加，约万余人。各部队精神奋发极为严肃，民众参与数万人，备极热闹。（广）

《甘肃民国日报》1934 年 10 月 12 日，第 2 版

张彭年使滇返粤后谈话　滇军政建设突飞猛进

龙云本埋头苦干主张　对时局态度无甚意见

第四集团军总司令李宗仁，前派参议张彭年使滇，谒龙云主席有所报告，及商洽联络发展交通实业。查张代表赴滇后，倏经数月。现查张代表经于昨日离滇过桂，谒白副总司令崇禧及黄主席旭初后，东下抵粤，晋谒李总司令宗仁，报告使滇经过。记者昨（十七）日造访张代表于邸次，叩询赴滇经过，及滇省最近军政状况。兹将张氏谈话志下：

张代表云，兄弟月前赴滇，非为正式奉命，因兄弟数十年来，奔走黔滇桂各省，与各省将领长官，多数系故交。兄弟以滇中各故旧，业经八年未晤，故于月前往滇一行，借资与各故旧把晤，计抵滇昆明后，不觉有数月之久，关于滇省军政建设各项状况，有足述者。

（一）［关于］军事方面。在民十二年前，真是糟得不堪，各军长官均只知有自己渔利，不知有人民。当时唐继虞〔尧〕主政，然唐又不能握真正大权，只靠三数人捧场，各军长官多不受其指挥；部下龙云、胡若愚等，算是比较好些，不致互相疑忌。及后变政，唐倒台后，人民以龙云比较得民心，而且各部队又多拥护，龙遂得继唐而起。龙以军队贵乎有纪律，故力从事整理军风两纪，对于以前军队苛扰人民种种弊端，一律扫荡无遗。同时以军队良莠不齐，亦认为非整理不可，故从新编配，其为土匪式者固遣散之，即军纪不良，亦分别裁汰。近年来军队方面，比较往前好许多矣。计军队人数一共十七团，合二万余人，分防各地，积极办理绥靖，治安得以日趋安谧。从前土匪甚多，分义〔迤〕西、东、北三面割

据，政府莫奈之何，自龙云主政后，设计将之肃清，刻下各属治安均甚好。

（二）关于政治金融方面。政治近年来始略告安定，计由民十二至民十五年，在这几年当中，政治真糟糕得很。军队四出扰民，目无法记〔纪〕，政府不敢干涉，以致入夜后，家家户户及商号即关闭门户，否则军队到来，随便取物，不给钱而去。现在政府对于此种军队，取缔甚严，已再无此种现象发生矣。从前更为纷扰者，厥为金融，币制固然不能划一，钞票尤为紊乱。良以握有军权者之军长或师长不等，动接发行钞票。票面随便书上，五元者即向民间使用五元，十元者即十元，连同政府发出钞票，统计不下一万万元，然此乃约略之数目而已，其实因漫无限制，发出钞票数目若干，绝不得知。龙［云］主政后，以此种钞币混乱如此，非根本整理不可，故第一步将所有旧钞票，一方面照旧使用，另出大洋，即以大洋为本位，当时公民以钞票色［类］复杂，均不乐用，价格遂惨跌，乃由政府将之贱价收买，计一大洋收回杂种钞票十元。第二步发行新钞票，将所有旧钞票逐一收回，现在币制及金融状况，亦比以前好许多也。

（三）龙云对军政建议。年来极力整理发展，颇有成效，至龙氏对时势态度，一向持埋头苦干主张，不轻易受人家利用。对西南亦颇好感，目前外间传龙云派兵开驻桂边，有所企图，其实并非事实云。

《工商日报》（香港版）1934 年 10 月 18 日，第 7 版

滇省光复纪念

各机关长官致祭忠烈祠；龙云鼓励制造毒箭弓弩

〈前略〉**【云南十八日电】**龙主席令谕民厅，转令地方官：鼓励夷民制造毒箭弓弩，以备匪患时调用。（中央社）

《西京日报》1934 年 10 月 22 日，第 2 版；《滇主席龙云令夷民防匪　制毒箭弓弩以备调用》，《华北日报》1934 年 10 月 22 日，第 3 版；《龙云鼓励夷民制造毒箭》，《工商日报》（香港版）1934 年 10 月 23 日，第 3 版

修复孔庙经费　龙云捐款四千

【云南二十七日专电】修复曲阜孔庙会开十五次会，对曲阜孔颜□庙枯树，或拍卖，或植新树，交工程组商同孔颜庙负责人员办理。又议决成立总务组，推省府秘书长张绍棠担任。云南省主席龙云，捐修理孔庙费四千元，即可汇到。

《新天津》1934 年 10 月 28 日，第 2 版

龙云积极滇省建设

【云南十七日电】龙云以值兹地方安谧之时，应力谋生产，决自明年起，积极进行，增加农产，兴办水利，提倡农村副产，奖励种桑，并令实［业］厅妥拟具体方案，俾早日实行。（广）

《甘肃民国日报》1934 年 11 月 18 日，第 2 版

滇省府公布实行植树换刑

各地成林成绩极佳；龙云条谕力谋生产

【云南十七日电】龙主席条谕：谓乘地方安静，应力谋生产，自明年起积极进行增加农产，兴办水利，提倡农村附产，奖励种桑。令实［业］厅长物色人才统筹，妥拟具体方案，俾早日实行。滇自公布植树换刑后，换刑犯已达十余人，应植树共计一十六万九千五百余株。昨总部又发下换刑犯一名，植树三万二千株。此项区域扩大数县，当成极佳林场。（中央社）

《西京日报》1934 年 11 月 18 日，第 3 版

龙云力谋发展地方生产

龙主席条谕，谓乘地方安静，应力谋生产，自明年起，积极进行增加农产，兴办水利，提倡农村副产，奖励种桑，令实［业］厅长物色人才，统筹妥拟具体方案，俾早日实行。

《农业周报》第3卷第47期，1934年，第18页

云南省府主席龙云

皓翁

龙云，别字志洲〔舟〕，现任云南省政府委员兼主席，他是云南省的昭通县人。在前清宣统三年，毕业云南讲武堂后，[①] 即投身军队，先后任营长、团长、旅师长等职。民国九年，唐继尧统一全滇，他即在唐之部下，充任滇军第三军长，又兼任东北边防督办等职。不久，唐背国民政府，他即与胡若愚等，起兵相谏，几经挫折，唐卒为所屈服。及至唐氏暴死，他因拥有特殊势力，便取唐而代之，握有云南全省的军政实权了。

民十五，革命军北伐，他先后遣派代表到广州输诚，相与合作，于是北伐军出发之日，他就以滇军总指挥名义，拥护北伐军。民十六，他任国民革命军第三十八军军长、军事委员会委员，旋又任云南省政府主席。在国民政府之下的省政府主席，连任至七年之久的，除他之外，没有第二人。虽然云南僻处边疆，因地理上关系，和中原各省，极少发生关系，但他在云南的势力，也可以推想了。

云南年来的建设事业，比之唐继尧时代，颇有进步。据说公路方面，已完成了三千多公里。东陆大学，则没有什么起色。金融也很紊乱，一千一百多元的滇币，才能换得上海大洋一百元，这是他没有方法去维持。不过地方上还算安靖，这是差强人意的事。

《礼拜六》第582期，1934年，第648页

① 本文所提及的时间节点多有误。——编者注

龙云就二路军总司令职

〈前略〉

【昆明八日电】龙主席奉蒋委员长电令，任命为剿匪第二路军总司令，业于六日通电就职，并通令所属及布告军民周知。第三纵队司令官已任命孙渡代理。（中央社）〈后略〉

《西京日报》1935 年 2 月 10 日，第 2 版

滇西代表谒龙云

痛呈班洪被侵经过

【昆明七日中央社电】滇西边境葫芦王地、班洪等十七土目，特派代表赵子福、甘别等十人赴省谒龙主席，今午抵省，痛呈班洪被侵经过、率兵抵抗情形及葫芦王地在中国之历史，语多沉痛。惟副代表甘别，因病死于店中，殊为不幸。

《新天津》1935 年 3 月 8 日，第 2 版；《滇西土目派员谒龙云》，《西北文化日报》1935 年 3 月 8 日，第 2 版

龙云原任之第十路总指挥名义已奉准撤销令仰知照由

参字第一二九三号

军政部务军字第一八三九号公函开："案准军事委员会第一厅战字第四八八三号公函内开：'案查龙云电请撤销第十路总指挥名义，并将指挥部改为剿匪军第二路军总司令部一节，已呈奉委座敬午参电照准，相应函达，即希查照。'等由；准此，除分别呈报函令外，相应函达，即希查照为荷"等由；准此，除咨复并分别函令外，合行令仰该□□转饬所属，一体知照。此令。主任刘峙。中华民国二十四年三月十四日。

《绥靖旬刊》第 50 期，1935 年，第 25～26 页

滇省府裁并实业厅

设立公路总局，龙云自兼督办；省县设运动场积极提倡运动

【昆明十七日电】省府议决：（一）将实业厅归并建设厅，仍由张邦翰任建设厅长，缪嘉铭仍兼任银行行长及经济委员会委员。（二）两厅接收交代，限于本月十五日以前办毕具报，以凭转呈中央。（三）为促进全省省县道及节省开支起见，应即成立全省公路总局，主持办理。总局设督办一人，由龙云兼任，会办以杨文清充任。公路经费委员会应即裁撤，归并公路总局办理。（四）应于省会及各县城、乡镇，选择适当地点设立运动场。省会地方除原有北门外运动场外，应再开运动场二；各县城及其乡镇应各设运动场一，以后各县应积极提倡运动。（中央社）

《西京日报》1935 年 3 月 18 日，第 2 版

英兵侵入滇境　龙云电京尚待查明

【南京二十五日专电】关于英兵侵入猛〔勐〕角、猛〔勐〕董事，滇省驻京办事处长李培［天］今已接龙云复电，谓省府尚未接到是项报告，当已去电殖边督办李曰垓、杨谊谦，查询究竟，并嘱李、杨详查此项消息来源。

《新天津》1935 年 3 月 26 日，第 3 版；《龙云查究英兵侵滇消息来源》，《西京日报》1935 年 3 月 26 日，第 2 版

蒋飞滇视察后返黔

蒋电龙云嘉奖第三纵队忠勇歼敌

【昆明十五日电】蒋委员长十一日电龙副司令，嘉奖第三纵队忠勇殄敌，略谓第三纵队自进剿以来，孙司令官、各旅长行动敏捷，忠勇可嘉，此皆先训练成绩之表现。（广）

《甘肃民国日报》1935 年 4 月 16 日，第 2 版

滇将实行军民分治

薛岳、范石生均有任滇绥靖主任望；龙云辞滇省府主席经蒋恳切慰留

中央军事委员长蒋介石自十四日离贵阳乘飞机抵滇后，连日与滇省主席龙云磋商今后治滇方针。〈……〉现滇省拟仿照各省设立绥靖主任一职，以便绥靖、剿匪，双方并行。闻蒋委［员］长有调委现率兵入滇之黔省绥靖主任薛岳为滇省绥靖主任，所遗黔省绥靖主任职，则调赣省绥靖主任顾祝同接充之□。闻日间□命令正式发表云。

又讯：滇省主席龙云，自蒋委员长抵滇后，现以本人治滇无多大建树，深感政治学识浅薄，业向蒋委员长力辞滇省主席兼职，迭奉蒋慰勉有嘉，弗克照准。兹闻蒋委员长现为协助滇主席治滇，以分其劳起见，拟滇省设绥靖主任，以收军民分治之效，以资澈底整理。闻该滇省绥靖主任一职，聘以薛岳或范石生二人择选接任云。

《琼崖民国日报》1935年5月22日，第2版

龙云派员晋京报告

【上海八日电】滇主席龙云，派唐继麟今晨由港抵沪，约留二三日，即晋京报告滇省各项行政设施及建设进行状况。（中央社）

《西京日报》1935年9月9日，第2版

龙云胞妹龙志桢逝世

【昆明九日电】龙云胞妹龙志桢女士，本月二日逝世。省府八日议决，女士生前德樾优异，热心公益，殊足为桑梓矜式，应由本府颁给“志洁行芳”匾额，已呈国府明令褒扬。

《南宁民国日报》1935年9月11日，第3版

龙云未派代表晋京请示

【南京十一日电】报载龙云派唐继麟来京报告滇省政情，并有所请示。顷据滇省府驻京办事处称，龙主席并无派代表来京请示事，上云恐系误传。(中央社)

《西北文化日报》1935年9月12日，第2版

操行可风　蒋委员长褒扬龙云亡妹

【昆明二十九日中央社电】蒋委员长昨由航空寄到六尺大宣纸幅，亲书“操行可风”四字，褒扬龙志桢女士。

《山东民国日报》1935年9月30日，第3版

滇主席龙云昨为刘震寰等洗尘 并邀中外要人作陪

【中央社昆明二十二日电】刘震寰、邓镜寰、王季文，十七日由粤抵省后，曾数谒龙云。号（二十日）晚，龙在省府设筵，为刘氏等洗尘，并邀尹明德、卫生署顾问斯丹巴、驻滇英美德等国领事、省府委、省党指委、各厅长、各机关长官等共五十余人作陪。

《绥远西北日报》1935年10月23日，第2版

国府昨日之命令

【南京六日电】国府六日令：派龙云为滇省高考试务处长，此令。

《新天津》1935年11月7日，第3版

木里等土司代表到省谒龙云

〈前略〉

【昆明六日中央社电】 四川木里、碧、苴、庐等四土司，及前所、后所、左所、右所、中所等五所，于前日特派代表蒋克明、印治邦、吕鸿翥等来省谒龙云，请示防匪方针。已于一日接见，龙垂询各情并指示一切。据蒋谈，此次专为请示防匪方针而来，数日后即返木里。

《华北日报》1935年11月8日，第4版；《四川各土司谒龙云　请示防匪》，《西北文化日报》1935年11月8日，第3版；《四川土司派员谒龙云　请示防匪方针》，《青岛时报》1935年11月8日，第2版；《蒋光明谒龙云　请示防匪》，《甘肃民国日报》1935年11月8日，第2版；《滇主席龙云　昨接见川土司代表蒋光明》，《绥远西北日报》1935年11月8日，第2版

今年八月龙云招天下英雄打擂台

云南省政府主席龙云，性勇悍，工智术，曾在重庆从关东大侠学技击，精拳术，娴内工。今春派人至峨眉礼聘国术大家比丘静因如滇，使授飞剑及铁布衫之术。静因至，对于龙之武术颇加赞赏，且怂恿效法鲁韩、湘何辈设擂台，以网罗天下英雄。龙为心动，特嘱名士□某，拟就骈四骊六之露布一张，函邀南北豪杰，定期于丹桂飘香、金风露冷之时，在滇比武，所需川资，概由龙氏供给。今闻龙已命建设厅在吴三桂故宫莲花池畔赶造堂皇矞丽之演武厅一座，由静因妥为布置，将来即在其上较艺，届时龙氏将尽出其所学，与海内英杰一角雌雄云。（海）

《娱乐（半月刊）》（上海）第2期，1935年，第11页

龙云派员在粤组办事处

【中央香港电】 龙云派萧寿民驻粤，组织滇省府驻粤办事处。

《甘肃民国日报》1936年1月11日，第2版

蒋赠龙云短剑　已运到滇发配

【中央昆明电】 客岁蒋委员长赠龙总司令短剑二百把，经航运到滇，兹龙将次此短剑，分发上校以上长官，及营长以上带兵官，每员发配一把佩戴，以资纪念。

《甘肃民国日报》1936 年 2 月 14 日，第 2 版

行政院二十四日晨例会

函请冯［玉祥］、阎［锡山］、龙云为中军校校务委员

【南京二十四日电】 政院今晨开二五五次例会，出席孔祥熙、蒋作宾、陈树人、刘瑞恒、黄慕松、王世杰、吴鼎昌、陈绍宽、何应钦、张群，孔主席。〈……〉任免事项：（一）军委会函请：以冯玉祥、阎锡山、龙云，兼任中央军官学校校务委员案，决议，通过。〈后略〉

《西北文化日报》1936 年 3 月 25 日，第 2 版；《冯阎龙云兼军校教务员》，《青岛时报》1936 年 3 月 25 日，第 2 版；《冯玉祥阎锡山龙云兼任军校校务委员》，《华北日报》1936 年 3 月 25 日，第 4 版

顾祝同飞抵滇垣　晤龙云商谈

【贵阳七日电】 顾祝同今上十时，偕韩德勤赴清镇机场，十二时四十分起飞赴滇，与龙云晤商剿匪军事，本省教厅长叶元龙、保安处长冯剑飞亦偕行。叶系与滇当局商讨边疆教育问题，冯系考察滇省团队组织，均短期间即返黔。赴机场欢送者有刘兴、徐源泉、夏斗寅、吴忠信、万耀煌、郭思演等数十人。

【昆明七日电】 行营主任顾祝同，今午二时由筑乘机飞抵昆明，龙云等到机场欢迎，冯剑飞、叶元龙同来，全市悬旗欢迎。（中央社）〈后略〉

《西北文化日报》1936 年 4 月 8 日，第 2 版；《顾祝同昨飞昆明晤龙云　商剿匪军事》，《西京日报》1936 年 4 月 8 日，第 2 版；《顾祝同飞滇　与龙云商剿匪军事》，《南宁民国日报》1936 年 4 月 9 日，第 2 版

龙云率所部在滇边一带布防

【广州八日电】〈……〉刻下滇省主席兼剿匪司令龙云，已率安德化、鲁道源各旅，在盘江、罗平、宣威、陆龙一带扼要布置防务。第三纵队司令孙渡，则在昭通、大关、盐津各地调集重兵堵剿，并电黔省中央军、湘军从速进兵，以收夹击之效，使早日将匪肃清云。

《南宁民国日报》1936 年 4 月 9 日，第 2 版

顾祝同、龙云会晤

【昆明八日电】顾主任七日抵省后，午后五时龙主席即往行辕会晤，并于行辕设宴为顾洗尘。八日午后二时，顾赴总部与龙晤商剿军事。〈……〉

《新天津》1936 年 4 月 11 日，第 3 版

蒋昨由蓉飞抵昆明

龙云率各界盛大欢迎；夏斗寅等昨飞蓉晋谒

【昆明二十二日电】蒋委员长今日下午一时一刻乘飞机由蓉飞抵昆明。先是二十日滇党政军学各界已得蒋委长来滇消息，特发起盛大欢迎，是晨各界长官、各部队、学生民众等均全体出动，前往飞机场一带迎候，直至午后二时半知委座未成行，始各返城。

今晨复得确息，龙云以次各军政长官、党务人员、各机关科长以上全体千余人，准时到巫家坝机场迎候。军分校员生、近卫步队、民众团体、各校男女生行列绵亘数里。午后一时三刻，蒋所乘飞机出现云霄，于万众欢腾、军乐悠扬声中降机，龙云率高级长官趋前欢迎，各官员亦在行列中敬礼，蒋依次答礼，旋分乘汽车入城，直赴省府光复楼行辕。全市遍悬国旗，满贴欢迎标语，民众万人空巷，蒋车过一律脱帽致敬，秩序

肃然，其爱戴领袖热忱可见一斑。旋龙云率党军政各重要长官赴行辕谒候。（中央社）

【成都二十二日电】蒋委长今上午九时半自乘备机离蓉，钱大钧率随员等另乘二机随行，顾祝同、徐源泉、夏斗寅、吴忠信、薛岳、贺国光、李明灏、刘湘、刘文辉，暨在省师长以上将官、省府各厅委、党部各委均往机场欢送。蒋今上午八时起在行辕接见刘湘、黄炎培等，九时十分始由行辕乘车赴机场，刘湘等随行莅机场后，于军乐声中登机离蓉。至记者发电时，闻蒋委长已安抵昆明。（中央社）

《西北文化日报》1936 年 4 月 23 日，第 2 版；《蒋委长昨飞抵昆明　各界赴机场热烈欢迎　龙云等旋赴行辕谒候》，《西京日报》1936 年 4 月 23 日，第 2 版

蒋由渝飞抵昆明

党政军学各界盛大欢迎；龙云等长官先后进谒

【成都二十三日电】蒋委员长二十二日晨九时半，乘自备机离蓉，钱大钧率随员等，另乘二机随行，顾祝同、徐源泉、夏斗寅、吴忠信、薛岳、贺坡光、李明灏、刘湘、刘文辉，暨在省师长以上将官、省府各厅委、党部各委，均往机场欢送。蒋晨八时在行辕接见刘湘、黄炎培等，九时十分始由行辕乘车赴机场，刘湘等随行。莅机场后，于军乐声中，登机离蓉。〈中略〉

【昆明二十三日电】蒋委员长二十二日下午一时一刻，乘飞机由蓉抵昆明。先是二十日，滇党政军学各界，已得蒋委员钱〔长〕来滇消息，特发起盛大欢迎。是晨各界长官、各部队、学生、民众等，均全体出动，前往飞机场一带迎候。直至午后二时半，知委座未成行，始各返城。

二十二日晨复得确息，龙云以次各军政长官、党务人员、各机关科长以上全体千余人，仍准时到巫家坝机场迎候。军分校员生、近卫步队、民众团体、各校男女生，行列绵亘数里。午后一时三刻，蒋所乘飞机出现云

霄，于万众欢腾、军乐悠扬中降机。龙云率高级长官趋前迎迓，各官员亦在行列敬礼，蒋依次答礼，旋分乘汽车入城，直赴省府，旋赴行辕。全市遍悬国旗，满贴欢迎标语，民众万人空巷，蒋车过一律脱帽致敬，秩序肃然，其爱戴领袖热忱，可见一斑〈……〉

〈后略〉

《青岛时报》1936 年 4 月 24 日，第 2 版

蒋应龙云欢宴　席间畅谈颇欢洽

【昆明二十三日电】蒋委员长昨午后二时，于万众欢迎中由机场赴行辕休憩。五时，龙云设席欢宴，各省委、厅长作陪，席间畅谈颇为欢洽。九时，省党务指委杨文清、裴存藩、陈廷璧晋谒委长，有所请训，闻训示大意，除剿匪外，以发展交通为要。今晨十时，委长赴龙公馆与龙云叙谈，旋乘车赴北门外铁峰庵游览。午后五时，军政各界于省府大礼堂盛大设席，欢宴委长。(中央社)〈后略〉

《西京日报》1936 年 4 月 25 日，第 2 版

蒋派龙云为滇黔“剿匪”总司令

【昆明二十五日电】蒋委员长今晨八时赴军分校，召开全体员生训话后，十时即赴机场，偕同来人员乘机离滇飞黔。龙云以次党政军各机关官员、部队，均到机场欢送。(中央社)

【昆明二十四日电】龙云昨奉蒋委员长二十一日电，兹派该员为滇黔剿匪军总司令，委令饬厅另发，仰即将就职日期具报备查。(中央社)〈后略〉

《西北文化日报》1936 年 4 月 26 日，第 2 版；《蒋委长昨离滇飞黔　龙云任滇黔剿匪总司令》，《华北日报》1936 年 4 月 26 日，第 3 版；《龙云膺新命　任滇黔剿匪总司令》，《南宁民国日报》1936 年 4 月 26 日，第 2 版；《云南龙云新头衔　滇黔剿匪军总司令》，《新天津》1936 年 4 月 26 日，第 3 版

蒋在滇 军政领袖欢迎

令在川各军整顿风纪；龙云受任滇黔剿匪军总司令，着即就职

【昆明二十四日电】 二十三日夜七时，省府设宴盛大欢迎蒋委员长，钱大钧、李觉及高级随员亦应邀赴宴，滇党政军各高级长官，均出席作陪。席间由龙云致欢迎词，希望在委员长领导之下继续的加紧努力，以完成大家所负之建设新云南及建设新中国伟大使命。（广）

又电：龙云二十三日奉蒋委员长二十一日电，兹派该员为滇黔剿匪军总司令，委令饬京另发，仰即将就职日期具报备查。（广）〈后略〉

《甘肃民国日报》1936 年 4 月 26 日，第 2 版；《蒋委员长委龙云任滇黔剿匪总司令》，《青岛时报》1936 年 4 月 26 日，第 2 版

政院例会决议派龙云为滇黔“剿匪”总司令

【中央社南京二十八日电】 政院俭（二十八日电）晨开二六零次会议，出席孔祥熙、陈树人、蒋作宾、黄慕松、陈绍宽、何应钦、王世杰、刘瑞恒、张群、张嘉璈，孔主席。

讨论事项：〈中略〉

任免事项：〈中略〉（二）军委会函请特派龙云为滇黔剿匪总司令，何键为长沙绥靖主任案，决议通过。〈后略〉

《绥远西北日报》1936 年 4 月 29 日，第 2 版；《行政院昨晨会议 通过整理津浦路债款办法 派龙云为滇黔军剿匪司令》，《西京日报》1936 年 4 月 29 日，第 2 版

龙云等已商定“围剿”计划

【长沙八日中央社电】〈……〉刘建绪抵昆明后，业与龙云商定围剿计划，将各纵队从新配置，并与川康部队切取联络，即亲赴前方督剿，以期

一鼓聚歼云。〈后略〉

《华北日报》1936年5月9日，第3版

龙云已就滇黔区“剿匪”总司令

〈前略〉

【昆明五日中央社电】 龙云前奉蒋委员长任滇黔区剿匪总司令，现已于六月一日通电就职，即日将“剿匪军第二路总部”改“滇黔区剿匪总司令部”，内部组织暂行照旧，奉到印信官章，即于是日启用。〈后略〉

《华北日报》1936年6月6日，第3版；《滇黔剿匪总司令龙云就职》，《西北文化日报》1936年6月7日，第2版；《龙云已就任滇黔剿匪总司令》，《西京日报》1936年6月7日，第2版；《龙云就职滇黔区剿匪总司令》，《青岛时报》1936年6月7日，第2版

龙云派李雁宾代表抵粤商抗日

【广州十日电】〈……〉又云南省主席兼剿匪第二路总司令龙云，亦已派出代表李雁宾，于昨日到达广州，除公祭胡主席外，并分谒西南党政军各领袖，代龙表示与西南一致抗日。此外，尚有华北、华中各省代表多人，先后抵粤，代表各该省当局，参加西南抗日工作云。〈后略〉

《南宁民国日报》1936年6月11日，第2版

曾扩情飞陕

龙云长子龙绳武同行

【成都十八日电】 曾扩情十八日上午七时，乘欧亚机飞西安，略事勾留，将转京向中央请示。龙云长公子绳武，十七日由昆飞省，与曾同机飞陕。

《南宁民国日报》1936年6月19日，第2版

龙云力主拥护中央

【上海二十九日电】 同盟社息：据云南来电，龙云二十五日召集省垣学生训话时，极力责备粤桂之越轨行动，力主拥护中央。(中央社)

《西北文化日报》1936年6月30日，第2版

龙云对滇学生训话

说明云南拥护中央态度；反对两粤假名抗日谬举

【昆明通讯】 自两广当局置国家纪纲、民族生民于不顾，假借抗日之美名，移兵进犯湘闽赣边境以来，此间军民极为愤慨，龙总司令曾于六月二十五日午后二时，在北校场老营盘对学生训话，发表“两广借口抗日，行动越轨，本省拥护中央，不背初衷”之政见，异常重要，训词要旨如次：

诸生皆曾受高等教育，思想纯洁，为将来国家中坚份子，余今日来此，原意在与诸生晤面，略为训勉，对于时局本不准备言及，惟思诸生皆系优秀青年，似有与讲时局之必要。但在未谈之先，余且问诸生，此次两广的抗日举动事属真耶假耶？（诸生立即高声答称“假的”）诸生既知两广此次抗日之举系假，余得将两广与中枢之局势略为叙述。

当九一八以前，两广对于中央，意见已有不同，惟中央素以宽大为怀，是以双方信使仍络绎于途。吾滇虽与桂省接壤，然对于政见，则始终不与之苟同。吾人切望国家团结统一，深盼两广方面能以国事为重，然两广若不放弃其自私自利之念，则其与中枢之关系殆难转佳。讵料月初彼方竟尔发动其所谓“抗日勾当”，举国人士，洞悉其隐，知其言不由衷，卒不获得同情。

现两广行动越轨，已成骑虎之势，将来演变若何，尚难逆料，然既系动机不良，则其结果自可想见。至于我滇所持态度，则以为中国系若

干行省构成，然地方与中央非对立关系，而为统属关系。滇省对中央无论就法理与事实，均当为〔唯〕中央之命是听。吾滇政见，数十年如一日，征诸以往事实，在在可引为证。民十八时代尚未统一时，桂系拥有半壁河山，但云南则始终反对，讨逆军即于其时成立。今两广势非昔比，云南对两广，自然反对到底，只知拥护中央完成统一，不背初衷。甚盼诸生澈底了解当局对中央及时局之态度来定信仰，勿信谣诼。（一日中央社电）〈后略〉

《通问报》第25号，1936年，第26~27页

读龙云在滇训话后

报载滇主席龙云氏，于上月二十六日召集学生训话。当征询在场学生关于两广举动之判断（闻此次两广的抗日举动事属真耶假耶，诸生立即高声答称“假的”）以后，继即率直说明其于时事之见解，及各省地方当局对于国家应有之立场。其训词中要点谓，“吾人切望国家之团结，深盼两广方面能以国事为重，然两广若不放弃其自私自利之念，则其与中枢之关系殆难转佳”。又谓“至于我滇所持态度，则以为中国系若干行省构成，然地方与中央非对立关系，而为统属关系。滇省对中央无论就法理与事实，均当唯中央之命是听。……对两广行动自然反对到底”等语。训词全部并不冗长，而于时事，于国家，则即此已可见其透辟忠诚之至意，爰更愿为之引申焉。

陈［济棠］、李［宗仁］、白［崇禧］等自上月初发出其“冬”“支”两电以后，一直演进至于擅扩部队，破坏军政，侵犯邻境，蹂躏人民，谓“为对外抗侮”，事实决无人能予相信，细审其动机，则断不外于自私自利之一念而已。盖以粤陈年来坐镇岭南，行所自便，举近年中央种种政治、经济之改革与推进于不顾，而积年搜括所聚，孕育之众，最后乃必出于向外扩展之一着，其义一如资本主义发展之极端，终必流于损人利己之帝国主义一阶段耳。至于桂之李、白，则自民十八被讨伐失败以后，盘踞桂省，自成天下，任何设施，尤无在不蕴蓄脱颖重来推翻中央之一种卑劣心理。故综合今日陈、李、白等之行动，谓为“完全出于自私自利之欲念”，

实属至当无疑。

然视中央方面则何如？自蒋院长相继发表“阳”电、“真”电，以及廿六日对记者之公开谈话，其宽大为怀、相忍为国之至诚愿望，实已大白于天下。而军部何部长等两次所致陈、李、白等之文电，则更将年来中央竞业奋进，与当前趋响〔向〕途径，慨然道之而无遗。

故今日之事，陈、李、白等个人对于国族之为功臣，为罪魁，与夫国族之终将有救或溃灭，虽已确进于千一钧发之临歧关头，然实基于陈、李、白等一念之左右，果使陈、李、白等之终“不放弃自私自利之念”，则前途诚属“殆难转佳”。反是，陈、李、白等善心一萌，一面将月来种种希异行动，迅速规复常态，一面亲自晋京出席二中全会，以其所有之意念，公开征求于最高机关之表决，根据全盘永久之打算，为国家民族定当前之大计，则岂但内忧必可屏息，而外患亦决无全无办法之理，岂但陈、李、白个人前途必为不休，全国、全民族亦正唯此利赖也。

其次，关于目前由陈、李、白造成之不安时局，恰值于强敌压境之危难期间，因是一般建言解决途径者，率以惶虑于国内形势之恶化，遂不惜为种种之贱视纲纪之办法，此则读龙氏“地方与中央非对立关系，而为统属关系”，“对中央无论就法理与事实，均当唯中央之命是听”，至理名言，确然不移，由是而不得不致憾于一般论者之只为舍本逐末也。

夫国人既不自否认为一个现代国家，即不能不拥护一统体完整之组织，更不能不使此组织作有力之运用，倘一部地方军人官吏，可以实力行动范畴中央，而中央亦不惜将错就错，以屈从于一部分地方军人，则将谓国家组织、纲纪之之为何？其实今日陈、李、白等均为国家最高机构之一成员，诚使彼辈有其俨然之主张，而此主张又确于国族前途为有利，则出席全会，建议讨论可耳。如是陈、李、白等本为中央之一成员，粤桂亦为中央隶属下之一部分地域，中央有所决定，粤桂两省同时遵行其一致之大计，夫何当前问题之有哉？舍如是名正言顺、理直势便之捷径而不由，终必以国家组织纲纪为之殉，诚不知其何所可也！

《西京日报》1936 年 7 月 7 日，第 3 版

滇设县长训练所　龙云亲授团务制度

【昆明十二日电】县长训练所开学三周，昨龙云亲赴该所，讲授团务制度。课毕，巡视所内各处，对学员内务特为注意，闻每周均将亲往授课。

《南宁民国日报》1936年7月14日，第2版；《县长训所开学　龙云亲授课》，《西北文化日报》1936年7月13日，第2版

龙云对政工人员训话　对时局认前途乐观

【昆明十五日电】龙云十三日午后二时，召政训班员生及政训处职员训话，达二小时，言辞恳切。对政工人员应有之修养，谓“一须明大体，二维持纪纲，三铲除不良习惯，四服从长官”。对时局认识则谓：“云南实在希望国家统一。两粤将领，平日对部下不诚，对国家不忠，所以部下自然瓦解，勘乱反正，中国以后定可以统一，前途乐观的。”（中央社）

《西北文化日报》1936年7月16日，第2版；《龙云对政工人员训话》，《西京日报》1936年7月16日，第3版

国府明令任命　顾祝同为黔主席

派龙云为滇黔绥靖主任　滇黔剿匪总部着即撤销

〈……〉

【南京二日电】国府今日发表明令如下：（一）滇黔剿匪总司令部着即撤销，此令。（二）特派龙云为滇黔绥靖主任，薛岳为副主任［此令］。（三）黔省府委兼主席吴忠信呈辞，吴准免本兼各职，此令。（四）任命顾祝同为黔省府委员，此令。（五）任命顾兼黔省府主席，

此令。（中央社）

《西京日报》1936年8月3日，第2版；《贵州省主席易人　吴忠信被免职　顾祝同继任主席　龙云薛岳任滇黔绥靖正副主任》，《新天津》1936年8月3日，第3版；《国府昨日命令　龙云为滇黔绥靖主任　顾祝同为贵省府主席》，《甘肃民国日报》1936年8月3日，第2版；《国府明令发表　顾祝同任黔主席　龙云为滇黔绥靖主任》，《西北文化日报》1936年8月3日，第2版；《国民政府昨日明令　派龙云为滇黔绥靖主任》，《南宁民国日报》1936年8月3日，第2版；《国府命令　龙云薛岳为滇黔绥靖正副主任　顾祝同为贵州省委兼主席》，《华北日报》1936年8月3日，第3版；《国府明令特派龙云为滇黔绥靖主任　薛岳为副绥靖主任　顾祝同任黔省主席》，《通问报》第29号，1936年，第27页

龙云代表刘显丞到沪　将飞庐谒蒋

【上海三日电】龙云代表刘显丞，日前到沪，定六日飞浔转庐，晋谒蒋委员长，有所请示。

《南宁民国日报》1936年8月4日，第2版；《龙云代表抵沪　日内飞庐谒蒋》，《西京日报》1936年8月4日，第2版；《龙云代表定六日赴庐谒蒋》，《华北日报》1936年8月4日，第3版

龙云即就新职

【昆明四日电】总部今日接军委会电：委龙云为滇黔绥靖主任。闻龙不日将通电就新职。（中央社）

《西北文化日报》1936年8月5日，第2版；《龙云即就职》，《西京日报》1936年8月5日，第2版

龙云代表刘震寰飞浔州

并转庐谒蒋请示

【中央社上海五日电】驻滇黔绥靖主任龙云之代表刘震寰（显丞），微（五日）晨由沪飞浔转庐，晋谒蒋委员长，有所请示。

《绥远西北日报》1936年8月6日，第2版；《龙云代表赴庐谒蒋》，《华北日报》1936年8月6日，第4版

新任滇黔绥靖主任龙云不日通电就职

代表刘显丞氏昨飞庐谒蒋

【上海五日电】驻滇黔绥靖主任龙云之代表刘震寰（显丞），今晨由沪飞浔转庐，晋谒蒋委长，有所请示。

【昆明四日电】总部三日接军委会电，委龙云为滇黔绥靖主任，闻龙不日将通电就新职。

《南宁民国日报》1936年8月6日，第2版；《龙云代表飞庐谒蒋》，《甘肃民国日报》1936年8月6日，第2版

龙云代表刘显丞、龙绳武抵庐

候期谒蒋请示滇黔绥署事　立委张维翰谒蒋毕飞昆明

【九江六日电】牯岭电话：龙云代表刘显丞及云子绳武五日抵牯。刘候期谒蒋，对滇黔绥署事有所请示。

【南京六日电】立法委员张维翰（编者按：张氏前曾任滇省民厅长）日前赴庐谒蒋毕，定七日乘欧亚机飞返昆明，谒龙云有所商洽。

《南宁民国日报》1936年8月7日，第2版

刘震寰抵牯谒蒋

谈龙云对中央绝对拥护

【九江九日电】 牯岭电话：刘震寰抵牯后，由军会派副官招待，寓九十四号旅社。昨日谒蒋委长。据刘［震寰］谈，此次虽由滇北来，但非滇代表，本人与龙主席私交甚厚，深知其对中央绝对拥护云。（中央社）〈后略〉

《西京日报》1936 年 8 月 10 日，第 2 版；《刘震寰抵牯后　日前已谒蒋　据谈龙云绝对拥护中央》，《华北日报》1936 年 8 月 10 日，第 3 版

何应钦等电贺龙云膺新职

【昆明十一日电】 龙云新膺滇黔绥靖主任新职，何应钦、张学良、朱培德、犹国才等纷电致贺。（中央社）

【南京十一日电】 滇黔绥靖主任及副主任关防及印章，业经国府分别铸就，颁由文官处函送军委会转发领用，并饬将启用日期呈府备查。（中央社）

《西北文化日报》1936 年 8 月 12 日，第 2 版；《滇黔绥靖主任关防印章铸就　函送军委会转发领用　何应钦等纷电贺龙云》，《西京日报》1936 年 8 月 12 日，第 2 版；《何应钦等致电　贺龙云新命》，《南宁民国日报》1936 年 8 月 13 日，第 2 版

龙云、薛岳定二十四日就滇黔绥靖主任职

【中央社昆明二十二日电】 龙云、薛岳定二十四日就滇黔绥靖正副主任职，各机关、部队、学校是日休假，悬旗志庆。二十一日已电呈国府及蒋委员长，并通电全国及电知滇黔各机关。

《甘肃民国日报》1936 年 8 月 23 日，第 2 版；《龙云薛岳定明日就新职》，《西北文化日报》1936 年 8 月 23 日，第 2 版

龙云、薛岳明日就职

【中央社昆明二十二日电】 龙云、薛岳定八月二十四日就滇黔绥靖正副主任职，凡军政各有〔机〕关、部队、学校，均于是日休假，并悬旗校〔志〕庆。就职仪式，俟中中央监督员派定到滇再举行。二十一日已电呈国府及蒋委员长，并通电全国。

【昆明二十二日公电】 滇黔绥靖主任龙云、副主任薛岳，顷发出就职通电云，均鉴：案奉国民政府派字第六十六号特派状开："特派龙云为滇黔绥靖主任，此状。"派字第六十七号特派状开："特派薛岳为滇黔绥靖副主任，此状。"并奉军事委员会令，发《滇黔绥靖主任公署组织条例》，饬即遵照办理各等因。奉此，遵定于本月二十四日就职。云等自维铨材，谬膺重寄，望时锡箴言，藉匡不逮，至所企祷。除呈报外，谨此电达，惟希垂鉴。滇黔绥靖主任龙云、副主［任］薛岳叩，马，印。

《青岛时报》1936 年 8 月 23 日，第 2 版；《滇黔绥靖主任龙云薛岳　定明日就职》，《华北日报》1936 年 8 月 23 日，第 3 版；《滇黔绥靖正副主任龙云薛岳通电就职　俟监誓员到后再举行仪式》，《南宁民国日报》1936 年 8 月 24 日，第 2 版；《龙云薛岳就职》，《西北文化日报》1936 年 8 月 24 日，第 2 版；《龙云薛岳通电就职》，《绥远西北日报》1936 年 8 月 24 日，第 2 版；《龙云薛岳通电就职》，《西京日报》1936 年 8 月 24 日，第 2 版

各方电贺龙云就职

【中央社昆明二十八日电】 龙云二十一日通电就滇黔绥靖主任后，全国各方首领张群、居正、程潜、刘湘、朱培德、徐源泉、俞飞鹏、鄂省党部等，纷纷来电致贺。〈后略〉

《青岛时报》1936 年 8 月 29 日，第 2 版；《龙云就职后　各方纷电致贺》，《西京日报》1936 年 8 月 29 日，第 2 版；《龙云就职后　各方纷纷电贺》，《甘肃民国日报》1936 年 8 月 29 日，第 2 版

龙云就任滇黔绥靖主任　林主席传谕嘉勉

【昆明三十日中央社电】 龙云就滇黔绥靖主任新职，林主席特传谕嘉勉云："该主任等久膺疆寄，夙著贤劳，兹承新命，尚希和协军民，益固边圉，是所切盼。"又孙科、于右任、宋哲元、邵力子、马步芳、商震、谷正伦、陈果夫、何键、秦德纯、何成濬、张发奎、陈诚，均纷纷来电致贺。

《华北日报》1936年8月31日，第4版；《林主席传谕嘉勉龙云　久膺疆寄夙著贤劳》，《青岛时报》1936年8月31日，第2版；《林主席嘉勉龙云　各要人纷贺就职》，《西北文化日报》1936年8月31日，第2版；《各方电贺龙云》，《西京日报》1936年8月31日，第2版；《各方纷纷致电　贺龙云新命　主任滇黔绥靖》，《南宁民国日报》1936年9月2日，第3版

滇黔绥署内部组织议定得龙云决定

【中央社昆明二日电】 滇黔绥靖公署成立后，对于内部组织问题，一日由廖参谋长召集总部各处长举行会议，本中央颁发照例商讨，已议决数要件，呈龙云决定。

《甘肃民国日报》1936年9月3日，第2版

国建会滇分会组织办法拟定　龙云任会长

【中央社昆明三日电】《国民经济建设运动委员会滇分会组织办法》经建厅拟定，定名为"国经建运委会云南分会"，会长由龙云兼任。

《甘肃民国日报》1936年9月4日，第2版

龙云等电慰蒋委员长

〈前略〉

【中央社昆明十四日电】 滇党政军各界，自得“李、白诚恳服从中央命令，定十六日就桂绥靖主任职电”后，全国和平统一，已告实现，国家民族之基础，亦已奠定，官民全体欢跃无已，并对蒋委员长宽大赤诚之精神，万分钦仰，特发起筹备，举行“全国和平统一庆祝纪念大会”，并通电全国各地，一致举行扩大庆祝。

龙云等十四日特电贺蒋委员长，原文云：“广州蒋委员长钧鉴：国民革命出师北伐，十年于兹，处此内外夹攻、时局颠危之际，钧座均能抱定大仁大智之精神，努力敉平内争，以期救亡图存，安定国家。最近复以精诚感召，化粤桂干戈为玉帛，完成全国统一，使民国万世基础，从此牢固，建设事业，日见勃兴，国际观听，因之转变。此诚中华民国无疆之机，四万万民族复兴之会也。特专电庆贺，并祝政躬健康。”

《青岛时报》1936 年 9 月 15 日，第 2 版

勘界委员会委员谒龙云

目〔日〕前谒龙云报告及请示即离昆明西上继续工作

【昆明廿五日中央社电】 勘界委会委员梁宇皋、张槐三，顾问郑相衡，二十三日谒龙云报告并请示一切。闻梁、张已定廿八日全体离省西上，到邦〔那〕桑会齐，继续工作。又冯耿光、吴震修、王志莘于由蓉乘机来滇游历，廿五日午乘机离滇。

《华北日报》1936 年 11 月 26 日，第 3 版；《梁宇皋等谒龙云请示　定二十八日赴那桑》，《西北文化日报》1936 年 11 月 26 日，第 2 版

中央公路勘查团安抵昆明　今日晋谒龙云

【中央社昆明十二日电】中央公路勘查团钱诒士、薛次莘等一行二十七人，真（十一日）晨乘车四辆，由曲靖起程，即晚安抵昆明。公路局禄国藩、杨文清、张大义等高级职员均往古幢公园欢迎，据钱诒士谈：本团于上月江（三日）由南京起程，经过徐州、开封、西安、汉中、成都、重庆、贵阳，西达昆明。此行系查勘沿线公路干道进展情形，沿途所经，颇多艰险，特别工程，经各地官绅民众群策群力之结果，一变而为康庄大道，京滇相距数千里，一车而达，洵为快事。在滇约逗留三四日，即乘原车返京。文（十二日）公路局邀钱君等游览安宁温泉，元（十三日）将晋谒龙云云。

《绥远西北日报》1936 年 12 月 13 日，第 2 版

龙云为西安事变复孔祥熙电

南京孔代院长钧鉴：密。元日三电均经奉悉，不胜骇异。张学良劫持统帅，动摇国本，丧尽天良，令人发指。事变至此，国家前途，实堪忧虑。计惟益加团结，拥护既定政策，借挽危局。电示各节，至佩荩筹，谨当益励赤诚，竭力靖难，追随我公，亦即所以图报。今尊电甫到，即已联同薛岳通电表示矣。营救委座各情，务盼随时见示，凡可致力，无不唯命，谨复。龙云叩，寒。

《中央周报》第 446 期，1936 年，第 10 页

龙云派代表晋京

【昆明二十日电】龙云接何总司令铣电，以巧电复何，略谓："因事变初起，为安定人心计，暂不赴京，已托黄实君乘机飞京，并再派高荫槐君克日趋谒左右，承教一切。黄、高到后，如仍须弟续来，自当束装启行。"

《新天津》1936 年 12 月 22 日，第 2 版

王宠惠等通电严斥张学良

龙云派员赴京谒何

【上海二十一日下午十一时专电】香港电：邹鲁定二十三日力疾入京，营救委座，并商国是。

【上海二十一日下午十一时专电】在沪中委谢持、王宠惠、杨庶堪、蔡元培、张定璠、傅秉常、许崇智、张知本等，决发通电严斥张学良，正签名中。

【昆明二十日中央社电】龙云接何总司令十六日电，略谓“受命于危难之间，靖国救难，仔肩责重，一切事务，诸待请益。望抽暇命驾莅京一行，俾得共商至计。如事繁不能分身，请派代衣〔表〕前来”。龙以十八日电复何，略谓“因事变初起，为安定人心计，暂不赴京，已托黄实君乘机飞京，并再派高荫槐君克日趋谒左右，承教一切。黄、高到后，如仍须弟续来，自当束装启行”。

《华北日报》1936年12月22日，第3版

李煦寰等谒中枢当局　龙云代表已抵京

【南京十二月二十二日中央社电】余汉谋代表李煦寰等抵京后，即分谒孔［祥熙］、何［应钦］，陈述余主任关怀蒋委员长蒙难之至意，并报告粤治安情形；二十二日晨，又谒孙院长，并访宋子文，探询蒋委员长近况。又龙云代表黄实，已自滇抵京，并已晋谒中枢各当局报告。

《华北日报》1936年12月23日，第4版

龙云派员赴陕　谒候蒋委长

裴存藩即将北上

【昆明二十三日下午五时专电】龙云对蒋委员长在陕安危极为关切，

特派绥署政训处长裴存藩赴西安谒候委座。因今日欧亚机未来，如廿四日来，即可启行。

《华北日报》1936 年 12 月 24 日，第 4 版

任可澄抵滇　龙云设宴欢迎

【昆明廿六日中央社电】任可澄抵滇后，二十五日晚，龙云特于省府设宴欢迎，因旧雨聚会一堂，倍觉亲洽；又因蒋委员长脱险消息到滇，全场精神极为震奋，席间欢忭异常。

《华北日报》1936 年 12 月 28 日，第 4 版

龙云所派晋京代表

【昆明电】龙云所派晋京代表高荫槐，乘欧亚机飞蓉转京。

《新天津》1936 年 12 月 28 日，第 3 版

昆明军分校补习班举行毕业典礼

军政长官均往参加；龙云训话颁发证书

【中央社昆明三十日电】昆明军分校第一期军官补习班，艳（二十九日）午后一时，在该校举行毕业典礼，绥署总部大队，亦于同时举行，军政各高级长官均到校参加，毕业生员，计分校二百零八名，总部队一千零三十八名。兼校委龙云，亲临训话，并派代表校长颁发证书，各长官亦有训示，蒋校长、何部长、唐总监、校委余汉谋等，均特颁训词，景象极为肃穆。

《绥远西北日报》1937 年 1 月 31 日，第 2 版；《昆明军分校首期军官补习班前日举行毕业典礼　龙云代蒋颁发证书》，《青岛时报》1937 年 1 月 31 日，第 2 版

谢健谒龙云　畅谈时局

今日视察司法

【昆明二十一日中央社】司法行政部次长谢健，二十日抵滇后，下午即谒龙云，畅谈时局，颇欢洽。二十一日游览温泉。二十二日将视察省会司法机关及监狱情形，并于高院首席检察官胡□宣誓就职礼时，出席监誓。二十四［日］即乘机返蓉。

《青岛时报》1937年2月22日，第2版

龙云训示新县长

【昆明四日电】国民经济建委会滇分会所拟预算，昨经省府议决，照准按月由财厅发新币千二百四十余元，会长由龙云兼任。

【昆明四日电】龙云于三日午召集此次新委五十县长［于］省府礼堂，对于县政建设事于〔宜〕作恳切训示，历二小时始毕。训示要点：（一）认清立场；（二）注意生产业；（三）组织民众；（四）训练民众；（五）慎选用人；（六）不骛虚名；（七）屏除司法积弊；（八）认真办理积谷；（九）训练后备队；（十）认真肃清散匪；（十一）整理市政。

《南宁民国日报》1937年3月6日，第2版

龙云电迎京滇周览团

〈前略〉

【长沙二十四日电】京滇周览团，湘拟组考察团考察沿线政治、经济、交通、农业、矿产、教育等项。（中央社）

【昆明二十五日电】龙云以京滇周览团已筹备就绪，行将莅滇，昨特电褚团长请早日起程，并盼先电示，俾便郊迎。（中央社）

《工商日报》1937年3月26日，第2版

京滇公路周览团决定五日出发

龙云昨电京表示热烈欢迎

【南京一日中央社电】行政院京滇公路周览团，决于五日出发，龙云一日电褚民谊，对周览团表示热烈欢迎，褚已复电申谢。翁文灏、秦汾、褚民谊、何廉，特定四日下午四时欢宴周览团，庆祝此行成功。京市府并定周览团出发之晨，在中华门外联合主管各机关举行庆祝壮行大会，现正积极筹备，闻所定庆祝仪式极隆重。〈后略〉

《华北日报》1937 年 4 月 2 日，第 3 版

何应钦谈刘湘、龙云矢诚中央

〈前略〉

【上海十六日下午十一时专电】何应钦谈：川局安定，刘湘已表示矢诚拥护中央及领袖，本人暂无入川必要。滇龙云亦绝对服从中央。〈后略〉

《华北日报》1937 年 4 月 17 日，第 3 版

京滇周览团安抵昆明　滇垣各界盛大欢迎

西南与中央打成一片殊堪庆幸；龙云致词希望中央援助滇建设

【昆明二十九日电】京滇公路周览团，今晨九时半由曲靖出发，沿途各县城乡镇长官、学生、民众均列队敬礼，并放鞭爆欢迎。午后三时半抵昆明，龙主席率军政长官、学生团体、民众等约十余万，在古幢公园列队欢迎，至七里之长。褚团长及各团员，到此下车，褚与龙及各重要长官，一一握手为礼。旋即于万众热烈欢迎中，整队步行，至招待所休息。

记者往访褚团长，据谈此次承蒋院长命，领团游览，全程约三千公

里，沿途无何困难，即平安到达，实为交通史上之一新页。所见各省建设极猛进，尤以□之山岭公路，短期内完成，由京可直达滇垣，使中央与西南打成一片，足值庆颂。仍盼各省公路支线，早日修竣，完成全国周密交通网，而以巩固国防。

又伍副团长连德语记者：万里长征，得顺利完成，实足申庆。沿途各省建设，均极猛进。赣之新政与朝气，颇为效仿；湘之工业发达，将来可成为重工业之中心；黔之山路建设成功，足可表示努力建设决心；滇青年极活泼，甚为欣慰。总之，此行确为我国民族团结重要关键也。

【昆明三十日电】昆明社会各界欢宴周览团全体团员，到龙云、任可澄、黔代表吴奇伟、各机关长官、团体代表等二千余人。褚团长及各团员入席后，由龙致欢迎词，略谓云南地处边远，所有政治、经济、文化、建设，均较各省落后，尤以人财两缺，希望中央予以援助，并盼周览团诸公，尽量指示。

继褚团长答词，首谓此次由京至滇，仅一百〇六小时半即达。此路完成，西南与中央已完全打成一片。次谓公路建设积极意义有三：（一）开发地方富源；（二）调节物产供给；（三）促进真正统一，并盼早日完成各路支线。末谓龙主席处此贫瘠边省，建设不易，而能有如此成绩，实足钦佩。

继伍副团长代表团员致谢词，及吴奇伟致词后，由艺师男女生唱歌呼口号，并全体摄影纪念。

午后参观书画手工展览会、园〔圆〕通公园、省立大学、军官分校、昆华中学。晚省府绥靖公署宴会，并闻该团在滇时间延长二日，一部团员将赴个旧视察。（中央社）

《西北文化日报》1937年5月1日，第2版

京滇周览团昨日在滇参观

应龙云邀参加阅兵典礼

【昆明一日电】京滇公路周览团褚团长及团员，昨日下午四时在圆通

公园致祭阵亡烈士墓，献花圈行礼，极为雍容静穆；继至唐继尧墓致祭，并在墓前留影。今晨参观民众教育馆及各学校，褚团长并在昆华师范向各体育教师演讲体育问题，并表演太极拳，又赴各学术团体之联合欢宴。午后二时，赴军分校参加阅兵。晚六时，各级党部及民众团体，在党部公宴并举行游艺，褚团长亦参加表演。后日扩大总理纪念周，由褚团长主席、领导并训词。

【昆明一日电】龙云邀京滇周览团于今日下午三时，在军分校参加阅兵典礼，除全体团员到场外，并有吴奇伟军长及各省委、厅长等三百余人。先由龙云引导举行总检阅，嗣行分列式，参加军队二千余。进行时，步伐整齐，精神奋发，参加人员，均极称赞。检阅后，龙云致词，略谓："今承周览团来此，特邀指导，并请褚团长训以忠勇卫国之方略。不过此次操练，缺点甚多，至为遗憾，盼于聆训词后，速加改进。"

继由褚民谊致训词，略云，"滇省在龙主席领导之下，非第庶政进步显著，军队训练精干，亦属令人钦佩。滇为革命发源地，切盼诸位武装同志，本龙主席革命精神，淬厉迈进，担起救国救民族重任，则国家前途，必有厚望"云。至五时许散会。（中央社）

【昆明一日电】京滇公路周览团抵滇后，褚团长电告蒋院长云："蒋院长钧鉴：本团二十九日抵昆明，车行甚顺，拟在滇勾留八日，分队参观后，仍由黔分南北两路，取道桂川回京，谨先电闻。褚民谊叩。"又电汪主席云："汪主席钧鉴：本团二十九日抵昆明，所得印象极佳，拟在此勾留八日返京，谨先电闻。"又电曾市长养甫谓："本团此次出发，周览滇黔两省，沿途所经公路，工程艰巨，所见擘划周详，缅怀贤劳，益深钦佩。樽辉在望，特此电闻，借表微忱。"

【昆明一日电】二十日晚，绥署省府欢宴京滇公路周览团各团员，龙云以下各高级长官均陪座，到约二百余人，情绪极热烈欢洽。龙云致欢迎词，略谓："本省认真修路，只有三年之谱，所修之路，连已通车及未通车者，合计约有三千公里。进度迟缓，一因时间关系，环境使然；二因经费竭蹶，以故无有若何成绩。极盼诸位切实指示，将来二期修筑，或比一期较有起色。不过一期只顾内地，二期必到边地，边省交通，非地方所能完全负责，最好由中央当局直接办理，抑或委托地方政府，由中央拨发款项，亦无不可。诸位到后，考察情形，自可明了，望对中央积极建议，使用力量开发边省交通，则地方之幸，国家之福。”

继由褚团长答词，略谓，“此次本团沿途看见各省建设，颇使我们乐观。到云南知道龙主席对于工业、矿业、水利都在积极建设，政治、军事各项，亦井井有条。此次公路开通，使云南全省产业开发，不特可为西南屏障，且形成经济资源。本团于此，殊抱很大希望，日后回去，定向中央及各方建议，使他们知道西南确有开发价值，人才与经济，自会源源而来，并可鼓励侨胞投资”云。

《西京日报》1937 年 5 月 2 日，第 3 版

龙云谈滇省新政

期望中央统筹计划以实现一切建设；京滇周览团仍照原定日程后日离滇

【昆明二日电】今日下午，记者往访龙主席，叩询新政。龙氏政躬健旺，精神奕奕，赐语时，侃侃畅论。每谈及蒋委员长救亡图存之坚苦卓绝伟大精神，辄快慰异常。首称此次蒋委员长主办之京滇周览团，确属我国之空前创举。该团出发时，一般深恐该团，非第难越黔路，即越之，滇路一经雨浸，恐不免有受阻之虞。但该团未抵黔垣，除彼等感受重大惊佩外，一千五百万滇民，尤欢愉若狂。现已平安达到昆明，获竟全切〔功〕，全国在蒋委员长领导下，得庆真正统一，国际观感，又得改进，诚足为举国所同庆者！

龙氏嗣谓：滇处极边，交通阻滞，文化晚开，生产微薄，民力凋敝。顾自民元以来，护国、靖国，迭次兴师，牺牲至巨，遂至财政破产，一切建设，无从进行。乃首先澈底安定社会，整理军队，汰弱留强，实行征兵，废除招募，按年补充，分别退伍。办理以来，成绩至佳，乃开始各项建设。今京滇公路完成，西南国防渐形巩固，惟求充分养成防御能力起见，本人曾面恳蒋委员长，赐筑铁路，使互为指臂，益可共巩国基。滇为工业重地，各种矿产俱备，世界有者，滇亦有，滇有者，世界未必

有，故势须早日工业化。蒋委员长前在滇曾训示，有滇为一发展工业最优良之省区，不谈工业建设则已，如谈工业建设，须先从滇建设起。政府决将在滇造成坚实宏大工业基础，方可复兴民族等语。今滇人均殷殷盼望早日实行，并望国内各实业巨子，多自长江一带移财力于西南，使滇为国家工业中心。

滇目前金融尚平稳，迟迟未行法币政策者，在深虑人民生活问题。法币单位提高，货价必昂，则影响生计与出超至重，俟生产情形略好转，决即推行。

滇教育甚落后，本人主张中央庶宜将大学区平均分配，西南学子可得深造机会，此对本省新政改进，裨益厥大。中小学教育，滇省当充分发展，俾匡不逮。

关于财政问题，滇过去倚赖鸦片收入，至今思之，忝为憾事。前国联曾宣布滇为鸦片中心，影响全国禁烟政策，益为惶愧。嗣见蒋委员长厉行禁政，乃决心宣布三年禁绝，虽影响全部收入，但为青年前途及国家地位计，又何足惜！现距禁绝期限仅只一年，但过去禁烟成绩尚佳，相信决可如期禁绝成功。

再滇与英法关系，在地理上甚为密切。年来彼此邦交，确极见融洽，至外间一般揣测，全属子虚，况且法政府为改进两国贸易计，曾有拟取销过境税之议。倘能实现，中法关系，当能益臻良好。

总之，本省在蒋委员长训导之下，已有长足进步，惟念滇为特别省区，仍殷殷期望中央统筹计划，予以澈底建设云。(中央社)

【昆明二日电】京滇公路周览团，仍照原定日程，于五日离昆明，宿曲靖，因曲靖、安南间，途远雾多，六日改宿盘县，七日离安南，八日宿安顺，九日到贵阳，然后分南北两路行程，南路至衡阳，北路至重庆，在汉口会合返京。南路计褚团长、薛总干事及团员、机师、勤务共一一〇人，乘车及行李车十三辆；北路计伍副团长、周干事及团员、机师等共七三人，乘车及行李车九辆。周览今团〔团今〕晨游览金殿、黑龙潭，午后游览筑竹寺、海源寺。褚团长并于午后四时在省党部召集受训公务人员训话。新运会、励志社宣传车昨晚在军分校映放《今日之中国》电影片，观者极感兴奋。今日在北校场，明日在巫家坝，后日在室内体育场映

放。〈后略〉

《西京日报》1937 年 5 月 3 日，第 2 版；《京滇公路完成后　国防渐巩固　龙云对记者谈滇省建设　计划造成全国工业中心》，《绥远西北日报》1937 年 5 月 3 日，第 2 版；《龙云谈滇政　实行征兵成绩至佳　各项建设均有进步》，《华北日报》1937 年 5 月 3 日，第 3 版；《龙云畅谈滇省新政　滇为大工业区　殷望澈底建设》，《工商日报》（西安版）1937 年 5 月 3 日，第 2 版；《龙云畅谈滇省新政　实行征兵成绩至佳　今后亟盼发展工业　烟毒决如期禁绝》，《西北文化日报》1937 年 5 月 3 日，第 2 版；《滇主席龙云畅谈滇政　滇在委座领导下长足进步　京滇公路告成国防渐巩固　鸦片禁政相信决如期完成　金融平稳法币不久即推行》，《琼崖民国日报》1937 年 5 月 6 日，第 2 版；《龙云谈滇省新政》，《兴华》第 34 卷第 18 期，1937 年，第 26～27 页

滇扩大纪念周　褚民谊报告到滇感想

周览团连日在滇游览参观，经龙云恳切挽留多住两日

【昆明三日电】褚团长今晨在扩大总理纪念周报告，首述到滇后之感想，略谓：云南在革命历史上建立许多功绩，政治上龙主席始终拥护中央，国防上为西南屏障，武装同志极有精神，定能担负国防之责。又气候温和，蕴藏丰富，在昔少有人知，现经中央、地方力谋交通发展。而云南各种建设文化，在龙主席埋头苦干之下，有迈进的表现。中央种种政令，龙主席均极力奉行。如云南税收所恃之鸦片，毅然施禁；保甲制度，努力实施；邦交之敦睦，全省公路之完成，学生精神饱满，体格健全，教职员之穷干精神，实业之积极兴办，均足钦佩。将来铁路、公路愈形发达，云南之发展，真不可限量。

次述半年来的几件大事：（一）蒋委员长蒙难西安，与汪主席返国；（二）三中全会宣言及议决案。

末谓：在云南已经龙主席本着中央意旨努力苦干下去，为国家奠定了巩固基础。全省民众，要在龙主席领导下向新的前途迈进，努力建设，精

诚团结，共赴国难。龙主席是云南的领袖，蒋委员长是复兴民族的唯一领袖，林主席是全国元首，汪主席是功在党国，我们都要一致的敬佩和拥护，在他们领导之下努力使中国趋于复兴之途云。(中央社)

【昆明三日电】龙云以京滇公路周览团来滇，劳顿异常，二日夜特派员恳切挽留，多住数日，以资休息。褚团长及团员今晨已决定多留昆明两日，并定团员分组考察。该团今晨将此次所乘汽车十余辆，陈列于园内，任人参观，并展览沿途所摄影片及安全图略，民众甚感兴趣。

三日晚，省教育会请胡焕庸教授讲演“京滇公路与国内交通”，林士谟教授演讲“原动力与作业之关系”，予听众以极重要之启示。又二日午，任监察使在省党部欢宴周览团全体团员。龙云及绥署、省府各高级长官均作陪。褚团长、任监察使各致词，极为欢洽。午后四时，尚其煦、卫挺生两氏在省党部对受训公务人员讲演，尚讲“地方政治研究”，卫讲“财政立法问题”，备受欢迎。晚科学研究会请裴鉴、吴泽霖两氏作学术讲演，裴题为“植物与人生”，吴讲“贫穷问题”，听众极为踊跃。(中央社)

【昆明四日电】京滇公路周览团褚团长今晨七时偕团员中之铁路工程专家十余人，乘花轮快车赴河口参观滇越铁道特殊工程埠，五日晚返昆明。法国正副领事、路警总局长、河口督办均陪往。团员一部份晨亦乘车到宜良参观，铁道部一部份赴温泉游览。褚［民谊］三日游览大观楼、西山后，据谈，“大观楼湖山秀丽，培植亦甚好，在各大都市中，殊不多见；西山之清阁石室，实为绝殊胜景。人称西山为滇垣第一名胜，今身历其境，实非过誉”。

三日晚，汽车同业公会，在省党部欢迎周览团考察交通各团员，并由团员张登文讲解煤炭使用之优点，张世纲讲解植物油汽车之便利与经济，李介民讲中央对于各省市车业保护及管理统一办法，均极详尽，颇引起听众注意。童子军理事会定六日在军分校检阅省市县童军，函请褚团长、龙主席为检阅长官，周览团员及各机关长官参加检阅，褚将予以指导策进。

《西京日报》1937 年 5 月 5 日，第 2 版

京滇周览记（续）

中央社记者律鸿起（第五信）

龙云分别接见周览团员

【昆明五日中央社电】龙云四日午后二时，在省府接见京滇公路周览团，薛总干事、周副总干事、杨宙康、何遂、郑岳等，叙谈欢洽。五日晨九时接见第一队团员律鸿起等，十时半接见第二队团员，午后二时陆续接见第三、四、五队团员。褚团长四日晚安抵河口，沿途受盛大欢迎，本晚返省，共赴省府宴会。〈后略〉

《华北日报》1937 年 5 月 6 日，第 3 版

龙云谈对京滇周览团之印象

【昆明六日电】京滇公路周览团，定明日赴黔，记者以将随团离滇，今特再访龙主席，叩询对周览团之印象。承谈此次周览团，除得开辟久阻不通之京滇交通外，且实为中央地方一心一德精诚团结之伟大成功，褚团长为党国先进，渠宣扬中央德意之盛意与指导滇政之热诚，本人与滇民至为感激。伍副团长为国际医学名宿，此次对吾滇卫生事业之筹划周详，益足使吾滇人永怀不忘。近日来，自经与诸位团员接谈后，各种专门学识，应备俱备，此实兴滇之建设，裨益不少。惟招待简陋，甚感不安。记者末叩以晋京日期。龙氏则谓：当蒋委员长前此离滇后，本拟即赴京晋谒中枢，请示施政方针；嗣以省政纷繁，竟不克成行。现距国民大会开会期近，届时本人决赴京一行，参加大会，并向中央报告省政。

《西京日报》1937 年 5 月 7 日，第 2 版

京滇周览团赴黔返京

【昆明七日电】京滇公路周览团今日正午十二时离昆明赴黔返京，全

市悬旗欢迎，龙云及军政长官、男女学生、部队、团体、民众等数万人，由左〔古〕幢公园起冒雨列队欢送。褚团长率全体团员由怡园招待所排队步行，频与欢送者答礼。至左〔古〕幢公园，龙云及各高级长官与褚、伍两团长及各干事一一握手为礼并话别，在万众欢送声中，始各上车浩荡而离昆明。今晚宿曲靖，十一日抵贵阳，省府派杨文清等四人招待，随车护送至平彝。又财厅、公路处、教厅等四机关派员四人，随该团赴桂省考察。又团员何遂等八人，昨晨搭滇越车往安南，转赴桂云。（中央社）

《工商日报》（西安版）1937 年 5 月 8 日，第 2 版

蒋复电龙云　嘉勉努力建设

〈前略〉

【昆明十五日电】京滇公路周览团莅滇后，龙云曾有电报告蒋院长，昨日奉蒋复电如次。志舟兄勋鉴：阳（七日）电诵悉。滇中风物，常萦念中，无时不思得便重游把晤，借瞻进步。吾兄悉力建设，此次团员皆感嘉佩。尚期督促所属，再加努力，完成建设基础也。中正手启。

又前随周览团驶滇之煤气车，在滇试验颇得好评，燃料用木炭及煤，而速度不亚于用汽油，坡度达百分二十，式样亦颇美观，已由滇省人士购买，留滇使用，并将公开营业，以资倡导。（中央社）

《西北文化日报》1937 年 5 月 16 日，第 2 版

日本武官喜多　在昆明谒龙云

【昆明十六日电】驻华日大使报〔馆〕武官［喜多］□〔善〕少，十五日晚由河内乘车抵省，十六日游览西山，十七日谒滇主席龙云，十九日乘欧亚机飞蓉转沪。

《新天津》1937 年 5 月 17 日，第 2 版

龙云发表壮烈谈话

【中央社昆明二十八日电】 滇主席龙云对记者关于日军侵举发表谈话，略谓：蒋委员长对于中日问题，十七日在庐山二次谈话中，对内对外，明白表示，所提出四点最低限度之立场，不但将〔得〕全国民众一致拥护，国际间亦极表同情。刻下中央态度既经表明，我国民在此安危绝续立时，应以正大之决心，准备为祖国牺牲，以求延续我国家民族五千年之历史等语。〈后略〉

《甘肃民国日报》1937 年 7 月 30 日，第 2 版；《暴日侵略华北　全国敌忾同仇　龙云刘湘等均准备效命疆场》，《西京日报》1937 年 7 月 30 日，第 3 版

共赴国难挽救民族危亡　刘湘、龙云亦定期飞京谒蒋

〈前略〉

【成都四日电】 滇黔绥靖主任龙云，定八日由滇飞蓉，与川康绥靖主任刘湘，联袂于九日飞京谒蒋委员长报告并请训。刘［湘］现在金花桥别墅，决定所部整编番号及名单，日内即令颁各部队，遵照改编，日内返省，迎候龙云。川省府各厅委暨高级职员，四日在省府聚会，商巩固治安、调整金融诸问题，省府秘书长邓汉祥将随刘飞京。（中央社）〈后略〉

《西京日报》1937 年 8 月 5 日，第 2 版

刘湘今飞京　龙云明东行

〈前略〉

【成都六日电】 绥署顷接龙云电告：决八日偕卢汉等乘欧亚机飞蓉转京。刘湘以各项要务急待请示中枢，决提前于七日晨乘中航机飞京，省府秘书长邓汉祥、省委甘绩镛等均将随行。刘预定在京约留一周即返川，在刘离省期间，省绥署两事务，暂由嵇祖佑、傅常分别代行。（中央社）〈后略〉

《工商日报》（西安版）1937 年 8 月 7 日，第 2 版；《刘湘定今飞京　龙云明日启飞》，《西北文化日报》1937 年 8 月 7 日，第 2 版

刘湘昨过汉到京　龙云定今飞京

【汉口七日电】 川省主席刘湘，七日偕邓汉祥、甘绩镛等，乘中航机离蓉过汉飞京，下午一时抵汉。武汉行营参［谋］长杨揆一、警备司令郭忏、省府秘书长卢铸等，均在机场欢迎，约留一时余，仍乘原机飞京。

滇黔绥署秘书陈玉科、罗佩荣等，今（七）日上午十一时乘欧亚机由昆明转蓉过陕飞京。据陈在西安机场语中央社记者，龙主席（云）定明（八）日飞蓉，后（九）日乘欧亚包机飞京，谒蒋委员长请示。〈中略〉

【成都七日电】 刘文辉赴雅整军事毕，七日由雅乘车抵蓉，稍留即返康。龙云定八日晨由昆明乘欧亚专机来蓉转京。龙预定在蓉留一宿，即径飞京。（中央社）

《工商日报》（西安版）1937 年 8 月 8 日，第 2 版；《刘湘昨抵京谒蒋　龙云今启程　明日可抵京》，《西京日报》1937 年 8 月 8 日，第 2 版

龙云定今飞蓉转京

〈前略〉

【南京七日电】 成都七日电，龙云定八日晨由昆明乘欧亚专机来蓉转京，龙氏在蓉留一宿，即转京。

【成都七日电】 刘文辉赴雅整军事毕，七日由雅乘车抵蓉，稍留即返康。龙云定八日晨由昆明乘欧亚专机来蓉转京，龙预定在蓉留一宿，即径飞京。（中央社）

《西北文化日报》1937 年 8 月 8 日，第 2 版

龙云昨飞蓉转京

【昆明七日电】 滇主席龙云，决八日乘欧亚机飞蓉转京，共赴国难。偕行者有省政府委员卢汉、缪嘉铭，教育厅［长］龚自知，政训处长裴存

藩等，国防委员唐继虞亦同行。〈后略〉

《工商日报》(西安版) 1937 年 8 月 9 日，第 2 版

龙云抵蓉

〈前略〉

【成都八日电】滇主席龙云，偕龚自知等一行五人，于八日下午五时三十分乘机飞抵蓉，定九日飞京。川省府代主席嵇祖佑暨各军长、各机关代表均往机场欢迎。龙氏下机，与欢迎人员寒暄后，即乘车入城休息，旋应军政首长欢宴。龙氏精神甚健，据语中央社记者，中国已至最后关头，对国事主张，蒋委员长在庐山谈话中已剀切说明。蒋委员长系全国最高领袖，所发表之谈话，即系代表全国人民之谈话，本人谨当遵行，共赴国难。本人此次晋京，拟请示滇省应准备事项与负担之任务，对地方现状，亦拟乘便陈述。在京约勾留旬日，即行返滇云。

【昆明七日电】滇主席龙云，决八日乘欧亚机飞蓉转京，共赴国难。偕行者有省政府委员卢汉、缪嘉铭，教育厅长龚自知，政训处长裴存藩等，唐继虞亦同行。(中央社)

《西京日报》1937 年 8 月 9 日，第 2 版

龙云、邹鲁昨抵京

【南京九日电】目前国难严重，已届最后关头，各地军政长官，多于今日内纷纷来京，向中央当局请示重要机宜。云南省政府主席龙云，偕教育厅长龚自知、省党部委员裴存藩一行五人，于九日下午五时半，由蓉乘欧亚班机抵京。京中各界前往欢迎者极众，有蒋委员长代表姚味辛，汪主席代表褚民谊，军政部部长何应钦，交通部长俞飞鹏，陕行营主任顾祝同，陆军大学校长杨杰，立法委员吴志伊、何遂、张维翰，及各界代表胡若愚、周孝伯等百余人。飞机降落后，龙主席即偕员下机。龙氏身着灰色长衫，精神矍铄，政躬健旺，极见欢愉。龙与往迎者一一握手致谢，旋同

何部长同车入城休憩。记者往访，承龙主席发表谈话如次。

龙氏首谓：此次为本人初次来京，沿途所睹一部份卓著成绩之建设，至为钦佩，想其他部份建设，定必优美无伦。次谓：年来中央迭次召开各项重大会议，咸因远在边省，职务缠身，未获如期来京。现在国难异常严重，已届最后关头，故奉召遄程前来。关于国家大计，蒋委员长已有确定方针，昭告中外。本人除竭诚拥护既定国策，接受命令外，别无何意见贡献。事已至此，理应少说废话，多负责任。身为地方行政负责者，当尽以地方所有之人力、财力，贡献国家，牺牲一切，奋斗到底，俾期挽救危亡。

【昆明八日电】龙主席云，八日午后二时二十分，偕卢汉等乘欧亚机飞蓉转京，谒蒋委员长请训。军政各高级长官，均到机场送行，全市悬旗欢迎。据龙谈，此次晋京，全为共赴国难，愿将全滇一千三百万民众爱国护国之赤忱，及全部精神物质之力量，贡献中央，准备为国家牺牲云。

【成都九日电】龙云等一行，九日晨七时乘欧亚机由蓉飞京。省府代表嵇祖佑、绥署代表傅常、邓唐潘王各军长暨各军、各机关、新闻记者等，赴机场欢送。

【本市消息】滇黔绥靖主任兼滇主席龙云，偕教育厅长龚自知、政训处长裴存藩、外交办事处科长陈公宪、侍从杨苇航等一行五人，乘欧亚班机，于今（九）日上午十时五十分，由蓉飞抵西安。西安行营蒋代主任、何副主任、赵参谋长、省府孙主席等，均往机场迎迓，与龙晤谈甚欢，并略进茶点后，于十一时三十分钟乘原机飞京，约下午五时许可到达。据龙氏在机场语中央社记者，此行晋京谒蒋委员长及中枢当局，报告滇省军政并请训。值此国难时期，本人与滇省军民，愿在领袖领导之下，遵从命令，为国家民族生存而抗战到底。在京公毕，周内即返滇准备一切云。

【汉口九日电】龙云偕龚自知等，由成都乘欧亚机启飞东来，过西安时稍停，晤蒋鼎文、孙蔚如等。下午二时半到汉，曹振武、郭忏等多人至机场迎接，由郭招待午餐。三时三十五分，乘原机离汉飞京。龙语中央社记者：渠此次入京，系向蒋委员长及中枢当局请示国难期间滇省应行准备之种种工作，并报告军政情形，约作一周勾留即回省。现大局严重，凡我国人，均应以最大决心，共赴国难。滇军民当惟中央之命是从，一致努力奋勉。龚自知谈，滇省僻处边陲，文化落后，现全省有大学一所，中学百余所，小学二千余所，就学人数约六十万左右。〈后略〉

《西京日报》1937 年 8 月 10 日，第 2 版；《龙云昨离蓉过陕飞京》，《工商日报》（西安版）1937 年 8 月 10 日，第 2 版

龙云到京后备受各方欢迎

〈前略〉

【南京十日电】云南省政府主席龙云，于十日下午四时晋谒汪主席，畅谈甚久。汪主席对于此次来京各方长官，皆属旧识，连日把晤，惟龙主席则属初见，叙谈达一小时之久。汪主席对于龙主席治滇政绩，极为欣佩；关于滇缅勘界等事，亦有论及。（中央社）

【南京十日电】龙云初次入京，备受各界欢迎，白崇禧、张嘉□〔璈〕等于十日上午往访龙氏，作普通拜会；下午一时，孙科畅述并设宴招待。龙氏恭谒总理陵墓，并游览陵园诸名胜，参观各项建设。谒陵后入城，往访汪主席，报告省政。晚间应何部长宴，并商国是。（中央社）〈后略〉

《工商日报》（西安版）1937 年 8 月 11 日，第 2 版；《龙云在京备受欢迎》，《西北文化日报》1937 年 8 月 11 日，第 3 版；《龙云昨谒汪畅谈》，《西京日报》1937 年 8 月 11 日，第 2 版

顾祝同、龙云觐见林主席

【南京十一日电】顾祝同、龙云十一日晨十时许，先后赴国府觐见林主席，致敬并报告各该省政情，当经主席赐见，并有所垂询，各历约二十余分钟辞出。（中央社）

【南京十一日电】龙云于十一日晨觐见林主席，主席特赠“一品锅”以

示慰勉。旋列席中政会，是为龙氏初次参加中央会议，各委员均表欢迎。会后返邸，汪主席往访，谈半小时，龙氏于下午往谒孙院长。（中央社）

《西北文化日报》1937 年 8 月 12 日，第 2 版

龙云昨谒蒋报告

【南京十一日电】龙云于十二日上午十一时，谒蒋委员长报告省政。〈后略〉

《西京日报》1937 年 8 月 13 日，第 2 版

蒋访龙云

【南京十三日电】蒋委员长于十三日上午往访龙云，垂询滇政及国防建设情形，谈一时许。午间，张嘉璈设宴招待龙氏。闻龙在京尚有二三日勾留。（中央社）

《西京日报》1937 年 8 月 14 日，第 3 版；《蒋访龙云》，《西北文化日报》1937 年 8 月 14 日，第 2 版；《蒋委员长访龙云》，《工商日报》（西安版）1937 年 8 月 14 日，第 2 版

龙云昨招待记者　报告入京感想

〈前略〉

【南京十四日电】龙云以离京在即，特于十四日晨招待京中新闻界，到《中央日报》《大公报》《申报》《新闻报》《新民报》及中央社记者等十余人。

龙氏首称：本人身处边陲，来京困难，此次奉召入京，谒见各长官时，一见如故，深引为幸，今得与诸君谋面，尤感快慰。

龙氏继谓：此次国难异常严重，本人兼程前来，请示机宜。对于抗敌大计，蒋委员长已确定方针，本人除竭诚拥护外，别无他见，实宜少说复

话，多负责任。本身为疆吏，当尽所有人力、财力，贡献国家，以期杀敌致果。

龙氏末谓：我国此次全民族抗战，出于自卫，全国军民，心志齐一，最后胜利，必属于我，然吾人切记胜勿骄，败勿馁。

至此，各记者均兴辞而退。〈后略〉

《西京日报》1937年8月15日，第3版；《龙云招待京报界》，《工商日报》（西安版）1937年8月15日，第2版；《龙云招待京新闻界》，《西北文化日报》1937年8月15日，第2版

龙云抵汉

【汉口十九日电】龙云十九日傍晚，由京乘快利轮到汉，龚自知、裴存藩等随行，何成濬当晚设宴招待，龙拟二十日乘专机飞返昆明。〈后略〉

《工商日报》（西安版）1937年8月20日，第2版；《龙云抵汉　刘文辉将入康》，《西北文化日报》1937年8月20日，第2版；《龙云过汉返滇》，《西京日报》1937年8月20日，第2版

在京公毕　龙云昨过省返滇

谈沪战迭次胜利令人兴奋；返滇准备中央所指示任务

云南省府主席龙云在京公毕，日前搭轮抵汉口，今（二十一日）晨偕教育厅长龚仲钧等一行八人，乘欧亚班机于上午十一时半抵西安。行营蒋主任、孙主席代表傅剑目等，均往机场欢迎。龙氏下机与欢迎者握手致谢并进午餐后，于下午一时半乘原机南飞过川返滇。据龙氏在机场语中央社记者，“本人在京数度晋谒蒋委员长及中枢各长官，所负任务已蒙详为指示，故即返滇准备。此次沪战发生后，我将士抗战精神，甚为奋勇，同时空军出动，与敌空战数次，迭获胜利，此种精神，吾人尤为兴奋”云。（中央社）

【汉口二十日电（迟到）】 龙云于前日抵汉后，二十日晨十时许即渡江赴武汉游览名胜，并参观武大第一纱厂等处。龙氏定二十一日晨乘专机飞昆明。据龙氏对记者谈，“本人此次晋京，数谒蒋委员长。委座精神健旺，对今后之军事外交，均有整个缜密的计划，必能挽回危局。日来上海战事，我方捷报迭传，此方面战争不难于短期内结束。又滇省近年盗匪肃清，一般生产建设均有正轨发展；非常时期一切工作，如壮丁之训练、征兵之实施等事，皆其基础，此后更当加紧工作”。（中央社）

《西北文化日报》1937 年 8 月 22 日，第 3 版；《龙云昨由汉过陕　飞川转滇》，《西京日报》1937 年 8 月 22 日，第 2 版；《龙云过陕飞川返滇　所负任务已蒙中枢指示　返滇之后自当积极准备》，《工商日报》（西安版）1937 年 8 月 22 日，第 2 版

龙云飞返昆明

【汉口二十一日电】 龙云二十一日下午八时乘专机离汉飞川返昆明。（中央社）

【成都二十一日电】 龙云偕龚自知、裴存藩等一行八人，二十一日晨由汉乘欧亚机经西安时，机件发生故障，曾逗留三小时，游览西京市，于下午四时半平安抵蓉，定二十二日晨飞返昆明。（中央社）

《西北文化日报》1937 年 8 月 22 日，第 2 版

龙云返抵滇

【贵阳二十二日电】 滇主席龙云，二十二日晨乘机飞返昆明，闻龙氏于十时四十八分即安全到达昆明。（中央社）

《工商日报》（西安版）1937 年 8 月 23 日，第 2 版；《龙云昨抵滇》，《西京日报》1937 年 8 月 23 日，第 2 版

龙云返抵昆明　昆明将开防空宣传

【昆明二十二日电】龙云偕龚自知、裴存藩、李希尧等七人，二十二日晨十时半由蓉乘欧亚机返抵省，党军政各高级长官百余人，及第二期受训公务员，军分校、县调所员生等千余人，均至机场及古幢公园迎接。龙偕龚、裴下机，与欢迎人员示谢后，旋返威远街私邸休息。（中央社）

【昆明二十二日电】防空协会二十一日开警备扩大宣传会议，议定下星期三起至星期日止，分别在本市公共场所举行防空宣传。（中央社）

《西北文化日报》1937 年 8 月 24 日，第 2 版

龙云返滇后连夜举行重要会议

商讨滇省今后应有之努力；发表谈话历述晋京之印象

【昆明二十三日电】滇主席龙云，二十二日返省后，当夜八时，即召集各省委、厅长、参谋长等，于私邸谈话。首先详述晋京经过情形，及讨论今后滇省应有之努力等，至十二时始散。龙氏对记者发表谈话云：此次奉召晋京，筹商大计，各方首脑，共聚一堂，精诚团结，共赴国难，已得到事实上之表现。余在京曾目击空战实况，觉敌机器材与技术均不如我。在全国总动员为国家民族争取生存之际，凡属国民，正是献身报国的大好机会。余自当检讨本省人力、物力，尽量贡献国家。吾滇热血男儿、忠勇将士，定能有组织有力量的共赴国难。将来最后胜利，必属于我。在京迭次晋谒蒋委员长，并蒙一再访晤，殷殷垂询，亲爱精神，使余深感领袖人格之伟大。委座健康，已完全恢复，意志坚决，有此伟大领袖领导，为我国家民族争生存，定必取得最后胜利也。（中央社）

《工商日报》（西安版）1937 年 8 月 25 日，第 2 版

龙云勉所属报效国家

【昆明二十四日电】 滇主席龙云二十四日午后二时，召集军、政、警、学各长官，及科长、少校、署长以上约三百余人，在省府大礼堂训话。龙首述晋京经过及观感；继对滇省所应努力事项，加以详切指示；末谓吾人报效国家时期已至，义不容有丝毫规避，人人有到疆场牺牲之决心，胜利必然属我，然后人格可保，民族才可复兴。语极动人。（中央社）

《西北文化日报》1937 年 8 月 26 日，第 2 版；《龙云勉励所属　报国之时已至　人人应准备效命疆场　始可保全我人格国格》，《西京日报》1937 年 8 月 26 日，第 2 版；《龙云勉属效命疆场　以保国格复兴民族》，《工商日报》（西安版）1937 年 8 月 26 日，第 2 版

龙云报告抗战情形　谓最后胜利决然属我

【昆明六日电】 龙云六日晨出席省指委会扩大纪念周，报告抗战情形，大意谓：（一）抗战开始，全国奋起，以人力、财力贡献国家，全国一心，胜利决然属我。（二）经济基础，吾四万万数千万人民之能力与财力，全部贡献国家，即可超过敌人之力量；战事延长，敌必崩溃。（三）此次抗战，吾为必胜之战，吾民族之兴衰，全在此一举，或存或亡，惟决于国人。（四）吾滇民尤其军人、公务员，应彻底自觉，团结一致，以“抗战到底，牺牲到底”之决心，贡献国家。抗战胜利之日，即吾民族复兴、大业奠基之始云。（中央社）

《西京日报》1937 年 9 月 8 日，第 2 版；《滇省党部纪念周　龙云报告抗战情形》，《南宁民国日报》1937 年 9 月 8 日，第 3 版

滇省垣前日举行护国纪念大会　龙云并到分校阅兵

【中央社昆明廿五日电】 今晨省指委会举行护国纪念大会，由杨尚清

报告。正午龙主席到分校阅兵，纪念护国起义，各机关长官均出席参加。民教馆歌咏团联合全市学生干事千余人，在光华体育场合唱救亡歌曲，并街头歌咏□□；政训班学生亦分队到街头宣传护国与抗敌意义。全市空气紧张，民众振奋。

《南宁民国日报》1937 年 12 月 27 日，第 3 版

龙云代表周钟岳往渝

【中央社昆明廿七日电】省委周钟岳，廿七日午一时代表龙主席飞蓉转渝，谒候中枢当局致敬，并呈述地方一切。

《南宁民国日报》1937 年 12 月 29 日，第 3 版

滇主席龙云决定　继续出兵开往杀敌

【中央社昆明二十八日电】〈……〉滇各界以我军在台儿庄奋勇杀敌大胜、陈旅长等壮烈殉职，莫不热血沸腾，悲愤万分。现龙主席积极准备继续出兵三师，出发杀敌，已即日着手编制。〈后略〉

《甘肃民国日报》1938 年 4 月 29 日，第 1 版

滇文化团体代表热烈欢迎毛那

毛氏赠言我国务必坚持到底；龙云设宴招待，邀各领事作陪

【中央社昆明二十一日电】二十一日下午六时，《云南日报》及省会多文化团体六十余代表，举行茶会，欢迎毛那。

由《云南日报》社长陈玉科致欢迎词后，毛氏发言，首谓自己曾亲与中国士兵共同生活，深感到中国士兵抗战之英勇精神及战争技术，非任何国家所能及，且全国上下团结，坚固无间，精神物质方面又均得到友邦无穷之接济，因此中国抗战是必胜的。继谓日本人在欧美诬蔑中国的一切宣传，现已完全失效。欧美整千整万人民，现正积极进行如何帮助中国以努

力抗敌。最后，慎重提出英国一口语，谓“凡做一件事，既开始做了之后，一定把他做到底”，作为临别赠言。

晚七时，龙主席在省府设宴招待毛氏及新任英领事达维森、旧英领陶乐尔，并邀各国领事及各高级官佐作陪。

《西京日报》1938 年 6 月 23 日，第 1 版

龙云日内由滇飞汉　晋谒最高当局

【中央社成都十八日电】 龙云定十八日由滇飞蓉转汉，觐谒最高当局，陈述要公。顷因欧亚班机到昆误点，改十九日晨由昆起飞。据此间关系方面息，龙过蓉不拟停留，即乘原机转飞汉口云。

《甘肃民国日报》1938 年 7 月 19 日，第 2 版；《龙云今飞汉》，《西京日报》1938 年 7 月 19 日，第 1 版；《龙云今飞汉》，《工商日报》（西安版）1938 年 7 月 19 日，第 1 版

龙云昨飞抵汉

奉领袖电召报告并请示滇政

【中央社汉口十九日电】 滇主席龙云，偕教厅长龚自知、新富滇银行行长缪嘉铭、省党部执委裴存藩等七人，于十九日下午五时半，由昆明乘欧亚机经川抵汉。政府长官往迎者，有何应钦、徐永昌、贺耀祖、褚民谊、姚琮、孔祥熙代表盛恩颐、张嘉璈代表赵祖康暨卢汉等五十余人。龙氏下机后，与欢迎者握手致谢，旋乘汽车入城，至旅邸休息。中央社记者晤龙主席于机场，叩询莅汉任务，承告称：“本人此次奉命来汉，晋谒蒋委员长，请示有关抗战机宜，并报告后方种种设施。”记者嗣叩以滇省近情，龙氏称，滇省民众，振奋异常，对于抗敌情绪，尤为高涨云。

【中央社成都十九日电】 龙云奉蒋委员长电召，十九日由昆明飞蓉转汉，晨十时一刻抵蓉，邓锡侯、王瓒绪、刘文辉等，均赴机场欢迎。龙氏下机后，即在机场与邓等进餐，并作寒暄。至十一时一刻，仍乘原机东

飞。据龙氏在机场语记者，奉领袖电召赴汉报告滇政，并有所请示，旬日左右，即将返滇。抗战以来，滇已出兵□军，计□个师，另补充兵□个团，约□余万人。滇军参加台儿庄会战，与敌撑持达两星期之久，累挫敌锋，本军损失并不重大，现犹继续在前方作战。滇后方安定，昆明人口较平时增加一万以上，社会反臻繁荣云。又滇教育厅长龚自知、财政厅长缪嘉铭、政训处长裴存藩、公路局会办杨静涵、河口督办李□〔罡?〕天、秘书罗耀春等，随龙飞汉。

《西京日报》1938 年 7 月 20 日，第 1 版；《龙云过蓉飞汉　奉领袖电召报告滇政　在蓉谈滇军抗战成绩》，《工商日报》（西安版）1938 年 7 月 20 日，第 1 版；《滇主席龙云昨飞汉　各军政长官赴机场欢迎　龙谈滇省抗战情绪高涨》，《甘肃民国日报》1938 年 7 月 20 日，第 2 版；《滇主席龙云奉召抵汉　报告滇政并请示抗战机宜　滇后方极安定社会甚繁荣》，《南宁民国日报》1938 年 7 月 21 日，第 2 版

滇主席龙云将飞汉谒当局

【成都十八日电】龙云原定十八日由滇飞蓉转汉，觐谒最高当局，陈述要公，顷因欧亚班机到昆误点，改由昆起飞。据此间关系方面息，龙过蓉不拟停留，即乘原机转飞汉口云。

《南宁民国日报》1938 年 7 月 20 日，第 2 版

龙云谈话

抗战到底为抗战建国之基本条件

【汉口十九日电】滇主席龙云，十九日晚复与记者谈话，略谓：对倭抗战今日已到最重要阶段，我们要从血的教训、铁的信念中，把握着最后胜利。其时一要件，便是要忍受绝大的艰苦、绝大的牺牲，支持抗战到底；抗战到底，是抗战必胜、建国必成之基本条件，全国军民只要一心一德，在最高领袖指挥之下，实践“有钱出钱，有力出力”之国民天职，相

信最后胜利必然属于我们无疑云。（中央社）

《工商日报》（西安版）1938 年 7 月 21 日，第 1 版；《以绝大牺牲争取胜利　龙云发表谈话》，《甘肃民国日报》1938 年 7 月 21 日，第 2 版

粤桂已采自保方策　与党府分裂显著

组织自卫团百万现正训练中；滇主席龙云奉蒋召抵汉

【本报特讯】 关于广东省空防之完备问题，粤省军事当局，屡请党府予以援助。然党军则竟充耳不闻，反而要求派遣军队以保武汉，两广当局因此不能不采取自保方策，党府与两广之感情发生显著之疏隔。闻两广坚持绝对排击外来势力之方针，初不问为中央军或他军。最近两省联合组织人民武装自卫团一百万，目下正在训练中。此种空气，复波及龙云治下之云南。广东、广西、云南间对武汉之危急，漫不介意，而仓皇之空气充溢。此种空气亦复浓厚，反映于不喜蒋入境之四川。故蒋政权之逃难地极狭，刻惟有局促鄂湘港〔港，衍文〕赣三省而已。

【香港二十日同盟电】 云南政府主席龙云因奉蒋介石电召，于十九日午前乘飞行机由昆明出发经重庆，于同日午后五时半抵汉口。何应钦、徐永昌、贺耀祖、张鸣岐等均出迎，即赴宿舍。蒋介石于二十日□致龙云于武昌之军事委员长宿舍，询听云南省军事设施、武器输送、长期抗战、教育实情等事后，复协议以昆明为首都时，蒋政权军事上、国际上之抗战能力，蒋更就以云南为中心之对外关系，特如逃至云南省时，法国对蒋援助问题，对法领印度支那并英领缅甸交通关系等事，询龙意见，并指示今后应取重要方针云。

《晨报》1938 年 7 月 22 日，第 2 版

滇主席龙云奉蒋召抵汉

【香港二十日同盟电】 云南省主席龙云氏，奉蒋介石电召，于十九日午前乘飞机由昆明出发，当日午后五时半即到汉口，于何应钦、徐永昌、

贺耀祖等盛大欢迎之下入宿舍矣。蒋当于二十日将其召请武昌之军事院长官舍，听取云南军事建设及输送等□□一般政情，尤以抗日教育之实施状况问答綦详。又关于以昆明为首都，及蒋政府在国际上之抗战能力，有所协议。嗣询该氏以云南为中心，则法之于蒋政权援助问题，以及法领印度支那与英领毕尔马间交通关系，复对今后方针有重要指示。

《新天津》1938 年 7 月 22 日，第 2 版

龙云离汉返滇

对记者畅谈此次到汉观感

【中央社成都二十六日电】 滇主席龙云赴汉晋谒蒋委长公毕，二十六日下午六时半乘欧亚机飞抵蓉。邓锡侯、刘文辉、潘文华及各军政首长，均往机场欢迎。龙氏二十七日将与邓、潘等交换关于川滇密切联系之意见，二十八日飞返滇。中央社记者晋谒龙氏，承发表谈话：刘此次奉召到汉，筹商今后持久抗战大计，据个人观感所得，有下述数点。（一）东南、华北各省之被敌占领地区，大都限于一点或一线，其他地方仍然无恙，各行政机关照常治理庶政，军队照旧活动，并非普遍占领，且已陷落之县份，时有收复，因敌人前进，实无余力兼顾后方，似此情形，敌人现必疲于奔命，将来万一深入，其苦痛自必更大。（二）敌人希望速战速决，我们则希望“战而不决”，换而言之，“不胜不决”，终有最后胜利之一日。（三）目下西南各省，不仅为抗日后方，因战局推演已形成抗日复兴之根据地，吾人对此应有进一步之认识。（四）基于上述认识，凡我西南各省，自应益矢忠职，各尽职责，自动的为复兴国家、争取生存而服务。（五）川滇两省今后对国家责任，益形重大，两省联系亦复日加深切，今后同衷同仇，实有切实联络一致进行之必要。

【中央社汉口二十三日电】 滇主席龙云抵汉后，即晋谒蒋委员长，报告后方种种设施，并谒中枢各长官，晤商有关各项建设之方案。即将公毕，定日内返滇。记者为明了滇省最近行政设施情况，特往访龙氏于旅邸，叩询一切，承作如下之谈话：

自我神圣抗战发动后，京、平、沪、津各大学，先后迁至昆明，筹备

开学，当时因房舍不敷，至感困难；今设法归并本省各校，腾出校舍备各大学之用。经筹划结果，所有学校，均得顺利开课，在此抗战中，以极短之时间，使各级教育不致停顿，本人至感愉快。至各工厂移滇后，曾分别派人相机会商，共同进行生产工作。本省近来对于煤、锡、铜、铁等矿，业已积极开采，但为求大规模之发展，外力尤在所必需。故现已有多数工厂，参加开采工作，人力、物力，均宜贡献于国力之增长，以使国防经济及产业建设，与抗战中之需求得以联系，万勿使之停滞而不用。

龙氏继称：自抗战发动之初，本人除严切注意训练军队以便开往前方抗战外，即令建厅澈底筹划交通网之开辟。年来之努力，成绩尚佳，惟愿继续努力，以求实现原定计划，则对于将来之抗战，庶有最大之贡献。

龙氏末称：此次来谒中央各长官，对于云南之建设，会商定更进一步之具体方案，俟本人返省后即可公布实行，决不稍懈云。（中央社）

《西京日报》1938 年 7 月 27 日，第 1 版；《抗战中的云南　工业交通在迅速发展中　人力物力悉数献于抗战　龙云对记者发表谈话》，《甘肃民国日报》1938 年 7 月 27 日，第 1 版；《龙云离汉飞蓉　畅谈在汉观感所得》，《工商日报》（西安版）1938 年 7 月 27 日，第 1 版；《滇主席龙云前由汉抵蓉　龙谈在汉请示滇政已有具体方案　并将与川省当局商川滇密切联络》，《南宁民国日报》1938 年 7 月 28 日，第 2 版

龙云与川省首领聚会　商讨川滇联系问题

龙定今日飞返滇省

【中央社成都二十七日电】龙云二十七日午一时与邓锡侯、潘文华、刘文辉等在邓邸聚会，集商川滇两省密切联系及巩固后方等问题，其目的为欲在《抗战建国总纲领》下，如何汇合集中两省力量，以贡献国家。所商谈者大要为：一、兵员补充；二、经济开发；三、交通运输。

会议时两省首脑意见甚为融洽，思想集中，结果非常圆满，于原则方面已获得完全同意之施行方案，以后具体实施，即本此随时函电商洽，逐

步进行。又龙主席在蓉公毕，定廿八日飞滇。

《甘肃民国日报》1938 年 7 月 28 日，第 2 版；《龙云与邓锡侯　磋商川滇联系与巩固后方诸问题》，《西京日报》1938 年 7 月 28 日，第 1 版；《川滇两省当局会商　密切联系巩固后方　龙云公毕定今日由蓉飞滇》，《工商日报》（西安版）1938 年 7 月 28 日，第 1 版；《龙云与川当局集商　川滇联系巩固后防问题　意见极为融洽　结果非常圆满》，《南宁民国日报》1938 年 7 月 30 日，第 2 版

各地方军阀深藏反蒋心理

仍有遇机爆发之可能；龙云等军阀今后之动向颇可注目

【上海二十七日同盟电】云南省主席龙云，前因蒋介石电召到汉，与蒋作重要会谈数次。至二十六日午后，复乘飞机赴成都，往晤四川军阀邓锡侯、刘文辉等，预计二十八日返昆明。闻其与蒋之会谈，系由蒋令其将云南省交出，与四川省同样作为国府地盘。龙云因现下情势及蒋态度，不便太为露骨，只得忍痛承认。此次成都之行，系为与四川军阀协议，今后取协同步调云。

然蒋之此种怀柔政政〔衍文〕策，恐终难成功，因各地方军阀，深藏之反蒋心理，仍有遇机爆发之危险也。故九江陷落后，因日军之威胁增大，龙云等今后之动向，颇可注目云。

《晨报》1938 年 7 月 28 日，第 2 版

龙云返滇

【成都二十八日电】龙云二十八日晨偕龚自知、缪嘉铭等飞返滇。（中央社）

《工商日报》（西安版）1938 年 7 月 29 日，第 1 版；《龙云返滇》，《西京日报》1938 年 7 月 29 日，第 1 版；《龙云飞抵滇》，《南宁民国日报》1938 年 7 月 30 日，第 3 版

龙云由蓉返滇

对记者发表赴汉观感；自信大武汉必可保卫

【昆明二十八日电】 龙主席飞汉谒蒋委员长请示抗战大计及后方建设事宜毕，于二十八日［下］午二时偕各员由蓉返昆明。中央各机关长官、各团体代表及学生等，均到场欢迎。龙对记者发表赴汉观感，略谓：本人此次奉召飞汉，承蒋委员长于军书劳碎〔瘁〕之际，优予接待，并将〔得〕中央各院、部长官拨冗会晤。对抗战建国大计，除将管见所及掬诚贡献外，向中枢军政各首要之尽忠谋国，更觉钦慰。现已不分党派，无间远近，共同在领袖领导之下，一致遵奉《抗战建国纲领》，努力迈进，相信不久将来，定达到"抗战必胜，建国必成"之目的。至长江战局，近日以来敌人倾巢来犯，但我将士武器、地利，均占优势。敌益深入，我益有利，大武汉当可保卫无虞。滇局后方，自抗战发生以来，即积极从事交通、生产之建设，兹赴汉复与各主管机关长官交换意见，对于今后经济、技术之合作，已较前更为具体化，望滇人士，其速努力以赴之。(中央社)

《工商日报》(西安版) 1938 年 7 月 30 日，第 1 版；《龙云返滇　发表赴汉观感》，《西京日报》1938 年 7 月 30 日，第 2 版；《龙云公毕返滇　昆明各界热烈欢迎　龙谈赴汉谒中枢经过　中枢各长官尽忠谋国实堪钦敬　滇省生产建设已商得具体办法》，《甘肃民国日报》1938 年 7 月 30 日，第 2 版；《龙云返滇后　对记者谈赴汉观感　长江战局我占优势　大武汉可无虞》，《南宁民国日报》1938 年 7 月 31 日，第 3 版

川滇两省反对党政府势力侵入　龙云与川军将领会见

〈前略〉

【上海二十八日同盟电】 据华方消息，自汉口抵成都后之云南省主席龙云，于二十七日午后，与四川省将领邓锡侯、潘文华等会见，讨论四川、云南省之连系，对国府关系、防备问题及其他问题，两方意见业完全一致，然按诸实际，因国民政府之遁入，对于两省，将同样招致蒋政权势

力侵入、地方安宁被扰乱、财政收入遭提取之结果。且因成为国民政府所在地之故，必将遭遇日本空军之胁威，而处于极不利之立场。故其会见之真意，恐系协议对此应付之策，及保全自己势力之方。

同时，国府行政机关全部移往重庆，而中止使一部移往昆明之计划，华方对于此项变更之理由，列举以下“一已以重庆为国府所在，在地理地〔衍文〕上较为有利；一可缓和四川军阀之反对；一因物资丰富，可以自给自足”三点，以隐蔽其受共产党之胁威之事实。况就现下之情势加以判断，四川军阀之反对，未必因此解消，而国府之地方政权化之倾向，反更为加剧。同时由各种各样不同立场之反蒋运动，必将再度燃起，故随战局之发展，及蒋政权之没落，地方军阀之动向，突然成为注视之的云。〈后略〉

《晨报》1938 年 7 月 30 日，第 2 版

龙云返滇发表谈话

对武汉各方印象颇佳　决率滇健儿抗战到底

【中央社昆明四日电】记者以龙主席日前应召赴汉，会商抗战建国大计归来，特往请谒，承发表谈话如下：

余此次到武汉，各方观感所得印象甚佳，最令人高兴者，即蒋、汪两先生对内对外一切意见完全一致。汪先生刻以本党元老资格，赞助蒋先生策划抗战建国大计，实令人欣佩不已。中日问题演变至今，实非日人当初所能料及，中日以往一切悬案，如日人能以平等待我之态度，本共存共荣之原则，开诚相见，未尝不可次第解决。惟日本军人昧于大计，存心险恶，每次交涉，均提出无理要求，无故调遣大兵，任意挑衅，使我国不堪忍受。去年双七芦沟桥事变发生，我军不得已而应战，乃日军阀仍未能予以反省，致演成中日大规模之战争，事至今日，日本应负完全责任。现战事经过年余，重要城池虽有失陷，然仅系一点一线之失陷，并非一面之失陷，于抗战大计并无关系。近数月来，我方之抗战意志愈觉坚强，全国上下确已做到精诚团结，保卫大武汉绝对有把握。

以云南一省而言，更觉兴奋百倍，即十岁以上之男子，均抱必死之决心，准备调用，为国牺牲。退一步言，即或武汉万一不守，亦无关大计，

西南数省仍可继续抗战到底；再退一步言，仅以云南一省为根据，在百折不回之领袖蒋委员长领导下，亦可争取最后胜利，收复失地，复兴民族。总之，不达最后胜利之目的，誓不罢休，虽一兵一卒，亦必抗战到底□。至日人欲利用其挑拨离间之手段，以所谓“以华制华”之故技，施之于我，则除北平、东南少数失意军阀、无耻政客甘为利用外，我西南各省决无此种败类，敢断言也。

《西北文化日报》1938 年 8 月 6 日，第 2 版

严家训忠骸运滇　龙云等恭迎入城

【中央社昆明十三日电】台儿庄歼倭烈士严团长家训忠骸，十三日下午五时运抵昆明，龙主席及各高级长官、科长以上职员、党务工作人员、各部队、民众团体、学校代表、严氏家属等数十人前往古幢公园恭迎。入城时，鸣礼炮三发，情况极热烈严肃。灵柩暂寄红十字会，不日将举行阵亡将士追悼大会，以慰忠灵。

《西京日报》1938 年 8 月 15 日，第 1 版

龙云赴开远视察后方生产

【昆明九日电】龙主席以抗战建国期间，增加后方生产实为迫切工作，昨日下午一时特偕财政厅长陆崇仁及富滇新银行行长缪嘉铭等，乘专车前往开远、蒙自，视察该区垦殖水利实况及开远正在建设中之发电场工程，约三五日即可返省。（中央社）

《工商日报》（西安版）1938 年 9 月 11 日，第 2 版

为敌机飞滇肆虐　龙云发表谈话　残暴行为适增吾人敌忾

【中央社昆明二日电】三十日，龙主席对敌机二十八日首次来滇肆虐结果，向中央社记者发表谈话如次：

（一）中日战争以来，不觉年余，而敌机袭滇，二十八日为第一次，被毁者只有少数纯与军事无关之学校、房舍，被害者均系无辜之妇孺，足见敌人毫无人道，残忍成性，似此狂妄举动，适足增加吾全民同仇敌忾。至被毁房屋，仅系旧式城池，纵然完全被毁，于抗战及民力可谓毫无关系。

（二）敌机首次轰炸昆明，我已给与相当打击，被击落之敌机司机人员共十余人，除当时毙命者外，潜逃者均被乡民自动缉获，可见滇省民众对于抗日早已一体深切认识矣。

《西京日报》1938 年 10 月 3 日，第 2 版

滇各界公祭阵亡将士　龙云致词声泪俱下

【中央社昆明三十一日电】滇各界三十一日午公祭□□军阵亡将士，龙主席亲率各省委暨文武僚属、烈士家属及民众代表等千余人致祭。龙报告时，声泪俱下，全场感泣，备极哀悼，略谓，各将士为国家民族争自由独立而死，已尽了国民天职，诚属死得其所。吾辈后死者，应承先烈之遗志，继续为国家、民族争生存而奋斗，踏着烈士之血迹前进，方不负今之追悼意义云。

《西京日报》1938 年 11 月 2 日，第 1 版

龙云汇万元赈济桂省难民

【本报讯】本市最近迭遭寇机疯狂轰炸后，人民生命财产，均受莫大牺牲，灾情惨重，待赈孔殷。广西省政府黄主席曾分电中央及各方，为灾民呼吁。兹悉云南省政府主席龙志舟氏，昨曾电汇国币一万元，交由桂省府，请代为赈济灾黎云。

【中央社昆明二日电】龙主席视察一平浪制盐场及元永井煤移卤就工程完毕，一日赴安宁温泉休息。今晚五时，由安宁返抵昆明。

《扫荡报》（桂林版）1939 年 1 月 4 日，第 3 版

龙云电中央表示拥护持久抗战国策

【本报重庆五日电】 云南省主席龙云昨有电致中央，对汪兆铭之艳电主张，力表深恶痛绝之意，并表示绝对拥护中央持久抗战国策，愿以滇省人财物力贡献国家，以完成抗战建国大业云。

《扫荡报》（桂林版）1939 年 1 月 6 日，第 2 版

卅四将领联电中央　拥护抗战　制裁汪逆

【重庆七日电】 陈诚、薛岳等暨全体将士，三日电呈总裁暨中央执监会云："蒋总裁暨中央执监委员会钧鉴：兹维我国抗战建国，系求民族生存，国家独立，凡属军民，莫不同仇敌忾，矢忠不渝。乃汪兆铭承本党付托之重，值军事紧张之际，竟擅离职守，匿迹异地，违背国策，传播谬论。业经钧部决议'永远开除党籍，撤消一切职务'，国人闻之，何等称慰。诚等在我最高领袖总裁领导之下，转战疆场，一年有半，复仇雪耻，迭挫凶锋。当此敌寇愈陷愈深，我辈更应愈战愈奋。扫荡倭氛，复兴民族，以尽守地卫国天责，而期实现三民主义。特此吁请全国军民，一致主张制裁汪氏，并精诚团结，坚持国策，拥护我最高领袖总裁蒋抗战到底。最后胜利一日未能获得，即抗战任务一日不能终止。谨贡微忱，伏维鉴察。陈诚、薛岳、商震、罗卓英、龙云、吴奇伟、杨森、王陵基、汤恩伯、卢汉、关麟征、李汉魂、叶肇、樊崧甫、周福成、李觉、彭位仁、张冲、欧震、李玉堂、张轸、黄维、黄国梁、刘多荃、张耀明、霍揆彰、孙渡、刘膺古、韩全朴、俞济时、周□、夏首勋、夏楚中，李仙洲等暨全体将士叩。"〈后略〉

《工商日报》（西安版）1939 年 1 月 8 日，第 1 版

吴鼎昌飞滇

晤龙云商滇黔有关事务

【中央社重庆十三日电】 吴鼎昌上周来渝述职，本拟公毕赴蓉，访王

缵绪等接洽地方事务，嗣因王来渝，已面谈多次，乃于十三［日］晨飞滇晤龙云，商滇黔有关事务，留三四日返任。〈后略〉

《中央日报》（贵阳版）1939 年 1 月 14 日，第 2 版

吴鼎昌昨由渝飞抵滇

访晤龙云商滇黔有关事务；预定十五或十六日即返黔

【本报昆明十三日下午七时四十分发专电】黔主席吴鼎昌，今午自渝飞抵滇，当地各高级长官均在机场欢迎。吴氏将于明后日访晤龙主席，商滇黔有关事务，预定十五日或十六日，即乘车返黔。

【本报重庆十三日下午三时二十分发专电】黔主席吴鼎昌在渝公毕，元（十三）晨八时专机飞滇，访晤龙云后即返黔。〈后略〉

《革命日报》1939 年 1 月 14 日，第 3 版

汪精卫之脱出问题

龙云对党中央反驳的回答

【河内十二日同盟电】依可靠消息传，云南省主席龙云关于汪精卫之脱出问题向中央加以极严重的质问，大体称“事前已知汪之将脱出，何未加制止”等。而中央今次关于汪之脱出重庆，因十二月中龙云曾再三对中央申请汪之来云［南］视察，而此间乃似已对龙云加以怀疑的观念矣。再龙云昔日曾阻中央派兵之请，而今日更出以如此态度，乃更遭注意云。

《新天津》1939 年 1 月 14 日，第 2 版

龙云汇款赈济广西难民

【梧州通讯】月来 × 机狂炸桂省各重要城市，焚毁房屋及伤毙人命甚多，灾情惨重，损失甚大。桂主席黄旭初，以云南省政府主席龙云关怀灾黎，特电告被炸情况，并告地方秩序，极形安谧，抗战情绪，愈益增高。

龙主席接电后，以受灾人民，情殊可悯，特汇助国币一万元，请省府施放急赈。兹将原电志后："桂省黄主席旭初兄勋鉴：×机轰炸桂林、柳州各地，闻听之余，愤慨有加。狂×肆虐如此，言念灾黎，益深驰系。兹谨饬敝省财政厅筹备国币一万元，汇请吾兄转给，聊助急赈，借表微忱，尚希赐收是荷。弟龙云。"

《工商日报》（香港版）1939年1月23日，第7版

赵侗母将谒龙云

【昆明三日电】 游击队赵侗之母赵老太太，三日晚由河内抵滇，定日内晋谒龙主席，报告华北义勇军情况。（中央社）

《西北文化日报》1939年2月4日，第1版

龙云拨款赈济黔灾

【中央社贵阳十一日电】 龙云以筑四日遭×机惨炸，特电黔慰问，并拨款万元赈恤。

《工商日报》（香港版）1939年2月12日，第4版；《龙云拨款振黔灾民》，《西京日报》1939年2月12日，第1版；《龙云拨款万元　救济贵阳灾民》，《甘肃民国日报》1939年2月12日，第2版

滇北矿务公司昨举行创立大会

推龙云为董事长

【中央社昆明十五日电】 资源委员会与滇省府所组织之滇北矿物公司，资本定为二百万元，今日下午二时举行创立大会，由陆崇仁主席，议决：聘龙主席为董事长，选举胡祎同等八人为董事，袁仲济、张之霖为监察，胡荪同为总经理，邹世俊为协理，定三月一日开业云。

《甘肃民国日报》1939年2月16日，第2版

龙云谈安南可恍然大悟

【中央社昆明十五日电】报载敌军已在海南岛登陆，中央社记者特晋谒龙主席，叩询意见，承见告如下：海南岛屯驻海空军，在战略上地位异常重要，威胁安南、香港、新加坡、菲列〔律〕宾，固显而易见，而［日］企图称霸太平洋，尤为阴险。敌人虽以切断我军火运输路线自饰，惟此实自欺欺人，智者皆知。过去法国对日态度过分慎重，而安南政府更受敌欺骗，对于滇越路运输货物防制綦严，今可恍然大悟。敌企图侵占海南岛已非一日，既占之后，恐非将其驱出，万自无自动撤退之事。若以该岛为根据地进攻广西，在地势上几不可能，英、美、法各国当能透切了解其所应采取之途径也。〈后略〉

《扫荡报》（桂林版）1939 年 2 月 16 日，第 2 版；《龙云谈倭图犯广西决不可能》，《中央日报》（贵阳版）1939 年 2 月 16 日，第 2 版；《滇主席龙云谈敌登海南岛意见》，《青海民国日报》1939 年 2 月 21 日，第 2 版

滇党委龙云宣誓就职

【昆明二十七日电】新［任］滇省党部主委龙云，执委张邦翰、陈廷璧、陆崇仁、裴存藩、李培炎、龚自知、陈玉科、赵澍，二十七日午十二时举行宣誓就职典礼，由龙主委主席，中央派黄实监誓、致训，龙代表各委致答词，至下午一时礼成。（中央社）

《西北文化日报》1939 年 2 月 28 日，第 1 版

筑市被炸后龙云派员慰问

【贵阳五日电】筑市被炸后，滇各界极为关怀，自动捐募三万元，今汇筑赈济，龙云并派马参谋长来黔慰问。

《阵中日报》（太原版）1939 年 3 月 6 日，第 1 版

龙云不满党府

【汉口六日同盟电】 云南省主席龙云，最近对蒋介石以大胆而率直的表明其不满党府现状，再依已着当地之确电传称：〈……〉（二）党府对前与云南间所协定后之补助金，尚未支给，故云南省财政极为穷乏。（三）拒绝对日媾和，依然坚持“长期抗战”之豪语，但战局日益困难，倘再超此以上的耗费兵力，致国家更陷危机矣。（四）对目下之政策，稍加思考，结果今日之国民次第向精神的、物质的绝望途上踏进中。列举如上诸点，对发出将痛加非难之电文而惊愕龙云爆发意见，国府立即由蒋介石派遣专员，赴云南慰抚矣。

《新天津》1939 年 3 月 8 日，第 2 版

方镜楼杂记：龙云及其左右人物

林众可

今夫有器于此，一人之力足以举之矣，以其器轻也；其有车于此者，其举之必数人焉；又有重于此者，其举之必数百人焉。其器愈重，其举之者愈众。夫以众人任，故虽千钧之重，不可劳而移也。震川此语，可援用以语今日之云南。云南，在历史上有悠久之文化与杰出之人物，在地理上有重要之位置与丰饶之物产，而在今日抗战上，尤富有严重性。在整个形势言之，无论如何，乃一不可不留意，亦不能不留意之地也！

龙云，今之云南省主席也，负有全省政治军事之责。易言之，即龙氏之地位，关系大局至巨也。故龙氏之为人，久为天下之目所注。且云南重器也，非龙氏一人之力所能举，自非得人而共举之不可也。而其所得之人如何，又为众目所注，此则余今日书龙云并及其左右重要人物之意也。

龙云，字志舟，滇之昭通人。年事虽逾六十，而精神健，国家民族观念深，乃爽直诚恳之好好先生也。平居自奉颇俭，上午在宅办公，下午一时起至五时多在省署。其对百司，命之必得其任，任之必得其人。尝谓

“吾得其人以为之，不必吾之侵其事，而全省之事皆吾之为也”，寥寥数语，用人之能事尽矣！其所用之人，多为留美留法学生。留美者以财政厅长缪云台为代表，留法者以建设厅长张邦翰为代表。所有财政之整理、金融之发展、经济之建设、教育之推行与乎实业之提倡，以及壮丁之训练等等，无不由缪、张等主持其间。目下滇省教育，自云南大学以次有男中、女中、农专、师范并小学等，应有尽有。所奇者，除大学外，十九皆以“昆华”二字为名，类如“昆华中学”“昆华师范学校”“昆华小学”……是。各省大学之移往者，有西南联大、广东中大等，不胜枚举。至军队方面，滇军勇敢善战之名，在广州军政府七总裁时代，李印泉（根源）所率健儿，早著奇功，世人久震其名。此次台儿庄一役，滇军亦预有勋绩，今日滇省民众教育馆尚列有战利品不小〔少〕。

要之，今日之云南，雅非昔比，其惊人之进步，有出人意外者。一因缪氏留美同学之服务于中央者颇众，故滇省建设与中央极通声气，凡新兴各种大小实业，发展因之极速；又富滇银行，为滇省最高金融机关，以缪氏之故，一切金融计画亦与中央成一连系。二因地理与环境之需要，滇人之留法者较他省为特多，近经张氏之援引，其任各机关要职者不下二三十人，斤者斩，刀者削，无不各尽其力，以成所事。是缪、张二氏非得龙氏，无以抒其抱负；而龙氏非得缪、张，其成功亦无如此之逸。所谓“养之必以其道，求之必以其方，任之必以其宜”，龙氏有焉。

《天文台》1939 年 3 月 16 日，第 3 版

英大使卡尔定今日飞渝　龙云昨请游温泉

【中央社重庆十八日电】外交界息，英国驻华大使卡尔爵士业于十五日抵昆明。翌晚，英国驻昆明领事邀宴，十七日游西山，十八日午云南主席龙云请游温泉，晚设宴招待，定十九日飞渝云。

《甘肃民国日报》1939 年 4 月 19 日，第 2 版

龙云促汪精卫出国

原函发表揭露汪之阴谋；郑重表示拥护抗战到底

【中央社昆明三日电】龙主席于昨致汪精卫一函，并将原函通电全国各军政高级长官鉴察，兹将致汪全函志后。

精卫先生道鉴：一别屡月，音候鲜通，南天引领，时萦怀念。前次台从经滇，来去忽忽，深以未得畅聆教言，一倾积愫为憾。临行把袂，始蒙仓卒见告："此去香港，当对和战大计有所主张。"云愕然之余，随即郑重奉答："言战言和，问〔同〕为国家，但此举关系甚大，无论如何，务请我公注重事实。"虽仅片语，实出愚诚，但终以□色惚促，未尽所怀，耿耿迄今。幸公博续至，一再接谈，硁硁之见，终以"言和纵非得已，总宜顾全大局，尊重事实，庶免引起国内重大纠纷，转而远悖我公救国初衷，请将愚意代陈左右"，公博谅已转达。

殊我公行抵河内，突然发布艳电主张，局外观听，同深骇异。于时，各方群起责难，对公不谅。云尚以为我公志在救国，动机纯洁，不疑有他，苦衷所在，终当为人所谅，故未随同交责，致外间对云不无揣测。迨河内不幸事件发生，仲鸣惨死，闻之悼惜，当□滇越□迩，道履□告无恙，受惊在所不免。因派李主任鸿谟前往慰问。乃蒙手赐复书（三月卅函），附以港报《举一个例》之文，盥诵回环，弥深诧骇。觉云虽知公，而公未能知我，抑云虽爱公，而公竞〔竟〕不能爱云以德，诚不胜叹惋之至。

《举一个例》文中，将国家机□泄露中外，布之敌人，此已为国民对国家初步道德所不许。至赐书则欲云背离党国，破坏统一，泯灭全民牺牲之代价，违反举国共守之国策，此何等事？不但断送我国家民族之前途，且使我无数将士与民众，陷于万劫不复之地步，此岂和平救国之道，真是自取灭亡，以挽救敌寇之命运耳！

云服务军旅，廿载于兹；追随介公，历有年所。曩者南北纠纷迭起之际，所以始终维护中枢，无或差忒者，志在完成统一，借奠抗日建国丕基，古今一贯，此志不渝。纵不自爱其历史，宁能有负我国家，抑更何忍负我艰苦奋斗、惨烈牺牲之全体袍泽？良知所在，纵极爱重我公，亦不能不深慨公之未能知我，更不能不为公之前途痛惜而危惧也！

我辈立身行事，一本光明磊落。悠悠世论，一时不谅，诬不足念，然是不可激于意气，以国家资敌，而永隳其生平。专函云云，不惟公不应以此期之于云，即云亦不愿公为一时气愤所役使，而竟〔竟〕自陷于荆棘。细绎公函所示，必非离渝时之初衷，然如急不暇择，孤往不返，千秋后世，孰为公谅？

云为公计，此时千万勿动于激愤，勿惑于左右，屏除意气，恢复灵明，则公之胸怀，犹或可见谅于抗战胜利之日。务望立下英断，绝对与敌断绝往来，命驾远游，暂资休憩，斩除一切轫藤，免为敌人播弄。庶几国家能早获最后之胜利，而公亦安无损其历史之令誉。愚直之见，敢附诤友之列，以尽最后之一言。知我罪我，唯公裁之。龙云。

《中央日报》（贵阳版）1939 年 5 月 6 日，第 2 版；《龙云复书警告汪精卫　泄露国家秘密已非道德能容　公然背离党国直系自趋死路　“云纵不爱其历史宁能有负我国家”》，《扫荡报》（桂林版）1939 年 5 月 6 日，第 2 版；《龙云致函汪精卫　促其早日觉悟　请勿激于意气以国家资敌永隳生平　望立下英断幡然悔悟　保全以往历史》，《甘肃民国日报》1939 年 5 月 6 日，第 2 版；《龙云致函汪精卫　拒绝诱惑表示效忠政府　忠告汪逆勿受敌人播弄》，《阵中日报》（太原版）1939 年 5 月 6 日，第 2 版；《龙云致函汪精卫　汉奸罪恶又一暴露》，《国风日报》1939 年 5 月 7 日，第 4 版；《龙云致汪精卫函》，《西北文化日报》1939 年 5 月 7 日，第 1 版；《滇主席龙云函劝汪精卫出国　不可激于义愤惑于左右　甘心卖国资敌自损令誉》，《青海民国日报》1939 年 5 月 7 日，第 1 版；《龙云函告汪精卫　言战言和关系国家甚大　总宜顾全大局尊重事实》，《工商日报》（香港版）1939 年 5 月 7 日，第 2 版

詹森定今日拜会龙云

【昆明七日电】美大使詹森偕武官麦克猷，六日晚十时由河内乘车抵昆。龙云代表杨立德，外交特派员王占祺，联大校委蒋梦麟、梅贻琦，及

美领事等，均到车站欢迎。闻大使定八日拜会龙主席，九日午应滇各界欢宴，定十日乘车赴渝。〈后略〉

《阵中日报》（太原版）1939 年 6 月 8 日，第 2 版

美使接见昆明记者

并拜会龙云　定日内赴渝

【昆明中央社电】美大使詹森，八日上午九时半，在美领馆接见此间新闻记者，略谓：上海鼓浪屿工部局问题，不如外间所传之严重，本人在沪亦未就此问题有所商谈。上次离渝，取道滇缅公路返国，沿途工程浩大，印象甚佳。在昆只拟勾留二三日，即乘汽车赴渝云。美使嗣即赴省府拜会龙主席，定九日出席国民外交协会昆明分会之欢迎会。

《工商日报》（香港版）1939 年 6 月 9 日，第 4 版

缉汪令颁发后　沪人极兴奋

各方请求电呈达千余起；龙云、王缵绪等均有表示

【中央社香港九日电】国府缉汪电颁发后，沪各界均极感兴奋，认为汪逆寡廉鲜耻，勾结敌奸，早应绳以国法，各报对国府原令，多用大字刊登于重要地位。

【中央社重庆九日电】汪精卫潜离职守，妄发谬论，前经中央加以惩灭，全国各界及海外侨胞佥以汪倒行逆施，甘心附敌，除籍褫职，何足蔽辜，纷纷呈请政府通缉法办，计自岁首以迄最近，此项呈电，不下千余起之多。本月八日之明令通缉，盖所以肃纪纲、顺舆情也。

上述呈请缉汪之呈电，词意大率相同，对汪通敌卖国，一致表示共忿，因限于篇幅，不克尽数被〔披〕露。发电人之衔名中，将领、疆吏有阎锡山、龙云、白崇禧、程潜、陈诚、薛岳、李汉魂、刘峙、盛世才、李溶、王缵绪、刘文辉、沈鸿烈、蒋鼎文、朱绍良、马占山、张发奎、余汉谋、黄旭初、黄绍竑、顾祝同等〈……〉亦均分呈政府，请明令缉

汪法办云。

《扫荡报》（桂林版）1939 年 6 月 10 日，第 2 版

滇主席龙云慰劳晋南抗战将士

捐滇币十五万购赠药品

云南省主席兼滇黔绥靖主任龙云氏，自抗战军兴，虽坐镇后方，而于前方抗战将士异常关切。月前闻中条山战事胜利，特发起各界捐款，并捐滇币拾五万元，购赠大批药物，适华北战地督导民众服务团主任××，因公赴滇，便特任代表慰劳中条山抗战部队及第三军全体将士。热忱义举，洵堪矜尚，所有药品正运输中，俟到达后拟分赠各军，并代表龙主席亲致慰劳。

获悉第三军各高级将领已联名去电致谢，特觅其原电如次：昆明龙主席并请转各机关、各团体暨三迤父老：密。×××代表返抵前方，渥承我公及各机关团体暨三迤父老慨捐巨款，购赠药物及慰劳品，祗领之余，三军感奋，除分□〔发〕所属并宣扬盛意外，谨代表全体官兵深致感谢之忱，嗣后益当淬励部曲，努力抗战，用答殷拳，诸维垂察。曾万钟、唐淮源、李世龙、周体仁、寸性奇、沈元镇、吕继周、孙明、熊德周、王开祯、张学文仝叩。

《西安晚报》1939 年 8 月 25 日，第 1 版

暹罗助桀为虐　当局欢迎侨胞移居滇南

划开远为新村地带；龙云发起设招待所

【中央社昆明二十五日电】 暹罗排华后，华侨大为不安，我当局拟将在暹侨民移居西南各省，并利用其人力、财力从事开发。侨委会驻滇专员张客公，特于二十五日下午三时往谒龙云，商洽结果，极为圆满，当决定：一、在滇组织华侨招待所，龙氏并愿为发起人；二、画开远附近一带，俾华侨建立新村；三、芒市、车里两处附近一片沃野，且为热带气候，能植树胶，画归华侨垦殖。

【中央社昆明二十五日电】 旅滇暹罗华侨，近因暹罗排华，特倡组暹罗华侨留滇会，二十五日下午五时在昆明青年会开筹备大会，即席由甫自暹罗抵昆之华侨某君报告暹罗最近排华情况，略谓：暹罗自改变后，受倭嗾使，助桀为虐，因而大举排华。截至本人离暹时，我华侨所办学校之被封闭者，已达四十余校，即华侨在暹之最高学府中华中学，亦被迫停办。至华侨所办报馆，更□数为暹当局封闭，迄今暹境已无华人之报纸出版。至于华人团体，如会馆以及商会等，亦不时于夜间遭受搜查。华侨银行内之职员，则时被非法拘捕。至本人离暹时止，被捕华人已达三千余名云。某君讲述时，全场侨胞无不愤慨激昂，深望政府亟谋对策，以资补救。

《扫荡报》（桂林版）1939 年 8 月 27 日，第 2 版；《侨委会计划将暹华侨移居西南　与龙云商洽结果极圆满　划开远为华侨建立新村》，《工商日报》（香港版）1939 年 8 月 27 日，第 3 版

滇省普通考试典试委员派定

龙云为典试委员长；国府昨发表明令

【中央社重庆廿五日电】 国民政府廿五日命令：（一）派于洪起、汪东、曾道、朱雷竹、谷凤翔、何基鸿、严庄、陈肇英为高等考试初试监试委员，此令。（二）派龙云为云南省普通考试典试委员长，此令。（三）派陆崇仁、张邦翰、李培天、袁丕佑、丁兆冠、华秀升、熊庆来、缪嘉铭、姚寻源为云南省普通考试典试委员，此令。（四）派龚自知为云南省普通考试试务处处长，此令。（五）派任可澄为云南省普通考试监试委员，此令。

《中央日报》（昆明版）1939 年 9 月 26 日，第 3 版

龙云慨捐寒衣

【中央社昆明五日电】 此间各界，以前方将士浴血苦战，天已转寒，

连日对于征募寒衣运动，极为踊跃。滇主席龙云独捐寒衣四□〔千〕件，以示提倡。此间商号庆正裕，独捐三千件，均已送交征募委员会汇转□〔前〕方云。

《西安晚报》1939 年 10 月 6 日，第 1 版

龙云、吴鼎昌通电声讨汪精卫

物老而妖人人得而诛之；誓率健儿贯澈抗战国策

急。中央党部、国民政府、各院长钧鉴，各部长、各战区司令长官、各省政府、各报馆均鉴：天下事欲兵不血刃，被压迫民族即可获取自由解放、人类平等之权，旷古及今，史无先例，何哉？兽性使之然也。日本以蕞尔岛邦，向无道义之训练，更无纲纪之可言，万邦侧目，人神共愤，征诸往事，其造恶作祟，指不胜屈。而痴人伪善之辈，恒被其利诱与欺蒙，反巧翻花舌，将其受欺于人者欺诸人，心之险毒，有甚于此者乎？

汪逆兆铭，以卑污贪婪之见，借虎狼之敌以谋我，图一已之利，置国家民族于不顾，席卷山河，以送于人，犹哓哓以爱国者自居，行为若此，爱国云乎哉？无怪汪逆之为人，一味取巧作伪，为文无气质，为官无政治道德，为人更无人格可述。往昔虽一度毁容袖剑，高唱易水之歌，亲□江道，祖饯称奇；不图马齿稍加，行径邪僻，物老而妖，令名全坠。使绰约处子、含情脉脉之书生刺客，一变而为青面獠牙之下泉厉魂，盖棺定论，岂不痛哉！

日寇自佯倡反共之说，而作灭亡中国之实，我千百万生灵被其涂炭，深仇大恨，悬积至今，爱国之士，应如何肝脑涂地，寸寸山河，以血换取。汪逆是何居心，竟矫和平为投降遁辞，灭华作"秩序"谬论，大肆鼓簧，著为文章，以欺天下。近更变本加厉，啸集群丑，盗号称尊，自膺汉奸首席，卑劣鄙贱，狗彘不食，千剸百磔，人人得而诛之。况际兹旧账总清之日，血债血偿，不亡必战，战必不亡。迩来晋湘会战，太行洒血，敌阵倒如山倾，遗尸遍地，足见我弱体愈战愈强，敌泥足愈陷愈深，大陆阴

谋，已成梦幻，固知人心不死，敌人虽以撼山之力以图我，仍不足动摇我民族战线也，败德失检、淫乱私奔者，可以醒矣！

悲夫！云、鼎昌，卫国有责，誓率领滇黔健儿，秉既立国策，在最高统帅领导下，歼此凶仇，不胜不止。泣血椎心，谨掬衷诚，兄弟父老，鉴此区区。龙云、吴鼎昌同叩，青，机，印。〈后略〉

《中央日报》（昆明版）1939 年 10 月 10 日，第 3 版；《龙云吴鼎昌通电讨汪》，《阵中日报》（曲江版）1939 年 10 月 11 日，第 3 版；《龙云吴鼎昌通电讨汪逆　遁辞灭华矫和平为投降　狗彘不食应千剑而反磔》，《工商日报》（西安版）1939 年 10 月 11 日，第 1 版；《滇黔绥靖主任龙云吴鼎昌通电声讨汪逆　率滇黔健儿歼此贱仇》，《南宁民国日报》1939 年 10 月 11 日，第 2 版；《龙云吴鼎昌通电声讨汪逆》，《西京日报》1939 年 10 月 11 日，第 1 版；《龙云吴鼎昌昨通电全国声讨汪逆　汪逆啸聚群丑出卖祖国狗彘不食　誓率滇黔健儿除暴肃奸不胜不止》，《甘肃民国日报》1939 年 10 月 11 日，第 2 版；《汪精卫逆谋已全成幻梦　龙云吴鼎昌两主席通电申讨》，《扫荡报》（桂林版）1939 年 10 月 11 日，第 2 版

党府内外濒于危急

中央军入滇　龙云决阻止

【香港同盟社电】第二十六集团之移驻昆明，重庆政府与云南土著之对立，尚为未解决之问题。以龙云为首领之云南土著派，近亦讲求对策，若重庆当局蔑视云南土著派之反对，强硬令中央军移往云南之际，即将阻止其移动，恐不免惹起大冲突。故代表云南土著派势力，内政部长周钟岳，在两派中间陷于左右为难之境，曾对龙云劝告，舍弃以前统一战线之势力地盘之观念，而听从中央之要求。龙云对此忠告，并未答复，且反蒋派巨头李烈钧以静养为理由，自两月前居留昆明。但李之停留昆明，与龙云今日之动向，实有重大关系云。

《戏剧报》1939 年 11 月 7 日，第 1 版

龙云通电

重庆党府与云南之关系表面化

【香港十三日同盟电】依昆明来电传称，中央军之移驻云南及改组云南省府，并由于重庆侧之诸多强硬要求等，而重庆与云南间之关系乃至恶化。是以龙云曾再三拒绝中央召电，止步不前，因之六全席上亦无龙云之影，且最近更至表明反共态度矣。即十一月十□日，龙云特向国民党中央党部通电，非难中共不逊的态度，闻要求六全大会席并立即决定对策也。再其通电内容如左：

余之任务，为保全地方民众之安宁，及前线地区者，因之余从来对党国大计素守沉默。但今不得不发一言者，即最近中共所发出之宣言，悉为诡辩与不当之要求，及为侮辱中央当局者，故其篡夺党国之意可知。是以今次六全大会，当立即决定对策，以预防灾祸也。否则，将来之重大危机，诚可恐也。是以余郑重对六全大□〔会〕，谨此申明真挚之关心与报国之赤诚也。

《新天津》1939 年 11 月 14 日，第 2 版

龙云反对中央军入滇

党六中全会因恐日机夜间举行；讨论要案以对中共方策为中心

【香港十四日同盟电】龙云数日以来，与当省各土著派之各将领举行军事会议结果，关于蒋介石之“云南中央化”之阴谋手段之对抗方法等，悉有协议，结果至十三日止，遂正式对重庆当局发出通电，力称云南省之特殊情形外，并对重庆当局之二点要求亦严加拒绝。

再重庆之日前二点要求者，即（一）中央军向昆明移动，（二）云南省府之再组织。并且龙云亦曾召集当省各县长及市长等，于昆明举行省政会议席间，龙云曾将自个立场、地位加力，使其强固。而云南土著派虽在期待其重庆政府内政部长之周钟岳，对云南省之利害有所代表，但周亦已

被蒋予以买收，故目下对其深在痛愤中。

【香港十三日同盟电】依重庆电传，六中全会于十二日在当地虽已开始举行，但昼间因恐日机来袭，故仅于各党之首脑间交换意见，至晚间始举行预备会议。而今次最大难关者，即为日前蔡元培、张静江等委之连络右翼者二十余名，一齐发表攻击［中］共通电之善后问题，宜如何处理之问题也。因之基□消息，通间所传之方法为：（一）使西北地区之行政组织于一定之期间里决定取消之（包含陕甘宁各省），并废止当地中共之特别行政组织。（二）对中共之不法行为，得采取指导手段，设置新机关，再右之设置案。虽业已取得居正、戴天仇、何应钦、张继等国民党之元老党，并陈果夫、陈立夫以及包含其他各军将领少壮派等之支持，但右案此番会议时倘□采择时，则国共两党之分裂当立即因之招来也。是以关〔观〕其进展等，各方悉在深加德〔留〕意中。

再孙科、冯玉祥以及其他所谓亲俄派，及陈诚等之彻底抗战［派］等，对目下之政治、组织之根本的改变，认为抗战行动及于国民之再组织上，国民党之领导权以不受侵害为限，尚可加以施行之也；一方朱绍良、蒋鼎文、卫立煌等之其他派者，对中共之侵入中央亦不欢喜。而国共两党间之活动范围及其六向等，均有明确的规定。特更以共产军之活动范围，已在要求限定于黄河以北中。要之，今次会议席间，悉被对中共不满意之声予以支配。

《新天津》1939 年 11 月 15 日，第 2 版

滇主席龙云辞职

因碍难承受党方武力弹压云南

【香港二十九日同盟电】云南省政府主席龙云，二十七日与云南诸将领协议之结果，对中央军之移驻昆明及云南省政府改组等中央之要求，已决定予以拒绝，乃于二十八日对中央政府并军事委员会，递出如下反对之悲壮的通告："夫保境安民，乃云南全省民众之所要望者。然而今次中央

当局欲以武力强压云南，因之对第十路军总司令及云南省主席之职，乃不得不行辞任，而乞骸骨归休林下矣。”

《新天津》1939 年 12 月 1 日，第 2 版

党与滇关系将破裂

［龙云］对蒋要求予以拒绝，整备实力阻止中央军入滇

【香港二十九日同盟电】 据昆明来电称，云南省主席龙云，接得二十七日蒋之谴责电后，当即召集孙渡、张冲、杨希闵以下等云南军各派将领协议对策之结果，全员一致对重庆侧之中央军第二十六集团军之移住〔驻〕昆明及改组云南省政府之要求，断然予以拒绝。因之龙云于二十八日遂对全云南军发出动员令，将孙渡所指挥之云南主力，即日沿滇贵公路向曲靖、平彝方面移动，而行对渐次向贵阳附近集结中央军之云南侵入及云南□〔东〕部省境等，加以防备。因之中央、云南之关系之恶化，已行渐次重大化矣。

《新天津》1939 年 12 月 1 日，第 2 版

滇主席龙云坚抗党府威迫

通电反对蒋之威胁与要求

云南省政府主席龙云，二十七日与云南各将领协议结果，决定拒绝中央方面关于中央军移驻昆明、云南省政府改组之要求，故于二十八日对重庆政府军事委员会，发出悲壮通电，通告反对中央之强压云云，要旨如下：保境安民，乃云南省民所一致要求者。然现今中央当局，以武力强压云南，于此余已不能留于政府主席及第十六军总司令之任矣，唯乞骸骨，归还林下焉。

《电影报》1939 年 12 月 2 日，第 1 版

薛岳、龙云等联名发表通电　重庆政府深感大冲动

【香港九日同盟电】最近于各地方将领中之反共运动，已向炽烈化方面次第倾动中。一方基于到达当地之情报，湖南主席薛岳，八日与云南主席龙云等连名对国民党中央部最高国防会议及国府，发出爆弹的长文通电，除于暴露中共对国民政府之阴谋外，同时更对当局要请速以断然态度予以措置。查通电内容如下：

余等于连名之下，对中央当局要求，对下列三项：（一）强调三民主义之本领，为强化党之基础计，当使国民党大加改组，以期根绝党内之不纯分子。（二）国府由成立国民党之老党员中选来俊秀分子，加以组织，而力加排除跨党份子。（三）绝对排除由中共分子来就任行政院长。总之，内部叛逆不平，何得外部破敌。故党之首脑部，当以决定之手段早来进行之，使忠实党员奋起，以担当党国之危机也。

【香港九日同盟电】依重庆电传，对国民党要求根本的改组之薛岳、龙云等之连名的爆弹通电，已使深感国共关系日益恶化，及行政院改组问题进退维谷中之重庆政府，正为冲动中。再薛、龙等之连名通电中，更为包含商震、王陆〔陵〕基、卢汉等者，且首由湖南地方之各将领率先赞成，而取得龙云土著军之干部及阎锡山、张荫梧、鹿钟麟、李汉魂等之支持，此外更有黄绍雄、陈仪等对薛、龙等之表示同情等，故重庆政府对上列之南北各地实力派之反共的大团结等项如果出现，及其成行之推移上，甚为关心中。且此刻之重庆，由于政情不安，及蒋之不在等，物情诚为坚然云。

《新天津》1939 年 12 月 11 日，第 2 版

孙院长返渝　畅谈对欧形势观感

到处均称我必胜利；过滇时曾访龙云会谈

〈前略〉

【昆明十五日电】孙院长十四日由河内飞抵滇，当即访晤龙云晤谈。

十五日晨，赴西山游览。下午四时，龙云访孙回拜，晚七点半在省政府欢宴，由各机关长官作陪。（中央社）

《工商日报》（西安版）1939 年 12 月 17 日，第 1 版

国府昨发表明令　特派龙云任昆明行营主任

【中央社重庆廿一日电】国民政府二十一日令：特派龙云为军事委员会委员长昆明行营主任，此令。

《中央日报》（昆明版）1939 年 12 月 22 日，第 2 版；《龙云任昆明行营主任》，《工商日报》（西安版）1939 年 12 月 22 日，第 1 版；《龙云任昆明行营主任》，《扫荡报》（桂林版）1939 年 12 月 22 日，第 2 版；《昆明行营　龙云任主任》，《中央日报》（贵阳版）1939 年 12 月 22 日，第 2 版；《国府二十一日令特派龙云为委员长昆明行营主任》，《江西地方教育》第 167、168 期合刊，1939 年，第 102 页

云南省将领表明态度

龙云电党府承认就任行营主任，但对出兵广西一节婉言拒绝之

【香港二十三日同盟电】重庆政府本月二十一日对龙云通知，委任其为新设之昆明行营主任要职后，廿二日龙云即召集孙渡等以下之各腹臣，举行协议。结果，除承认就任新职外，并表明拒绝就任后中央军之入滇，及使云南军之出动广西等旨，一方并立即向重庆政府发出如下之回电：“军事者，为余武人之本责也，因之行营主任之重职，非不肖可敢拒绝者。但关于云南军向广西出兵三师一项，诚因省内驻防之兵力不足，故终万分遗憾中，实难从命。且抗战开始以来，云南省动员已达十五万，财政方面，尤为巨额，几因之财政陷于危殆。故云南省民众所受之涂炭，亦深希赐与留意也。”

再同时，龙云更对陈诚发出请电如下：“目下向云南、贵州集结中之中央军，希勿通过于云南之中央地域，宜经由贵州之西南部之盘县南下，

而沿西江之上流向广西省之西部进军，则感。”

《新天津》1939 年 12 月 24 日，第 2 版

龙云对缅甸民众广播

盼勿信敌恶意宣传，其受欺骗；缅访华团昨离昆明返国

【中央社昆明二十六日电】 缅甸访华团此次由渝经滇返缅，滇省各界均一致表示热烈欢迎。二十六日晚七时，龙主席特向全缅民众广播演讲，兹志其演词如此：

中缅原为兄弟之邦，历史上之关系，十分密切。数十年来，由形式上看，似乎较为疏远，但从精神上看来，彼此始终互为关怀。如中日发生战事以来，缅甸人士，对于中国表示普遍一致的同情，即为证明。此次诸君来华，曾到过行都重庆，又到了成都，昨又折回昆明，□滇各界，表示竭诚热烈之欢迎。中缅邦交必因此更为增进，可断言也。

其次，更从地方关系而言，滇缅邻谊数十年来从未间断，政治上虽尚少往来，而经济上、交通上则进展与日俱增。就人事而言，彼此边界人民，因历史相沿关系，非亲即友，互通婚姻，为数极多，双方关系之密切，于此已可概见，所谓“唇齿相依，休戚与共”者是也。今后滇缅之间，交通之便利，经济之繁荣，文化之沟通，一定可以达到滇缅两地民众最高之希望，其前途可以预贺也。

但因以上种种，受敌人嫉妒，曾经发出恶意的反宣传，缅甸少数的人士，不无受其欺骗，略有误会，谓“滇缅铁路□□，滇省劳工及一切民众，将向缅甸发展”，缅甸人士实际□受其影响云。日人此种恶意宣传之手段，不惟离间我滇缅双方之情感，且足以阻碍滇缅前途之繁荣，想来缅甸各界人士，以及一切智识份子，闻听之余，必□之□笑也。

兄弟特郑重表示，以事实证明，滇省向来地广人稀，目前举办各项事业，劳工既已缺乏万分，若要到其他省份移民来滇，因经济、交通两种关系，殊非为易。由此说来，自己的人尚嫌不足，能有人民向缅甸发展吗？不□自明。想缅甸各界人士及智识份子，对兄弟以上所说，谅□深信不

疑。又近年以来，缅甸民众及政府对于地方行政及各项事业，日有进步；对于英政府感情，亦异常融洽，闻听之余，不胜欣幸。深盼缅甸各界人士，再接再厉，继续努力。

【中央社昆明二十七日电】缅甸访华团一行于二十四日由渝抵滇后，连日备受此间各界之热烈欢迎。兹以急待返缅，特于二十七日晨九时循滇缅公路乘车返国，各机关长官及各团体代表到站欢送者达千余人。

【中央社昆明二十六日电】滇垣各界以缅甸访华团来昆观光，二十六日晨九时特在省党部举行盛大欢迎会，并赠送纪念旗，到各机关团体学校代表数千人。该团全体团员由宇巴伦团长率领，于细雨蒙蒙中届时莅会，首由张邦翰主席，并致欢迎词；继行赠旗礼，旗上绣“唇齿永依、精诚互助”八字，当由宇巴伦代表接受并致答词，略谓“中缅关系有如母子，此后将因交通便利倍增亲切。目前在缅华侨，彼此犹以同胞相称，可见两国邦交早已建立良好之基础。敝团此次访华，承贵国热烈欢迎，至为感谢，希望贵国人士此后常至缅甸游历，敝国当不胜欢迎”云。

会后该团即赴云大、联大参观。十二时，应各学术团体公宴；下午一时，参观各工厂；五时，赴留英同学会及西南运输处茶会；七时，赴银行公会及扶轮社欢宴，定二十七日离滇返缅。至中缅文化协会云南分会，在昨晚龙主席公宴时，即当场决定成立，并推龙主席为正会长，宇巴伦为副会长。

《西京日报》1939 年 12 月 28 日，第 1 版；《龙云向缅民广播　滇省地广人稀无民可移　敌寇恶意挑拨不值一笑》，《工商日报》（西安版）1939 年 12 月 28 日，第 2 版

中国工程师学会八届年会圆满闭幕

龙云捐五千元经费

【中央社昆明廿七日电】中国工程师学会第八届年会，廿七日圆满结束。此次到会会员三百人，宣读论文六十四篇，专题讨论六种，公开讲演三次，通过提案十余种。论文俟整理后，再行发表；专题讨论之结果，亦将提供政府参考。龙主席以该会在滇集会，特捐五千元为该会经费；教长

陈立夫此次亦亲临出席，足见当局对于该会之重视。陈以会务毕已，即行返渝。

《中央日报》（贵阳版）1939 年 12 月 29 日，第 2 版

人物：龙云将军

龙云将军，字志舟，云南昭通人，生于一八八八年。民初毕业于云南讲武学堂，历任陆军长官，参加护国、护法诸役。民十六年由中央任为国民革命军军事委员会委员、第十三路总指挥兼云南省政府主席。抗战发动后，滇军也不远千里，来淞沪作战。台儿庄之役，滇军也与其他中央军共同对日作战，获得空前的大胜利。现在云南为中国复兴根据地，龙将军整饬军政，开发实业，为国家立恢复的基础，中央甚为倚畀。

《杂志》第 5 卷第 4 期，1939 年，第 58 页

长期抗战与开发云南之联系性

龙云

自芦沟桥事变，我国急起抗战，至今已十二阅月矣。当战端初启时，日军阀对其国内人民宣言，谓将于三个月内，击破我国之主力，屈服我国民政府。乃事实竟出其意料之外，战事延长至今，我国土地虽稍有沦陷，而抗战力量，则日臻于强固之境。此种良好之成绩，一方面由于全国军民之不惜牺牲、奋勇抗战，与夫国际上之热烈同情，多方援助，而我国之地大物博、天产丰富，抗战资源应用不竭，实为其主要原因。迺者外货输入渐渐减少，而本产输出，源源不绝，经常保持以往出口之数额，此即我资源丰富之一明证，亦即抗战必胜之一保障。

我国之战略，为持久战、消耗战，其用意在以长期之战争，使敌人之力量消耗竭尽而收最后之胜利。此种战略之运用，一面在以我之最小牺牲，唤〔换〕取敌人之最大消耗；一方面在充实我之资源，加强我之战斗力量，以待敌人之困乏。是以今日后方经济建设之重要，不下于前方之浴血战争。我

中央政府有见及此，故以“抗战建国”同时并重，为今日至高无上之国策。

自战事发动以来，对于战区工厂之内移，后方各省金融之流通，铁路公路之建筑，农村之扶助，水利之振兴，矿产之开采，与夫贷〔货〕运之改善，出口贸易之管制，靡不着手办理，此于支持长期抗战、消耗敌人力量，与有莫大之助力焉。

今日开发后方之□〔目〕的，一面在生产各种普通日用品及原料，内供本国之应用，外以增加输出换取外汇，保持贸易之平衡；一面在利用本国原料，建立军需工业，以供目前抗战中之军需。就抗战建国之根本政策而言，此两者固同属重要，不可偏废。

夫建立军需工业与增加一般生产品，均有赖于广博之自然的富源，而五金、煤炭、水力、食粮诸端，尤为甚重要基础。是故建设后方之生产事业，不能不选择此种原料储藏丰［富］之地区着手。

以云南而论，矿产素称丰富，锡称第一，而金银铜铁亦皆有多量之储藏，又如钨，如锑，如锰钴之属，产量亦相当丰富，石炭则遍处皆有。当有清盛时，银厂如茂隆、石羊、乐马等厂，皆负盛名；铜产尤驰名全国，年产二千万斤之多，各省铸钱制器，大批仰给于此。锡矿则个旧出产，近来输出最高额年达八千吨。钨、锑、锌诸矿，当欧战时，出产亦极一时之盛。

近来本省政局安定，对于矿产积极整理，并开辟新矿区。个旧之锡，在前用旧法制炼，所含成份不合国际市场之标准，须经由港商再予提炼之后，始能输出。近年设置炼锡公司，自行提炼，划一成色，已能免除转手操纵之弊。最近更拨资设立矿业公司，先就开远建水电厂，以输送电力，洗炼个旧之锡矿，不久完成，个［旧］锡产量更可增高。钨、锑两矿在军需上关系最要，近年各国积极战备，需要增加，出产亦盛，为管理产销、增加生产起见，特设立钨锑公司统筹办理，亦已著有良好之成绩。铜以东川矿业公司出产较多，惟因资本及设备稍差，产量比较已往遂减，现正与中央合资，组织公司积极增加。综计已开采各矿，在全省矿产蓄藏中，不过作一小部份，其他则正待大量之资本从事开采也。

云南气候温和，农产品种类繁多，惟向来墨守成法，不知改良，荒山荒地，未曾开垦，水利尤缺乏疏浚利用之功。近年以政府之力量，择尤

〔优〕整理开垦，已收相当之效果，顾此仅在腹地各县。至于边远县份，荒地面积，尤为广大，以往交通不便，人迹稀少，因而无人过问，现在滇缅通车，各县公路渐自进展，边县荒地正宜大量垦辟，以符建设工业区域之需要，且可以容纳战区退出之人民。

至就水力而论，云南当金沙江暨横断山脉诸水系之上游，激流暴湍，所在多有，以之成直电厂，供给各种工业之原动力，更属不成问题。

云南蕴藏富源之丰富，乃人人共晓之事，其所以弃于地而不能开发者，一因交通不便，二因资本缺乏。近来公路密布，成效已著，交通不成问题；抗战以后，沿江沿海工商区域失陷，资金移入内地，便于利用，资本与运输既无困难，则今后开发云南富源之良好成绩，直可以预为期祝也。

目前战争已进入第二期，第二期战争之主要策略，在继承以往之消耗战略，尽量消耗敌人之实力，且储备充实抗战之力量，俟机予敌人以最后之打击，而收最后之胜利。故此期中后方建设之重要，不亚于前方之战争。自海口被敌封锁，国际运输，货物出纳，胥惟滇越、滇缅开之交通是赖，不啻为我国之惟一国际交通孔道，故亦极适合于抗战期间之经济建设，而长期抗战之支持，最后胜利之获取，亦正有待于云南富源之开发与交通之进展。近来中央对于西南各省之经济建设，正从事大规模办理，云南方面已由理论与计划，渐进入实现之时期。吾人目睹，当亦抗战之需要，对于此种工作，正抱有无限希望，而乐其早著明效也。（按，本文并载三月十六日香港《新生路月刊》发表）

《云南省政府公报》第 11 卷第 22 期，1939 年，第 23 ~ 25 页

昆明行营主任　龙云就职

【中央社昆明卅日电】新任昆明行营主任龙云，自奉到国府命令后，定元旦先行就职，俟部署就绪，再补行宣誓典礼。除电呈委座外，并电全国宣告就职。

《扫荡报》（桂林版）1940 年 1 月 1 日，第 2 版

昆明行营主任龙云昨就职

滇专科以上学生向龙氏献旗

【中央社昆明卅一日电】昆明新任行营主任龙云，自奉到国府命令后，定元旦先行就职，俟部署就绪，再补行宣誓典礼，除电呈委座外，并电全国宣告就职。

【中央社昆明一日电】在滇专科以上各校学生五千余人，以龙主席公忠体国，最近复就任行营主任新职，特于今日联合公献锦旗一面，以示崇敬，一面通电全国表示拥护，兹志其原电如下：（衔略）敌寇近在桂省，窥视西南，企图断我后方联络，更借汉奸无耻之辈，广施谣言，企图破坏我全国精诚团结，以实施分化离间诡计。滇黔为国防重地，系大局之安危，保卫大西南，实为刻不容缓之工作。昆明行营主任龙云将军，忠贞素著，报国保民，久膺干城之寄，边陲保障，皆赖凭辅。生等谨以最诚挚之热忱，坚决拥护，同时誓遵“国家至上，民族至上，抗战建国”之国策，在将军领导之下努力保卫工作，并坚决反对汪逆汉奸之卖国行为，以及一切投降妥协之谬论。爰献标旗一面，以表敬仰之诚意，仅布区区，诸维公鉴。全滇五千余专科以上学生同叩，东。

《革命日报》1940 年 1 月 2 日，第 2 版；《滇专科以上学生昨向龙云献旗　并通电全国表示拥护》，《西京日报》1940 年 1 月 2 日，第 2 版；《龙云就行营主任新职　全滇学生表示拥护　联合公献锦旗一面以示崇敬　通电全国痛斥倭寇汉奸造谣》，《扫荡报》（桂林版）1940 年 1 月 3 日，第 2 版

滇学生向龙云献旗

滇省专科以上学生，于元旦日龙云就任昆明行营主任时，特献锦旗致敬，此举意义之重大，实获我心。

滇省为我抗战建国之重镇，军兴以来，人力、物力的贡献，卓著成

绩，敌寇汉奸欲达其“政治进攻”之企图，前后不知白费多少愿力，远之如汪逆前年之诱说龙氏，近之如敌寇之散布谣言，都是极明显的例子。然而敌寇汉奸用尽了心机，结果只是水月镜花，没处捞□。第一个打击，是龙氏去年一篇复汪逆的信，凛然大义，并光日月；第二个打击，是给它一个见怪不怪，置之不理。龙氏公忠体国之心，为国人所共见，敌寇汉奸之挑拨离间，只不过为我战抗史上另外多添一笔笑料而已。

不怕敌寇汉奸的谣言攻势攻得如何利害，事实先生是个最不讲通融的东西。我们对于滇学生向龙氏献旗之举，是十分赞成而愿同时向龙氏表示敬意的。

《扫荡报》（桂林版）1940 年 1 月 3 日，第 3 版

龙云就任昆明行营主任

云南省政府主席龙云将军，近奉命任军事委员会委员委员长昆明行营主任，已于元旦就职。在滇专科以上各校学生五千余人，以龙主席公忠体国，复膺新命，今后所负抗战建国责任，更加重大，特于龙主任就职之日，公献锦旗，并通电全国，矢诚拥护。政府倚畀之重，民众寄望之殷，由此可以概见。当此国步艰难，倭寇铁蹄侵入西南的今日，川滇黔桂四省，同为西南重镇，且属唇齿相依，滇省力量之□强，亦即西南屏障之加厚。故我人于龙氏就任昆明行营主任，欣慰之余，愿抒所感。

民国四年，袁逆世凯帝制自为，先烈蔡松坡将军首义云南，麾戈讨贼，袁逆卒被打倒，牺牲无数志士头颅热血所换得的民国，□告光复。从此，再无野心家敢冒天下之大不韪，来破坏民国，妄谋帝制，民国的基础，从此才真正坚固的树立起来。所以云南从民初就有其光荣的革命历史，这历史的巨光，将照耀着以后总绾滇省军政的责任者，使踏着这灿烂的光辉继续前进。

龙云将军自开府云南，历有年所，每逢大局动荡，始终维护中枢，无或差忒。国家统一的能够完成，抗战建国丕基的能够奠立，龙氏的守正不阿，与政治是非辨认的清晰，国家利害审度的周详，得力实多。迨抗战军兴，滇军疾驰出发，卢汉将军转战南北，迄今愈战愈勇；去夏龙氏引为左

右手的周钟岳氏，复膺命出长内部，负责改进吏治，推行兵役。滇省之翊赞中枢，实军事政治，同时并进，中枢边疆间，相依如指臂，抗战的力量，因以获致充分的发挥。

前年底，汪逆精卫擅离职守，阳假和平之名，阴行向敌投降之实，离渝经滇，对龙氏首肆媾煽，不售；又派陈逆公博继逞鼓簧刁舌，不售；又寄陈亲笔函信，并附投敌卖身文《举一个例》，以为阴谋的最后挣扎。而龙氏的回答是："《举一个例》文中，将国家机密泄露中外，布之敌人，此已为国民对国家初步道德所不许，至赐书直欲云背离党国，破坏统一，歼灭全民牺牲之代价，违反举国共守之国策，此何等事？不但断送我国家民族之前途，且使我无数将士民众，陷于万劫不复之地步，此岂和平救国之道？直是自取灭亡！"这里宣示了两点重要的意见：一是宣判汪逆的行动为背叛党国，一是宣判汪逆的主张纯为国家民族自杀政策。一针戳穿了汉奸的骗术，一拳粉碎了汉奸软化云南，以作其瓦解抗战阵容、卖国求荣根据地的奸谋毒计。去年终获造成随枣、湘北、晋南历次大捷，民族存亡所系的抗战伟业能以一步步推向胜利之途，龙氏大义凛然的风节，拥护国策的赤诚，是一非常重大的关键。

川滇黔桂昔日僻处西南，因着交通的关系，比较上非有事中原者之所重视，但自华北、江南先后撤退，国府西迁以后，顿成重庆拱卫，后方重镇。云南握滇缅、滇越两路的枢纽，为我战时国际交通要道，国外物资的取给，多赖这两大动脉的维持。举此一端，云南在抗战进入第二期以后所负使命的特别重大，可以想见。现在倭寇冒险"顿兵深入"桂南，这是倭寇破坏我后方联络、窥伺我大西南的开始，滇桂邻疆，在今日尤系大局安危，居国防重地。广西方在中枢统筹之下，积极进行歼寇；龙主席亦适于此时膺命昆明行营主任，深望未雨绸缪，与广西取得密切联络，边陲保障，胥赖干城；引领西望，曷胜企祷！

《扫荡报》（桂林版）1940年1月4日，第2版

孙科回国　龙云升官

立法院院长孙科，自从廿八年初奉了政府的命令，到苏联去拜会苏联

政府的领袖们，在苏联住了很不少的时间，以后又到欧洲拜访各国的政府领袖以及其他有名的人物，直到年前十二月半才又回到祖国。他在国外，一面是宣传我们抗战的真实情况，一面是同各友邦联络感情，十六日在重庆曾对人说："英、法、苏等民主国家同情和帮忙我们抗战的热情，并不有丝毫改变，并且因了欧战，欧洲各国的人民，反而更加切盼我们抗战胜利。"孙院长为国家在外奔波一年，着实有些辛苦，所以回国后，各方面都表示十分热烈的欢迎。自从抗战以来，云南成了西南上最重要的一个地方，因此云南省政府的主席龙云也就成了一个特别重要的人物。上月二十一日中央政府又下命令，叫他做了军事委员会委员长昆明行营主任。这一来，龙主席的责任，就更加重大了。我们相信，今后他也一定会为国家更加出力了。

《田家半月报》第7卷第1期，1940年，第5页

龙云拨款五万　救济战区在滇学生

【中央社昆明九日电】自抗战以来，国立各大学迁滇者为数不少，惟各生多来自战区，经济来源断绝，致生活颇感困难，蒋委员长前曾拨款十万元，作在滇各专科以上学校清寒学生救济之用。滇主席龙云，近亦鉴于生活日高，各生生活颇感困难，亦特拨国币五万元，交由各学校作为救济之用。

《革命日报》1940年2月11日，第2版；《龙云拨款五万　救济清寒学生》，《西北文化日报》1940年2月11日，第1版

龙云一再拨款设奖学金

云南省政府主席龙云，鉴于云南专科以上各校学生生活困难，曾拨款五万元，作为救济各院清寒学生之费。近又另拨巨款，设置奖学金，共为五百名，每名五百元，现已由各院校规定办法，凡学生成绩优异，而家境确系清寒者，均得承受。至名额分配，则以各院校人数为比例云。

《建国月刊》（金华版）第1期，1940年，第162页

应缅总督约　龙云日内赴缅

【昆明二十二日电】英驻滇总领事得本氏，日前得缅总督来函，嘱代邀省主席龙云赴缅一游。英总领二十一日午后，特往访龙氏，转达斯意。闻龙氏已允月内赴缅一行。（中央社）

《西北文化日报》1940年3月24日，第1版；《龙云应约　将赴缅一游》，《西京日报》1940年3月24日，第1版；《英驻滇总领　邀龙云赴缅》，《阵中日报》（太原版）1940年3月24日，第1版；《龙云月内应邀赴缅》，《工商日报》（香港版）1940年3月24日，第2版；《龙云应约　将赴缅一游》，《西安晚报》1940年3月24日，第1版；《龙云月内将游缅》，《革命日报》1940年3月24日，第2版；《龙云月内将赴缅》，《甘肃民国日报》1940年3月24日，第2版；《龙云应邀将赴缅甸》，《工商日报》（西安版）1940年3月24日，第1版；《滇省主席龙云月内将赴缅一行　应缅甸总督之邀请》，《大美周报》1940年3月24日，第3版；《缅总督邀龙云》，《新疆日报》1940年3月27日，第2版

龙云斥汪精卫为邦国蟊贼　桂闽康黔湘纷电锄奸

〈前略〉

【中央社昆明二日电】滇省党部主委龙云及全体委员，以汪逆成立伪组织殊深愤恨，特通电声讨，原文略云：汪逆精卫，邦国蟊贼，敌人鹰犬，僭窃本党名义，成立傀儡组织。凡秦桧、石敬瑭、张邦昌、袁世凯辈所不敢为者，觍然为之而不耻，诚民族罪人，吾邦败类，人皆可杀，法在必诛。云等谨率全滇党员，誓竭忠诚，拥护中央抗战国策，声讨汪逆伪组织，务除奸逆，严正纪纲。

此外各团体联电声讨者，计有云南省抗敌后援会、省新运会、省妇女会、省妇女运动委员会、反侵略云南支会、昆明市商会、云南童军理事会、昆明市总工会、滇剧改进社，暨全省一千零四十三团体云。

此外各省主席及民众团体亦纷电讨汪逆，兹汇志如下：（一）西康省主

席刘文辉；（二）黔主席吴鼎昌及各委员；（三）福建各军政长官；（四）昆明专科以上各校校长及全体师生；（五）湘各界锄奸大会；（六）广西省临时参议会。

《扫荡报》（桂林版）1940年4月4日，第2版；《一片讨汪声　龙云陈诚通电诛汪　全国各地民众亦纷电致讨》，《甘肃民国日报》1940年4月4日，第2版

龙云、马步芳等通电讨汪

〈前略〉

【重庆八日电】 滇省府主席龙云等，二日通电，声讨汪逆云：三月三十日，汪逆精卫潜入南京，成立伪组织，盗窃名器，出卖祖国，签亡国之密约，作顽敌之傀儡。消息传来，举国同愤。当兹抗战三年，已奠胜利基础，志士洒血于外，岂容任其诬蔑。滇中军民闻讯，愤慨异常，省府同人誓当代表全滇民众，随我最高领袖之后，御侮锄奸，完成抗［战］建［国］。谨此通电，伏希垂鉴。云南省政府龙云、胡瑛、张邦汉〔翰〕、卢汉、缪嘉铭、龚自知、陆崇仁、丁兆冠、李培天、袁丕祐同叩，冬，印。〈后略〉

《工商日报》（西安版）1940年4月9日，第2版

龙云决定辞职出洋

【本报特讯】 云南伪主席龙云，对于国民政府还都南京，极端赞成，特向蒋逆介石建议，乘机进行和平谈判。〈……〉龙云鉴于抗战前途毫无希望，恐将来失败，同归于尽，故日来态度甚为消极，决定辞职出洋，作海上寓公生活。因之云南军队，时有哗变情事。蒋逆闻讯，以抗战阵容渐形崩溃，甚为焦虑云。

《新天津》1940年4月10日，第2版；《抗日前途毫无希望　龙云态度消极决定辞职出洋　蒋逆鉴于众叛亲离甚为焦虑》，《戏剧报》1940年4月9日，第1版

救济英伤兵　吴铁城代为劝募

龙云、熊式辉等均捐巨款

【中央社重庆十七日电】 英国战时慰劳会港支会，嘱托吴铁城代向我国募款，作为救济该国伤兵之用。吴氏以中英关系至深，义不容辞，已分函各方友好，代为劝募。现由吴氏汇转者，计有龙云、熊式辉各一千元，蒋鼎文、黄绍竑、李汉魂各二千元，余如戴传贤、居正、陈立夫、王世杰、陈仪、张发奎及张治中，均有捐助。

《中央日报》（贵阳版）1940 年 4 月 19 日，第 2 版

覃振昨晤龙云　视察司法机关

【昆明七日电】 司法院□院长覃振，七日下午由渝飞抵昆，三时赴省府拜会龙主席，晤谈颇久。闻覃氏此来，系视察西南各省司法机关，在昆视察毕，即行转黔。

《阵中日报》（太原版）1940 年 5 月 8 日，第 1 版

龙云公馆厨师企图毒杀龙云

渝滇关系恶化

【香港四日中华电】 五月三十一日龙云公馆之厨师，在晚餐内混入毒药，被发觉，龙云得免于难。审问犯人结果，判明为三民主义青年团收买厨师，企图毒杀龙云。此事发生后，重庆、云南关系已恶化，成为重大政治问题。

《新天津》1940 年 6 月 5 日，第 2 版

吴忠信访龙云

【中央社昆明五日电】 吴委员长忠信，昨午抵昆后，五日访晤龙主席，

定周内返渝，报告入藏经过。

《中央日报》（贵阳版）1940 年 6 月 6 日，第 2 版

滇主席龙云开发垦殖

赴各县视察

【中央社昆明十二日电】 龙主席以西南各县蕴藏甚富，极〔亟〕待□□开发垦殖，于十一日晨乘车前往巡视，定日内返省。

《宁夏民国日报》1940 年 6 月 13 日，第 1 版

龙云赴滇西南巡视

【昆明电】 龙主席以西南各县蕴藏甚富，亟待大量开发垦殖，特乘滇越车前往巡视云。

《扫荡报》（桂林版）1940 年 6 月 13 日，第 2 版

龙云巡视各县

【中央社昆明十一日电】 龙主席以滇南各县，蕴藏甚富，亟待大量开发垦殖，特于今晨乘滇越车前往巡视，定日内返省。

《中央日报》（贵阳版）1940 年 6 月 13 日，第 2 版；《龙云赴滇南》，《革命日报》1940 年 6 月 13 日，第 2 版；《滇主席龙云巡视滇省蕴藏》，《西北文化日报》1940 年 6 月 13 日，第 1 版

滇省主席龙云表示决心应付万变

【中央社昆明一日电】 云南省临参会一日下午一时半举行第三次大会开幕仪式，到议长李鸿祥及参议员廿二人，省主席龙云暨各省委、厅长等多人，亦亲临参加。首由议长领导行礼，并致开幕词；继由龙主席致词，

并对时局作详细之分析，大意谓："（一）在抗战期间，代表民意机关之临参会，实不能有一日之间断，盖非如此，不足以媾通上下。（二）吾滇首当国防门户之冲要，吾人应认清目前之大局，抱绝大之决心，以对付万一之变，敌如来犯，必予以痛击，一息尚存，誓为国尽最大之努力。"词意恳切坦白。

词毕，由李监察使致词，末由参议员代表李家麟答词。至三时礼成，定四日正式开会。

《阵中日报》（曲江版）1940 年 7 月 2 日，第 3 版；《敌如犯滇　必予痛击　龙云表示决心》，《革命日报》1940 年 7 月 2 日，第 2 版；《滇临参会开幕　龙云致词　表示抗战决心　寇来犯决痛击》，《扫荡报》（桂林版）1940 年 7 月 2 日，第 2 版

港献剑团抵昆　前日谒龙云

【中央社昆明四日电】港青年献剑代表团抵昆后，三日午由副团长夏杰华率领晋谒龙主席致敬，由龙亲自接见，并询问侨胞现状甚详。四日晚，该团应青年会及三民主义青年团云南支团之欢宴，定日内向龙主席献旗后，即飞渝向蒋委员长献剑，再转前方慰劳将士。

《扫荡报》（桂林版）1940 年 7 月 5 日，第 2 版

蒋召集龙云等　举行军事会议

【香港八日中华电】据昆明电称，蒋介石七日午前突然带同白崇禧、杨杰、周钟岳等飞抵昆明，当即召集云南省主席龙云、卢汉、孙渡等云南军首脑部，举行重要军事会议，于兹中央军与杂军相互对立之状态下，蒋介石今次之如何裁断，颇值注目云。

《新天津》1940 年 8 月 9 日，第 2 版

重庆军事委员会与龙云之对立激化

【香港廿二日中华电】环绕对云南、安南国境方面之军事对策，重庆军事委员会与昆明行营主任兼省政府主席龙云之对立俄然显著，缘前者企图在湖南省西部驻屯之关麟征军以及中央直系大兵团移驻云南，对之后者表示□云南现有之兵力保境安民主义的倾向，因之一时曾风传龙云为重庆架去之说。

龙云二十一日对驻昆明之香港华方新闻记者发表谈话，颇惹起各方面之注视，其要旨如下：关于安南紧迫报道，纵然成事实时，由于军事的见地，云南亦不能立即被卷入战涡中；又即便被卷入时，对我方之军事计划，亦无何等妨碍。中央当局划分各战区以来，我方之兵力以当该战区为单位，已配置适合独立作战，故无需向他战区乞援。云南前哨之防备，以现有兵即充分。又虽昆明之中央各机关一齐着手准备撤退，然龙云尚称其部下党、政、军机关，无需迅速撤退云云。

《新天津》1940 年 9 月 23 日，第 2 版

滇节储团成立　龙云任团长

【中央社昆明十九日电】滇省节约建国储蓄团筹备就绪，由龙云任团长。今日下午假省党部开会正式成立，并成立四百九十一分团，聘任各机关长官、各界领袖为分团长。

《扫荡报》（桂林版）1940 年 11 月 20 日，第 2 版

中央电映影场摄制新片《建设中之云南》

龙云演说欢迎侨胞回国投资

【重庆二十日电】云南省主席龙云氏，关于欢迎华侨来滇投资，开发富源，曾有讲演，大意谓：云南蕴藏甚多，期盼关怀祖国之华侨，人人投

资开发，俾资国用。当时由中央电影摄影场实地收音，复经中电摄影师汪洋分赴滇省各地，摄取蕴藏、名胜、风景及新建设等，历时多月。所摄画面，至为丰富，俾资插入演说词中，最近已全部完成，定名为《建设中之云南》，日内即可在本市先行献映。现南洋各□华侨团体，闻该场摄得此片，纷来函电订购此片之映权云。

《南宁民国日报》1940 年 11 月 22 日，第 1 版

龙云向美记者谈话

日寇企图吞灭越泰缅甸；美实施经济制裁可制敌死命

【昆明二十二日合众电】龙云向合众社记者发表谈话，大意谓：日本正煽动泰、越两方引起战事，日本并计划入侵缅甸，切断中国之国际路线。日本不能以武力征服中国，美国不致于最近之将来对日作战，美国苟对日本实施经济制裁，即足以制日本之死命云。据龙氏称，日本现正集中精力企图吞灭越南、泰国、缅甸，然因各地准备有素，未敢妄动，故首先挑拨泰越双方发生军事冲突，以待机坐收渔人之利。龙主席另就国际局势谈称：

日寇阴谋　挑拨泰越

日本与中国从事三年余战争，业已认识一清楚之事实，即欲以军力征服中国，极不可能，日本现正懊悔从事此种长期而无益之中日战争。日本目前冀用外交之骗局，向南洋发展，不费一卒，此次挑拨泰越发生战争，而从中取利一举，即为东京政府目前之阴谋，企图因此而发动南进也。

狂妄企图　谋侵缅甸

又日本计划侵略缅甸，是以一箭双雕，一方面可以获得缅甸之丰富煤油食米，一方面企图切断我国际运输路线。日本以轰炸桥梁，威胁我公路之运输，然就过去一切之事实观之，日本飞机炸毁公路上之桥梁，吾人仍

能设计其他渡河之方法，即在湍急之江流上系以绳索，仍可来往传递货物，终不使运输中断。龙氏又称：

美倭战争　暂难爆发

日本或将对泰国以假道为借口，而实行吞并之事实，盖余极信如日寇不先获取越南、泰国与缅甸，终无法进攻新加坡也。记者询以外传日本对西贡区之企图，龙氏答称：日本集中军队于海南岛，随时均有在西贡登陆之可能。日军苟在西贡登陆，法方恐不致予以抵抗。

龙氏继论及日美关系，据称，美国近年来所采之步骤，甚可欣慰，但余不信日美战争将于最近爆发，日本小心翼翼，惟恐与美国发生战事，而美国亦不愿于深思熟虑之前，对日本采取军事行动。美国利用经济办法，已可致日本之死命，但华府尚未实行美国所应采之经济制裁耳。

中国人民　决心抗战

今年云南丰收，食粮可保无缺云云。昆明每次空袭以后，龙氏均赴灾区视察，最近并已对防范燃烧弹引起火灾方面准备尚缺，关于准备事宜，龙氏均亲自视察。据彼预料，中国人民既有团结一致继续抗战之共同意志，中日战争惟有至日本承认以军事方法征服中国之无望后，方有结束之可能云。

《阵中日报》（太原版）1940 年 11 月 23 日，第 1 版

龙云纵论当前局势　揭穿倭寇外交骗局

挑拨泰越冲突，企图从中取利；中倭战事惟倭屈服始能结束

【中央社昆明二十二日合众电】龙云向合众社记者发表谈话，大意谓：日本正煽动泰越两方，引起战事；目〔日〕本并计划入侵缅甸，切断中国之国际路线。日本不能以武力征服中国，美国不致于最近之将来对日作战，美国苟对日实施经济制裁，即足以制日本之死命云。

据龙氏称，日本现正集中精力，企图吞灭越南、泰国、缅甸，然因各地准备有素，未敢妄动，故首先挑拨泰越双方，发生军事冲突，以待机坐

收渔人之利。龙主席另就国际局势谈称，日本与中国从事三年余战争，业已认识一清楚之事实，即欲以军力征服中国，极不可能。日本现正懊悔从事此种长期而无益之中日战争，日本目前冀用外交上之骗局，向南洋发展，不费一兵一卒。此次挑拨越泰发生战争，而从中取利一举，即为东京政府目前之阴谋企图，因此而发动南进也。

又日本计划侵略缅甸，可以一箭［双］雕，一方面可以获得缅甸之丰富煤油食米，同时可以切断我国际运输路线。日本以轰炸桥梁，威胁我公路之运输，然就过去一月之事实观之，足以证明其无效。吾中国人民，承受祖先之智慧，即日本飞机炸毁公路上之桥梁，吾人仍可设计其他渡河之方法，即在湍急之江流上，系一简单绳索，仍可来往传递货物，终不使运输中断。

龙氏又称：日本或将对泰国以假道为借口，而实行吞并之事实，盖余极信，日本如不先获取越南、泰国与缅甸，终无法进攻新加坡也。记者询以外传日本对西贡区之企图，龙氏答称：日本集中军队于海南岛，随时均有在西贡登陆之可能，日军苟在西贡登陆，法方恐不至予以抵抗。

龙氏继论及日美关系，据称，美国近年来所采之步骤，甚可欣慰，但余不信日美战争将于最近爆发。日本小心翼翼，惟恐与美国真正发生战事，而美国亦不愿于深思熟虑之前，对日本采取军事行动。美国利用经济办法，已可致日本之死命，但华府尚未实行美国所应采之经济制裁耳。今年云南丰收，食粮可保无缺云云。

昆明每次空袭以后，龙氏均赴灾区视察，最近并已对防范燃烧弹引起火灾方面，准备就绪。关于筹备事宜，龙氏均亲自视察，据彼预料，中国人民既有团结一致继续抗战之共同意志，中日战争惟有至日本承认以军事方法征服中国之无望后，方有结束之可能云。〈后略〉

《扫荡报》（桂林版）1940 年 11 月 23 日，第 2 版；《云南主席龙云对合众社记者谈话　美对日实施经济制裁　即足以制倭寇之死命》，《甘肃民国日报》1940 年 11 月 23 日，第 2 版；《龙云对美记者谈话　揭露倭南进阴谋　企图不费一兵夺取越泰与缅甸　梦想截断我国际路线　实不可能》，《西京日报》1940 年 11 月 23 日，第 1 版；《滇主席龙云对美记者谈话　寇图侵缅断我交通　飞机滥炸不能困我》，《新疆日报》1940 年 11 月 24 日，第 1 版；《龙云谈话　敌将侵略缅甸》，《革命日报》1940 年 11 月 23 日，第 2 版

龙云、吴鼎昌联名讨汪

【中央社昆明七日电】滇黔绥靖主任兼云南省府主席龙云、滇黔绥靖副主任兼贵州省政府主席吴鼎昌，以汪逆兆铭，僭窃神京，觍颜事仇，近更手签卖国条约，特于六日联名，通电全国声讨云。

《扫荡报》（桂林版）1940 年 12 月 8 日，第 2 版

龙云、吴鼎昌通电申讨汪逆精卫

省党政方面昨接到通电

【本报访稿】西康省政府、省党部，并转各级党部均鉴：顷奉国府电令，汪精卫通日祸国，近更自称主席，签订和约，亟应悬赏通缉，尽法惩治等因。查汪逆叛党卖国，原已罪不容诛，近更丧心病狂，私×僭窃，妄谳国家名×，擅×国×和约，腾笑国际，法所不容。云等卫国除奸，义难坐视，用特通电申讨，与众共弃。所望各方××，薄海属胞，共张义愤，一致诛伐。临电迫切，诸维查照。龙云、吴鼎昌仝叩，鱼，秘，印。

《西康国民日报》1940 年 12 月 11 日，第 3 版

龙云将军

林松挺　译

今日云南执政首领龙云将军，居于日本与国府及日本与缅甸之间。在日人入越南之后，目标向星〔新〕加坡，抑中国云南，两者之间未判明前，龙将军之地位，在亚洲西南中，大有举足轻重之势。

龙将军虽负盛名并居于重要地位，而世人知之甚少，不免有流言散布，此或为日人所制造之气氛，虽龙将军曾一再声明其立场，而一部份人士尚怀疑惑之态度。过去三年间，日人于鼓噪中，屡制造空气，谓龙将军将叛变国民政府，然事实上非惟无此举，而且更坦白地昭示于人，龙将军

非“倒戈”之流而有此不爱国之举动。然龙将军以一地方领袖者，曾用全副力量，统治所属，并发展一切富源，间或以旁观之态度，作赌注之掷骰，从未有所失者也。

龙将军的拥戴蒋委员长是异常明显的，抗战三年余，龙将军与中央之同心戮力，赞襄委员长，为国人所共见，两人交谊之敦睦，绝不至于恶化之一途，可断言也。反之，委员长对于龙将军之认识，亦异常清楚，国府对于云南之统治，日益加强；而龙将军之地位，反因之而巩固。观龙氏于抗战期间，与国府之关系，愈形密切，使吾人深信龙氏必极力抵抗日本之侵略云南，不特为自己及家乡而战，即为国家而战也。龙氏之确定服从委员长抗战政策，实为委员长抗战之伟大胜利。盖过去于一九三七年间，龙氏之于云南，实无异帝王之尊，举凡一切财政、金融、对外商务及各种税收，无不任意操纵，为所欲为。自抗战以来，龙氏允许大批难民之入境，及国府银行机关之迁入，与纸币之流通、对外商务之管理、交通机构及其他权益之让与国府，其代价不为不大。换言之，即全部所有供献政府，亦即蒋氏之莫大胜利也，因此使中国广大之民众，无不感觉极端信任龙氏为抗战中重要领导者之一人。

龙云将军为何许人，及其如何成为今日之要人？考其名字之意义，为“云中之龙”，具有非常之意义，有使人不可捉摸之概〔慨〕。彼对政治命运曾不留恋，彼曾有言：“无论何时国民政府欲余辞职下野，余无不唯命是从。”此自属于将来之事，最近彼知彼尚能继续维持其地位。盖目前情势，龙氏为最适宜之人物，其统治下之疆土，约等于欧洲德国之大，散布千万古老之民族，有卅派别不同之种族，唯其龙氏一人，有此力量，使其团结。盖百年来之太平，只唯有有此一族，能完全理解其地方人民之情形也。蒋委员长知之最详，假使龙氏去职，云南必不安定，亦惟有与龙氏相当之人物，如其堂〔表〕弟陆〔卢〕汉将军其人者，始克当之。

目前国府与龙氏间最重要之问题，厥为经济主权之谁属，两方均欲将云南之宝藏，锡及其他金属出口权益之享用，今则此项问题，业经在两方互相支配之下，完满解决矣。其他政治方面之合作，尤为密切，如委员长禁烟政策之彻底实施，云南除最偏僻地方一二处外，将不再有烟苗之发见。军事上设施，如大批之军训教官入滇工作，及过去派遣二十万人以上参加转战于前线各战场间。台儿庄胜利，滇军之功尤足以垂不朽。至龙氏与委员长二人间之交谊，过去从未曾有裂痕。此次抗战中，龙氏在五年中作三次之援蒋，盖当一九三六年，龙氏曾两度遏止四川军阀巨头“联桂倒蒋”之举。虽在一九二九年，因军事行动关系，有西南联合反蒋之事，然彼于一九三二年，又曾助蒋氏剿匪。对汪精卫伪政权之树立及共产党人的活动，彼已早知其成败之数，故从不为所动。

龙氏私室，绝少外人得入其中。闻室内有二个放大照像，并行陈列，即委员长与龙氏的。同时，蒋氏照像及徽章，于云南每一角落中，都可见到，并无以龙氏之像代之，亦足见其无嫉妒与妄自尊大之心。然龙氏过去虽由于最低层社会中奋斗而达于地方领袖之地位，而彼并不奢望扩大地盘范围，因彼曾见前此无数军阀，因野心过大而蹈于没落。彼之政策，为一明显之孤立派人物，只专心致意于省内机构之健全，及稳定过去所成就之事业。

龙氏之得势勃兴，有如北欧英雄故事，极神秘离奇之至。彼生长于黑猡猡之苗〔彝，下同〕族中，为汉人所漠视，全无文字语言之学识，因努力向上，而终得以逐渐抬头，而至于统治千万人汉族，不可不谓一奇迹也。龙氏有声有色之历史，开始于杀人而逃亡。盖龙氏当年因杀一同部落之人，乃逃遁亡命数年，终于投入云南军队，成为一精明之拳术家，受前总督知遇，擢为私人护卫。及至总督没后，龙氏与其他四人竞争云南政权，至于被囚于熊笼之中，几至遇害。而挣扎之结果，获得最后之胜利，仅丧失左眼，故龙氏靠玻璃假眼。

龙氏虽不学无术，然为人极机警聪慧，对人文雅谦逊，和蔼有礼貌，对于部属有感动力，故御下虽十分严格，然能得信所服。龙氏身材短小精悍而近□弱，倘全世界军事家排起队伍来，彼将居于最后的一列。龙氏今年五十三岁，容貌秀丽，眼球巨大，鼻与口之形异常配合可观，不愧为一美男子。龙氏现已能诵读中国文字，然彼仍喜听其妻朗诵报纸新闻之类，此为彼对外血脉之唯一通路，亦为彼所最注重之事。中文秘书则为之处理函件及演稿，而彼演讲之声调，则清亮而且沉重有力。龙氏之财富，大部份为外币之类，数目异常庞大，然从未一用。彼之嗜好为数种舒适奢侈品之类。其公子自留法回来之后，始知使用现金。龙氏占有亚洲最大之宫殿式华屋一座，仿照法国式之建筑，天花板用金叶铺镶，极其华丽。室内家具、地毯等，皆希罕之美术品。惟龙氏则居于木棚建造之房屋中，全无近代舒适设备，其长方形居室中之陈设，甚为简陋，大部份悬挂着部属馈赠龙氏结婚时之红联等。居室中不见有花卉，盖无花圃之设备，周围小场中，则鸡犬猴羊纵横跳跃其间。龙氏夫人屡欲龙氏迁入堂皇富丽法国式之大厦内，而龙氏不肯迁入。闻此建筑物曾费时六年，始告完成，里面并有私人戏院一所，现此屋仍虚有其主，除于不时租与人作礼堂宴会之用外，则楼阁深锁。

龙氏除数度被召赴重庆首都外，绝未远出云南一步，彼并不欲作简短之旅行，或赴香港等处一游。对于近代物质享用，彼亦不甚需要，彼现仍操简单朴素之平民化生活，始终不肯更改过去军队时代之生活。维是彼对西方物质文明之汽车一物，颇为注重，彼并有数辆最新式之汽车，尚有能说极流利英语及法语之儿子等，尽量供应彼之所需。龙氏最疼爱其十二龄女公子，并选一同年龄之女仆与之为伴，有“云南公主”之称。龙氏喜观云南式之旧剧，有人指摘龙氏，谓有时吸食鸦片烟，惟以当时烟毒之普遍流行于云南全省，此事亦不足为奇。龙氏性喜动物，故省府门前有动物园；又喜食兽肉，每在公宴中必会备象腿、豹蹄等特别佳馔饷人。

龙氏数十年前即脱离其两个族妻，其后与一个受过教育之中国①妇人结婚，不断地贯输中国文化给他，并为他生下五个孩子，不幸中途弃世，给他一个大打击。其后续弦，娶一个中年妇人，是他的女友，即他儿子之师，彼将照顾儿子之责交之。目前之龙夫人，如大时代中之中国女界闻人了，在昆明商业界中，颇负盛名，大旅社及菜馆之生意，均在龙夫人手中。与龙氏同居的，尚有极善挥霍之留法返国儿子等，现在军中服务。

陆〔卢〕汉将军为龙氏左右之人，追随蒋氏甚久，可算是国府与龙氏间之联系人物，极有干材，曾游历国外，其妻系一留法女学生。彼甚为人所尊重，故于未来龙氏去职后之继任人选，极有希望的。至于陆氏派别下之人物，缪 YT 先生为云南官场中最干练之人。缪先生系由美返国之矿务工程师，使云南之锡到于世界市场，同时发展最新式矿场及工厂等。彼并负管理财政矿务及工商业之责，其为人极和蔼可亲，为入滇国人及龙氏间之联系中心

---

① 应为“汉族”，下同。——编者注

人物。财政厅长陆氏，则属于另一种孤立派之人物，极少与外界接触。此两人综理经济任务，而龙氏则单独处理军事方面之任务。教育厅长孔[1]氏，则处理龙氏之重要文件，为龙氏最深密之顾问，系一中国文学家，曾领略过不少中国各地之经验。此外，尚有一漂亮有朝气之人物，张希龄[2]氏，系前法国留学生，虽无多大权力在手，现正在负责发展省内丝、茶、果实等业务，至服务于国府中之云南人士，则有前驻苏俄大使杨成〔杰〕及内政部长周宗尧〔钟岳〕，两氏之对于中央与云南间，颇具密切关系。

总之，龙氏崛起贫贱之苗族，而成为今日“云中之龙”，统治千万人之地方领袖。其权势之显赫，莫可与匹，而又居于中国最重要之地带，宜其为世人所注意。

《生力旬刊》第3卷第21、22期合刊，1940年，第4~11页

慰劳总会聘龙云为指委

【中央社昆明三十一日电】 全国慰劳总会，顷专函聘请龙云为该会指导委员云。

《扫荡报》（桂林版）1941年2月2日，第2版；《龙云全国慰劳会聘为指导员》，《宁夏民国日报》1941年2月2日，第1版

日机炸昆明　蒋坐视不救　龙云表示愤慨

【香港蒙通电】 昆明电称：龙云明〔昨〕日对记者谈话称，一日昆明惨遭日机轰炸，中央方面未派□机援助，致甚有破坏，此间人民颇有怨色，认中央系借日本实力，消灭非中央之地方派，本人则想中央必有苦衷云云。言间，对蒋类表不满云。

《蒙疆新报》1941年2月9日，第1版

① 应为“龚自知”。——编者注

② 音误，应为“张西林”。——编者注

龙云搜括民财　竟发起劳军运动

【中华社香港十六日电】 据昆明电讯，伪滇省主席龙云，因更进一步之搜括民财，特发起劳军运动，自任指导委员，预定征募一百五十万名〔元〕，十二日招集金融、交通各界人士商讨征募办法，但迄无结果。一年来各项奇异捐款太多，人民已不愿再捐此无益国家之款项云。

《新天津》1941 年 4 月 17 日，第 2 版

清大纪念会中　龙云表决心守土

日无论南进北攻，均予密切注意

【昆明廿七日中央社电】 龙云主席廿七日出席国立清华大学卅周年纪念会，发表演说称：日军无论南进或北攻，所有行动，均在本人密切注意中。万一竟敢进犯滇省，本人守土有责，决予以痛击。本人敢向诸君保证，若滇边有警，当以维护迁滇各大学之安全为第一要务云云。龙氏又称：就目下国内政治、军事突飞猛晋〔进〕之现象论之，明年清华卅一周年纪念会，确有在旧都举行之希望。此项希望，自有其客观之充分依据，而非徒托空言也云。〈后略〉

《工商日报》（香港版）1941 年 4 月 29 日，第 2 版

戛尔英使抵昆明　会见龙云后赴渝

【上海一日蒙通电】 据昆明来电，戛〔卡〕尔驻华英大使，三十日午后经由兰贡已到达昆明，预定勾留数日间，与云南省政府主席龙云会见后赴重庆云。

《蒙疆新报》1941 年 5 月 3 日，第 1 版

云南大学被炸　龙云拨款救济

【中央社昆明十八日电】敌机十二日袭昆，国立云南大学再度被炸，损失甚重。龙主席昨特拨款四万元，作救济该校员生工警生活、修补内部之用，此款已由该校领取，分别支用。该校校长熊庆来，特于今日代表该校全体员生，向龙主席致谢云。

《扫荡报》（桂林版）1941 年 5 月 20 日，第 2 版；《云南大学被炸　龙云拨款救济》，《阵中日报》（太原版）1941 年 5 月 20 日，第 1 版

龙云轶事

海风

△双枪陆文龙。龙云，云南省大理县人，“云南讲武堂”第三期毕业生，与何应钦同班同学也。[①] 由上级干部擢升，以手腕灵活，政治头脑清楚，得于政潮中脱颖而出，步步高升，跻今日显要地位，符合滇人治滇条件，殊非容易。云南为再造共和发源地，民六迄十六年革命前后，亦为多战省份，陆荣廷、周西成、洪兆麟数军阀，此起彼仆。龙隶周西成部[②]，称悍将，精骑术，擅射击，能于疾驰冲锋之际，挟双枪连珠弹发，挡□披靡，故有一“双枪陆文龙”诨号。

△陈圆圆附身。身为军政要人，闺房花瓶之龙太太，必要艳竞。龙虽非寡人好色之流，但亦享三妻四妾艳福。三姨太宠擅专房，芙蓉如面柳如眉，姿色超群，果蒙青眼大原因，惟尚有别故，盖三姨氏陈，出身东门外庄务农家，彼家五代祖母，系吴三桂宠妾陈圆圆侍婢，陈死守坟，传家迄今，灵气所钟，迷信者传说圆圆附身，芳名鹊起，有西施再世之目。龙以秀色可餐，□之为真，恩眷优降，视三桂与圆圆当年，有过无不及云。

△绝缘黑美人。龙寡人好色，但不荒废政务，行伍出身，治军刻苦，

① 此段作者舛误甚多。——编者注

② 以上多为作者笔误。——编者注

滇省罂粟遍地，为“云土”出产大本营。龙为黑美人所困，部下亦多老枪兵，“七七”事变以来，龙见时局急转，亟戒除□好，以身作则，禁种，禁运，禁吸，雷厉风行，观于沪埠“云土”绝迹，足证滇省烟政之澈底矣。

《西安晚报》1941 年 7 月 10 日，第 2 版

云南怎样响应战债劝募运动（上）

本报特派员　麦浪

龙云说：“滇省要立志与全国同胞作爱国竞赛运动!”

云南省对于战时公债劝募运动展开热烈的响应，是开始于六月廿八日，战时公债劝募委员会常务委员兼秘书长黄炎培先生由陪都飞抵昆明以后。这一个运动首先获得昆明舆论界的热烈赞助。旅居昆明人士，对于一向从事于教育事业及文化工作的“黄学究”（一般人因炎培先生之风度富于学究气味，故以此相称），躬自为抗战问题而努力，奔走于“平时最不感兴趣”之募债工作（按，此为炎培先生于招待昆明新闻界时语），均表深切之同情。有〔本〕省当局对于这一运动，尽了努力推行的责任；本省领袖对于这一运动之具有深切的认识，实在决定了本省对于这一运动之响应，所以必然会收到美满的效果。

七月一日晚，省主席龙云先生在广播电台上发表告本省民众书，其中曾有几句这样动人的话：“前方将士既不惜绝大牺牲，贡献整个生命，浴血苦斗；后方广大民众，自应各自奋勉，出财出力，以纾国家之危难。……今政府发行公债，任何人皆可购买，数额无论多寡，咸能直接增强国力与前方抗战，其意义实无可轩轾。此国民贡献国家之绝好机会，宜各竭其力，踊跃购债，以报国家，亦即所以尽国民之天职也。”

二日晚，他继续在广播电台对本省人士作热切的呼吁，对于战债劝募运动的意义并有如下精辟的诠释：（一）劝募战债的主要目的，在发挥国民爱国精神；（二）募债是为了训练国民总动员，为了建立国民自卫能力的强固基础；（三）募债亦为救济经济恐慌，实在是收集游资，开发经济，

准备反攻，争取最后胜利。接着，他希望全滇民众乘此机会踊跃购债，并且勉励以“立志与全国同胞作爱国竞赛运动”。

在七七抗战四周年纪念日省募债总队成立的时候，他又特别郑重其事地阐明了一点，认为这次战债的发行，既是由于国民参政会所建议而经政府采纳，乃充分表明系出民意，不可与历次战债同日而语，故尤其值得吾人努力推行。龙主席这种剀切的对本省人士作再三的呼吁，对于这一运动居然起了决定的作用，可见旅居昆明的人对他是怀着怎样的一种信仰。（这里只说“旅居昆明者”，原因是记者个人对于昆明以外的反应怎样，尚未深悉，不敢作非必要的揣测之故）

此外，如省委兼富滇新银行行长（为本省募债总队总干事）缪云台、财政厅长陆子安、建设厅长张邦瀚〔翰〕、滇黔监察使李根源诸先生，对于呼吁人民购债一事，也作了同样的努力。而最发人深省者，当推内政部长周钟岳先生所发表的《告故乡人士书》，其中有一段是这样的：“我们云南人民，向来有主张正义的勇气，毁家纾难的热忱，自护国、靖国诸役以来，遇着国家有危急的时候，不惜以贫瘠的地方来担负国家的大事。此次七七事变发生以后，龙主席即决定以全省人力、物力贡献中央，而我们全省人民也在‘有钱出钱，有力出力’的原则之下，起来奋斗。本省最初劝募救国捐，即有李恒升、张正堂诸君慨捐百数十万元；最近节储，亦能于最短期内超过拟定数额，荣获冠军，这都是云南人一种热诚爱国的表现。”

《扫荡报》（桂林版）1941 年 7 月 17 日，第 3 版

云南怎样响应战债劝募运动（下）

本报特派员　麦浪

龙云说：“滇省要立志与全国同胞作爱国竞赛运动！”

黄炎培先生在七七四周年纪念日省募债总队成立的时候，也说了同样足以使三迤人士诩诩自慰的话，他说：“抗战要没有云南民众的支持，恐怕将成为一件不可能的事。我说这话并不是故作惊人之语，而是有事实为根据的。我一直到最近才晓得，抗战以来，云南所出的军队是完全拿自己

的枪械出去的。云南的军队在各战场上都表现得很英勇，在军事上尽了最大的作力。战争是需要金钱的，需要物资的，需要外援的。说到这里，我要以国民参政会一份子的资格代表全国民众向具有远大眼光的龙主席致深切的谢忱和敬意，因为如果没有滇缅路的完成，则今日的外援、物资均将无从进口，而抗战也将不可能支持下去。所以说云南对于抗战的贡献，不但在军事上、政治上，在经济上也具有非常重大的意义。”接着，他鼓励云南人士踊跃购买战债说：“现在国家为了支持长期抗战计，已决定在滇缅公路之外，另外铺设铁路。建设这一条铁路的钱，虽然并不是要云南民众全部负担，但云南民隆〔众〕如果要保持他自己过去一手筑就滇缅公路的光荣历史，而愿意多负担建筑这一条铁路的经费，多买些债票，自然是更为全国同胞所欢迎的事情。”

黄炎培先生一到昆明，几乎无时不在为募债运动而奔波呼号。他自称他“不善于宣传”，但是他几次不惮其详的对于募债运动的意义的解释，却收到了最大的效果。他这一套解释不久即可由他自己搬到桂林，在这里自无预先替他鼓舌的必要。不过，这种解释所收到的效果之伟大，我们从陪都募债结果之所以能够超过预定额四倍，可以充分地显示出来，而这种解释之能够收到这样完满的效果，乃在于它能够吻合民意，并且还合于“功利”的原则。

抗战以来，我国所发行的公债仅仅四十万万元，每个人的平均负担还不到十元；敌人所发行的公债已经超过二百万万元，每个人的负担平均在三百元以上。由于这种比较，我们不仅相信这次的募债运动可能收到数量上的完满的效果，并且确信抗战的前途必很乐观。云南省在募债总队成立之前，由于各方的呼吁，反应非常良好。只就昆明一个城市而言，认购数额即已超过预定额五千万元（计各商行、公司、富绅认购额二千六百万元，中、中、交、农、富滇新、兴文等六大银行认购二千五百万元）。在一个月之内（按当局劝募时间为一个月），各地募得总数当不会在五千万元之下，那是可想像得到的。举一个例，本省富绅号称“锡王”（因为他是开采锡矿致富的），董澄农先生在响应募债运动时曾公开向全省有钱人士“挑战”，谓无论如何，必在此次竞购中争取个人冠军，累得“黄学究”特地为此跑去和他商量办法。听说他已经认购一百万元，但是如果有人超过了他，他一定予〔与〕之竞争，直到没有人再超过他为止，即使他获得冠军时仅仅比亚军多了一文钱。

此外，如昆明市商会会长严赟成先生，也公开表示决以家产的二十分之一参加竞购，他的二十分之一的家产究有多少，记者为避免嫌疑不曾问他，但相信他如果能够拿出家产的二十分之一和人家竞购，“锡王”也许要退避三舍。总之，由这种热烈反应的事实看来，你对于云南之是否能够保持其过去的光荣的传统，一若节储运动时所获得之荣誉者一节，大可不必悲观。

有人说云南参加历次的捐输运动，所以能够获得那样好的成绩，是因为集中在昆明的“新进富翁”太多的缘故。这话容或不无理由，但我们一看委员长发动劝募战债时的训示：“一般富有资财的同胞，有一部份营业收支，系由于战时特殊需供关系而来者。际兹抗战方殷，切要自己反省，一面要寻它自己资财的来源，一面要了解国家兴亡和自己切身利益的关系，认定购买公债，正是救国自救的机会（也就是委员长所撰标语，购买战时公债，功在国家，利在自己的意思），理应不待劝导，踊跃解囊。”只要这批“新进富翁”能够“踊跃解囊”，实在也用不着深怪！所以我对昆明市普益拍卖行能够自动认购二十万元一举，愿意在最后费此笔墨，郑重其事地提出来，盖希望以投机而致富者，能够“切要自己反省”（恭借委员长语），起而仿效也。（七七深夜寄自昆明）

《扫荡报》（桂林版）1941 年 7 月 19 日，第 3 版

龙云谈倭“南进”动向

图在西南另辟新战场；我布置就绪严阵以待

【中央社昆明七月廿九日航讯】最近国际局势，因德苏战事，已有急□之变化，而日寇最近动向，更为一般所注意。昆明行营主任龙云接见记者，发表谈话，其大要如下：

（一）日寇此次侵占西贡，仅为其南进之准备，恐未必急有所动作。以北进而论，在德苏战事未达决定阶段之前，决不敢妄动。所望英美两大民主国家，如能趁此时机，以□军联合之实力，就远东侵犯祸首之暴日予

以致命之打击，则不但英美两国在远东之利益可以确保，太平洋之和平秩序，亦可赖此得一劳永逸。

（二）法日越南联防协定，对我及英美之威胁殊大，敌人果欲借此侵我，不顾其自身之实力，在我西南另辟新战场，其路线当不出：（甲）直取昆明；（乙）由泰侵缅，在瓦城（即缅甸之曼得勒）一带截□〔断〕滇缅交通。至一般认为敌人将直取□□等地，于滇西境内采取行动一节，系不明地理地形之谈，未免劳师及远。因□□自该路进兵，或从思□李仙江入侵，或由泰境景悯绕道，其途程与由河内至昆明，相距约有二倍故也。

最后记者询及最近□□对□之防卫措置，龙氏笑曰："此事我方早按原定计划布置就绪，惟事关军事，恕不奉□〔答〕"云。

《中央日报》（贵阳版）1941 年 8 月 5 日，第 2 版；《滇主席龙云谈：倭越联防英美不安　望能陆海军联合击灭之　我对此则早已有备无患　敌人从哪里来就把他在那里灭亡》，《宁夏民国日报》1941 年 8 月 5 日，第 1 版；《龙云谈倭寇动向　南进北进均未敢轻举》，《西京日报》1941 年 8 月 5 日，第 2 版；《龙云发表谈话　倭侵占西贡为南进准备　滇对敌防御早布置就绪》，《阵中日报》（桂林版）1941 年 8 月 5 日，第 2 版；《龙云拆穿倭寇动向　云南防务布置就绪》，《徽州日报》1941 年 8 月 5 日，第 1 版；《昆明行营主任龙云谈西南国防　早按原定计划　布置极为周密》，《甘肃民国日报》1941 年 8 月 5 日，第 2 版

滇主席龙云谈敌可能侵我西南

【昆明七月廿九日航讯】昆明行营主任龙云接见记者，发表谈话，其大要如下：

一、日寇此次侵占西贡，仅为其南进之准备，恐未必即有动作。以北进而论，在德苏战争未达决定阶段之前，决不敢妄动，所望英美两大民主国家如能趁此时机，以海军联合之实力，一举对远东侵略祸首之暴日，予以致命之打击，则不但英美两国在远东之利益可以确保，而太平洋之和平秩序，亦可赖此得一劳永逸。

二、法日越南联防协定，对我及英美之威胁殊大，敌人果欲由此侵我，

不顾自身之实力，在我西南另辟新战场，其行动方向当不出：（甲）直取昆明；（乙）由泰侵缅之瓦城（即缅甸之曼德勒）一带，截断滇缅交通。至于一般认为敌或将于滇西境内采取行动一节，此路地形崎岖，恐不可能云。

《解放日报》1941 年 8 月 6 日，第 2 版

龙云未与汪逆谈和平　中苏同盟纯系捏造

【合众社重庆廿九日电】中国官方否认南京消息“汪精卫夫人与上海市长陈公博，在广州与龙云谈判中日和平”，中国负责当局谓，“无论国民政府或任何个别官吏，均无亦决不将与傀儡政府举行任何谈判”云。

【合众社重庆二十九日电】同盟社消息称，中苏正谈判缔结同盟事，此消息为中国官方否认，苏联大使馆方面亦谓此消息纯系捏造。

《解放日报》1941 年 10 月 30 日，第 3 版

伪九中全会提前　定下月举行

【香港二十九日蒙通电】据重庆来电称，蒋政权前曾预定十一月十二日开九中全会，嗣因鉴于时局之重大性，决定提前于十一月一日开会，已向各中央委员通告。一方以国民党总裁蒋介石之名，对阎锡山、龙云、李济深、李宗仁等地方实力派，现在要请其急速向重庆集合中。但至现在，已集合于重庆之中央委员，仅有九十名左右，较定员数尚少四十名，故自十一月一日似先开预备会议，待总人员到齐后，再移入正式会议云。

《蒙疆新报》1941 年 10 月 31 日，第 1 版

渝九中全会决提前召集

【香港二十九日中华电】据重庆来电，蒋政权因鉴于时局之重大性，决定将预定十一月十二日召开之九中全会，提前于十一月一日开会，已通告各地之中央委员，一方以国民党总裁蒋介石之名，对阎锡山、龙云、李

济琛、李宗仁等地方实力派请其急速集合于重庆。目下集合于重庆之中央委员，约九十名左右，因与法定额数尚差四十名，故拟自十一月一日起，先开预备会议，待人数齐备，再改为正式会议云。

《新天津》1941 年 10 月 31 日，第 2 版

因国际情势已展开不利　渝内部和平运动活泼化

对立愈甚竟影响各项会议

〈前略〉

【太原四日蒙通电】据最近当地所得情报称，重庆和平派最近展开激烈之和平运动，已被蒋介石分别予以严格处分云。缘对于孔祥熙、何应钦、王宠惠领导之和平运动，于右任、居正、李根源等元老派，及地方实力派龙云、陈仪等公然赞助。蒋［介石］对之甚为愤慨，因该运动乃颠覆重庆政权者，故孔及王已受叱责，龙云则予以剥夺实力之处分，陈仪及其他元老，已被特务工作班秘密监视。故重庆政权首脑间，已发生大龟裂云。

《蒙疆新报》1941 年 11 月 6 日，第 1 版

蒋直系军与龙云所部　在滇摩擦益趋激烈

黔亦弥漫厌战反渝空气

【广东十日蒙通电】据昆明情报称，蒋介石氏以防卫西南国境及滇缅公路之防备为借口，而陆续使自己直系军队侵入云南，因此与龙云所部之云南军间时因驻屯地区之分配问题及指挥权问题等，屡起种种纷纠，以致两者间之摩擦日增，渐呈尖锐化。同时，云南土著实力派更因自滇缅公路开通以来，因其输送之频繁，所获之利益殊非浅鲜，而目下竟因于过去由美人金贝加博士为委员长设立之滇缅公路管理委员会以来，致此项物资输送利益全归重庆侧及美国侧，更大怀不满；且因于过去重庆政权将该公路之一切权利悉移归美国管理，并对该公路之防卫，亦含有容许美国侧重大发言权之意图，因最近逐渐明了，是故云南土著派之对重庆忿懑更加倍高

昂。一方因自昆明至重庆之通路，将贵州省亦酿成战争之长期化地域，最近其厌战气氛亦颇强盛。据闻迩来以旧贵州省政府主席王家烈为中心，其反重庆之空气暗中亦日渐浓化；更闻与龙云间已互相连系策谋，渐将具体化，故其推移殊值注目云。

《蒙疆新报》1941 年 11 月 12 日，第 1 版

蒋系军侵入云南　与龙云发生摩擦

【同盟社广东电】据由昆明所得之情报，谓蒋介石以防备西南及滇缅公路为借口，而使自派之直系军络续侵入云南，但已因此与龙云麾下云南军之间发生驻屯地区之分配给与问题、指挥权问题等种种纠纷，两者间之磨擦已日益深刻。然云南土著军之实力派自滇缅公路开通以来，因其输送繁忙，尝享受相当之利益。前由美人培卡博士任委员长，设立滇缅公路管理委员会后，所有输送物资之利益，悉为重庆及美方所收获，致甚为不满。且重庆复将该公路之一切，由美国接管，关于该公路之防卫，亦有供与美方以重大之发言权之意图等，最近已更形明显之故，致云南土著军派对重庆之愤懑，尤为高涨。一方于由昆明至重庆必经要道之贵州省，亦因战争长期化而酿成厌战气氛，近则更为昂扬。以前贵州省政府王家烈为中心之反重庆空气浓化，暗中亦与龙云之连系策谋相勾结，行将具□〔体〕化，故其动向颇堪注目云。

《清乡日报》1941 年 11 月 13 日，第 1 版

蒋怂恿龙云就任军政部长

【中华社香港二十二日电】据昆明来电称，急于进行云南工作之蒋介石，于十九日派内政部长周钟岳、山东省政府主席沈鸿烈二氏，前往云南，为使云南省内之重庆军与云南军指挥上统一，要求龙云前赴重庆，就任军政部长之要职云。

《新天津》1941 年 11 月 23 日，第 2 版

蒋积极进行云南工作

要求统一滇渝军指挥；令龙云就任军政部长

【香港二十二日蒙通电】 据昆明来电称，急于云南工作之蒋介石，于日前急派内政部长周钟岳、山东省政府主席沈鸿烈两氏赴昆明，对龙云要求使云南省内之重庆军、云南军等一元的指挥，可至急入重庆，就任军政部长云。

《蒙疆新报》1941 年 11 月 23 日，第 1 版

滇黔党政考察团抵昆　与龙云商考察办法

【中央社廿四日电】 滇黔党政考察团，今访省府，与龙主席商在滇考察工作进行办法。该团定即日起分头考察中央地方在昆各机关，并拟赴外县考察云。

【中央社昆明廿四日电】 滇各界今举行联合纪念周，欢迎滇黔区党政考察团，到中央、地方各机关首长等千余人。党部张代主委西林主席致欢迎词后，请罗团长家伦演说，就考察团工作范围及使命加以说明，张副团长强演说“抗战之基本国策”。晚在滇各机关、团体，联合欢宴考察团。〈后略〉

《解放日报》1941 年 11 月 26 日，第 3 版

党政考察团欢宴席上　龙云表明守土抗战决心

【中央社昆明廿八日电】 滇主席龙云，昨晚在欢宴滇黔区党政考察团时致词，说明滇对守土抗战及维护滇缅路交通之决心，谓“任何牺牲者〔在〕所不惜”，并说明秉承中央对抗战国策指示之各项措施。〈后略〉

《解放日报》1941 年 11 月 29 日，第 3 版；《龙云表示决心守土》，《扫荡报》（桂林版）1941 年 11 月 29 日，第 2 版；《滇主席龙云宣布维护滇缅路决心》，《福建日报》1941 年 11 月 29 日，第 1 版

滇省成立滑翔分会

【中央社昆明廿九日电】中国滑翔总会滇分会，自总会派主任干事宋如海来滇筹备，各项工作即积极展开，兹已决定滇分会定十二月成立，由滇主席龙云兼会长，卢汉、李鸿祥、张西林为副会长，并定龚自知、裴存藩、王叔铭、蒋梦麟、梅贻琦、熊庆来、冯伯翰、庄前□、唐继麟、李鸿谟、梅公□等为理事。

《解放日报》1941 年 12 月 3 日，第 3 版

外国记者报道下龙云将军二三事

秋隐

他的生活，他的家庭，他的遭遇，他的周围

龙云将军是云南省的最高执政者。曾经有一个时期，当日本人的势力侵入安南，还没有决定是往星〔新〕加坡伸展，还是往中国伸展这一问题时，龙主席的地位，太重要了。

龙主席的地位，虽有着如此显著的战略性，但知道他的人却很少。因此，就有了很多关于他的谣言发生，这些谣言纵然不是日本人时常在那里制造出来的，至少也经过他们努力的煽播过。

蒋委员长对龙主席没存有错误的幻觉，他很知道龙主席的为人与他的抱负，在现实的眼光下，这两个领袖直视对方，无所隔阂，国民政府的权力虽自抗战后已在云南省内不断的增大，但龙主席的地位却不因此削弱，而且可以说比以前更稳定些。

龙主席的成名史，可算许多久远的关于军人们的传说中最生动的一个。他生于一个被本地人所歧视的名叫“猓猓”的民族，这一族的人完全不知道中国[①]的语文和中国的习惯。他只念过一点书就开始奋斗，直到成

① 应为“汉族”，下同。——编者注

为数百万人民的统治者。

他是怎样的一个人呢？虽然他不是天分特优的人，但是他却很伶俐聪明而且活泼，在宾客眼中，他和任一中国人一样的和蔼诚恳与谦逊。他现在已谙习于各种中国的礼节了。在他手下做事的人，虽然常常说他火性太大，而且过于独断，但他却能把握住这些人的深切的忠实心。

在外表上，他很短小，几乎近于文弱，人家决不会把他当做军人。他美好的脸面、大个的眼睛、端正的嘴和鼻，使得他看来很动人。现在他是五十四岁，虽然他自己现在可以读中文的书报了，但他还是要他太太念报纸给他听。报纸是他与外界交通的唯一要道，所以他总是很留心的听。他的公函与演讲稿都是他的中文秘书替他撰拟的。他是一个卓越的演说家，他的话很简洁，态度很动人。

龙将军那座如宫殿样的会客厅，是亚洲大陆上最巍伟壮丽的一个。天花板上都贴了金叶，有许多法国式的最华美器具，包括家具、地毡和精美的工艺品。然而他自己却住在一个小屋子里，那是一个不坚牢的木房子，里面没有一点近代化的舒适的设备，只在他私人的起居室中，才有一些不经他同意由下属赠送给他的一些器具。里面有一间房子的一端墙上，悬挂了许多他结婚时人送他的红色喜帏喜轴。房子周围没有一个花园，也没有任何花卉的装置，在小小的庭院里，一只山羊、一条狗、几只小鸡和一只猴子，在那里跑来跑去。

他的太太早就想给他搬个住所，因此化了六年工夫为他监造了一座壮丽的、法国式的房子，旁边有个私家戏院。但龙主席却不愿搬家，结果那座法国式的房子只好空在那里，也许会一直空下去，除非他的太太为了其他目的而决定把它出租给别人。

龙主席从来没有在云南省外住过，除了因公匆匆到首都去了几次，连香港那样近的地方，他也没有想去一下。他不要任何近代的奢侈品或声色之娱，他和云南人一样地过着简单的生活，这生活和他当初在军队里时差不了多少。

在许多西洋现代的物品中，他最喜欢的就是汽车，他有好几部汽车。只要他一感到缺乏什么的时候，他那些说法国话的、说英国话的儿子，就立刻给他办到。龙主席最爱他那个唯一的女儿，她只有十三岁，长得很美，有许多个和她同龄的婢女伺候着他〔她〕。说起来，她很可以称做“云南的公主”。

龙主席喜欢看中国戏——云南派头的。他喜欢动物，在省府前面有一个大而美的动物园。他喜欢奇特的食物，在他的公宴席上，在许多奇味中，可以找到象鼻和熊掌。

和龙主席住在一起的，是那几个从法国回来、性情和顺的儿子，现在都在云南军队里面服务。

龙主席深所倚畀的助手卢汉将军，从前深受过中央政府思想的薰陶，在蒋委员长身边做过好些年的事，他的确被当做中央政府与省政府间的连接人。他是一个很有才干的人，到外国留过学，认识他的人都很尊崇他。

和卢将军同一派的是缪先生，没有人不认他是云南省最勇敢的一个官员，他是一个刚由美国回来的矿务工程师。他给云南的锡找到世界市场，在云南他第一个建立起许多现代化的采矿公司和工厂。在处理钱、矿和工厂上面，他是一切云南官员中待外来者最和善的一个，他成为那些到云南的外省人和龙主席交接的中间人。

龙云，这一个出生于苗〔彝〕族的人，终于成了云中之龙，数百万中国人的统治者，云南省最有权威的人。而他今日所占有的地方，又恰是中国各省中最有战略性的一省。（节译自《密勒氏评论》）

《天文台》第434期，1941年，第3页

新年元旦昆明盛大阅兵

龙云等任检阅官；部队均精神饱满

【中央社昆明一日电】 今为三十一年元旦，昆明行营特于正午举行盛大阅兵式，在滇各部队均参加，由龙云等任检阅官。各部队官兵，均精神饱满，操练纯熟，至三时许始毕。

滇各界今上午集省党部，行团拜礼，出席代表数千人，全市国旗飞舞街头，市民多自觉参加慰劳荣誉军人及出征将士，青年团并举行义卖献

机，及战时国防科学展览。

《西安晚报》1942年1月2日，第1版

滇临参会开幕　龙云报告施政情况

【中央社昆明廿八日电】 滇三届临参会第二次大会，今行开幕会，议长李鸿祥主席，滇主席龙云报告施政情况，本次会期预定二周。

《中央日报》（贵阳版）1942年3月2日，第2版

陈树人抵昆　视察救侨工作

【中央社昆明廿五日电】 侨委会陈委员长树人，廿五日下午二时自渝飞抵昆明，语记者称：太平洋战争爆发后，南洋各地侨胞，多取道印缅返国，中枢特命本人来昆慰问，并顺便指示救侨工作。陈氏在昆约勾留数日即返渝。

【中央社昆明廿七日电】 侨委会陈委长树人抵昆后，即晤滇主席龙云，商归侨在滇开发实业事宜。龙氏当表示决尽力协助，予以一切便利。陈氏并于廿六日午出席此间紧急救侨委会，对今后工作有详尽指示。昆市各界定卅日举行欢迎归侨大会，届时陈氏将亲临主持。

《解放日报》1942年3月28日，第3版

侨胞在滇开发实业

龙云表示尽力协助；陈树人昨欢宴侨领

【中央社昆明廿六日电】 侨委会陈委长树人，与滇主席龙云商归侨在滇开发实业事宜。龙表示决尽力协助，陈氏并于廿六日出席紧急救济委会，对工作有详尽指示，定廿七日欢宴在昆侨领，宣达中枢眷恋侨胞之至意。又昆市各界定卅日举行欢迎归侨大会。

《中央日报》（贵阳版）1942年3月28日，第2版

龙云报告滇边战事　寇已遭我重击

昆明市设置警备司令部

【中央社昆明十一日电】昆明行营主任龙云，今在党政军联合纪念周席上发表演说，对当前滇境战事有所说明。龙氏首谓进窥滇边之敌，经我边境大军与入缅军合力夹击，势已顿挫，刻战局已趋稳定，且于我日益有利。言及进攻昆明，龙氏认为敌绝无可能，且亦不敢；设竟来犯，则驻滇数十万军队与千七百万人民，必将同心合力，驱除敌寇，确保边圉。末龙氏对南洋各地避难来昆归侨致慰问之意，并表示滇决尽力予归侨以种种便利，务使衣食无缺，行止有定云云。纪念周后，滇党部委员暨省府委员，即集会商紧急救侨办法。

【中央社昆明十一日电】滇省府日前例会，通过设置昆明警备司令部，由禄国藩、李鸿谟、龙绳武任正副司令。〈后略〉

《扫荡报》（桂林版）1942 年 5 月 12 日，第 2 版；《龙云演说称　滇边战局稳定　敌势已挫　进窥昆明决不可能》，《西京日报》1942 年 5 月 12 日，第 1 版；《龙云将军发表演说　云南军民守土驱寇　滇省府设置昆明警备司令部》，《徽州日报》1942 年 5 月 12 日，第 1 版；《龙云谈战局　敌无攻昆明可能》，《中央日报》（贵阳版）1942 年 5 月 12 日，第 2 版

日军攻云南益烈

云南主席龙云承认渝军败退

【中华社里斯本十三日电】据路透社重庆电，渝方当局关于云南战事，今日发表称：日军攻云南部队，得主力军之增援，攻势益猛烈云。

【中华社里斯本十二日电】据重庆广播，云南省主席龙云，已承认日军进攻云南后，渝军正节节败退中，昆明危机已益迫切，云南日军向保山猛进。

《新天津》1942 年 5 月 14 日，第 1 版

蒋飞昆明指挥前线作战　并令龙云组云南防卫军

【中华社南京十五日电】〈……〉渝蒋亦于同日飞往昆明，指挥前线部队作战，同时对云南省政府主席龙云编组云南防卫军一事，并特别指示。〈后略〉

《新天津》1942 年 5 月 16 日，第 1 版

渝周章狼狈已极　回天无术奔命徒劳

【南京十五日蒙通电】〈……〉此外，训练部长白崇禧五日飞广东省，于桂林会见李宗仁、余汉谋等，计划应付云南迫切之危机，并协议由广东、广西两军合作，编制云南缅甸增援部队。六日，陈诚亦自重庆赴云南缅甸国境方面交代，而缅甸国境方面之张发奎，则携带与斯提·魏尔美中将会见之结果，归还重庆，报告蒋介石。外交部次长复与西摩阿（驻重庆英大使）、高斯（美大使）会谈。同夜，何应钦、张发奎等参集于蒋介石邸中，协议缅甸、云南之防卫对策，直至深更。翌日（七日），张发奎率外交部员及参谋部员，自重庆出发，经昆明赴云南前线，蒋亦于是日急速飞昆明，指挥前线部队，努力督战，并特对云南省政府主席龙云，予以编制云南防卫军之指示。重庆侧蒋介石以下各将领，虽如此东西狂奔，惟战局已决，挽回乏术，徒暴露其狼狈而已。

《蒙疆新报》1942 年 5 月 16 日，第 1 版

龙云报告滇西战局　龙陵、腾冲可望肃清

东京造谣渡过怒江全非事实

〈前略〉**【中央社昆明二十八日电】**昆明行营龙主任，顷就滇西目前战局发表谈话称：窜占龙陵、腾冲敌，日来经我分别围歼，并由我空军猛袭，敌伤毙甚众，该处敌当可望完全肃清。至东京广播所谓“敌已渡过怒

江”云云，全非事实，纯为敌人造谣惯技之又一表现云。〈后略〉

《扫荡报》（桂林版）1942 年 5 月 30 日，第 2 版；《滇西我军进迫龙陵城　我空军袭敌迭奏奇功　龙云将军谈滇边战局》，《甘肃民国日报》1942 年 5 月 30 日，第 2 版；《龙云谈话　腾冲龙陵一带敌　即可完全肃清》，《西京日报》1942 年 5 月 30 日，第 1 版

英大使薛穆飞昆　访晤龙云

【中央社昆明十七日电】英大使薛穆爵士，十七日晨九时十五分自渝飞抵昆，滇主席龙云特派昆市长裴存藩等赴机场候迎。大使下机，即赴英领署休息，下午三时由外部特派员王占其，陪赴省府访晤龙主席。闻薛氏在昆约有四日勾留。

【中央社昆明十八日电】英驻滇总领事，十八日下午四时于该署花园内举行茶会，欢迎英国大使薛穆爵士。到各机关长官、各界名流及英留滇军官，男女来宾八十余人，大使由总领事俾德本与来宾一一介绍，至为欢洽。省府龙主席亦于十八日晚八时，欢宴英大使。

《解放日报》1942 年 7 月 19 日，第 2 版；《龙云宴英使　英驻滇总领事办茶会欢迎》，《西京日报》1942 年 7 月 19 日，第 2 版

缅甸归侨　献旗龙云

【中央社昆明廿四日电】缅甸两广归国侨胞，深感龙主席救济德泽，特制作□色红边白字缎质长形锦旗一面，上书“卫国护侨”四字，送请本省紧急救侨会代为呈送。

《中央日报》（贵阳版）1942 年 7 月 25 日，第 2 版

龙云倾向和平　渝府抗战阵营动摇

青年团入营式席上一幕武剧

【中华社上海四日电】某方接昆明三日电称，渝府三民主义青年团

昆明区夏令营，于七月廿六日开学，调训大中学生五百人。举行入营式，龙云出席，代蒋训话，辞意表示和平，对抗战颇露消极。因之，青年团指导部在场负责人突对龙提出质问，双方发生激辩。青年团份子高呼“铲除龙云”口号，龙之卫士亦鸣枪示威，情势严重，入营式遂不欢而散。闻青年团份子已将当日情形电蒋报告，并鼓动伪监察院对龙提出弹劾云。

《戏剧报》1942 年 8 月 5 日，第 1 版

龙云已被逮捕监禁　关麟征继任滇主席

蒋中央化工作益积极

【仰光十六日蒙通电】前有传说流布，谓蒋介石怀柔云南省主席龙云失败后，乃将其逮捕监禁。兹据到达当地之确报称，重庆政权最近以现任第九集团军司令关麟征为龙云之后任，而任命为云南省主席。关麟征于大东亚战争勃发后，即为第六军军长，担当重庆遣缅远征军之一□，而为日本军击退。重庆最近频频宣传其主张，谓“自云南及印度出击，夺回缅甸”。今复任命关某为云南省主席，可见蒋介石欲积极使云南省“中央化”之意志，以致舍命强化此方面军事力之□□，颇堪注目也。

《蒙疆新报》1942 年 12 月 18 日，第 1 版

伪缅甸败残军与龙云军冲突

蒋介石急派员赴昆明调停

【中华社南京二十六日电】重庆方面之缅甸派遣军，向云南省西部败退，因驻屯问题，而与云南土住〔著〕军酿成轧轹。但据可靠之消息称，败退之第九集团军，已早于二十二日与龙云军发生冲突，双方死伤人数均达百数十名之多。其冲突之最大原因，则以第九集团军对云南省广通县城内驻屯之云南军一旅，强请其撤退一事为发端。接到急报之蒋介石，当即

以军事委员会之命令，令两军即刻停战，同时更急遣军纪视察团团长金汉鼎赴昆明，以事调停。然因此问题，与重庆方面欲驱逐龙云之策动有关，故将来恐拓成更大规模之武力冲突云。

《戏剧报》1942 年 12 月 27 日，第 1 版；《伪第九集团与龙云军冲突》，《新天津》1942 年 12 月 27 日，第 1 版；《缅败退渝军　与龙云军冲突》，《妇女新都会》1942 年 12 月 27 日，第 1 版

军需人员与军需独立：对昆明行营经理会议训词

龙云

军需业务，占军中之重要地位，余以数十年经验所得，凡军中之军需事务，具有条理者，其他一切作战、训练、管理、卫生等，自可因之进步而有相当成绩。否则，一差百差，不足道也。故军需业务，一方面须依照军事上之要求，一方面须适合法令之规定，及满足经济、卫生诸条件，缘军事以胜敌为目的。平时一切，皆胜敌之准备；战时一切，即胜敌之实施。仅言经济，不顾军事之需要，则何以胜敌？若专注于军事，而不顾国家财力，则难以持久。他如军队卫生，关系人马生活健康，均与法令、经济相互关联，相互冲突，端赖军需人员居间调和，分别平、战两时之重要性，详审法令经济，权衡措施，庶几既能增进军事之需要，复无碍于法令及经济，斯尽善矣。

军需与军事之关系，如斯重大，而业务复艰巨繁难，设乏专门人材，组织健全机构，鲜克有济。余于民二十以来，曾办经理训练三班，毕业后分发本省各部队，实施军需独立，虽曰筚路篮缕，不无相当成效。嗣因抗战军兴，本省相继出师远征，乃责成各军事主官，一贯切实监督。后方部队，虽仍感人才不敷分配而监督严密，始终未懈。军需独立之良好法规，正企澈底实现，以树建军之基础。

兹奉委座明令实施军需独立，谆谆训示，颁布守则，并分区设官督导，自然事半功倍。深望各军需人员，本军事之需要，抱定法令规章，及经济原则，弗辞劳怨，确切奉行。各军事主官，尊重军需职权，维护法规，本分工合作之精神，各专其司，各尽其责，行见国法伸张，国家

财力不致虚糜，增进军事活力，则胜敌之机，可操左券矣。同人等其勉旃！

《陆军经理杂志》第 4 卷第 1 期，1942 年，第 22 页

龙云主席捐款 20 万元　补助松坡中学

【本报桂市讯】云南省政府主席龙云氏，以蔡松坡将军昔年在滇起义，再造共和，功在党国，为纪念先烈之丰功伟绩，特捐发国币二十万元，汇由军委会桂林办公厅李主任转交本市松坡中学，作为该校充实设备之用云。

《扫荡报》（桂林版）1943 年 1 月 14 日，第 3 版

交通部昨开放渝昆传真电报

曾养甫、龙云首次通报

【中央社重庆九日电】交部定十日起试行开放渝昆相片及真迹电报业务，此事在国内电路尚属创举，曾养甫、龙云将互作首次通报。闻该□为节省□□起见，暂定渝、昆二处，每日收发相片及真迹电报各以五份为限，但对有新闻宣传性质及图案、合同、□□、□据，暨其他需要签字作证之文件，优先接受。

《扫荡报》（桂林版）1943 年 4 月 10 日，第 2 版

外报记者踊跃劳军

龙云电陈诚祝捷

【中央社恩施廿五日电】驻渝外报记者暨中央社总社记者一行九人，于此次遣赴前线参观，途经××地时，适值我军某部某营士兵南渡。该营全体士兵体格魁梧，精神饱满，装备整齐。各记者当即纷纷趋前接谈，复觉彼等斗志坚强，且态度和蔼，弥觉感动，慨然解囊赠给慰劳金共四千五

百元，交由该营营长转发全体士兵。又外报记者等一行在三斗坪时，对我江防军战绩极为钦仰，复合捐国币四千五百元，请吴兼总司令代购毛巾、牙刷，分发伤兵。

【中央社昆明二十四日电】龙主席廿三日电陈、孙两长官祝捷，并由省政府汇二十万元，慰劳前方将士。

《扫荡报》（桂林版）1943 年 6 月 26 日，第 2 版

龙云夫人筹组女子银行

【中央社昆明四日电】滇省妇女界由龙云夫人发起，筹组女子银行，资本已由各界妇女领袖认足，一俟财部注册手续办妥后，即行成立。

《扫荡报》（桂林版）1943 年 8 月 5 日，第 2 版

龙云日内赴渝述职

【重庆电】昆明行营政治部主任裴存藩，三日下午来渝，据称，龙主任云，月来牙痛甚巨，但仍于日内来渝述职。

《西康国民日报》1943 年 9 月 5 日，第 2 版

龙云离渝返抵昆

龚教厅长代表谈话，畅谈出席全会印象

【中央社昆明十四日电】中央监委兼省府主席龙云，前飞渝出席十一中全会，今晨乘机返昆，九时十分安抵机场。旋龙主席下机后，与欢迎者一一握手，状致〔至〕欢愉。同来之龚教厅长，代表主席发表谈话称：此次赴陪都与全国各地党政军首脑相聚一堂，旧好新知，欢然把晤，精神上颇觉愉快，开会成果，异常圆满。

《中央日报》（贵阳版）1943 年 9 月 15 日，第 2 版；《龙云由渝返滇》，《宁夏民国日报》1943 年 9 月 15 日，第 1 版

龙主席轸念云大、联大师生生活艰苦

龙主席轸念云大、联大师生生活艰苦，特贷云大一百二十万，联大一百五十万，办理合作社，购买限价物品，减低员生负担。该两校将成立保管委员会，着手处理是项贷款。并闻除办理合作社外，尚有一部分投资生产事业。

《经济新闻》第 2 卷第 24 期，1943 年，第 1 页

云南省办理救侨事宜之经过

龙云

一　导言

先民去国万里，胼手胝足，斩棘披荆，积百年来之血汗艰辛，以成海外光荣繁殖之历史，其贡献于国家民族者，自革命北伐以至抗战，功绩具在，毋俟赘述。卅年十二月太平洋战事发生，敌陷南洋各岛，延及缅甸全境，侨民避难来归者，以滇缅公路为惟一途径，扶老携幼，奔入国门。冒锋镝，抗疾疫，出死入生而无悔，其自觉之勇，爱国之诚，宁不可歌可泣。中央眷念远人，擘划救侨方案，斥国币千万，畀吾人以奉行之责，乃励同僚，慎其终始，阅时十月，救济归侨之数凡三万余众，事功垂毕，差免愆尤，爰撮经过，以告邦人诸友。

二　工作发轫

卅一年一月下旬，侨民经滇缅路入国者日有所闻，中央电令省府预筹救济，省府转令省振济会派员驰赴保山、龙陵、潞西等地，调查宣慰。同时，昆明侨务局亦奉令协助办理救侨事宜，惟以专管机关无救济之款，难期迅赴事功。侨务局乃拟具《救侨办法》及《救侨会组织草案》，签请省府核办，并自行借垫经费，成立接待所，以应紧急需要。

二月十七日，省府第八〇三次会议，决议交由省振济会迅邀有关机关，商定组织救侨机构。

二月二十四日，开第一次筹备会议，决定参加机关为省振济会、昆明难民总站、昆明侨务局、省党部、市政府、警务处、公路总局、中缅运输局、中国运输公司、红十字会驻昆明办事处、昆明红十字分会、卫生实验处、云南省侨胞垦殖委员会、抗敌后援会、新运促进会、市商会、银行公会凡十七单位，通过起草规程等案。

同月二十六日，开第二次筹备会议，通过规程，定名为“云南省紧急救侨委员会”，宣告成立，分配职掌，推举省振济会、昆明难民总站、昆明侨务局为常务委员，负责会议，以侨务局为临时会址。

三　扩大组织

自三月起，侨胞抵昆者，日恒数十人或百余人，陈述沿途痛苦，咸以食宿为艰。本会分派人员赴下关、保山、畹町、曲靖四处，办理接待，并决议开办膳食，设备医疗。适侨务委员会陈委员长来昆视察，多所指导，并商请省府指拨西郊各胜大观楼一部为接待侨领眷属之用。四月初旬，振济委员会许代委员长来滇宣慰侨胞，向省府商洽将本会改组，修正规程，以省府主席为主任委员，以省参议会议长、民政厅长、振济委员会驻滇代表、侨务委员会驻滇代表为常务委员，委员人选由主任委员就有关机关长官、各团体领袖及华侨代表中，加聘二十五人，共策会务，犹恐力或未周，功有未逮，复由省府主席发动全市各机关、团体、学校，组织协助救侨委员会，与本会辅车相依，乃有成就。人力充实，机构加强，复请准中央增拨救侨经费，以利进行。自五月一日起，迁会址于红十字分会。

四　接待归侨情形

归侨入国路线，一由印度加尔各答乘搭邮机，一循滇缅公路，一由缅境景栋以入滇南，均以昆明为终点，经滇缅路者居百分之九十。自畹町、龙陵告陷，难侨来如潮湧。五月中旬，每日抵昆者，恒达千人左右，旅舍无地容足，麇集街头，省府乃指拨第五军军分校为第一接待所，收容二千五百余人，犹感不敷；复借用关岳庙、两粤会馆、福建会馆、两广同乡会、中法中学、昆华女中等处，连同本会原有接待所及大观楼，共为九处，平均每日住所侨胞达八千人，一律由所供给膳食医药。

其有死亡者，立予殓葬，并就所内组织儿童教育班、同乐会、朝会，施以规律训练。所外另辟售品场四处，以便侨胞以物易资，通其缓急；携带外币者，指定中国银行尽量收兑；遗失证件者，通知侨务处予以补发；寻觅职业者，送请职业介绍所代为介绍。其他日常事件，不复赘载。

十月向尽，侨民疏散百分之八十，接待所先后结束。为便利归侨计，与新运服务所合组接待站于西郊之黑林铺，归侨留所五日，遣送回籍。

五　救济办法

归侨处境困难，除有力自给者居极少数外，大都一律入所，给养三日至五日，每人发给由昆明至金城江之路费一百四十元（车费全免）。其自备车辆回籍者，每人给予补助费一千元；其在海外宣劳而又［有］特殊困难者，经振委会、侨委会海外部之特许，每人补助一千元至五千元；旅滇侨生在大中学肄业者，每人给予特种救济金一百五十元；留滇难侨妇孺，由本会拨款，交由云南省妇女会收容教养。十月以后归侨，多由滕冲逃出，天寒岁暮，衣着犹单，本会特制棉衣，赤贫者各发一袭。

六　医疗情形

难侨由缅入国，沿途受惊涉险，恐怖饥疲，饮食寒暖，失其调节，抵昆以后，疾疫滋生，死亡洊至。本会特约全市各大医院，免费收容治疗，由会补助医药及住院费用，嗣以人数过众，各医院床位不敷，送院急诊恐有耽误，乃与红十字会昆明分会合组救侨医院，并以专责，全活甚多。至十一月末，侨民渐少，接待所改设黑林铺，救侨医院亦迁至西郊，与昆明县立卫生院合办。

七　运送情形

本会遣送过境归侨，原则上以出境为止，惟以侨胞饱经忧患老弱尤感困难。本会多尽一分力量，即为侨胞免除一分痛苦，当归侨纷集之时，适侨委会陈委员长、海外部刘部长来昆指导，力主疏散，多方运送。

（一）本会租用专车，直送金城江，计开十批一三七辆，共载五〇五八人。

（二）本会特许包商专办直达闽省运侨车，计开二批七辆，共载二八四八人。

（三）由川滇铁路免费运送曲靖，再由本会曲靖接待所交涉，乘搭军、公、商车至贵阳，共一三〇〇〇人。

（四）奖励侨胞自备汽车回籍，由本会代办放行手续者三四七辆，共九〇〇〇余人。

自八月起，汽油无法供给，一、二两项办法取销，专由火车运送，统计去岁五月至本年二月，本会运送人数共二六三四二人，五月以前经昆明侨务局报告遣送者，亦逾三千人。

八　教育情形

紧急救侨，只限于接待救济运送，惟留滇难侨过多，间有父兄失业、子弟失教，来会请求者；又限于经济人事，不能远谋，只可因事实需要，予以补助。挑源恩光学校收容侨生十余名，由本会补助棉衣床褥；基督教青年会开办华侨小学补习班，收容侨童五十余人，义务施教，供给课室，教员膏火由本会津贴。在外失教之侨童尚不止此，妥筹安置，尚待各方之共同努力也。

九　经费收支概况

本省救侨工作自三十一年二月起，至本年二月止，中央先后拨发一千三百二十万元，共支经费一千二百万元。分析计之，给养居百分之二一，运送居百分之七十，其他救济百分之四，行政经费百分之五，统计另详工作报告，并由省府审核报销。

十　结论

本省办理救侨工作，已届一载，近奉中央电令，从事结束，以后事务交由有关机关办理。懔于过去责重事繁，时虞陨越，幸赖同僚努力，各具襄助，计虑虽非万全，大体尚不辱命。惟事经体验，所得较多。

（一）侨胞历劫归来，同抱丧家之感，首在精神安慰，次则急其所需，吾人服务应有恳切之忱，态度尤宜和蔼。

（二）救济工作首在争取时间，稍一后时，不惟事倍功半，甚感效力抵销，反失吾人之本旨。

（三）侨胞去国日久，习尚迥殊，虽有故乡，亦失倚傍，与其远道遣送，耗费滋多，不如因地制宜，适当安置。

（四）侨胞在海外政治地位与组织，昔以形格势禁，着着后人，今后恢复南洋，改弦易辙，国内应有事先之研究与策应之准备。

聊申数义，就正国人，至本省救侨工作实录及详细统计，另行刊布，非斯篇可罄也。

《华侨先锋》第5卷第4期，1943年，第11～13页

国府元旦授勋

孔祥熙、孙科等给予卿云勋章；龙云、蒋梦麟、褚辅成同受勋表

【中央社重庆三十一日电】国府三十一日令：（一）孔祥熙、孙科、居正、戴传贤、于右任，各给予二等卿云勋章，此令。〈中略〉（十二）张群、龙云、陈诚、薛岳、吴鼎昌，各给予一等景星勋章，此令。（十三）顾维钧、魏道明、傅秉常，各给予一等景星勋章，此令。〈后略〉

《扫荡报》（昆明版）1944年1月1日，第3版

滇宪政讨论会开首次理事会　推龙云为理事长

【昆明卅日中央社电】滇宪政讨论会廿九日下午，开首次理事会，推选龙云为理事长，黄炳秋为副理事会长。〈后略〉

《南宁民国日报》1944 年 2 月 1 日，第 2 版

十四航空队一年战绩为历史奇迹

龙云在纪念会讲

【中央社昆明十一日电】陈纳德将军为庆祝美“一四”航空队成立一周年，特于十日晚在某空军基地举行庆祝宴会，到同盟各国贵宾数百人。

行营龙主任在席间发表演说称：十四航空队过去一年来之战绩，将或为历史上之一大奇迹，而其有助于中美邦交之促进，其功更□〔伟〕。中美友谊，已因之日臻亲密，深望能发挥光大。

陈［纳］德将军致词称：未来之□年中，中国国境内自不能免再被敌国蹂躏，然本□敢□言警报之降临，日本必将多予中国。

美军之参加宴会者，有高级将领多人云。

《青海民国日报》1944 年 3 月 14 日，第 1 版

龙云祭拜美国来华殉职烈士

【中央社昆明二十五日电】二十五日，为美国民族扫墓节，彼邦习惯，对此节向极重视，每年均举行隆重之拜扫。自抗战军兴，彼国以维护正义，特派陆空军官兵来华助战，光荣殉职者，殊为令人敬仰。昆明行营龙主任，特订于是日率全滇各机关首长、部队、学校代表，亲赴美陆空军在滇阵亡官兵墓地，举行扫拜仪式，以慰忠魂而表崇敬。按，“美国民族扫墓节”，系彼邦为纪念过去为国光荣牺牲者而定。是日，□□总统照例赴

华盛顿附近之阿灵顿祭扫无名英雄墓，各主要城市并举行盛大阅兵〈……〉除却祭祀以往历次战争中死难先烈外，并同时纪念此次为同盟胜利而牺牲美国将士。

《西康国民日报》1944 年 5 月 28 日，第 2 版；《美军伤亡人数共计二〇六二二七人　龙云在滇祭阵亡美军》，《西京日报》1944 年 5 月 28 日，第 2 版

龙云分析战局

决心捍卫滇省；勉人民加强防御力量

【中央社昆明十一日电】 滇省临参会二届三次大会，十一日开幕，廿七日闭幕。大会中心议题，为如何发动滇省人力物力，加强抗战力量，及训练人民行使四权，准□〔备〕实施宪政等。

【中央社昆明十一日电】 滇主席龙云十一日下午在滇临参会三次会开幕典礼中发表书面演说，其中对战局一段，略谓：敌为挽回太平洋上失败，实现打通大陆交通线计划，乃发动对我西南攻势，并力侵占湘桂。滇省虽远处边陲，亦已变为前线。我全滇人民应随时地假想敌人之将侵入而发愤图强，坚守岗位，努力勿懈，尤要自动加强防御力量。目前已至最后关头，为保卫国家，遵行国策，一切牺牲，均在所不惜。

《中央日报》（贵阳版）1944 年 12 月 13 日，第 3 版；《滇主席龙云向省参会发表书面演说　谓敌进扰西南　滇境变为前线　为保卫国家将不惜一切牺牲》，《西康国民日报》1944 年 12 月 14 日，第 1 版

龙云发表书面演说

【昆明电】（迟到）滇主席龙云，二十八日下午于滇临参会二届三次休会式中发表书面演说，略谓：八莫克复，中印公路即将畅通。此路之兴筑，举凡征士征地、给养补给，在地理上均应由滇省负担，此为我国唯一

国际通道，滇省人民尤应负此重任。盼各参议员会后返乡，领导民众，踊跃应征，俾中印公路能早日畅通。(中央社)

《西北文化日报》1945年1月1日，第1版

滇主席龙云拨米六万公石　调剂省会民粮

【中央社昆明三日电】 主席龙云，以近日昆市米价陡涨，特令省田赋处就本年度公粮项下，暂拨米六万公石，举办平粜。不敷时，由该处继续拨借，并请粮部指拨调剂省会民粮云。

《青海民国日报》1945年2月5日，第1版

史迪威路运输车队昨晨安然驶抵昆明

龙云主持隆重欢迎仪式

【昆明四日电】 史迪威公路首批运输车队，今晨十时三十分在热烈欢迎声中驶抵昆明西站。

【昆明四日电】 昆市民众以最大热忱欢迎史迪威公路首次通车来华之运输队。晨八时起，西站左右已万头摇动，站内设欢迎台，台上挂中美国旗及中美两元首肖像〈……〉中国军乐队及美国管弦乐队，分列台前。中美宪警布冈〔岗〕会场四周外，摄响〔影〕机师数十人，在会场四周□成主体摄影网。十时许，途为之塞，会场四周民房屋□亦拥满中外来宾。自西站至市区，沿途欢迎者，在五万人以上。美机三架，［翱］翔会场上空。美工程队长皮可将军率领之首批来华运输队，十时三十分到达西站。皮将军手持箸〔木〕杖，率领中美司机于热烈掌声中，步入会场。皮氏旋徐徐步上观欢迎台，与中美首长互致敬礼。

十一时，欢迎大会开始，奏中美国歌，全场肃立，旋由滇主席龙云主席致欢喜词，戚夫斯将军相继致词。词毕后，皮可将军全部车队与载运物资之清单送交戚夫斯少将，再由戚氏亲交龙主席，龙氏代表中国政府接受。龙主席向皮可将军献一锦旗，文曰“胜利之路”，欢迎典礼至

此完成。

十一时四十分，龙主席步往车站，举行隆重之［剪］彩仪式，即由皮可将军指挥大队，车辆在欢呼声中驶入市区。沿途民众手持欢迎旗职〔帜〕，招展欢呼，盛况空前。环行市区，昆明夹道爆竹不绝。市长罗耀教偕皮可少将，率领全部车辆，经环城马路游行，市区市民燃放爆竹，夹道欢迎。通衢松柏彩［画］甚为高矗，上缀中美国旗，以表欢迎。车队行驶甚缓，每车相距五十尺，行列整齐。皮可少将于接受民众“顶好”热挚呼声时，频站于行列前之吉普车上，不时举手答礼。随车队摄影记者，纷以各种角度摄影此一伟大场面之各项动态。车［队］通过市区历一小时，始驰赴指定地点。

随行记者达五六人

【昆明三日电】 随首批运输车队自史迪威公路行将抵达昆明之中外记者团，闻共有五十六人，有本地记者、电影摄影师、摄影记者及广播记者等，包括中、美、英、澳、印五种国籍。我国战地记者四人，电影摄影师一人，中国国际广播电台广播记者一组参加。

二批车队，离印来华

【随史迪威公路第一批运输队记者一日电】 皮可少将今夜接见记者时，发表第二批运输队业已离印，首途来华。皮可少将并声明，系用以击破最近所传“日军又已切断滇缅路”之谣言。

《国风日报》1945 年 2 月 5 日，第 2 版

史迪威公路首次来华运输队　昆市开会盛大欢迎

龙云主席代表政府接受物资

【中央社昆明三日电】 史迪威公路首批满载物资运输车队，一月二十八日进入滇西国门畹町后，始终保持整齐之行列与一定之速率，东驶来昆，预定于四日上午抵达昆明。滇垣三十万市民，对此历史性之运输队，以昆明为终点，莫不引以为荣。欢迎庆典，刻已筹备就绪，在昆中美军各

机关首长，将于车队抵达时，齐集车站欢迎此二年八个月来首次经由陆路输入之作战物资。昆明行营主任龙云，将代表中国政府，接受史迪威公路美工程队司令皮可将军点交之首批输入车辆与物资。欢迎典礼中，龙氏将致欢迎词；剪彩后，全部车辆与物资，将由昆明市罗市长率领驶经车站，游行市区，接受三十万市民热烈欢迎。当晚滇主席龙云以地主资格，欢宴运输队全体将领、驾驶兵与随车记者三六八人，以庆贺雷多至昆明一八二五公里国际陆上交通线完全畅通。

【中央社昆明四日电】昆［明］市民众今以最大热忱，欢迎史迪威公路首次通车来华之运输队。晨八时起，西站左右已万头攒动。所站设欢迎台，上悬中美国旗及中美两元首肖像，会场设三大扩声器，中国军乐队及美国管弦乐队分列台前。中美宪警布岗会场四周，中外摄影机师数十人，构成立体摄影网。〈后略〉

《阵中日报》（太原版）1945 年 2 月 5 日，第 1 版；《首批运输队昨抵昆明　各界举行欢迎会　龙云主席代表政府接受物资》，《西京日报》1945 年 2 月 5 日，第 2 版；《昆明市民以最大热心欢迎首次通车来华运输队》，《西康国民日报》1945 年 2 月 6 日，第 2 版

龙云演词：史迪威公路是中国新的生命线

昆明市庆祝史迪威公路正式通车暨欢迎首批来华之运输队。盛典消息，事载五日本报，兹将龙云主席大会演词，补志于后。

龙云演词

【中央社昆明四日电】龙主席欢迎史迪威公路第一批运输车辆抵昆大会演词：威夫斯将军、皮可将军、运输队各位队员、各位来宾，今天我们这个大会，是庆祝史迪威公路正式通车，同时是欢迎领导第一批运输车辆到达昆明的皮可将军，并欢迎沿途辛苦的全队队员。史迪威公路的完成，是这次世界大战历史上的一件大事，三年前日寇侵占缅甸，切断我们的滇缅公路，日寇必以为中国对外的陆路交通切断，中国必定屈服，必定投降。我们不否认滇缅路被封锁以后，中国在抗

战上增加了许多困难，中国抗战的经济、军事上增加了许多问题，敌人却没有推断中国可以坚持抗战到底的决心，同时盟友美国可以不顾一切牺牲，开辟了一条空中的运输线，盟友接济中国的物资，还可以源源而来。

一面打仗　一面筑路

不止如此，在那个时候，史迪威将军就计划要从陆路上打开一条新的运输线。在史迪威将军计划这条中印路的时候，有些人认为这是史将军的幻想，这种工作一定劳而无功，因为从印度到中国这条公路，地形的困难、气候的恶劣，是大家都知道的。但史迪威将军有决心，有勇气，他领导着美国及中国的工程师、士兵及民工，穿过崇山峻岭，历尽千辛万苦。他们与毒蛇猛兽奋斗，他们在蛮烟、瘴气、雨中工作，他们一面打仗，一面筑路；一面驱逐猛烈的敌人，一面克服险恶的地形；一面在丛林深谷中修路，一面在飞机大炮下渡日，这是如何艰难□苦的工作！

几年的苦干、苦战，今日这条公路方完成了。这条公路确是血汗的工程，这是中国新的生命线，这是盟友和中国士兵与民工用生命换来的生命线。在这条公路通车之今日，我们应向史迪威将军表示敬意，在今日同时亦应想到这种伟大功业的完成，英国蒙巴顿将军领导的英印军协助的功绩，我们亦不能不想到中国卫立煌将军领导的远征军的功绩。我们应向造成这条公路的全体将士与民工一致表示敬意，我们敬佩他们的决心、勇气和毅力。

天空陆地　齐驱并进

大家都知道今天通车的这条史迪威公路，是盟邦与中国合作完成的事业，这次合作之后，一定一天比一天增强。就凭这种合作的精神，我们一定可以争取最后的胜利，一定可以奠定世界的和平。今天这条史迪威公路通车了，中国对外的交通，天空与陆地的交通，今后可以齐驱并进，今后盟邦援助中国一切经济与军事的物资，可以源源而来，可以大量增加，这等于了中国抗战上□万雄兵。这条史迪威公路，是同盟国在远东击溃日寇的胜利大道。诸位都是这条大道上的前锋，我欢迎诸位，我敬祝我们盟邦的胜利。

《阵中日报》（太原版）1945 年 2 月 7 日，第 2 版

配合盟军作战　中国陆军总部成立

何应钦、龙云分掌正、副总司令；龙云昨举行就职典礼

【中央社昆明九日电】我最高当局为配合盟军作战起见，决定成立中国陆军总司令部，并任命何参谋总长应钦，兼任中国陆军总司令。该总部业于去岁十二月成立，何总司令正式就职。本年二月三日，龙主席云复奉蒋委员长令，兼副总司令。龙副总司令奉命后，于九日在该总部就职。就职典礼由何兼总司令主席，行□如仪后，由何兼总司令致词，并由龙兼副总司令致答词，其后复由何兼总司令介绍麦克鲁将军、戚夫斯将军，与各职员见面，礼成后共同摄影，并由何兼总司令介绍总部重要官员与龙副司令会面。

何应钦致词

【中央社昆明九日电】中国陆军总司令何应钦，九日于副总司令就职时致词，原文如次。

龙副总司令，各位同志：

龙副总司令今天在本部举行就职典礼，本人主持□典礼，感觉无限的庆□和愉快。龙副总司令十余年来功在党国，众所共知。抗战军兴，复主持滇黔军政，巩固边防，其功尤著。当我国沿海口岸被敌封锁、滇缅路被敌截断以来，昆明即成为国际空中交通枢纽和盟军之〔基〕地，现□中印公路已被我打通，云南更成为我军反攻的策源地。

龙副总司令以其富丰军□经验，协助本席，并□兼任行营主任及滇省主席之地位，必能竭其能力，排除反攻前途一切困难，完满达成本身任务。未来于整个抗战，更有不可磨灭的贡献。

本席不但为国家深庆得人，同时更喜本席得到一个有力量、最能合作

的良友，共同负责，向前迈进。希望本部各同志和本部所属各□区、各边区、各部队，切实服从总司令、副总司令的一切命令与指示，尽忠职守，而本总司令与副总司令当在最高统帅蒋委员长领导之下，矢勤矢勇，必信必忠，来完成最高统帅所赋予中国陆军总司令部驱逐倭寇、还我河山之重大使命。

龙云致答词

【中央社昆明九日电】中国陆军副总司令龙云九日就职时致词云：本人近奉委员长令，任为本部副总司令，惟以本人能力□〔薄〕弱，深奉命后□为惶悚，所幸上有总司令之领导，下有各同志之□〔协〕助，自应与大家共同奋勉，□〔各〕尽□〔职〕责。适承总司令致了许多勉励嘉奖之词，本人很是惭愧，因本人在军政界历时虽久，建树无多。今后责任重大，领袖期望甚殷，本人在滇更负有行政及绥靖之责，今后一切政治设施，当更以补助军事、推进军事为目的。现在我们大家既是休戚相关，利害共同，本人自应在总司令领导之下，竭尽一己之棉薄与忠诚，而努力完成使命。

《中央日报》（贵阳版）1945年2月10日，第2版；《为配合盟军作战　我成立陆军总司令部　何应钦龙云兼任正副总司令职　业于去岁及今春分别就职视事》，《甘肃民国日报》1945年2月10日，第2版；《我为配合盟军作战　成立陆军总司令部　何应钦龙云兼任正副总司令　美陆长谓亚洲次一战役将在中国海岸发生》，《阵中日报》（太原版）1945年2月10日，第1版

龙云致词

【中央社昆明九日电】中国陆军副总司令龙云，九日就职时致词。原文云：总司令、麦克鲁将军、各长官、各同志，本人近奉委员长令，任为本部副总司令，惟以本人能力薄弱，奉命后，深为惶悚，所幸上有总司令之领导，下有各同志之协助，自应与大家共同奋勉，各尽职责。适承总司令致了许多勉励嘉奖之词，本人很是惭愧，因本人在军政界历时虽久，建

树无多。总部今后责任重大，领袖期望甚殷，本人在滇更负有行政及绥靖之责，今后一切政治设施，当更以补助军事、推进军事为目的。现在我们大家既是休戚相关，利害共同，本人自应在总司令领导之下，竭尽一己之棉薄与忠诚，而努力完成使命。

《阵中日报》（太原版）1945 年 2 月 10 日，第 1 版

军事当局为配合盟军作战　成立中国陆军总部

何参谋总长兼任总司令；滇省龙云主席兼长副职

【中央社昆明九日电】 我最高当局为配合盟军作战起见，决定成立中国陆军总司令部，并任命何参谋总长应钦，兼任中国陆军总司令，亦正式就职。本年二月三日，龙主任电复奉蒋委员长令，兼副总司令。奉命后，于九日赴总部就职。当时除各界来宾及总部全体职员外，参加者尚有美军之司令官麦克鲁将军、后勤司令官戚夫斯将军等。就职典礼由何兼总司令主席致词，并由龙云副总司令致答词，其后复由何兼总司令介绍麦克鲁将军、戚夫斯将军与各职员见面。礼成后共同摄影，并由何兼总司令介绍总部重要官员与龙副总司令□□。

《西康国民日报》1945 年 2 月 11 日，第 1 版；《配合盟军作战　中国陆军总司令部成立　何兼总司令九日已就职　蒋委员长令龙云兼副总司令》，《新疆日报》1945 年 2 月 11 日，第 2 版

配合盟军作战　设立中国陆军总司令部

任命何应钦兼总司令；龙云兼任副总司令

【中央社昆明九日电】 我当局为配合盟国作战起见，决定设立中国陆军总司令部，并任命何参谋总长应钦兼任中国陆军总司令。该部业已成立，何总司令已正式就职。二月三日，龙主席奉蒋主席命令兼任副总司令。龙副总司令奉命后，即于九日赴总部就职，当［时］到场来宾，除总部全体职员及各方人士外，并有外宾多人，由何兼总司令主席致辞，末后

□全体摄影云。

《民众日报》1945 年 2 月 12 日，第 1 版

昆明成立中国陆军总司令部

何应钦、龙云担任新职务；美报认我将允盟军登陆

【中央社纽约十一日专电】此间各报对何应钦、龙云二氏之新职，均谓甚为重要。《纽约时报》强调我国政府之解释谓：在昆明成立中国陆军总司令部，表示中国准备答应盟军在亚洲海岸登陆。同时该报记者窦袭，由加尔各答来电谓：如中国经济情况，并非不能克服之困难，则吾人绝无理由认中国军队不能在一年以内于击败日本上有伟大贡献。窦氏称：向中国输入军需品约十万吨，即可配备训练一支足以将日本驱出中国境□〔内〕，□□□居重要地位之中国陆军。此十万吨供应物品中，尚可有充分物资供陈纳德将军之空军活动。根据此一原则，吾人即可估计中国军队在对日作战中将有若何贡献，此项估计，并能使盟国战略家在进行远东战争为最后之阶段云。

《青海民国日报》1945 年 2 月 14 日，第 1 版；《何应钦龙云新职　纽约各报均甚重视》，《阵中日报》（太原版）1945 年 2 月 12 日，第 1 版

昆中韩文协会　推龙云为筹委

【中央社昆明廿九日电】中韩文协昆明分会筹委会，今日下午二时假银行公会举行成立大会，由司徒德主席致词，主张中苏美英应迅速洽商，共同扶持韩国独立，扩大韩国临时政府之民主基础，以为过渡政权。后由韩人金佐卿报告韩国最近情况，至四时许散会。该会并推定龙云、张邦翰、褚辅成等四十一人为筹委。

《中央日报》（贵阳版）1945 年 9 月 30 日，第 3 版

龙云被免职

【新华社延安四日电】据中央社消息，云南省政府主席龙云二日被免职，改任军事参议院院长。现国民党军队正着手接收昆明各机关，昆明实行戒严，云南情势颇为紧张云。

《解放日报》1945 年 10 月 4 日，第 1 版

龙云即飞渝就新职　昆明市面今晨尚安谧

【本报昆明今晨急电】举世瞩目之两〔西〕南后方重地之滇政，现已局部改组，此为近十余年之滇省大事，亦即时为国人最足关心者。

新任滇省民政厅长兼代主席于二日下晚抵昆，此间人士尚未有和〔知〕其详者。过去若干日内，此间有关人士，均对省政加以揣测，惟三日晨昆市各报均未见有透露李氏来昆消息。国府明令及蒋主席致龙云将军之亲笔函，均系李氏亲自带来。闻龙氏日内即飞渝就任新职。李氏以研究内政及地方自治著名，际兹胜利来临，此西南边之滇省重地，今由李氏主持民政，此间人士，咸寄予无限希望。

昆明城防警卫，现由曾在□〔广〕西迭建奇勋之杜聿明将军担任，已成立防守司令部，昨起分别接收昆明警备部、宪兵部以及□〔城〕垣近郊各地之各军事机构，及机场守备。当局为预防奸伪乘机扰乱，曾与美陆军各司令官预取联络，令所□〔辖〕部队妥为警戒。截至今晨止，经过尚佳，惟东郊为营房所属炮兵团驻地，昨晨及下午曾发生密集枪声□〔数〕次，每次均历十分钟，市区及街道均曾断绝交通，各报均无法送达，迄晚始逐渐解除。今晨市面安谧如恒，惟□重要之街巷，仍有重兵戒守。现昆市防守司令部已宣布自本月三日起，实行戒严。

《中央日报》（贵阳版）1945 年 10 月 4 日，第 Z1 版

云南省政府改组

卢汉奉命继任主席；龙云调任军事参议院长

【重庆三日中央社专电】国府二日令：（一）特任龙云为军事参议院院长，此令。（二）云南省政府委员兼主席龙云，另有任用，龙云应免本兼各职，此令。（三）云南省政府委员兼民政厅长陆崇仁另有任用，陆崇仁应免本兼各职，此令。（四）任命卢汉兼云南省政府主席，此令。（五）任命李宗黄为云南省政府［委］员兼民政厅长，此令。（六）云南省政府主席卢汉未到任以前，派民政厅长李宗黄兼代主席，此令。（七）军委会委员兼军参院院长李济深着专任军事委员会委员，毋庸兼任军事参议院院长，此令。

【昆明三日中央社电】新任滇民政厅长兼代主席李宗黄氏，二日下午专机由渝抵昆。

《中央日报》（永安版）1945年10月4日，第2版；《云南省政府改组　卢汉任主席　暂由李宗黄兼代　龙云调任为军事参议院院长》，《中央日报》（贵阳版）1945年10月4日，第2版；《府令派卢汉任主席　未到任前李宗黄代》，《革命日报》1945年10月4日，第2版；《昆明行营等机关撤销　滇省政府改组　龙云免本兼职任军参院院长　卢汉继任主席　李宗黄掌民厅　昆防守司令部布告民安》，《西北文化报》1945年10月4日，第2版；《国府明令发表　特任龙云为军参院院长　卢汉兼滇省主席　卢未到前由李宗黄暂代》，《民言报》1945年10月5日，第1版；《国府令龙云为军事参议院长　卢汉为云南省主席　李宗黄为云南民政厅长　李济琛专任军委会委员》，《民众日报》1945年10月6日，第1版

云南省府奉令改组　龙云调军参议院长

昆行营警备宪兵司令部撤销；滇垣昨起戒严下午即渐恢复

【昆明三日中央社电】昆明防守司令杜司令聿明二日□，奉军委会蒋

委员长命令：（一）昆明委员长行营、昆明警备司令部、昆明宪兵司令部着一律撤销。（二）昆明军事委员会委员长行营主任、陆军副总司令、滇省府委员兼主席兼军管区司令龙云，着即□〔免〕除本兼各职，特任龙云为军事参议院上将院长。（三）昆明行□□□〔营原属〕独立旅、□〔炮〕兵团、工兵团、高射□〔炮〕大队、交通兵大队，着即归昆明防守司令部指挥。（四）昆明宪兵司令部原属各宪兵，改组为中央宪兵独立团，归昆明防守司令部指挥，着即日调往晋宁附近改编整训。（五）昆明市郊及滇省各机场守备，统由昆明防守司令部队派队接防，与美陆空军各司令官□□〔确取〕连络，□所属部队妥为警戒，严防奸伪捣乱。

【昆明三日中央社电】昆明防守司令部三日发表防字第一号通告：（一）奉中央命令，滇省政府改组，昆明行营、警备司令部、宪兵司令部一并撤销。（二）昆明市郊治安，奉命由本部派队接收，诚恐匪类暴徒乘机捣乱，除饬滇省警备处仍负责维持城郊治安外，特在城垣以外各要点加□〔派〕警戒，以保居民安全，并□巡查□沿各街巷巡查，整饬纪律，纠察匪类。（三）自十月三日起实行戒严，非持有本部车辆通行证，及□〔佩〕带本部臂章者，不得通行。（四）□〔各〕重要机关、银行及高级长官住宅，一律由滇省警备处派警负责□□〔保护〕。（五）如有乘机擅入民间抢劫财物、施行捣乱，一律就地枪决；危害盟军生命财产者，并连坐惩处其家。（六）本部官兵如有扰害民间情形，□市民随时具名呈报，立即查明严惩，并补偿所有损失。

又发表防字第一号禁令：（一）不准擅入民房；（二）不准借用民物；（三）不准自□〔取〕民食；（四）不准烧用民柴；（五）违令者严惩；（六）扰民者立斩。

【昆明三日中央社电】昆明防守司令部今晨执行蒋委员长命令，撤销行营、警备部、宪兵部三机构。六时起，城内各街道分段暂禁通行，至下午二时后即渐恢复。

《革命日报》1945 年 10 月 4 日，第 2 版；《滇省府改组　卢汉任主席　李宗黄暂代　龙云调任军事参议院长　昆行营奉令撤销》，《西京日报》1945 年 10 月 4 日，第 2 版

龙云表示服从中央命令　所属部队均交杜聿明调遣

代省主席李宗黄今日视事

【中央社昆明四日电】 龙主席云表示绝对服从中央命令后，所属部队防务，均由昆明防守司令部接管，当由该部迅速接收完毕。今上午十时半起，市区交通全部恢复，晚间八时至次晨六时前，仍实行戒严。

该部第二号通告略谓：即日起，市区交通恢复，惟每日下午八时起至翌晨六时仍戒严，非持有该部通行证及臂章者，不得通行。昆市区秩序，仍督饬云南省警务处，督同警察负责维持，其余由该部派队戒严，随时督饬军警维持治安，清查散兵。无论军民等，均应协力检举，不得窝□□□，致干惩处。

又讯：滇省府改组命令，三日晨八时送达省主席龙云，龙氏旋于十时派李厅长培天、龚厅长自知、禄司令国藩及罗市长佩荣等，往访杜司令官聿明，会谈约一小时，龙氏表示接受中央命令。下午四时，龙氏复派禄国藩、罗佩荣诸氏，再度往访杜司令，表示行营所属各部队，均即听命调遣。

【中央社昆明四日电】 李代主席宗黄，今下午四时赴省府访龙主席，与龙氏及各省委、厅长会见，双方晤谈甚欢，当即由袁秘书长［丕］佑代龙主席赶办交代手续，李代主席宗黄定五日视事。防守司令部奉蒋主席命令，实行维持昆市郊治安，并接收行营所属之独立旅、炮兵团、交通大队、高射□〔炮〕大队等单位，进行颇为顺利。

《中央日报》（贵阳版）1945年10月5日，第2版；《龙云表示服从中央　部队防务接收完毕　昆市交通昨午起全部恢复　李代主席宗黄定今日视事》，《革命日报》1945年10月4日，第2版；《昆明防守司令部　迅速接收防务　龙云表示绝对服从中央》，《西京日报》1945年10月5日，第2版；《昆明恢复交通　龙云表示服从命令　行营所属部队听命调遣　李代主席宗黄今日视事》，《中央日报》（永安版）1945年10月5日，第2版

龙云即将赴渝

【昆明四日电】 龙云表示，移交已竣事，日内即赴渝就任新职。

《西安晚报》1945 年 10 月 5 日，第 2 版；《龙云日内赴渝就任新职》，《民言报》1945 年 10 月 6 日，第 1 版

龙云调军参院院长　卢汉任省委兼主席

昆明行营警部、宪兵部均撤销

【中央社重庆三日电】 国府二日令：特任龙云为军事参议院院长，此令。云南省政府任命卢汗〔汉〕兼云南省政府主席，此令。任命李宗黄为云南省政府委员会民政厅厅长，此令。云南省政府主席卢汗〔汉〕未到任以前，派民政厅厅长李宗黄兼代主席，此令。又二日令：军委会委员、军参院院长李济深着专任军事委员会委员，毋庸兼任军事参议院院长，此令。

昆明三日电，新任滇民政厅长兼代主席李宗黄氏，二日下午专机由沪抵昆。

【中央社昆明三日电】 昆明行营兼警备杜司令聿明，二日□〔接〕奉军委会蒋委员长命令：（一）昆明委员长行营、昆明警备司令部、昆明宪兵司令部，着一□〔律〕撤销。（二）昆明军事委员会委员长行营主任、陆军副总司令龙云，着即免除本兼各职，特任龙云为军事参议院上将院长。（三）昆明行营原属独立旅、炮兵团、工兵团、高射炮大队、交通兵大队，着即归昆明防守司令部指挥。（四）昆明宪兵司令部原属各宪兵，改编为中央宪兵独立团，归昆明防守司令部指挥，即日开往晋宁附近改编整训。（五）昆明市郊及滇省各机场守备，统由昆明防守司令□派队接防，□〔与〕美陆空军司令官确取连络，令所属部队妥为□□〔警戒〕，□□〔严防〕奸伪捣乱。

【中央社昆明三日电】 昆明防守司令部三日发表防字第一号通告：

（一）奉中央命令，滇省政府改组，昆明行营、警备司令部、宪兵司令部一并撤销。（二）昆明市□〔郊〕治安奉命由本部派队接收，诚恐匪类暴徒乘机捣乱，除饬滇省警备处仍负责维持城郊安全外，特在城垣各要点加□〔强〕警戒，以保居民安全，并派巡查沿各街巷巡查，整饬纪律，纠察匪类。（三）自本月三日起实行戒严，非［持］有本部车辆通行证，及佩带本部臂章者，不得通行。（四）各重要机关、银行及高级长官住宅，一律由滇省警备处派警负责保护。（五）如有乘机擅入民间抢劫财物、施行捣乱者，一律就地枪决；危害盟军生命财产者，并连坐惩处其家□。（六）本部官兵如有扰害民间情形，准市民随时具名呈报，立即查明严惩，并补偿所有损失。

又发表防字第一号禁令：（一）不准擅入民房；（二）不准借用民物；（三）不准自取民食；（四）不准烧用民柴；（五）违令者严惩；（六）扰民者立斩。

【中央社昆明三日电】昆明防守司令部今晨执行蒋委员长命令，撤销行营、警备部、宪兵部三机构，六时起城内各街道分段严禁通行，至下［午］三时后即渐恢复。

《新疆日报》1945 年 10 月 5 日，第 2 版

滇李宗黄代主席视事

龙云表示绝对服从中央，所属部队均即听候调遣；昆明市区秩序完全恢复

【中央社昆明四日电】李代主席宗黄，今日下午四时赴省政府访龙主席，与龙氏及各省委、厅长，双方晤谈尽欢，当即由袁秘书长丕佑，代龙主席赶办交代手续，李代主席定五日视事。

【中央社昆明四日电】龙主席云表示绝对服从中央命令后，所属部队防务，均由昆明防守司令部接管，当由该部负责接收完毕。四日上午十时半起，市区交通全部恢复。晚间八时至次晨六时前，仍实行戒严。该部第二号通告略谓：即日起市区交通恢复，惟每日下午八时起至翌晨六时止，仍戒严，无该部通行证及臂章者，不得通行。昆明市区秩序，仍饬云南省警务处督同警察负责维持，其余由该部派队警戒，随时督饬军警维

持治安，清查散兵，无论军民等均应协力检举，不得窝藏转移，致干惩处。

又讯：滇［省］政府改组命令，三日晨送达省主席龙云。龙氏旋于十时派李厅长信夫〔培天〕、龚厅长自知、禄司令国藩及罗市长于〔佩〕荣等，往访杜司令官聿明。会议约一小时，龙氏表示接受中央命令。下午四时，龙氏复派禄国藩、罗于〔佩〕荣诸氏，再度往访杜司令，表示行营所属部队，均即听命调遣。

【中央社昆明四日电】防守司令部奉蒋主席命令，实行维持昆市郊治安，并接受行营所属之独立旅、炮兵团、工兵团、交通大队、高射炮大队等单位，进行颇为顺利。

《甘肃民国日报》1945 年 10 月 5 日，第 2 版；《滇省代主席李宗黄今视事　龙云表示绝对服从命令　昆防守司令部接收顺利》，《西北文化日报》1945 年 10 月 5 日，第 2 版

龙云飞渝

对合众社记者谈："让他去休息，感到很遗憾。"

【新华社延安六日电】中央社电：龙云定六日与何应钦飞渝，就任军事参议院院长新职。据合众社电，龙云告美新闻处访员说，在他还未得到关于撤掉他省主席与昆明行营主任等职位的通知以前，昆明城里发生了战斗。龙云对于这种"大大取消了他的责任，让他去休息"的措施，"感到很遗憾"。

《解放日报》1945 年 10 月 6 日，第 1 版

何应钦抵昆明　今偕龙云飞陪都

滇省府业已交接竣事

【中央社昆明五日电】何总司令应钦，今日上午由河内飞抵昆，当与李代主席宗黄、杜司令官聿明等会晤。滇省府委员胡瑛等，今日下午三时晋谒何氏，有所商谈。中央社记者今往访何总司令，承赐接见，承告：

“关于滇省府改组事，据龙院长电语余，省府交代，昨已办竣，并决于明日同机赴渝，就任军事参议院院长新职。”又宋院长子文今下午由渝飞抵昆，当晚与龙院长云晤谈。

【中央社昆明五日电】宋院长抵昆后，今晚会与何总长、龙院长、李代主席叙谈。闻宋氏定六日上午返渝，何总长、龙院长定同日下午二时飞渝，龙女公子随行。

【中央社昆明五日电】滇省府代主席李宗黄，今日上午十一日〔时〕赴省党部，与省府秘书长袁丕佑办理省府交接事宜，并与省党部委员、书记长会谈，中午由省党部欢宴李氏。〈后略〉

《中央日报》（贵阳版）1945 年 10 月 6 日，第 2 版

李宗黄谈施政纲领

【中央社昆明五日电】滇省府李代主席宗黄，今上午十时在省党部各省委厅长茶会中致词，略谓：本席处理政务，将持三原则，即（一）一秉大公，（二）至误〔诚〕感人，（三）以身作则。六纲领：（一）意志统一，（二）力量集中，（三）用人惟贤，（四）财政公开，（五）综核名实，（六）信赏必罚；并以民主集权为其实施方式。

《中央日报》（贵阳版）1945 年 10 月 6 日，第 2 版

云南省主席龙云撤职

吴敬敷

抗战以来，国府为调整地方政治机构，以配合军事需要，对于各省主席迭有更换，命令一下，立即办理交代，从未发生枝节。惟本月三日撤换滇省主席龙云，则引起一场风波。龙氏部属竟公然兴兵反抗，与开入昆明接防之中央军发生巷战，虽幸于数小时之内，变乱即归平息，龙氏本人亦迫得宣布服从命令，但此实不能不认为民族复兴史上一大污点。尤其是此事发生之后，美国报界中竟有认为龙氏撤职，系中国自由分子之一致命打击者，更不能不引为遗憾。

夫龙云者，中国西南部一硕果仅存之军阀也。其贪污腐败，早已驰名中外，固不待介绍而后知也。然而，八年以来，国府因投鼠忌器，明知其祸国殃民，阻碍抗战，仍一再委曲求全，冀其悔过迁善，不忍遽即撤换，直至最近抗战胜利结束，乃始毅然为民除害，去此军阀，但仍给予军事委员会顾问名义，以示宽大。龙氏及其部属，苟非冥顽不灵，实应感激大恩，急思补过，岂能贪恋地盘，有所不甘？盖凡人生于天地间，为名为利，必须澈底认清。龙氏主持滇政已逾十载，一向倒行逆施，无恶不作，彼苟抚心自问，应知其绝非为名之人。既非为名脚色，只能从利处着想。但十余年来，龙氏日剥月削，滇省膏脂，几已尽入其私囊。据各方估计，其现有资产约达美币数万万元，即其部属亦莫不拥资数千万元，如此富有，足供数十代子孙挥霍而有余，实应心满意足，放下屠刀，不再宰割。岂料龙氏贪欲无餍，仍图盘据要津，欲使滇省同胞永远呻吟于苛政之下，边陲要地永远授人可伺之机，其愚实不可恕，其罪更不可赦。国府为解除滇省人民痛苦，为巩固边陲防务，下令撤换此贪欲无餍之军阀，孰谓不宜？

美国报界对于中国实况，向嫌隔膜，每听片面宣传，即误以为真，画蛇添足，大放厥词。此次代表美国左派之《纽约下午报》，即误听《美亚杂志》主笔爪裴氏及前太平洋国交讨论会某要员（姓名未公布）之言，而以“蒋攫夺昆明，中国自由分子大受打击”为大标题，以“该城为反国民党的民主政治同盟之大本营”为小标题，发表此段消息，郑重引用爪裴氏之言曰：“蒋介石攫夺昆明之后，即可铲除一个与之竞争之人，并可粉碎中国自由主义一个大中心。”及引用所谓前太平洋国交讨论会某要员之言曰：“蒋氏此次举动，系欲使其本人得入民主政治同盟根据地，与民主政治同盟斗争，及惩罚其部属中一个奖励中国解放运动之将领。”言外之意，显然责蒋主席为“反民主罪魁”，赞龙云为“民主首领”。此种论调，固可混乱一般见识浅薄者之观听，对于中国发生不良之影响，但稍有判断能力者，略加思索，则必知其似是而非也。

昆明诚然为自由分子之大本营，诚然有民主政治同盟之存在，但此种“反国民党之民主势力”，则绝非由龙云之奖励而滋长于昆明，而国府之撤换龙云，亦绝非为削除民主势力而撤换龙云。盖龙云自身系一最专横之军阀，滇省政治则系全国中最反民主之政治，自由分子必不容于龙云，龙云亦必不容于自由分子。若谓“昆明自由分子系靠龙云奖励而滋长于昆明”，则所谓“自由分子者”，亦失其所以为自由分子矣！

据吾人所知，近数年来，自由分子所以得在昆明活动，实缘龙云对于中央命令，久已阳奉阴违，而又惴惴焉以被撤换为虑，故凡对中央不满者，只求其对于云南政治不存野心，只求其不公开攻击龙云本人，即任其在昆明活动，不愿加以干涉。而自由分子，亦因龙云之放松及缺乏政治脑筋，在其势力范围之内较有活动可能，而群集昆明。此系时会使然，殊不可与“真心奖励自由主义滋长”混为一谈也。

国民党为稳定其自身政权，对于普通所谓“自由分子”，当然视为眼中钉，恨不得廓而清之。但普通所谓“自由分子”，派别甚多，国民党对彼等所采取之态度，亦有硬软之别。简言之，直至现在国民党之所最忌者，端为拥有武力企图夺取政权之共产党，严密防止其势力之膨胀。至于其余各派，则多系“纸上谈兵”之团体，实力薄弱，国民党虽忌其“思想反动”，并不顾虑其夺取政权，因之，所采态度亦较温和。现群集昆明一带之自由分子，实以“纸上谈兵”者占绝对多数，共产分子纵或有之，料必甚少。若谓国府为打击自由分子而撤换龙云，则恐与实际动机相去甚远。且国府近正延中共领袖毛泽东于重庆，商谈团结问题，双方意见较前更为接近，纵有打清自由分子之意，亦决不于此国共两党正在进行谈判之时期实行之也。

由上言之，足见龙云之被撤职，全为国府肃清贪污、铲除军阀一种贤明之措施。吾人固渴望国府从速开放言禁，实施宪政，吾人亦渴望国府肃清贪污，铲除军阀，绝不能因国府之未开放言禁、实施宪政，而对其铲除军阀之德政，亦一言抹煞之。《纽约下午报》实对于中国政治情形过于隔膜，误听人言，而对此次龙云被撤职，有所非议。发言欠慎，殊堪惋惜。所幸该报对我向取“诤友”态度，并非存心诋毁，将来该报接到更详尽之通信，当能明了真相，而为我滇省去一军阀祝福也。

《中美周报》第155期，1945年，第12～13页

我在越受降进行顺利

【中央社河内五日电】 我军入受以来，接受越南北十六度以北地区日军之投降缴械，进行尚属顺利。时卢司令官汉语记者："日军对投降尚无违命怠工等情形，日军亦无扰乱治安及参加地下政治活动情报，一切似均极平静。此间侨胞及越南人民，对我军入越，咸表欢迎，军民间感情，至为融洽。"

《中央日报》（贵阳版）1945 年 10 月 6 日，第 2 版

龙云定今飞渝就职

宋院长、何总长与龙氏会谈；李代主席昨发表治滇方针

【中央社昆明五日电】 滇市今日全市一律悬国旗，欢送新任军参院长龙云赴渝。

【中央社昆明五日电】 何总司令应钦，今上午由河内飞抵昆，当与李代主席宗黄、杜司令官聿明等会晤，滇省委员胡瑛等，今下午三时晋谒何氏，有所商谈。又悉龙院长语，将于六日□〔飞〕渝。

【中央社昆明五日电】 滇省府代理主席李宗黄，今上午十一时赴省党部，与省府秘书长袁丕佑□□省府交接事宜，并与省党部各委员、书记长会谈，中午由省党部欢宴李氏。

【中央社昆明五日电】 宋院长抵昆后，今晚会与何总长、龙院长、李代主席叙议。闻宋氏定六日上午返渝，何总长、龙院长定同日下午二时飞渝，龙女公子随行。

【中央社昆明五日电】 滇省府李代主席宗黄，上午十时在省党部各省委、厅长□□会致词，略谓：本席处理政务，将持三原则，（一）一秉大公，（二）至诚感人，（三）以身作则。六纲领为：（一）意志统一，（二）力量集中，（三）用人惟贤，（四）财政公开，（五）综核名实，（六）信赏必罚。并以民主□〔集〕权为其实施方式。

【中央社昆明五日电】 龙云表示移交已竣事，日内赴渝就任新职。

【中央社昆明五日电】 宋院长子文今下午由渝飞抵昆，当□与龙院长云晤谈。

【中央社昆明五日电】 何总司令应钦本日由河内到昆，中央社记者往访，承接□云：关于滇省府改组事，据龙院长与语余，省府交代，昨已办竣，并决于明日同机赴渝，就任军事参议院院长新职。

《甘肃民国日报》1945 年 10 月 6 日，第 3 版

宋子文飞昆访龙云　何应钦抵昆

龙云将同机返渝，滇悬旗欢送；李宗黄访党政当局，积极接收

【昆明五日电】 宋院长子文今日下午由渝飞抵昆，当晚与龙代表云晤谈。（中央社）

【昆明五日电】 何总司令应钦今日上午由河内飞抵昆，与李代主席宗黄、杜司令官聿明等会晤。滇省府会委员胡瑛等下午三时曾谒何氏，有所商谈。又息：龙院长云将于六日飞渝。（中央社）

【昆明五日电】 何总司令应钦本日由河内到昆，中央社记者往访，承赐接谈云：关于滇省府改组事，据龙主席云语余，省府交代，昨已办竣，并决于明日同机赴渝，就任军事参议院院长新职。（中央社）

【昆明五日电】 滇省府代主席李宗黄，今日上午十一时，赴省党部与省府秘书长袁丕佑办理省府交接事宜，并与省党部各委员、书记长会谈，中午由省党部欢宴李氏。（中央社）

【昆明五日电】 滇市今日全市一律悬国旗，欢迎新任军参院长龙云赴渝。（中央社）

【昆明五日电】 龙云表示移交已竣事，日内即赴渝就任新职。（中央社）

《西北文化日报》1945 年 10 月 6 日，第 2 版

龙云表示绝对服从中央

昆市治安已渐趋安定

【中央社】 昆明四日电，龙主席云表示绝对服从中央命令后，所属部队防务，均由昆明防务司令部接管，当□〔晚〕该部迅速接收完毕。今□□〔日上〕午十时半起，市区交通全部恢复，晚间八时至次晨六时前，仍实行戒严。该部第二号通告□□：即日起市区交通恢复，惟每日下午八时起至次晨六时止仍戒严，非持有该部通行证及臂章者，不得通行。昆市区秩序仍饬云南省警务处督同警察负责维持，其□由该部派队警戒，并临时督饬军警，维持治安，清查散共。无论军民等，均应协力□□〔检举〕，不得□□，致干惩处。

又讯：滇省府改组命令，三日晨八时，送达省主席龙云。龙氏即于十时派李厅长培天、庞厅长自知、禄司令国藩、□罗市长佩荣等，往访杜司令聿明□谈约一小时，龙氏表示接受中央命令。□□〔下午〕四时，龙氏复派禄国藩、罗佩荣诸氏往访杜司令，表示行营所属各□□〔部队〕均□听命调遣云。

《青海民国日报》1945 年 10 月 6 日，第 1 版

龙云往访杜聿明　表示接受中央命令

所属部队均移交杜氏；市区交通恢复，晚仍戒严

【昆明四日电】 滇省府改组令，三日晨送达滇省主席龙云，龙氏即偕李培天厅长、裴存方〔藩〕司令及罗佩荣市长等径访杜司令聿明，会谈一小时，龙氏表示接受中央命令。下午又派员赴杜氏处，表示昆明行营所属部队均移交杜氏，一切防务均由昆明防守司令部接管。今日上午市区交通完全恢复，晚间仍戒严。

《民众日报》1945 年 10 月 7 日，第 1 版

龙云昨日离昆明飞渝　何总司令宋院长偕行

【中央社重庆六日电】参谋总长兼中国陆军总司令何应钦、行政院长宋子文二氏，六日下午四时四十分由昆明飞抵渝，考试院副院长周钟岳及新任军事参院院长龙云，亦同机飞来。至珊□□□□□，有陈部长诚、陈总司令绍宽、周主任至柔、贺主任国光、蒋秘书长梦麟、张司令镇等十余人。宋院长等下机与欢迎人员握手为礼，即渡江□车分返官邸。商参军长震亦由九龙坡赶至珊瑚坝码头，即与何□□等相晤。龙院长云于第五届十一中全会曾来渝出席，年来主持滇政，颇为劳瘁，此次前来，清减殊甚。自轮□登岸时，由男女公子扶持，抵渝后暂寓陕西路某处，就任□〔新〕职日期尚未确定。

【中央社昆明六日电】新任军事参议院龙院长云，今下午二时二十分与宋院长子文、何总司令应钦、卫副总司令立煌，同机飞渝。龙氏男公子绳文、女公子国璧，及裴主任存藩等十二人随行，省市各界首长杜聿明、李代主席宗黄、王□□、丁又秋，□龙云夫人顾映秋、龙师长绳武、龙旅长绳祖等百余人，均往机场欢送。全市均悬国旗，省府至机场临时戒严。龙氏于一时四十分由五华山省府出发，二时抵机场，第五军军乐欢送，仪仗队持枪致敬。龙氏下车后，与欢送者握手□〔道〕别，并与宋院长、何总司令、卫副司令、李代主席等摄影留念。龙氏着便服，持透明胶质手杖，披□〔黑〕大氅，谈笑雍容。二时〇五分，宋院长谦请龙氏首先登四一号华航客机，男女公子继之，旋即起飞。

《甘肃民国日报》1945 年 10 月 7 日，第 2 版；《宋院长偕何总长龙云　昨自昆明专机飞抵陪都》，《中央日报》（永安版）1945 年 10 月 7 日，第 2 版；《龙云随宋院长等飞渝》，《民言报》1945 年 10 月 8 日，第 1 版

何总司令飞抵昆明　偕龙云同机飞渝

【中央社昆明五日电】何总司令应钦，今日上午由河内飞昆明，当与李代主席宗黄、杜司令官聿明等会晤。滇省府委员胡瑛等，今日下午三时谒何，有所商谈。

【中央社昆明五日电】 何总司令应钦，本日由河内到昆，中央社记者往访，承赐接谈云：关于滇省府改组事，据龙云院长语予，省府交代业已办竣，并决于明日同机赴渝，就任军事参谋院院长新职。

【中央社昆明五日电】 宋院长抵昆明后，今晚曾与何总长、龙院长、李代主席叙谈。闻宋氏定六日上午返渝，何总长、龙院长定同日下午二时飞渝，龙女公子随行。

【中央社昆明五日电】 滇市今日全市一律悬国旗，欢送新任军参院长龙云赴渝。

《民言报》1945 年 10 月 7 日，第 1 版

龙云飞抵重庆

就任新职日期尚未确定；何应钦、宋子文同时返渝

【重庆六日电】 参谋总长兼中国陆军总司令何应钦、行政院长宋子文二氏，六日下午四时四十五分由昆明飞抵渝，考试院副院长周钟岳及新任军事参议院院长龙云，亦同机飞来。前往珊瑚坝欢迎者，有陈部长诚、陈总司令绍宽、周主任至柔、贺主任国光、蒋秘书长梦麟、张司令镇等十余人。宋院长等下机后，与欢迎人员握手为礼，即渡江驱车分赴官邸。商参军长震亦由九龙坡赶至珊瑚坝码头，即与何总长等相晤。龙院长云于五届十一中全会曾来主持滇政，颇为劳瘁，此次重来，消减殊甚。自轮渡登岸时，由男女公子扶持，抵渝后暂寓陕西路某处，就任新职日期尚未确定。（中央社）

《西北文化日报》1945 年 10 月 7 日，第 2 版；《何应钦宋子文飞渝　同行有周钟岳龙云》，《新疆日报》1945 年 10 月 8 日，第 2 版；《何宋由昆飞返渝　周钟岳龙云同机飞来》，《青海民国日报》1945 年 10 月 8 日，第 1 版

新任军参院长龙云宣誓就职

元首训词勖以完成使命；张继监誓希望辅助中央

【中央社重庆十五日电】 军参院长龙云宣誓就职典礼，于十五日中枢

纪念周举行。蒋主席领导行礼后，龙院长宣誓就职，中央派张委员继监誓并致词，蒋主席亦致训词，分志如次。

张继致词

中央监察委员张继监誓，致词略谓：龙云同志兹奉中央命令调任军事参议院院长职务，军事参议院原有参议三百余人，均系有功□〔于〕国家之高级将领，今得龙同志来院主持，定能领导全体参议，发挥其□□才能，辅佐中央，完成建国使命。兹有希望于龙同志者二事：

努力统一　（一）军事统一。欲求建设成功，非军事统一不可。回忆过去北伐而致统一，才得完成此次抗战大业，今后自必更要统一，方能建设国家，昌隆国运。此所期望于龙同志在军事参议院努力领导之一事。

安定社会　（二）安定社会秩序。现抗战虽胜，然地方秩序尚有多处未全恢复，人民疾苦有待拯救，亟让龙同志辅助最高统帅，速□〔达〕此一任务，先令社会秩序咸称宁定，各地人民安居乐业，然后建国事业始能顺利进行。

元首训示

次由蒋主席训话，大致谓：龙院长在过去八年中，在云南维护后方重要基地，拥护抗战，拥护中央，煞费苦心，其功不可磨灭。今到中央就任军事参议院院长，责任更加重大，希龙院长努力完成未来使命。

龙云答词

最后由龙院长答词，略谓龙云向在地方担任工作，此次奉调军事参议院院长，始来中央，顷承主席及监誓委员训示各点，自当敬谨接受，努力遵行，还望主席、各位好友予以督促指导，以免陨越，是所至幸等语。至十时许，始告礼成。

《中央日报》（贵阳版）1945 年 10 月 16 日，第 2 版

昨中枢纪念周　龙云宣誓就职

杜聿明办事失当免职

【重庆中央社十五日电】军参院长龙云宣誓就职典礼，于十五日中枢纪念周举行，蒋主席领导行礼后，龙院长宣誓就职。中央派张委员继监誓并致词，蒋主席亦致训词，略谓：龙院长过去在滇服务，拥护抗战，拥护中央，此次调长军参院，职责更见重大，贡献必多云。龙院长答词谓：必遵循蒋主席兼张委员训勉各点，益加努力，报效国家。旋即礼成。

【重庆中央社十五日电】昆明防守司令杜聿明，对于昆明防守部队管束不严，防务处置颇多失当，最高军事当局已有令予以免职之处分。

《中央日报》（永安版）1945 年 10 月 16 日，第 2 版；《新任军事参议院长龙云昨日宣誓就职　杜聿明约束部队不严免职》，《甘肃民国日报》1945 年 10 月 16 日，第 2 版；《军参院长龙云昨宣誓就职》，《民言报》1945 年 10 月 16 日，第 1 版；《军参院院长龙云　举行宣誓就职礼》，《西北文化日报》1945 年 10 月 16 日，第 2 版

军事参议院院长龙云昨宣誓就职

蒋主席张委员致词勖勉；龙院长答词愿努力遵行

【中央社重庆十五日电】军事参议院院长龙云宣誓就职典礼，于十五日中枢纪念周举行，蒋主席领导行礼后，龙院长宣誓就职。中央派张委员继监誓，并致词，蒋主席致训词，略谓：龙院长过去在滇服务，拥护抗战，拥护中央。此次调长军参院，职责更见重大，贡献必多云。龙院长答词谓：必遵循蒋主席暨张委员训勉各点，益加努力，报效国家。旋即礼成。

【中央社重庆十五日电】十五日上午九时国府举行纪念周，军事参议院院长龙云宣誓就职。

先由中央监察委员张继监誓致词，略谓：龙云同志近几年来力镇西南

国防重地，帮助国家、辅助委员长完成抗战大命。兹奉中央命令，调任军事参议院院长职务。军事参议院原有参议员三百余人，均系有功于国家之高级将领，今得龙同志来院主持，定能领导全体参议，各自发挥其特具才能，辅佐中央完成建国使命。兹有希望于龙同志者二事：（一）军事统一。欲求建设成功，非军事统一不可。回忆过去北伐而致统一，才得完成此次抗战大业，今后自必更要统一，方能建设国家，昌隆国运，此所期望于龙同志在军事参议院努力领导之下也。（二）安定社会秩序。现抗战虽胜利，然地方秩序尚有多处未全恢复，人民疾苦有待拯救，亟望龙同志辅助最高统帅达成此一任务，先令社会秩序咸为宁定，各地人民安居乐业，然后建国事业始能顺利进行。

次由蒋主席训话，大致谓：龙院长在过去八年中，在云南维护后方重要基地，拥护中央，煞费苦心，其功不可磨灭。今到中央就任军事参议院院长，责任更加重大，希望龙院长努力完成未来使命。

最后由龙院长答词，略谓龙云向在地方担任工作，此次奉调军事参议院院长，始来中央。顷承主席及监誓委员训示各点，自当敬谨接受，努力□〔遵〕行，还望主席、各位僚友予以督促指导，以免陨越，是所至幸等语。

至十时许，始告礼成。

《中央日报》（昆明版）1945 年 10 月 16 日，第 2 版；《新任军参院院长龙云宣誓就职　中央监察委员张继监誓》，《新疆日报》1945 年 10 月 17 日，第 2 版

龙志舟云土销美国

鸣疚

云南在抗战胜利之后，居然变了多事之秋，杜聿明直闯昆明城，滇局突然大变，龙志舟（云）调部飞渝，关麟征坐镇西南，一般人以为滇局从此可以太平矣，孰知“一二·一”学潮骤起，死伤学生至七人之多。先此数日，中央命令卢汉主滇，龙卢一家，兄规弟随，一般人又以为从此可告相安无事矣，却不料消息传来，中央接获驻滇部队报告，龙云滇宅中，发

现储存物资，为数骇人。他姑不论，只就金银、烟土两项，计黄金十八箱，白银六箱，共重二十八吨另（读者有另数，被笔者遗忘）；二十年陈顶云一百吨，大土四十吨，以及其他重要物资，名目繁多。发现后原封未动，请求中央处置办法。中央以龙氏主滇多年，抗战有功，且现任中枢大员，倚畀正殷，上项物资既属龙氏私有财产，不欲过问。正在此时，适值美国医药界来电购办大宗烟土，以便提炼麻醉药品，遂由外交部长王世杰会同周钟岳等，向龙氏婉商，以市价购买上项烟土，转运美国。几经往返，始获同意，上星期间，龙宅大土业已搭飞机出国矣。上项消息，初只传之昆明市上，嗣为重庆《大公报》及某某日报，从事揭载，故至今轰传重庆道上，而为一般好谈时事者之大好资料。

《海风周报》第 7 期，1945 年，第 6 页

蒋介石排除龙云实录：云南政变的真相

赵明忠

编者按：本文转载自香港《正报》，据该报编者按，本文作者是云南省政府的一个职员，对前年十月四日的云南政变事实经过极为明了。本文是一篇非常珍贵的史料，从这篇翔实的记载中，我们可以看出蒋介石这个阴谋家排除异己、吞并“杂牌”的手段，是何等的卑劣。爰特全文刊出，以飨解放区读者。至于文中所述的新任云南主席李宗黄和警备司令关麟征，已在去年一月昆明学生民主运动中被赶下台去了。

十月四日之晨

三十四年十月四日的早晨，天色还没大亮，一向晏起的昆明居民，给断续的但是浓密的枪声惊醒了。

人们起先以为是演习，至多以为又是什么“小冲突”，因为在昆明这个地方，驻防在城外的“中央军”和“地方军”冲突的小事情，人们也“习以为常”了。但是这一天早晨的枪声，越响越密，而且四面都响了起来，其中还夹着小钢炮的声音，情形有点不比寻常，于是很多居民开门出来张望。可是这时昆明每一条街上都已布满哨兵，只要人们一走出大门，

马上给这些哨兵赶了回去。街上静悄悄，但空气紧张之至。

这些街头哨兵，分成两种，一种是云南部队（其中有云南宪兵、行营特务营、省府卫队、独立旅等等），另一种是中央部队。至于云南警务处的警察，在天未亮时，已经被中央部队缴了械。而市中心的近日楼警察分局，虽然没有被缴械，但已被包围，在对抗着。中央军的主力是那□〔个〕号称“精锐”的机械化的第五军。

按照云南过去和中央军部队的“协定”，中央宪兵不能进昆明城，而中央军的大部队也不能驻扎城内。但是，今天早晨，北门、小东门、大西门、小西门，以及市中心的一部份，都给中央军占领了。省府所在地的五华山，被重重包围着。

枪声从天未明时开始响了起来，那是一部份中央部队，企图由城外向城内冲，遭遇了云南部队的抵抗。另一方面，是第五军的大队，包围了北校场，要解决独立旅的留守部队（这个独立旅的旅长，是龙云的二儿子龙纯祖），又展开了“战斗”。在圆通山附近，中央军想夺取云南的军火库，和守军又开了火。还有一个阴险的计划，那就是中央军绕□城东，袭击美军的驻地，企图嫁祸于人，又遭遇到美军的自卫抵抗。

冲突继续着，枪声响着，但居民们完全不知道是怎么一回事。交通断绝，电话线局部被切断，报纸没有出版，又无从打听真相。其实在当时，云南当局也几乎想不到这是有计划的、大规模的“解决进军”。

直到中央军的喉舌报《昆明扫荡报》出版，用吉普车、冲锋枪护送着报贩，突破重重哨兵线，送到各街巷时，人们才知道这是“云南省政府改组，龙云调长军参院”（当日《扫荡报》标题）。

前夜的部署

当日军投降，胜利到来，云南的部队（第一方面军卢汉所部）调到越南受降，同时关麟征的所部也拨归卢汉指挥，表面上尊重云南，尊重卢汉，实际上是监视云南的出国的部队。并且，当中央大部嫡系部队均奉命往华北、华中、华南出动“受降”，独有精锐之师的杜聿明所部，却放在云南不动。

这种有深长意味的安排，早就令人感觉到“将有事于南疆”了。但云南当局，却有不同的看法，他们以为在战时中央既未解决云南，和平时期更不会来解决了。而云南的老百姓，在抗战期中，他们出兵、出力、出钱，对于抗战是尽了他们应尽的力量。就拿支持供应美军这一点来讲，他们为建筑机场而使大量人力脱离生产，大量的食物被征发，虽然有人借此发了财，但农村是益形凋敝了。因此云南的老百姓，以为抗战胜利了，他们总可以稍微喘一口气的。

谁知道，在敌人投降不到两个月的时候，就□□〔发生〕了这一次的政变，而政变的对象，居然从攘□一个政权而与人民为敌。

中央要想改组云南，那是计划已久的事，一直等到认为时机“成熟”了方才下手。云南当局近几年的措施，在中央看来非常刺眼，他要所有的地方当局，和他同样做坏事，作应声虫，方才满意。平心而论，云南当局在抗战初期，虽曾有过一些动摇，不过后来对抗战还是有不小的贡献，这是不能抹煞的。至于云南当局对民主运动的态度，始终都是很好的，虽然他们自己对民主运动没有作过更实际的努力。

我们总还记得去年“五四”那天，昆明示威的大游行，依照何应钦□中央特务和驻军的主张，他们是预备造成流血惨剧的，但龙云竭力阻止了。他强硬的不许中央驻军入城，并派军警保护游行的队伍，才没有发生惨案。

另外，云南当局对中央特务们的“无法无天”的行为，的确也曾尽力阻止。举例说：在去年七月里，中央特务三人，在东门外逮捕联大一女生，当时那个女生被他们押在公路上走，恰好对面有一个美军驾着吉普车过来，她向美军呼救，而特务们立刻开枪击毙她。那个美国兵将三特务捕获，送到警备司令部，云南当局拒绝中央特务机关的索取，就将三个特务枪毙了。又如昆明《扫荡报》的一个编辑，因为“莫须有”的罪名，被中央特务拘捕，事后经云南当局破获，也将那个特务判罪了。龙云并且有过布告，准许被中央特务危害的人，向当局指控。他发布这个布告的时候，正是中央特务头子戴笠到昆明的时候。

昆明之所以有“民主堡垒”这一个称号，就因云南当局并没有阻挠过这一运动。然而，当中央特务和驻军控制着这一城市后，抢劫、失踪等等的事情就出现了，更明显的，就是屠杀反内战学生的惨剧终于发生了。

大包围

据说，在十月四日之前若干时日中，中央特务份子乘飞机一批一批的来到昆明；中央部队的分布，也是拿昆明作中心，驻扎在外围的铁路线上。

有一次，杜□在昆明郊外的西山架设军用电话，直达岗头村。云南的特务把此消息报告龙云。龙云口头询问杜聿明，杜回说“蒋主席将来昆明，为了联络方便，特架电话”，这样才搪塞过去。

十月二日，重庆有专机一架飞来昆明，来人下机后直赴杜总部，密谈后又飞，内容没有人知道。三日下午，又有专机一架，由西康飞来昆明(那时蒋主席出巡西康)，来客中有李宗黄等人。李等下机后，也是直赴杜总部。

李宗黄带有蒋主席亲笔手令，改组云南省政府，龙云调长军事参议院，任命卢汉为云南省主席；出国受降期间，由李宗黄代主席，所有云南部队，分别裁撤改编，统由昆明防守司令杜聿明指挥。

李宗黄到达杜总部后，杜聿明手令他□总部人员，只许进不许出，同时，总部所有电话机均派高级幕僚看守，没有杜的手令，任何人不得打电话。一时，总部空气紧张，但除一二首脑之外，谁也不知道将发生什么事情，至于外间更连一点踪影也不晓得。

入夜以后，驻防城郊的第五军纷纷出动，一面在城外挖战壕，一面悄悄开进城内，早把所有目标区监视起来。城中心的近日楼上，也被第五军占领。

驻防在于海子的中央炮兵，炮口早对准着云南省府的五华山，中央军的坦克车、装甲车□掩到了城□。

杜总部更发下临时通行臂章和汽车通行证。臂章是白布底，正面是红“V”字，反面是红“W”字，“V”字单日用，“W”字双日用。这些臂章原是“七七”阅兵典礼时杜部佩用的，现在权作临时通行证了。这些汽车通行证也是有“V”“W”两字，用法亦同。要是没有这种通行证，任何人和任何车辆不得通过。能领到这种通行证的，只有中央部队和有关方面，至于云南部队和云南高级官员，根本没有领到（其实他们根本不知道），所以到天明枪声四起时，他们也和一般居民一样，无法行动。

杜聿明将一切计划安排停当，他就和李宗黄等离开了城内翠湖公园的防守司令部，搬到北门外岗头村突击队司令部去。所谓“突击队”，就是伞兵（鸿翔部队）司令部队。

“命令”与磋商

当昆明宁静的早晨为稠密的枪声惊醒时，住在威远街私寓中的龙云发现事情不妙，立即乘车赴五华山省府（这条路还是云南部队的范围）。龙云到达省府后，立刻用电话询问杜聿明，但电话已打不通。他就打电话告诉行营政治部主任裴存藩，要他和杜聿明通话。裴存藩也是找不到杜聿明的住址，不得已又找空军第五路司令晏玉琮，这才知道杜已移住岗头村，方和杜通了电话。

另一方面，城内外的战斗都在进行中。

四日早晨八点钟，防守司令部参谋长赵家骧，陪同李宗黄到五华山省府，会晤龙云，面递蒋主席训令。

当时省府所在地五华山四面的华山东路、华山南路、华山西路上，布满了行营特务营和省府卫队的步哨，他们掩藏在墙角屋檐下，步枪上了刺刀，手扣着机枪。省府大门紧闭，门前用门板、沙包以及两部卡车作障碍物。赵家骧、李宗黄等人，是由省府隔壁的省党部大门进去，再绕进省府，与龙云会面。

据说当龙云接见他们的时候，看到赵家骧佩了两只手枪，身后又有鸿翔队员提了美式冲锋枪，颇吃一惊。但是，当他阅读过蒋主席的训令，立刻表示可以遵办。可是他声明冲突是天未亮就开始，而命令到早晨八点才送到，责任应该分明，并且现在的情形又是这样混乱，下达停止冲突的命令很困难。

当日下午，云南省府委员云南警务处长李鸿汉〔谟〕、云南宪兵司令兼昆明警备司令禄国藩、昆明市长罗佩荣等多人，联袂到岗头村去，会见杜聿明、李宗黄，表明云南“绝对服从中央”。云南宪兵司令兼昆明警备司令禄国藩，且首先交出兵权，以明心迹。

但是，对方提出要所有地方部队，包括龙二公子的独立旅在内，立时放下武器，听候改编；圆通山的军火库不许移动，立时交出；龙云交代清楚，立时乘机飞赴重庆。

代表们将对方的条件带回城内，再与龙云磋商。

下午枪声渐稀。

入夜以后，北校场、圆通山、绥静门等处突然又展开战斗，密集的机枪声，沉重的小钢炮声，清脆的步枪声，使整个的昆明扰了一夜，大家都患了失眠症，而子弹丝丝的掠过头顶，使八年来没有尝□战争味道的大后方，居然在敌人投降之后，亲身经历一次战争场面，死亡的阴影笼罩着每一个人。

饥饿、愤怒、迷糊

交通断绝了一天，第二天仍旧没有恢复。

居民们全是在四日早晨被惊醒的，公务员还未上班，学生未到校，商店未开门，菜贩、米贩未上街，主妇们未去采买……这样一下子被隔绝，家无隔宿之粮的人，只有挨饿，有米的只好吃白饭。如此封锁，居民们的痛苦最深。

在“接收”警察局时，警察被缴械不算，制服也被剥下。穿着内衣的警察，抱着被子，抱着平素饲养的鸡鸭羊，狼狈走出。

吉普车上有冲锋枪，军官们手上也有冲锋枪，到处冲撞，那付模样，好像敌人刚刚攻陷这个城市似的。

后来云南省参议长向军方请命，要求城内交通局部开放，给老百姓一点方便，因此第二天的中午，有些街道准许通行，但也会突然戒严，使许多人走出了家门，又不能再走回去。

昆明城东南的巡津街，本来是国际性的街道，那里有美军总办事处、英海空军办事处、英军事代表团办事处、法国领事馆、法军（自越南退进来的）临时军营等等。在断绝交通的影响下，他们大感困难，而且他们更感到苦闷的，是根本不明了是怎么一回事。

有一回，几个法国兵询问一个中回〔国〕人：“到底是什么事？”那个中国人告诉他：“是云南省政府改组。”他们再问：“是谁来接替？”他说是“卢汉”。这两个答案使法国兵大惑不解，第一，他们奇怪一个省政府改组，竟要打仗；第二，法国兵很知道卢汉将军是越南的受降人，为什么突然回到昆明来打仗？而且很多人都晓得卢汉是龙云同父异母①的兄弟，又如何会打起仗来？这怀疑，在一外国人确实是不易打破的。

宋子文的电话

四日、五日，僵持了两天。白天比较安静，天一黑，昆明就变成了死城。随着天黑，枪声四起，小钢炮的声音像沉闷的鼓声，把每个人的心都敲碎了，但始终不知道事情演变到什么程度，昆明全城会不会变成战场，这一个美丽的城市会不会变成废墟。

人们的消息来源，唯一的只靠《昆明扫荡报》，但该报是杜总部的代言机关报，只能看到一面的消息，并且该报为这件事情发了几次号外，当地老百姓却是带着愤懑的情绪来读的。

六日，这是事变的第三日，也是最紧张的一日。

双方谈判已到了最后的阶段。

云南当局表示接受改组，而不愿立即赴重庆；对方是坚持龙云非赴重庆不可。

六日的上午，云南省党部的大门前，排满了小汽车、吉普车，门口是鸿翔部队的士兵，□着冲锋枪守卫。门前也挤了许多老百姓，他们都在等待着谈判的消息。但谈判从上午一直到下午两点钟，始终没有结果，不过谈判也没有破裂。

可是据内幕的人说，杜聿明准备等候到下午五时，假如再没有答案，他准备用全力攻城，并用炮兵远射程轰击五华山，然后动用伞兵跳下去活捉龙云。

这个办法自然非焦土不可的，昆明城也非受糜烂不可。因为云南部队激于义愤和利害关系，他们明知道人少，也非抵抗到底不可。

谈判继续着。

而将要总攻击的传说，也慢慢传开去。全城居民惶惶不宁，感觉到大祸就要临头，他们不能走出城门，只有坐在城内，等待最后的判决。住在

① 此处有误。——编者注

五华山下的居民们，乘局部解严的时候，纷纷搬行李箱笼到亲友家避难，因他们知道万一大规模打了起来，五华山一带一定要夷为平地的。

这时成队的中央空军飞机，也由重庆飞来，在昆明上空盘旋，更低低掠过市空，准备随时施行轰炸。他们在设计一个政治圈套，而支持抗战八年的老百姓，仿佛都是罪人，也成为屠杀的目的物了。

黄昏以后，省党部大门前的汽车仍未离去，似乎告诉人希望仍未断绝。

这时城外飞机场突然热闹起来，原来陆军总司令何应钦由越南飞来。

何应钦此来，不但使谈判中间多一个有力的“调人”，而且何更带着远戍越南的卢汉亲笔信，他表示“服从中央”，而且劝龙云赴渝。

大家都知道卢汉所部是云南部队的主力，卢汉是龙云的兄弟，而龙云的长子龙纯武，又是卢部□的一个师长，他们都远在国外。卢的劝告是有力的，而且也是识时务的，因为昆明附近有中央军四个军，而云南部队还不足一个团。

何应钦会见龙云后，当然又是“促驾”。龙表示须料理家务后，方能赴渝。

这时渝昆的电话突然又响了。

重庆方面是行政院长宋子文，□昆明龙主席听电话。

龙云这时好像有了倾吐的对象，他似乎也“孤立”得好一点。在电话中自然又是一番热劝与表白。

最后，宋在电话中表示：“要不要我到昆明来一次？”

龙云当然是“极表欢迎”，而且宋来了，对他的出处也有个好交代。

晚上八点钟，宋院长的飞机到了昆明，他很快的就会到了龙云。

在当局整个的计划下，一个秘密的谈判开始了，这正是戏剧的最高潮。

宋院长飞抵昆明的消息，直到第三天才为人所知，但他抵达，却使一场大糜烂化为无形。

然而龙云不仍得不在第二天飞往重庆。

机场一幕

七日，当昆明居民听说事情已告解决，当然是“如释重担”的暂喘一口气。因为可怕的战事终于不会发生了，自然另一个阴影却又在扩大。

早晨，居民们奉令开铺营业，并奉令悬挂国旗，“欢送龙院长赴渝履新”。同时，前一天街上贴出的“龙云抗命，必须讨伐”的布告与标语也不见了。

龙云终于走下了他安坐十八年的五华山，他之赴渝，因为太仓促，连他的太太也因家务未清而未能陪行，只带了他的一子一女同往。

当龙云离开了省府，五华山上三百多个□士也换了便服，由后面僻静处跑掉了。

龙云赴渝，当然他的旧部僚属要送行。但杜总部临时规定，送行者须受检查，连云南军人也不能携带武器，并且一部送行者的车后，一定有一部武装的吉普车，这样的行列，实在是“壮观”得很。

在机场上，外国记者要求拍照，据报载，那时龙云还“面露笑容”。

在机场上，一个在五华山上忙碌了四天的龙院长，和一个在岗头村忙碌了四天的杜聿明，看见了，他们本来是常见面的，但这次却分任主角，睽违了四天。杜见到了龙时，竟走上行了一个很恭敬的军礼，说：“报告院长，院长还有什么吩咐?”龙云很愤慨的说：“我还有什么吩咐?!”

龙云由何、宋陪着直飞重庆，送行者也各回家门。

只有那位代理主席李宗黄，却要到五华山去接新主席的印信去了。

尾声

十八年前，龙云赶走唐继尧，自己统治了云南。当时随唐继尧而去的，有一个李宗黄，他由云南的后门逃到越南。十八年后，李宗黄却由天上飞了回来，赶走龙云，自己再进了五华山。不管回来之后，是怎样赶走龙云的，但那一付得意洋洋之状，是形之于色了。

他登台之后，左一个开会，右一个演讲，演讲稿分发各报，在龙云走后的一个月之内，几乎每天都见到李宗黄“洋洋洒洒”的大文章，占去各报老大篇幅。

和李宗黄唱双簧的，更有那位杜聿明。

昆明老百姓死于事变的，为数甚多，但是杜聿明宣称一个也没有，同时他的政治部主任却拿着很厚的调查表，到处填写死者的名字。据非正式估计，死于这一次事变的军民，至少有三千人。

李、杜上台之后，昆明抢案迭出，每天几起，俨如盗匪世界。原来那些抢犯，竟开了吉普车，佩着符号，全副美国装备来抢，劫犯非别人，正是他们的部下。他们是以“征服者”姿态出现的。

李、杜两人得手后的第一着，就是宣布清乡。其理由，据说一在清检枪枝，二在清查烟土。清乡是武装清乡，时间是日夜均可。这样一来，武装特务可以随时闯入，全城怕不搅翻？同时，又听说有一张文化人黑名单，为数有四百多名，企图“一网打尽”。

在如此之恐怖威胁下，真是人人自危。后来，总算由参议会那位副议长出面，当着李、杜的面，反对“武治”，要求“文治”，历数云南在抗战中的贡献，暗暗讽刺他们两人的作为，以及少数报纸的讥评和人们的激昂的反对情绪，才使他们没有“明目张胆”的去做。但是那位副议长的《云南日报》董事长的位置因此而去掉，赴渝向中央表敬意的专使身份，也因此而被“参议会”撤回。

龙云赴渝后，又演出了一出滑稽剧，那便是杜聿明被撤职，结果调升东北九省保安司令长官。接替杜聿明的，正是原任东北九省保安司令长官的关麟征。记得关麟征接任云南全省警备司令的时候，他的司令部设在五华山，他曾对人说：“住在五华山人，总是被人赶走的，我不知道谁来赶走？”

好，关麟征和李宗黄，正是这一次屠杀昆明学生的主凶，关麟征是被愤怒的人民赶走的！（一九四五［年］十二［月］追记于昆明）

《文摘》第 5 期，1946 年，第 26 ~ 30 页

访龙云院长

浦熙修

龙云主席来渝就军事参议院长之职，已经半年，住在李子坝前十四航空队的司令部，是一个山明水秀、风景佳丽的地方。他不大公开见客，也很少出去看人，就是办公处所都少去，有公文拿到家里来批，被称为“云南土皇帝”的他，多少有点神密。当记者会到他的时候，却意外地感到是

一位健康的老人，生活颇为单调，闲来就是读书与写字。有人说他还嗜鸦片烟，但看不出一点烟容。听差送来一只名贵的雪茄烟燃点着，在淡淡的烟氛中，和记者畅谈一切。

昆明联大的民主堡垒，可以说是受着他的保护的。他说："若假我在那里，后来昆明的学潮绝不至于发生。"他们几次要加害于民主人士，却被他先发觉了。罗隆基先生当年自贵阳被赶到江西，又不许在昆明停留，是他把他留下的。其他像张奚若、潘光旦等教授，都是有才能的人士，周炳琳氏就常住在他家里。有人说他资助民主同盟，他说，但"他们虽然穷困，我并没有这样做"，不过他们有时有文章而无力发表的时候，他一定帮忙的。他和李任潮先生之有助于桂林文化之发展是一样的。

昆明事变，惟一的大原因，恐怕是他要民主而不主张独裁，这就抵触了中央的心意，生怕节外生枝。其实地方的财政权三年前就交给了中央，军队也早就国家化，政治上三等行政官员都是由中央委派，这还有什么顾忌呢？

自他出走后，惟一遗憾的，就是他想帮助越南、缅甸的独立而功成垂败。当时所以将云南的军队开入越南受降，就是为此，并曾得蒋主席的允许。想不到中法条约□立后，事实完全相反，法国人还是压迫越南人，殖民地要独立，必须要经过流血，这千载一时的机会真是失之可惜。

他的军队，曾泽生、卢濬泉两军已由海防被美舰运往东北途中。在去年就有运军的消息，但云南的部队提出了"反内战"的口号而未果，今日他已远离，也就无暇顾及了。云南秩序的不安定，还不在事变之发生。第一，远征军无善后办法，自缅甸回来的中央军，不少全副武装开了小差；其次，十二万司机没有一个安顿的办法。

他自认为对抗战是有功的，七七炮声后，蒋委员长把他从上海邀到南京，他认清滇越路之不可靠，必须修建滇缅路。也真巧，正当滇缅路通车之日，滇越路就断了。美国人还不相信，派詹森大使亲自驶车由滇缅路回国，詹森大使赞不绝口，认为靠着赤手空拳的农民，一年多通路，实在是一个奇迹，可与巴拿马运河媲美。在抗战期内，滇缅路的贡献不要说，就是国军的供应，美空军的庞大需要，云南老百姓没有一人没流过血汗。

他在重庆见过五六次蒋主席，二中全会期中，蒋主席还特别邀他到休息室会谈，前两三次还很恳切地深谈过。他希望政减刑轻，法令多如毛，是徒苦地方。又加之保甲长为非作歹，今日中国必须改进，才有出路。“五五宪草”是集权的，实在要不得，美国的州法，因地制宜，才能竞争繁荣。省自治法，只要不抵触国宪就可。委员长也曾唯唯诺之，但多说无益，情势依旧，中国要变法还须变人。他来重庆，除见过委员长外，宋院长间或到他寓所去拜访，周恩来先生也曾来约见过，但怕惹起更多的麻烦而未见。马歇尔将军曾约见过两次。当时曾谈到东北问题，马歇尔主张停战协定要适用于东北的。

他认为时局虽然险恶，但没有绝望。今后两周，可以看出个眉目来。马歇尔将军快来了，对东北问题，美国是支持武力统一，或者是需要真正和平？那时可以决定。改组政府应当在召开国大之前，否则各方是连国大都不会参加的。各方对改组政府的名单，有待于政协的决议百分之百的实现。他是拥护政协决议的，认为这是唯一在过渡时期走上民主和平的道路。以上种种实施了，“还都”也才有办法。

他自己不打算到南京去，要在重庆经过春天，打算回昆明或香港过夏天，以后或者送子女去香港读书。他说，香港现在是唯一的避难地了。他有四子一女，龙大、龙二带军，三子在家，龙四在美，女儿刚刚在南菁中学毕业。（三十四年四月十日稿）

《人物杂志》第 4 期，1946 年，第 20～22 页

龙云请陈嘉庚吃原始大菜

徐大风

在抗战初期，民国二十九年那年冬季，南洋华侨领袖陈嘉庚曾回国，以参政员名义出席参政会，又同时以华侨代表名义到各地，对抗战军队加以慰劳。每到一地，皆受当地长官盛大的欢迎，招待极为优异。

据陈氏以后语人，他在昆明时受龙云主席的优异招待，为毕生所未经过的“宠贵”。尤其在省府招待宴上吃的猴脑、象鼻、驼峰，他生平是第一次的尝到。后来他回到新加坡，在他所主办的《国民日报》上以奇异的

心情叙述着这三种名菜的吃法，写了一篇很长的文字。

〈后略〉

《海星周报》第 22 期，1946 年，第 6～7 页

龙云今由渝飞昆

【本报重庆今晨专电】前军事参议院上将院长龙云氏，因送子女在昆求学，定于今日偕随员数人乘机飞昆。

《革命日报》1946 年 1 月 21 日，第 2 版

复兴关下，嘉陵江畔：龙云重庆看龙灯

龙将军兴高彩烈看龙灯，每一条朝贺龙灯赏万元

【本报特写】农历正月十五，“闹元宵”的日子，古老质朴的锣鼓声，从黄昏起便已响遍山城，动员了各“公口”的哥弟伙们，哄动了每条街的老老少少，冲大炮，铁树花，闪亮了万里的天空，集拢了来往的人群。龙灯、狮子灯，穿红着绿的小伙子，装扮成龙头、龙尾，锣鼓有力的敲着，孩子们有力的叫着。每家店户都在准备着欢迎路过来朝的灯群，“三十晚上的火，元宵夜里的灯”，这是真正的民间娱乐，充分的显示着中华民族古老雄厚的精神。

一条条的龙，在闹市上矫夭的舞弄着，一只只的狮子，随着锣鼓的节奏点头摆尾，是那么的有组织，有纪律。玩龙灯的，装狮子的，打锣鼓的，看灯的，接灯的，又都是那么兴奋、热烈、有力——群众的力！老百姓的力！

李子坝龙院长的公馆，这里是从前警备司令部李根固司令的宅院，因为地点和环境的优美，成了要人们看龙船的好地方。现在，军事参议院的龙院长，又借此地点来欣赏这点缀升平的龙灯。这位年老的将军，兴高彩烈的接待着每一条来贺的龙灯，还奖给每一条龙的兄弟们一万元的奖金。

这万众腾欢的元宵佳节，虽然已随时光成为过去，可是他却告诉了人

们，纵使是一个古老而平凡的娱乐，但是要想他能热烈、兴奋、有力，最大的因素，还是老百姓。

也只有老百姓才能使每一件事成功！给每一件事以蓬勃的活力。（梅）

《重庆画报》第 4 期，1946 年，第 4 页

龙云、莫德惠等乘轮离渝赴京

【重庆二十日中央社电】军事参议院院长龙云、副院长于学忠、东北耆宿莫德惠等，均定二十一日下午三时乘民本轮离渝赴京。

《革命日报》1946 年 5 月 21 日，第 3 版；《龙云等定今赴京》，《西京日报》1946 年 5 月 21 日，第 2 版；《龙云于学忠今乘轮东下》，《西北文化日报》1946 年 5 月 21 日，第 2 版；《龙云离渝赴京》，《中央日报》（贵阳版）1946 年 5 月 21 日，第 2 版；《龙云于学忠等搭轮赴京》，《新疆日报》1946 年 5 月 22 日，第 2 版

龙云、于学忠等由渝赴京抵汉

【中央社汉口二十六日电】军事参议院院长龙云，乘民本轮二十一日离渝赴京，今抵汉。同来者尚有该院副院长于学忠、参政员莫德惠等多人。

《山东民国日报》1946 年 5 月 27 日，第 1 版；《龙云等抵汉》，《中央日报》（贵阳版）1946 年 5 月 27 日，第 3 版

军事参议院院长龙云还都过汉

莫德惠、王卓然同轮赴京

【本报讯】军事参议院院长龙云、副院长于学忠，偕随员等四十余人，乘民本轮还都。该轮二十一日离渝，昨午二时抵汉，定今晨四时由汉东开。记者昨午往访，当承龙氏于轮上接见。据谈军参院还都事宜正积极进

行中，人员分三批赴京，最后一批约六月底可抵京。因该院各参议，多为官阶较高者，几均有眷属，故交通工具颇感困难。谈及当前国内外形式〔势〕，龙氏谓国内各地物价不断上涨，工潮此起彼继，此类与人民生活有切实关连之问题，极甚重视。龙氏精神甚健，御绸衫，虽舟行五日，丝毫无倦容。记者曾以外传龙氏抵京后将返昆明一事相询，承告称：抵京后稍作勾留，处理院务，月余后拟转道香港返昆，略事休息。晚六时，龙应省参议会何成濬议长邀宴，兹后并驱车回拜程主任潜及郭总司令忏等，至十时许始返轮。又政协会、社会贤达代表莫德惠及东北建设协会王卓然两氏，亦乘同轮，由渝赴京。

《大刚报》（汉口版）1946 年 5 月 27 日，第 3 版

龙云抵京

【南京二十九日中央社电】军事参议院长龙云、副院长于学忠，及参政会主席莫德惠等一行，今日上午十时半由渝乘民本轮抵京。

《大刚报》（汉口版）1946 年 5 月 30 日，第 2 版

龙云谈国内政局

在于争制度而不在争天下；军参院存废尚未奉到命令

【本报南京特派记者一日专电】军事参议院长龙云上将，由渝抵京后，记者特于昨日赴龙院长官邸晋谒，当承接见，并对记者所提各项问题，逐条答复，兹特分志如下。（一）问：目前大局异常沉闷，院长观察前途，有无危险？答：今日国内争执，在于争制度而不在争天下。若能产生一般所希望之真正民主制度，则一切困难，未尝不可迎刃而解。（二）问：此次军事机构缩并，军事参议院有无变动？答：余因刚到南京，尚未明了。在此国家对于军政机关实行简化，以资撙节开支之时，军参院亦有结束之可能。余个人如能借此减轻责任，在京长期休养，实符私愿。惟院中参谘议人员，均系南北有功将领，其中学识经验均极丰富者，颇不乏人。

龙院长语至此，记者即插入问曰：龙院长是否对于参谘议全认识？龙氏继称：余因到职不久，且参谘议分散各地，故未能全部晤面，但详查履历，均系对国家有功者。

最后记者问：闻裁余人员，政府规定转业办法，院长意思若何？答：军官转业，事实上困难甚多，须从实际上着想，庶期编余人员免于流离失所云。

【南京三日中央社电】记者顷访军事参议院院长龙云上将，询以此次军事机构缩并，军事参议院有无更动。龙氏答称：军参院或存或废，尚未奉到命令。政府现对军政机关实行简化，军参院亦有结束可能，惟院中参谘议人员，多系有功将领，此种人才在机关存废问题决定后，希望国家善为安置差使。

《大刚报》（汉口版）1946 年 6 月 4 日，第 2 版

军参院存废尚未奉明令

龙云告中央社记者

【南京中央社三日电】记者增访军事参议院院长龙云上将，询以此次军事机构缩并，军事参议院有无更动。龙氏答称：军参院或存或废，尚未奉到明令，政府现对军政机关实行简化，军参院亦有结束可能，惟院中参谘议人员，多系有功将领，此种人才在机关存废问题决定后，希望国家善为安置差使。

《中央日报》（永安版）1946 年 6 月 4 日，第 2 版

龙云将军谈时局

【本报南京特派记者二十八日专电】记者日昨特访抵京不久之军事参议院院长龙云上将，以政治协商问题为询，据答：目前三人会□讨论事项尚为枝节问题，真正之关键则在政府之改组及□法之签定。记者又以云南省在抗战时期之供献为问，龙氏答称：云南军队于抗战期间曾出兵六十

万，如以人口比率计，较四川省出兵之二百万犹多。龙氏寓中央路，室内布置颇为精美，谈吐亦多率直之处。

《大刚报》（汉口版）1946 年 6 月 29 日，第 2 版

龙云谈称滇军反内战起义　为渴求和平所致

【新华社延安九日电】南京讯：上月廿六日，龙云在京接见《大刚报》记者谈称，时局关键为改组政府及制定宪法。他说，云南军队在抗战中曾出兵六十万，如以人口比率计，较四川之出兵二百万犹多。对于由滇到东北之一八四师宣布反战行动，龙氏解释，此或为因士兵离乡遥远，而迫切要求和平之故。

《解放日报》1946 年 7 月 12 日，第 1 版

龙云谈时局关键　在改组政府制定宪法

【新华社延安九日电】南京讯：上月二十六日，龙云在京接见《大刚报》记者谈□，时局关键为改组政府及制定宪法。他称，云南从××战中曾出兵六十万，如以人口比率计，较四川之出兵二百万犹多。关于自滇调往东北之一八四师宣传反战行动，龙氏解释，此或为因××情形过远，而迫切要求和平之故。

（编者按：龙云属原云南省主席，蒋介石在排除异己政策上，曾不断想并吞其部属与地盘，但均被龙云拒绝。去年九月，以接收安南为名，骗龙云军队离开云南，而将龙云押至重庆，授以军事参议院院长名义，实则无异软禁）

《黑龙江日报》1946 年 7 月 14 日，第 1 版

刺李闻案即将大白

主使人逃往昭通　一军官被捕

昆明李公朴、闻一多发狙杀案，已获得重要线索。有关重要人犯，有

前某部队军官椅〔杨〕立德中将，已被捕，并供认不讲〔讳〕。全案过一两日内，即可大白。闻系当地有力集团，乘卢汉主席看〔晋〕京，省政主持无人之时，发动有计画之谋杀，冀家〔嫁〕祸政府。谋［杀］案之主使人，已逃往昭通原籍山地躲避。负责调查该案之内次唐纵，日内即可返京报告。又更〔民〕盟代表梁漱溟、罗隆基、张申府，曾于二十五日早前访邵力子，讨论该案。

《十日画报　一月画报》第1卷第3期，1946年，第3页

龙云为闻李案事斥造谣报刊

【新华社延安卅日电】南京讯：前滇省主席，现任军事参议院院长龙云，顷发表谈话，谴责京沪少数报纸，对李［公朴］、闻［一多］被刺血案，做不负责任之报道，且涉及私人，应负法律责任。龙氏这一指责，起因于《申报》《东南日报》等最近大肆造谣，说暗杀李、闻者，为龙云之子。

《解放日报》1946年7月30日，第1版

李闻案未公布前　各报报道务慎重

龙云在京发表谈话；唐纵奉命再飞昆从事侦查

【本报南京二十九日中午三时专电】昆明李闻暗杀案发生后，京沪报纸曾经披露有关龙三公子□□之消息，龙云院长顷□□□发表如下之谈话："关于李闻被刺案，政府甚为重视，已迭派大员前往出事地点澈查。在案情未明以前，各方自宜以极客观之态度静待政府之报告，以明真象。近日京沪少数报纸，对该案多作不负责任之报道，涉及私人，言之凿凿，不知其消息来源有何根据？但无论为外人所投，或自行采访，而一涉私人，即应负法律责任。甚望各报在政府未正式公布调查结果以前，对于此案勿再轻率发表不负责任之报道。"据此间权威人士表示，本案虽已破案，而内情尚未至发表时期，唐纵署长已报蒋总司令而赴昆明，可□复杂之一斑。

【牯岭中央社二十九日电】 警察总署长唐纵来牯晋谒蒋主席，报告昆行经过后，奉谕在顾总司令祝同指导下，参加侦查李闻被刺案工作，二十九日晨七时离牯赴浔飞昆，庐山夏令营办公厅主任张振国等同行。

【本报南京廿九日来电】 梁漱溟日内飞昆，参加调查李闻案。

《中央日报》（永安版）1946 年 7 月 30 日，第 2 版；《唐纵昨飞昆明　龙云对李闻案发表谈话》，《革命日报》1946 年 7 月 30 日，第 2 版；《唐纵再度飞昆　参加侦查闻李案　龙云望新闻界持客观态度》，《中央日报》（贵阳版）1946 年 7 月 30 日，第 3 版；《唐纵离牯飞昆明　协助调查李闻案　龙云望各报慎重报导》，《西北文化日报》1946 年 7 月 30 日，第 2 版；《对李闻被刺案　龙云发表谈话　希望报纸勿作轻率报道　唐纵奉命飞昆协助破案》，《大刚报》（汉口版）1946 年 7 月 30 日，第 2 版；《关于李闻案　龙云谈话　唐纵昨再赴昆》，《华北日报》1946 年 7 月 30 日，第 2 版；《关于李闻被刺一案　龙云院长发表谈话　静待查明真相且勿造谣生事　唐纵向主席报告昆明行经过》，《甘肃民国日报》1946 年 7 月 30 日，第 2 版；《关于闻李被刺案　龙云发表谈话　警告沪报勿涉及私人》，《工商日报》（香港版）1946 年 7 月 30 日，第 1 版；《关于李闻被刺案　龙云院长发表谈话　警告勿作轻率不负责之报导》，《阵中日报》（太原版）1946 年 7 月 30 日，第 1 版；《龙云院长谈关于李闻被刺案　政府迭派大员调查真象　希少数报纸态度客观》，《新疆日报》1946 年 7 月 31 日，第 2 版

陈诚访龙云

【本报南京卅日专电】 陈诚昨晚访龙云。昨日下午四时，曾召见龙绳祖。

《革命日报》1946 年 7 月 31 日，第 2 版

风流倜傥的龙三公子

王中望

昆明发生政治性的暗杀之后，以李公朴和闻一多两氏都是学术界知名

人士，又是民主同盟昆明的负责人，引起很多揣测之词，牵及龙云氏的三公子。前天，昆明前参议会副议长、现任参议员□一民氏，曾为此事发表谈话，认为龙三公子住昭通，去昆明有三百多里，似乎鲜有可能。而龙云氏也发表谈话，说在真相未明前，各报要慎重刊载此类不负责任的消息云云。我们现就纯客观的立场来谈谈龙三公子。

龙院长有三位公子，当时想把他们作育成军事家或政治家，以便继承父业。大公子和二公子先后都任滇军旅长（当时滇军最高单位是旅），三公子名绳祖〔曾〕，赋性倜傥，偏不喜亲政治军［事］，惟爱征歌选舞，好为游侠。当时龙云氏颇感头痛，后来看他渐渐能约束自己，而且在江湖上自有他的地位，也就听之。公子豪情逸兴，视金钱如粪土，一掷千万，毫无吝色，西南一带咸呼“龙三公子”而不名。

龙三公子貌不甚扬，且短瘦削，一度有阿芙蓉之好，益见其清癯。最好平剧，高歌一曲，颇见工力。喜捧坤角，如现在沪上之金素琴、甫拜梅兰芳为师之秦慧芬（时隶“斌良平剧团”）及斌良剧团之花衫小生两台柱，公子不惜竭全力以捧之。

龙三公子拜青帮领袖张树声门下，在帮内地位极高，揆其用意，不过欲结交江湖人士。某次莅渝，青帮中人，视之若神，而帮中人到昆明，有所请求，无不应者。

他在云南办的事业最多，工矿投资无论已，即昆明最华丽之戏院、酒楼，多为手创，而里面雇用者多属帮会中人。

他在云南虽无军政地位，而潜势力之大，有过乃兄。

自云南政变后，他即销声匿迹，蛰居昭通。平时行事似是风流倜傥一流，或非聂政、荆轲之俦也。

《周播》第 19 期，1946 年，第 2 页

龙三公子因祸得福？李闻案中一举成名

公孙宾

这是龙三公子自己也莫名其妙的事，他的名字竟会突然的腾载报章，喧传全国。原来，在李公朴、闻一多两暗杀发生以前，龙三公子这个人，

只有云南人知道，但不知怎样的张冠李戴，把暗杀李、闻凶手的这个帽子，加到了龙三身上，电讯传出，全国皆知，而龙三公子之名，也就不胫而走，传到每个角落。如此的不化本钱，一举成名，也只有龙三公子有此福气了。

现在暗杀李闻的真凶，业已捕获，并经审讯明白，即可公布。但龙三公子究竟是怎样的一个人呢？这里且来介绍一番。

现任军事参议院院长龙云，以前向在云南，掌握全省大权。他有三位公子：大公子绳武，昔任师长，现已升任军长；二公子纯祖，前任旅长，不久以前升任了师长，曾有率师开赴东北之说；三公子纯曾，就是现在要说的这位龙三公子，他虽是个不学无术的草包，但也靠了他父亲的牌头，做过第一集团军的某团团附，后来还升任六十军的补充团团长。所以“龙团长”的威名，在当时的昆明，是响亮过一时的。

龙三公子，虽是个武人，虽是个草包，但对于平剧，却颇有研究，可说是个标准戏迷，不仅平日常喜与伶人为伍，并且高兴起来，还要登台客串，“凌宵馆主”，便是他玩票的名字。他在前年，还娶了个有名的坤伶绮罗香做姨太太。这个绮罗香以前曾在上海更新舞台唱过，抗战中到昆明淘金，不想就给龙三公子百辆迎归。龙三公子粗中风流，也往往如此。

龙三公子，虽是家道富有，但他并不是个纨袴子弟，却有些游侠少年之风，常常以“老头子”自居，广收门徒。滇省人士，以他老子的威风，当然都来低头受教。据说抗战期中，在滇缅公路上往来汽车司机，大半都是他的徒子或是徒孙。那些徒子徒孙靠了龙三公子这块照〔招〕牌，走私夹带，着实发了不少大财。龙三的威名，也就由滇入缅，竟使缅边的人，也有赶来向他磕头的。

不过龙三毕竟是老粗，有时性气，不免闯祸。所以他的老子龙云，对他非常头痛。某次，曾经要登报声明，脱离父子关系，但毕竟父子情深，并未正式脱离，只把他关在五华山中，叫他闭门思过，反省悔改，直到滇省府明令改组，国府要叫龙云离滇赴渝，龙三公子才算恢复自由，但却被逐出昆明，送回滇西〔东北〕昭通的老家。

事情也真出奇，龙三公子被送回昭通后不久，就被人说他指使暗杀李、闻，闹得满城风雨。现在真象虽已大白，但龙三公子之名，却已妇孺皆知，“一举成名”了。

《周播》第 21 期，1946 年，第 4 页

开香堂　收门徒：龙三公子在昆明

小菊

龙纯曾，为前云南省主席龙云氏之三公子，后方居住者，均耳其名。一入昆明市，询及“龙三”两字，更是无人不知。其兄龙纯武，为昆明警备副司令，人呼“龙大”，惟声名不若其弟之盛，盖较少活动也。

龙三于昆市设云南戏院，初唱滇戏，后则改唱沪上之文明戏，不伦不类，高尚人士，颇少光顾。三十三年秋，设立云南永丰银公司，生涯鼎盛，敛钱不少。有妻妾五人，分屋而居。于西郊置有别业，富丽裔皇，为其第五妾所居，盖其最宠爱者也。

龙三为张树森入门弟子，因亦于昆市设香堂，广收门生，旅昆下江人，因摄〔慑〕其势，投之者颇不乏人，盖足以依持也。张先生门人，有来昆者，持介绍函往见，则招待甚殷，克尽地主之谊，不失有一义字。

龙好博，掷巨金无吝色，每聚于昆市甬籍巨绅刘炳康家，呼吆达旦，一宵彩金，恒以数十万计，豪阔可见一般。尝与人雀战，同桌某君连胜数日，获千万，是日又战，某君居龙上首，和五八万，龙则和嵌五万，对家出一五万，龙即倒牌。某君以龙连日所负已多，遂笑示身后看牌之人，而以牌推去，谚所谓“放交情”也。龙和是牌后，牌风大盛，竟将连日所负反本，于是大乐，约于翌日请客。

嘉宾既集，龙夸言是日之牌，如何顺手，兴高彩烈。某君适未至，于某君背后看牌之人，乃告龙三曰：“毋夸，设无某君让汝一牌，恐未必能如是顺手也。”询以故，告之，大恚，谓众人曰：“其人必郎中（赌博有弊之谓），否则何以欲和则和，不和则不和，予明日将再约雀战，必有以惩之。”闻者奔告某君，大恐，即星夜设法购翌日飞机票逃往陪都，不敢再留昆市矣！

《快活林》第 15 期，1946 年，第 10 页

龙三公子戏迷传

琴莲

龙三公子为现任军事参议院院长龙云氏之三公子，性喜闲散，习豪侠。战时，慕老头子威风而入帮会，旋即自开香堂收徙〔徒〕，但多滇缅上之汽车司机，盖彼等日进斗金，威风凛凛，豪赌狂饮，时而因起而斗殴，遂入龙三公子门下，以仗声气。龙三公子亦来者不拒，门徙〔徒〕盈万，但约束力颇强，昆明战时社会秩序之安宁，龙三公子功不可没。

龙三公子为一标准戏迷，曾创云社票房，并集资建大光明戏院，股东多为司机，营业不恶。三公子能演文武须生，票名“凌霄馆主”，红氍毹上，居然叱咤风云。但昆明僻处南陲，南北名伶，不易莅临。三公子戏瘾甚浓，闻上海雅歌集前辈戎伯铭在渝，乃重金迎之南下。戎工花衫，尤擅跷工，票界无能望其项背。戎入云社为师，所入甚微，三公子特开设暇娱楼菜馆，派戎为经理，并为戎安插为大光明戏院协理，收益丰厚。有义演，戎必登台演《坐楼杀媳》《活捉张三郎》《大劈棺》等戏，颇能号召观众，偶与三公子合演《战宛城》，则珠联璧合，精彩万分。

《国际新闻画报》第 59 期，1946 年，第 4 页

昆明刺案破获　凶犯在曲靖就捕

龙云访马歇尔与此无关

【本报南京一日专电】军事参议某秘书宣称，龙云院长昨日午后六时访问马歇尔特使，纯为私人拜会性质，外传商谈李闻案，全属虚构。

【中央社昆明一日电】李闻案凶犯，闻已在曲靖缉获，刻正严讯中。

【中央社昆明三十一日电】滇省府今晚八晚〔时〕在省府举行盛大宴会，欢迎顾总司令，张司令镇、唐署长纵、冷副参谋长欣，并□邀地方绅耆、各界首长百余人作陪。席间卢主席致词，树作崇敬总司令之功勋。顾氏答词，至为谦抑，希望省府同人在卢主席领导之下，努力建设新云南。

宴后并放映《中国之役》电影，至午夜欢尽而散。

《中央日报》（贵阳版）1946 年 8 月 2 日，第 2 版

龙云曾过访马帅　李闻案凶手缉获

梁漱溟定今自京飞昆调查

【本报南京一日下午七时专电】 军事参议院某秘书今午宣称，龙云院长昨午后六时访问马歇尔特使，完全是私人拜会性质，外传商谈李闻案，全系虚构。

【本报南京一日下午一时专电】 民盟代表梁漱溟、杨新民，定二日飞昆，协助政府调查李闻案，政府已派人沿途照料。

【昆明中央社一日电】 李闻案凶犯，闻已在曲靖缉获，正严讯中。〈后略〉

《中央日报》（永安版）1946 年 8 月 2 日，第 2 版

《密勒氏评论报》揭载龙云之子被捕解京

【新华社延安五日电】 据七月十三日上海《密勒氏评论周报》载，昆明警备总司令霍揆彰前奉蒋手令，将滇军第廿四师师长龙绳祖（龙云之次子）、副师长蓝英贵（译音）加以逮捕，现已解送至南京监禁。被捕原因是该师拒绝开往东北参加内战。

《解放日报》1946 年 8 月 5 日，第 1 版

马歇尔元帅昨离牯返京　即将邀国共代表赓续商谈

司徒大使昨会晤龙云及青年党领袖曾琦

【本报录音】 中央社牯岭八日电：马歇尔元帅八日下午三时半，于雨过天晴离牯赴京。行前偕夫人同赴行辕谒蒋主席商谈，并同进午餐。随马帅同行者，有皮参军宗敦等。闻马帅下周内仍将四上庐山。

【本报录音】中央社南京八日电：马歇尔特使八日下午七时自浔飞抵京。此间消息灵通人士咸信：马氏容与司徒雷登大使会晤后，即将邀晤政府及共党代表赓续谈判。〈中略〉

【本报录音】中央社南京八日电：司徒雷登大使八日下午接见军事参议院院长龙云及青年党代表曾琦，相谈甚久。

《石门日报》1946 年 8 月 9 日，第 1 版；《马歇尔由牯岭返京　将邀双方续开谈判　司徒在京接见龙云曾琦长谈》，《大刚报》（汉口版）1946 年 8 月 9 日，第 2 版；《司徒接见龙云曾琦》，《阵中日报》（太原版）1946 年 8 月 9 日，第 1 版；《马帅昨离牯飞抵京　司徒接见龙云曾琦相谈甚久》，《西北文化日报》1946 年 8 月 9 日，第 2 版；《马帅自牯返京　将邀晤政府及共党代表谈判　前颁四项主题急须切实解决　司徒大使曾接见龙云及青年党代表》，《西京日报》1946 年 8 月 9 日，第 2 版

龙云谈称　李公朴被刺　蒋政府应负责

【新华社延安十一日电】渝《民主报》载：前云南省主席、现任军事参议院院长龙云，上月十七日在南京对往访记者称，“现在的局势一定会澄清的，万变不离其宗。现在所以老谈不出结果，都是因为谈的全是枝节问题，不是根本。政治不解决，别的没法谈。战事如僵持下去，还是得言归正传，从政治入手。政协会议所通过的《和平建国纲领》只要不推翻，迟早会有结果的”。龙氏认为：“谁规避根本的政治问题不谈，谁就要负谈判无结果的责任。”关于李公朴氏的被刺，龙氏认为：“地方治安当局和政府不能辞其咎。”当记者问起他的生活时，他说没事就看看书、聊聊天和出去走走。

《解放日报》1946 年 8 月 16 日，第 1 版

于学忠欢送军参院退役人员　龙云勉继续研究学术

【中央社南京十九日电】军事参议［副］院长于学忠，今日下午假座励志社，欢送该院退役参议人员，并邀内部职员作陪，共一百八十余人。

龙院长致词称：军官退役，在法治国家，行之已久；但在我国，尚属创举，深望该院退役人员，仰体政府至意，切实遵行，为其他军事机关之楷模。诸君虽已退役，但报效国家之责任依然存在，希望对于学术继续研究，以便贡献国家。

《徽州日报》1946 年 8 月 20 日，第 2 版

滇明伦学会向全国呼冤　蒋方阴谋嫁祸龙云僚属

前绥署副官长杨立德等惨遭□〔暴〕刑；四肢面貌俱毁逼其承认暗杀李、闻

【新华社延安廿四日电】渝讯：云南名流士绅组织之明伦学会，以国民党特务刺杀李［公朴］、闻［一多］后，反嫁祸于地方势力，造成冤狱，特发表《告全国各界书》，呼吁主持正义。该书内称："自去年十月三日深夜之军政事变，龙氏被劫持东飞，云南遂被视为被征服之土地，前代主席李宗黄到任时有云，'从此云南始为中国之云南'，足见过去不视云南为中国之一部，以武力征服始为中国之土地也。彼等既视云南为被征服之领土，则任意行凶，肆无忌惮矣！去年十月政变之时，无辜市民死于非命者数千，滇籍宪兵被俘遭惨杀者数百。此后，龙云时代之言论自由、学术自由，即被剿杀殆尽矣!"该书于追述蒋介石在滇制造之"一二·一"惨案及最近之李闻惨案后复称："自七月二十日起，治安当局绑架前行营及绥署副官长、中将杨立德（字竹庵）及龙前主席僚属汪余毕、王灿等百人。数日来据传杨立德等俱受电刑等酷刑，面部已非人貌，四肢折断，神经错乱，后又经某总司令亲自审问，威逼承认组织暗杀团，并捏造种种证据，将李、闻暗杀责任嫁祸于其身，此种阴谋与希特勒国会纵火如出一辙。"该书向全国各界呼吁："速起主持正义，制止暴行，伸雪奇冤，并要求当局严惩凶手，保障人权，赔偿受害者及其家属一切损失。"

《解放日报》1946 年 8 月 25 日，第 1 版

李公朴案嫌疑犯多系龙云旧部属

【昆明快讯】李公朴案嫌疑犯李彝奇，及前滇省府查缉队长张永年，

分队长汪雨膏，队长李树绩、刘子才、于兴荣、武泽三、梅性诗，前龙主席副官俞德昌，昆明地院事务科主任书记官蔡少秋等十人，已移送云南高院讯办。该院点收后押模范监狱，闻可公开审讯。各嫌疑犯前由警厅总部所拘捕，后由顾总司令祝同面交由滇省保安司令部主办，案情甚为复杂。

《通俗日报》1946 年 10 月 25 日，第 1 版

卢汉、龙云等昨由沪晋京　出席国民大会

【中央社上海十四日电】国大代表十四日晚由滇晋京者有卢汉、葛敬恩、杨兴勤、江一平、奚玉书、顾毓琇、俞济时、何佐治、王孝英、蒋光煦、潘首猷、朱惠清、郑曼青、王微新、郑揆一等。

【中央社南京十五日电】孔祥熙、龙云及谷正纶等于今晨八时，由沪乘车抵京，出席国大。

《中央日报》（昆明版）1946 年 11 月 16 日，第 4 版

龙云递补国大代表

国民政府二十日令：（一）依照《国民大会代表选举补充条例》第二条第四款及附表规定，所遴定之云南省代表方克胜，因事不能出席，注销名籍，改以龙云补充，此令。（二）兹将国民大会代表因故注销名籍改以候补人递补者，开列名单公布之，此令。国民政府直接遴选代表魏嗣丰，因事不能出席，注销名籍，杨伯诚补。

《中央日报》（昆明版）1946 年 11 月 22 日，第 1 版；《龙云递补国大代表》，《革命日报》1946 年 11 月 22 日，第 2 版；《一本和平民主精神　国大通过保留主席团中共民盟名额　傅作义龙云续向大会报到　到会代表已达一五五二人》，《西北文化日报》1946 年 11 月 22 日，第 2 版

龙云发表对宪草意见　认为中央地方应采均权

【南京中央社二十四日电】军参院长、国大代表龙云，顷就《宪草修

正案》发表意见称：《宪草修正案》确有进步，惟内中地方章对于中央与地方权责，文义上虽若划分，实际上划分似尚不够明确，将来推行不免有所困难，易滋纠纷。国父《建国大纲》明载，不偏于中央集权，亦不偏于地方分权，折衷明定为“均权”，非常公允。此次《宪草修正案》中，中央与地方权限均用列举方式，似有挂一漏万之嫌，最好“均权”二字加以标明“地方权用概括方式，国家权用列举方式”。因“国家权”究易列举，如国防、司法、外交等类；至于地方权限，各省情形不同，生活、经济、习惯亦各互有异殊，而且琐碎不易列举。故“国家权”可用列举，而“地方权”宜用概括。此种应〔情〕形，想各省代表以及社会贤达，凡有行政经验者，必有同感。又对于考试制度，有人主张为机会均等起见，应分区定额，不应集中，以别偏断。此种主张，不无见地，本人非常同意。

《中央日报》（永安版）1946 年 11 月 25 日，第 2 版；《宪法修正草案　龙云畅谈观感》，《中央日报》（贵阳版）1946 年 11 月 25 日，第 2 版；《龙云院长论宪草　中央地方均权不够明确　地方权用列举挂一漏万》，《大刚报》（汉口版）1946 年 11 月 25 日，第 2 版；《对宪草修正案　龙云发表意见》，《西京日报》1946 年 11 月 25 日，第 2 版；《宪章内应明确划分中央及地方权责　龙云畅谈宪草修正案》，《革命日报》1946 年 11 月 25 日，第 2 版；《龙云发表修改宪章意见》，《工商日报》（香港版）1946 年 11 月 25 日，第 1 版；《龙云对宪草意见》，《宁波日报》1946 年 11 月 25 日，第 2 版；《龙云发表制宪意见　畅论中央地方权责问题》，《华北日报》1946 年 11 月 25 日，第 2 版；《中央与地方权责　宪草应明确划分　龙云对修正案发表意见》，《通俗日报》1946 年 11 月 25 日，第 1 版；《龙云谈宪草修正案　认为地方章划分不够明确　最好均权二字须加以标明》，《西北文化日报》1946 年 11 月 25 日，第 2 版；《龙云谈宪草　国家权可用列举方式　地方权宜用概括方式》，《新疆日报》1946 年 11 月 29 日，第 2 版

龙云原来三国迷

蜀魂

军事参议院院长龙志舟（云）氏，由渝飞京后，下榻敌酋冈村宁次旧居，深居简出，与外界殊少接触。前日蒋主席赴庐山避暑，龙氏至机场送行，被新闻记者包围，请其对时局发表意见，龙氏即笑询记者，亦曾看过《三国志》（其实指《三国演义》）？今日局势，无异三国，《三国志》开首即云："天下大势，分久必合，合久必分。"故彼对时局，殊为乐观。盖今日国事，已趋"分久必合"阶段也。闻者皆称龙院长不失为妙人妙语。闻龙氏自去岁离滇抵渝后，即经人介绍中大教授黎东方氏，每日讲述《三国演义》。龙氏洗耳恭听，默记于怀，夜静更深之后，则以日间所听得者，以之转述于其妻女，故龙氏一门，渝人称之为"三国迷"。

又闻黎教授演讲《三国演义》，不输评话名家，且能以英语译述，故外国听众甚多，最近应盟友沃克逊之请，定于下月间旅行新大陆，讲述《三国演义》，美国新闻纸已预为宣传云。

《海风周报》第 35 期，1946 年，第 4 页

龙云好学不倦　研究中国古代史籍

平涛

军事参议院院长龙云（志舟）上将，其在云南之一切设施，久已彰彰在人耳目，无待赘述。而其离滇经过之种相，往者已矣，淡忘为佳。终之，今日之龙氏，已为中央政府重要军事长官之一员，最高领袖待龙狄亦克尽优礼。为龙氏计，塞翁失马，未始非福也。

然龙氏为人，不失为一精明干练之人物，渠在云南时，对于训练部层，改革庶政，多能参其最大努力。然云南苦贫，军政之费支绌，捐税则较重，亦有一二与中央政令未能配合者。大体言之，龙氏在滇数年，不能谓非有相当成绩也。

龙与何应钦一级上将私交最笃，何氏曾在委座前力保龙氏，盖何上将

为贵州人，与云南邻省，对滇省真相较明了也。

据京友云，龙氏现在闭门读书，度其安静之生活。每日除到院办公外，全部功夫在研读中国经史，好学不倦。如龙氏诚是为吾人取法焉。龙氏长公子，现亦任师长之职，以饶〔骁〕勇善战著，所部多狸狸〔倮倮〕族人，曾屡立战功云。

《国际新闻画报》第 49 期，1946 年，第 3 页

龙云是怎么奋斗出来的?

做了十八年云南省主席、现任军事参议院长的龙云，他的前半生像一部传奇一样，在远离家乡、幽居南京之日，回首当年，一定会有许多感慨吧！

他的父亲是一个四川人，来在云南昭通，便上了一家姓龙的黑夷[1]的门。〈……〉

〈中略〉

由于环境的需要，他团结了不少的光棍，于是，他变成一个哥老会的龙头，在昭通替被压迫的夷族，做了许多侠义的举动。

民国初年，唐继尧任云南督军，派第四师师长谢汝翼〔翼，下同〕一到任便不声不响的逮捕了大批飞扬跋扈的哥老会会员，这里面也有龙氏在内。事情很严重，谢汝翼亲自问一问，便把许多人都杀了。

“你是不是哥老会会员？”

“回复大人，不是，家有八十多岁的老母亲……”

“妈的，拉过去枪毙！”

后来问到了龙氏，他神色不变的回答：“我是哥老会龙头，因为没有领导，我走了错路，愿受大人的处罚！”

听了这坦白的回答，谢汝翼觉得这汉子还很要得，便故意恐吓道：“你愿受处罚，你可晓得要枪毙！”

“自己知道走了错路，枪毙就枪毙！”回答是一点惧怕也没有，仿佛死

---

① 夷，现作“彝”，下同。——编者注

对他是无所谓似的。

谢汝骥暗中喜欢了这一条硬朗的汉子，便又问道："假如不让你死，你怎么样?"

"我愿意受大人的领导，在大人部下服务，以报答大人的大恩!"

"你能号召多少人?"

"六七百人。"

"也好，就赦你死罪，你快点号召这些人来，随我进四川……"

那时唐继尧穷兵黩武，东征西伐，才攻占贵州，便又想得到四川，谢汝骥正接到出击四川的命令，所以便收纳人材，积极准备出兵。

龙氏被放之后，果真号召了几百人，编在谢军里；龙氏以一名副官的资格，编在师部里，随谢军出发。大军渡过了金沙江，进入四川境，到了棉花香，川军集中了兵力迎头堵击，双方展开了一场大歼灭战，从早晨战至下午，劣势的滇军溃退了，满山满野都是退下来的人马。龙氏看着这情形，觉得非常危险，山下就是司令部，假如敌人跟踪追来，那怎么得了?这混乱的人马，还能渡过金沙江回到云南去吗?他不敢想了。立刻，一种机智使他赶忙跑到混乱的人马前，煞有介事的说道："你们还想退下去吗?司令官已布置好机关枪在下面等着，刚才我回去就不得下去，告诉你们，现在只有转回头干去，不然是没有路走的了!"

那些退下来的人马便果真听信他的话，回头反攻过去，优势的川军给这突如其来的反攻，竟莫明其妙的溃退了，而且一退就是几十里，望风披靡，不能再战，滇军便一鼓而占了重庆。

谢汝骥听到这消息，大为嘉奖龙氏，认为这功劳完全是属于他的。远远坐镇昆明的唐继尧也听见这消息，便来电要龙氏到他身边去，然而谢汝骥不肯，唐继尧几次仍打电来要，谢氏无法，只得将他保送入讲武堂。

从讲武堂毕业后，龙氏便给唐继尧要在身边，当了刺〔佽〕飞军（唐氏的一支衣着整齐、武装精良的卫队）的一名小队长，后来升到大队长。唐氏被另一个军阀——顾品端〔珍〕赶出滇省之后，龙氏便领着一支队伍到了滇桂边界上，招募新兵，扩充队伍，自称为独立旅。

唐氏出滇后，被孙中山先生邀为广东大元帅府的副元帅，共计北伐。

然而唐氏忘记不了云南，不肯就任。在唐继尧卷土重来时，龙氏即响应唐的号召，向顾军进攻，靠着吴学显的一支土匪队伍，唐氏便将顾军打垮了，仍恢复了五华山（云南省政府的所在地）上的宝座，在论功行赏下，龙氏便被升为第五军军长。

当国民革命军北伐时，唐继尧的第二和第五两军，受了革命动力的影响，对唐起了革命。因此，咤叱风云、不可一世的唐继尧，便从五华山的宝座上跌了下来，而且一命呜呼。于是第二和第五两军便内哄起来。第二军的军长胡子嘉，是一个还相当宽大的人，在昆明的一场巷战里，胡把龙氏捉着了，便把龙氏装在一个铁笼里，放逐到安南。然而不料龙氏又打回老家来了，而且一击就把胡子嘉打出去，稳座起五华山上的宝座来了！一直就是十八年！

《国风画报》第3卷第6期，1946年，第4~5页；夷明：《龙云是怎样奋斗出来的?》，《人物杂志》第1卷第9期，1948年，第35~37页；宴珠：《一部新传奇：龙云起家记》，《宇宙文摘》第2卷第2~3合期，1948年，第68~71页（该刊注明转载自《华中日报》1947年5月9日，文中并多了几个小标题，分别为“一出侠义戏”“因祸而得福”“当一名副官”“进了讲武堂”“‘登基’五华山”）

龙云思乡

铁炉

前任云南省政府主席、现任军事参议院院长的龙云将军，南京有人传说他因萦怀于滇池的风月，“复员”带给他的乡思。

龙云将军在重庆的住宅叫“翰苑”，在奎〔李〕子坝，区域中是杰出的住宅，陈辞修将军一度作为公馆，龙云到渝后，才让给了他。

他确实怀着乡思病，复员之初，他想先去昆明，后抵南京，但总因频电催促，只得先到南京。这次他由渝来京，由张岳军替他设法了一艘轮船，完成了一览三峡之奇的心愿。

在南京，他所住的是前冈村宁次的住房，曾有人问他为什么怀着这样严重的乡思病，他说：“我的家人，妻子儿子，都在云南呀，我想回去看看它〔他〕们。”

提起他的家属，他有位公子已经在西南联大毕了业，现在已出国去美国学习法律，这在龙云有些不愿意，但青年人有他自己的抱负，他不能强逼儿子走不愿走的路。

回乡去，他在想，大约在最近要动身去，愿老夫妻能快活的住上一个时间。

《海涛》第18期，1946年，第8页

龙云在京的私生活

霞珍

现任军事参议院院长的龙云氏，现在由于累及到某一种问题，以致成为了新闻记者猎取新闻的对象。可是事实上龙云近日意气消极，默不作声，记者去访，早上是没有起身，中午在午睡，午后已出去访友，晚上则又是入睡了，永远没有机会碰面。

他住在南京中央路一五六号，这是一座宽大而幽静的院落，有堂皇的洋房和花园，要猜想这座洋楼的设备，可以从他的前主人推断出来。近八年来，这是冈村宁次的安乐宫，它有冷气设备，宽敞、舒适、富丽。蒋主席赴庐山以前，亦曾邀请龙先生同道去避暑，他却推辞说：“我家里已有冷气设备，用不着远涉庐山之巅了。”

他自来京后，一向深居简出，每日除惯例地闷读报章杂志以外，还浏览《资治通鉴》及《江宁县志》两书，有时驱车于玄武湖傍、燕子矶麓，欣赏石头城之夏景。

现在他有七位公子、一位千金：大公子绳武，现任昆明六十军副军长；二公子绳祖，现住南京公馆中；三公子绳曾，住云南昭通巧家县老家；四公子在美国华盛顿大学求学；五公子勋绳〔绳勋〕，刻就读于金陵中学；六公子已死，七公子年幼，尚随龙夫人寄居昆明；女公子固〔国〕璧，现正忙于投考金陵女大，暑期开学后，或将在该校就读之可能性云。

《海涛》第24期，1946年，第11页

杨森为什么出卖龙云?

大风

现任贵州省主席的杨森（子惠）将军，他是四川军阀中当年参加国民革命军最早的一个。他虽然是一个旧式军人，但在政治上的手腕则相当巧妙。他在担任国民革命军第二十军军长的时候，看到国民党那时进行国共合作，共产党党员以个人资格加入国民党，操纵于党政军三者之间，气焰甚张，他看到国府决心清党，他又很巧妙地把朱德党代表一脚踢出去，表示第二十军是反共清党的急先锋。所以，杨将军的手段敏捷，作为爽辣净净，是早著名于二十年之前。

去年，他以一个并不怎样地位崇高的军人，而被中央特任为贵州省主席，开府一方，继吴鼎昌之后而主黔政，也正由于他手段奇妙，是以出卖了龙云，而博得中枢的信任。

原来，当日寇倾其精锐之师进攻湘桂，下桂林，陷柳州，进抵黔边之时，滇省主席龙云不知听信了什么人的主张，认为大局亟亟〔岌岌〕可危，重庆的陪都，将不久会被日寇占领，于是他暗中联络着刘文辉、杨森、邓锡侯、潘文华四人，进行五人的秘密会议，想建立一个西南独立政府，要求日寇不武力攻入他们的防区以内，以便保存自己的实力。其实这种行为，不但叛离中央，实即变相甘为敌人傀儡，做汪精卫第二的叛国割据。杨森虽也列席会议，但心中窃以为非，所以他不动声色，便把个中秘密报告于蒋主席。所以那时蒋主席曾为此严重之变动而一度飞往西昌，主要的目的便是截断滇康间的联络线，使得这西南独立的诡计不得实现。蒋主席此次的镇压收效，主要的功劳还在于杨森的告密。他虽出卖了龙氏，使龙氏丧失了独占云南的悠久历史，然而日人分化中国的诡［计］是被粉碎了。中央论功行赏，杨森之所以后来出长贵州，实由于此。

至于刘、邓、潘三人，本皆附从，除龙云得着去职处分外，对他们三人，也就不再追究了。

《新上海》第28期，1946年，第7页

南京太闷了　龙云希望到港避暑

军参院长龙云到了南京，住在家里读书写字，生活单调而严肃。

他在渝［不］大谈政治，然而一提到政治问题呢，他却坦白地说是“拥护政协决议的”。他说昆明联大的民主堡垒是受他保护的，假如他在昆明，那次学潮绝不至于发生，他现在没有遗憾，唯一的遗憾，就是他想帮助越南、缅甸独立而功成垂败。

他自认为对抗战是有功的，七七炮声后，蒋委员长把他从上海邀到南京，他认清滇越路之不可靠，必须修建滇缅路。也真巧，正当滇缅路通车之日，滇越路就断了。美国人还不相信，派詹森大使亲自驶车由滇缅路回国，詹森大使赞不绝口，认为靠着赤手空拳的农民，一年多通路，实在是一个奇迹，可与巴拿马运河媲美。在抗战期内，滇缅路的贡献不要说，就是国军的供应，美空军的庞大需要，云南老百姓没有一人没流过血汗。

他在京见过蒋主席，他希望政减刑轻。“五五宪草”是集权的，实在要不得，美国的州法，因地制宜，才能竞争繁荣。省自治法，只要不抵触国宪就可。在渝时，他除见过委员长外，宋院长间或到他寓所去拜访，周恩来先生也曾来约见过，但怕惹起更多的麻烦而未见。马歇尔将军曾约见过两次。他认为时局虽然险恶，但没有绝望。他说南京太闷热，他希望到香港过夏天，以后或者使子女在香港读书，香港现在是唯一的避暑地了。

他有五子一女，龙大、龙二带军，三子在家，龙四在美，女儿刚在南菁中学毕业。

《飘》第 12 期，1946 年，第 2 页；于思：《拟赴香港作寓公　龙云在京烦闷度日》，《海潮周报》第 41 期，1947 年，第 7 页

军参院撤销

成立战略顾问委员会；主委何应钦，龙云代理

【本报南京七日专电】军闻社讯：军事参议院撤销；一日起，成立战

略顾问委员会，何应钦为主委，龙云及于学忠、鹿钟麟、杨杰、陈济棠、陈绍宽、黄绍竑、刘峙、卫立煌、蒋鼎文等为委员。在何［应钦］未返国前，由龙云代理。

《中央日报》（昆明版）1947 年 4 月 8 日，第 1 版

记“龙云鎩羽案”始末

小心

谁都晓得现任军事参议院院长的龙云，过去是云南省的省主席。龙氏在昆明的时候，的确是一个“一呼百诺，朕即天下”的了不起人物。凡是到过崐〔昆〕明的人，都承认龙云是西南的“土皇帝”。但“土皇帝”之所以能成为“土皇帝”，均因与其当地的势力有密切的关系（指其统治地而言），如果一旦离开这个地方，则此“土皇帝”早已为有名无实的傀儡了。龙云将军眼看到这点，所以无论中央怎么样的委任要他出长要职，他都抱定主意，不离开云南。

当抗战军兴，江南半壁全部沦落，政府由南京而搬至陪都重庆，物资的缺乏自然是意中事，而当时的日寇封锁政策又甚严厉，故中央不得不注目于云南的国脉——甸〔滇〕缅公路，以致派遣大量的军队到云南去，以防变端。然龙氏则认为中央军的增加，对其本人的势力必将因此而减少，故不惜余力，加以种种阻挠，于是中央与龙氏间就发生了磨擦。

迄甸〔滇〕缅路被封锁，日军由百莫而直达腾冲，昆明已危在咫尺。当时政府的全部物资均集于贵阳、昆明二地。设昆明失守，则贵阳亦不易坚守，抗战即无法继续。因此中央对龙云越不肯放松，相反的二者的磨擦越见尖锐化。中央此时如果一有行动，深恐龙云会投降日军，故作暂时的允〔隐〕忍。迨甸〔滇〕缅路重开，国军由雷多公路打回时，窒息多年的云南更见其重要性，中央军在昆明的军力亦为雨后春笋，日见浓厚。因军务上的烦杂，龙氏与中央的磨擦亦更见表面化。最后中央为直接配合反攻见，于无奈何的状况下，便下令昆明卫戍司令、现任东北保安司令的杜聿明将军，着令对龙氏运用武力，逼其离云南。

当时情势十分紧张，在昆明的所有中央军，均扳弓弩张，大有满城风雨、草木皆兵之感。龙云见形势不对，亦下令反抗，结果双方都开起火来，机枪声、迫击炮声、手榴弹声，状如面临大敌相仿佛。终于远征军的配备良好关系，以及龙氏与卢汉间的不合作（斯时卢汉正被遣至越南，任中央军南区受降军司令），被勒令妥协。龙云屈服以后，然其潜势力并不因此而稍减，欲兴波作浪。中央为顾全他的颜面起见，复派大员宋子文，专机飞昆接龙氏来渝，出长参院。谁都晓得宋子文是一位交际能手，游说张学良便是一例。在其三寸不烂之舌下，龙氏只得低头，随其来渝，于是吓吓〔赫赫〕一世的“土皇帝”就此便收场了！

这一场械斗死伤不少，昆市民众对杜聿明恨之入骨，所以中央不得不把杜氏调走，代以关麟征将军。

《民声报》1947 年 9 月 7 日，第 2 版

周佛海“公馆”今昔

戴笠、何应钦等将军都逗留过，现在是龙云将军的办公室……

【南京通讯】巨奸周佛海的公馆，曾经是伪府冠盖云集、车水马龙的大厦，座落在三牌楼西流河边。胜利以来，已经换过五个主人了，现在这里是国民政府战略顾问委员会的办公室，曾经在这巨厦里逗留过的，有故戴笠将军，以及何应钦、谷正伦、桂永清诸将军。现在，周佛海的卧室是龙云将军的办公室。

这大厦从外表看来，并不够富丽，也许那些富丽已经跟着伪府的人与时烟消云散了。花木繁茂的庭院，在深秋里显得肃杀，脱了叶子的白杨，褪了颜色的墙壁，都显得寒伧，只有西流湾的浅溪，仍是那么明澈，流水的轻咽，像在诉说着什么。

大厦内部虽然经过数次的主人接收，总算尽量保存了原来的样子。连地下室在内，一共是三层，顶上一层是周逆的卧室连起坐间，大大小小就有五六间，由客室的布署来分别周逆接见客人的亲疏关系。最机密的会客室，紧挨着一长间玻璃房，室内除了丝绒的沙发以外，还有几张

活动沙发，准备谈话疲倦了随时小睡用的。卧房的出口，就是玻璃间，在外边就是晒台，冬天把玻璃窗紧闭，晒太阳不用生暖气，夏天打开玻璃门，走到晒台远眺落日，再好没有了。据说周逆每天早晨着睡衣，要在晒台上浏览很久。篱边西流旁在初升太阳的晒照下，光彩一片，人住石头城里，而享受到别墅的风光，无怪乎周逆每晨要在晒台上运用他那邪恶的思想了。

卧室陈设很简单，美式弹簧床依然摆在原来的旧地，未被挪动过。地板光滑照人，卧室的后门通一间小屋子，那小屋里有刚〔钢〕架巨大的挂衣橱，是周逆存放秘密文件的抽屉，现在空空的一股子朽木的气味。紧挨着这秘屋的是洗澡间，完全是白色大理石砌成的水晶宫。

铺满了三层楼，楼上楼下的地毯是红花的，那地毯之华贵，在南京很难找到第二家。大号的无线电和钢琴，放在这间屋子外边，准备举行家庭舞会的变色灯，正放射着柔和的光线。这架钢琴像好莱坞电影上所见到的那样庞大，只有用轮子才能推起走的大号钢琴。

这间宴客室陈设非常多，左古瓶、古董都已经收藏起来了，只有墙上挂的巨幅油画还未动过。

这屋子谈不到构造多么新奇，使人发生兴趣的是一条隧道，一间小小门打开来，一间黑暗的甬道。这隧道非常狭，只能容一人的路□蠕蠕爬下去，但是一到了下边，豁然开朗，就像到了世外桃源一样，真是柳暗花明又一村。当年周逆设计隧道的时候，就有心在紧急时逃之夭夭，因此这条隧道，也变成秘密之路。

十年前的周逆□□〔佛海〕，决没有想到十年后的今日住“老虎饭店”罢。他是否在监禁终身中，还想起玻璃房前远眺西流湾的情景么？

《平民日报》1947 年 12 月 14 日，第 3 版

罗隆基难忘龙云

罗隆基和龙云的一点渊源，也许是尽人皆知的了。当民盟的主委人物张东荪、张申府、李公朴、闻一多和罗等，群集昆明西南联大时，凭罗隆基的一张“铁口”，游说龙云，希望他建设民主的新云南，把昆明造成都

市的“民主壁垒”，西南联大造成学校中的“民主壁垒”。龙云是旧军阀而又兼有新思想的人，粗鲁爽直，头脑简单，这几点他都照办了。因此，民盟的势力便把昆明作为中心策源地。

胜利后，龙云调任军参院长，被宋子文、何应钦恭迎赴渝转京后，中央以卢汉为云南主席，而以李宗黄以民政厅长代之。到翌年夏，即发生李（公朴）、闻（一多）之惨杀案，当时罗隆基即喟然长叹：“要是龙主席在，应当没有这件事情发生了。”

最近，因为共党借外力助长内战，在东北以国际军队进攻，国内舆情鼎沸，群相指斥。民盟要在这时表示态度，真是难事，没奈何，罗隆基被记者逼紧时，又只得说：“就是共党国际化，中央也不能认他国际化的。”这算是什么话？民盟活动的地盘日促，听说罗隆基在给张澜的信上，又喟感地说：“不幸龙主席离去！”

《春海》第 14 期，1947 年，第 2 页

龙云离开云南

司徒霓影

他是刚愎而充满自信的。云南是他自兵马上得来，并且经他亲手繁荣起来。当云南成为战时中国唯一的国际都市时，他对于他自己的功绩是看得很珍贵的，正因为太珍贵了，使他过于固执自己的主见，并且他又是一个孤独的人，于是他没有客观的想法。

现任军事参议院院长龙志舟将军，直至他就任军参院以后，才被多数人所接触，在此以前，虽然不知他的人很少，但是能认识他本人的，实在不多。因此，他便被传说所包围着！

正因为传说太多了，因而使他不易获得人的谅解，这是他成功的地方，也是他失败的地方。

当他决定离开一住十九年的五华山时，似乎是突然的——其实在他说来，所为“突然”，并不是说以前没有想过要离开云南，而是说这个决定在他不是自发而是被迫！

远在蒋主席命令的半年前，他已经对自己决定了要摆脱云南统治者的那一串职务——这些职务在那时以前，都是他所珍视的！

那是旧历正月初七，有六位职务不同的他的亲信，接到要他们去龙氏家里吃晚饭的通知。当电灯照亮了他的客厅时，除了六位客人以外，还有主人的一群孩子。

“我今天，”主人开始说了，“是请诸位来做一个证明人，我已经把全部产业分成了这许多份，每个孩子得一份，但是第三子龙纯曾出赘在外，不得分家产。”于是，他把财产册子和划分办法都摊列出来。

“我老了！”最后老人这样说，“我已经六十岁的人了，我希望当抗战胜利结束后，就可以摆脱一切职务，静静的休息几年。”

这是一个转变，也说明了这位十九年云南统治者的真正心情，他把他的家产交给了他的孩子，也希望把他所有职务交还国家。

不幸，他并未实践自己的愿望。

这位老人刚愎而自信，他始终不承认自己在治滇时期有过失。所以当他被迫离职时，最大疑问还在他心里反复询问着：“究竟我有什末过失？”

于是传说、猜测、毁誉，合写出一篇答案，答案很快的散播着。他们说，云南一直到抗战以后都是在割据，在半独立的局面下存在，对于中央法令时有抵触，当抗战胜利以后，这种特殊局面势力必不能让他再继续了！

另一种说法，以为龙氏这两年太接近一群激进份子，他的政治路线可能受到他们的影响。

还有的认为，龙氏本人对于中央并无介蒂，但他的左右过于妄自尊大，在不知不觉中得罪了中央。

还有人以为，他的几位公子过于跋扈，有许多言论和毫无忌惮的行动，让他们父亲代受误会！

这许多批评都很恰当，也都有几分对，但是，我相信龙氏的离职，并不是这其中任何一点，而是这许多很小的不幸事件堆起来，加上龙氏本人对“政权的看法”！

“政权的看法！”

这是最重要的一点，因为上述种种在龙氏来说，并不是有意造成，也非他所同意，甚至于可以说他被蒙在鼓里。只讲一点他家庭的隐事，在云南各阶层社会中，不知道“龙三”的人恐怕简直没有了！这个人不仅止代表一种威势，甚至于代表一种力量，在某些地方，有“龙三”为后台，可以得到保障和凭借。这个人曾经做过团长，以后他全力组织他的社会力量，在青帮最老的老头子张树声底下拜门，在云南开山堂收徒弟，办银行银楼和报纸，做工会理事长，他的力量以昆明为中心散布出去，甚至远达贵州。在一般人想来，“龙三”的力量最少限度也得到龙氏的默认或者暗地的支持吧！其实，谁也不会想到在抗战八年中，他们父子虽然在一个城市里，但他们却异常生疏的。“龙三”非常怕见他父亲，也正因为太怕了，所以不仅不愿意去见他的父亲，甚至于尽量躲避他的父亲。不幸，有一天毕竟无法避免了，似乎为了一点小事，龙氏勃然震怒，立刻要他的副官长把“龙三”找来。这是午后五点钟光景，为了等儿子，一直到七点半钟都徘徊在光复楼下面的走道上。后来左右劝他回家，他才带着盛怒回去。第二天他下了一个手谕，命警务处把龙纯曾抓来，倘遇抵抗，格杀勿论。这样一来，难为了副官长和警务处长。因为对于“龙三”来说，大家也不能过份难为了他，但是又不能不遵从命令去办。于是大家到“龙三”家来，“龙三”也吓得不知所措，最后决定是拖一两天，使龙氏平息了怒气，然后请了各厅厅长护着“龙三”，这已是第四天的事了。一切都照计划进行。当副官长伺候着龙氏批阅了许多比较愉快的公事以后，就让“龙三”到接待室，龙氏出来了，孩子跪在地上，父亲慢慢坐到椅子上，从他眼睛里洋溢着所有父亲因为太爱孩子的光芒。

“我曾经多次用种种方式告诫你，你从不曾听我的话。”父亲这时声音由亲切而转为严厉：“我问你，是谁给你的责任，国家委托你，还是人民委托你？你凭着什么资格和本事可以做工会理事长、银行董事长？我从前时常在奇怪什么是奸商，现在我明白了，就是你们这种东西。你想想，你除了因为我是你父亲而外，你还有什么凭借？但是我可曾要你这样做呢？”

孩子跪在下面，除了呜咽而外，没有回答。这时候，几位厅长走了进来，他们一同劝龙氏保重身体，于是龙氏命令副官长：“把他押在拘留所里，不许下山！”“龙三”就这样不幸的做了两个月阶下囚！

从这一点看来，龙氏所希望于他孩子和他左右为善的心，是出于至诚的。可是他太高了（至少他的部下对他有这种看法和感觉），他没有师友，所以他得到真实的言语太少了！他自己并未感到他太孤独，当他知道的那一天，已经太晚了！

但是他是刚愎而充满自信的，云南是他自兵马上得来，并且经他亲手繁荣起来。当云南成为战时中国唯一的国际都市时，他对于自己的功绩是看得很珍贵的，正因为太珍贵了，使他过于固执自己的主见，并且他又是一个孤独的人，于是他没有客观的想法！

其实这并不足奇怪，在他十九年的云南主席任内，他仅离开云南两次，一次是抗战开始时到南京，一次是和盛世才同时到重庆开中全会。他的眼界只是五华山上的云南，而他又不肯轻易接见客人！

现在我要说他对政权的看法了！

这个看法是建筑在他主观的、治滇十九年的经验上，便是他对未来宪法上地方均权的主张，他的“地方均权”是广泛的：据不完全可靠的消息，他这一点主张曾由他的幕僚写成了文字，准备在适当的时候拿出来。不幸并未待他有这个时候，他便离开了云南，而当离开云南两个月以后，政治协商会议开幕了，“中央集权和地方均权”的争论，变成了讨论宪草的重要一幕。

于是我们可以想到，假使这时他还在云南，拥有武力，他对于政治协商会议将发生何等的影响呢！

无情的暴风雨

西昌，是一个幽静古老的城市，当这儿作了委员长行辕以后，它换上了建设的新衣，虽然它在所有中国城市中不占重要的地位，但是它的意义却很重大的。

在离开西昌十里路的邛海，是一个恬静的风景区，这个区域跟着行辕的设置而大兴土木。现在，面对着这卅里的海面，耸峙着许多幢房子，这些房子是准备在战争必要时候，政府迁移来时所用。这些房子最高的一幢是委员长官邸，它们都安闲的等待着，一直到胜利，并没有什么热闹和烦嚣来侵扰它们的沉寂，也没有一个客人来造访它们！

日本投降签字后的第三个星期，那是九月廿七日，突然的紧张带到了这个安静的西昌，于是那一片从来一直冷落的新建筑也开始忙碌了。西昌行辕全体人员都在忙碌中。

下午，两架专机悄悄落在机场上。蒋主席轻装简从，安闲的步出飞机。除了一群侍从人员外，没有一个重要官员随从。于是沉寂了的邛海新邨顿成一个新的都市，电灯照亮了夜里的海滨！

知道蒋主席莅临的人很少，而知道的人也仅知道主席是来游历的，但是主席来了以后很少外出，每天仅在傍邛海的那堆古松前散散步，邛海依然恬静的躺着。

几天以后，十月二日的这一天，西昌机场上又来了两批飞机，带来了军政大员，他们是陈诚、宋子文、李宗黄、关麟征等，由空军第三路王副司令叔铭亲自驾驶了一架飞机来，这架飞机是准备直飞昆明的。这一群新客直由机场径至主席行辕，听候指示重要机宜，但是连宋子文院长在内，大家不知道命令的内容。

这里面之一人是未参与的，那便是已经内定的东北保安长官关麟征，他是单独为东北新职来请示的。可是很巧，以后他也被卷入了改组云南的政治漩涡中！

当天原机把李宗黄氏带到昆明，李氏携有主席亲笔命令和函件。

就是这天午夜，昆明仍然欢乐着，突然的，龙氏接到他手下谍报人员来的电话，报告他一个消息："全城已戒严几分钟了，可能电话断绝……"

电话没有讲完就断了，这是午夜一点钟光景，也正是这个时候，副官来报告他住所被包围，并且断绝交通，司机被摒在外。在这个同时候，门外送进来一封信，信由李宗黄、杜聿明二氏署名，信里叙述他们奉到的命令。

在这千钧一发的时候，龙氏没有则声，他很镇定，随手拿了一顶毡帽，带了两个随从悄悄从后门出走。他这个后门是在一条僻静的巷子里，因为从来不用它，所以不被人注意。他走出门去，街上空气非常紧张，带有特别标识的中央军正在街头布防，并且劝告街上老百姓赶快回家去！

“老先生，快些回家吧！这里戒严了。”没想到这些士兵不认识他，还劝他躲避。从他寓所到五华山不过一里路，这样他便安全的走到他办公的地方了！

龙氏决没有抗命中央的意思，但是他以为在他没有正式奉到蒋主席命令以前，他不愿意离开五华山，有人说那时他确准备在必要时死在五华山上。

对峙的局势不久就告解决了，虽然昆明仍不免流了血，终竟化干戈为玉帛。假如现在要来公平的衡量当时的是非，是不容易的。在云南来说，是一种单方的自尊心受到打击，而在中央军，则因为过于重视自己所执行的任务。

十九年来已经习惯于大一统的云南，突然的改变，对于一般老百姓，的确有一种不知所措的慌乱。虽然事情太突兀了，让他们一时还不能安定和理智的去检讨面前的一切，但是他们心情却是难以形容的沉重。在这些时候，他们对老主席的怀念和惜别，是出于真挚的情感的！

李代主席带了新的革命精神和朝气来了。这位埋首多年、致力于他理想的老革命同志，当他有可以发挥他的抱负的一天，他的贡献和勤劳是可贵的。

然而，云南这个安定的社会和他所致力的事业，中间相差得太远了。当这位新县制首创者惋惜他所费的劳力时，云南人却普遍的有一种消化不了这位有理想的主席新政的感觉！

仅仅做了六十八天主席，他去职了。他带着沉重的叹息：“孔子治鲁三月才有政声，圣人都需要时间来竟事功，我们在云南仅只两个月，让我们如何能有贡献呢?”他的叹息是深长的，也是所有勇敢的人共同的叹息！

云南改组流血不幸事件，大多数人都以为杜聿明将军要负责任，在龙志舟氏离昆明的机场上，也曾以此责备杜氏，因为当龙氏决定到重庆以后，他去了之后，他所最痛心的就是在他被解除职务时所发生的流血事件了，所以他的愤怒集中在这一点，在他十九年以来，云南秩序以他走时最坏了！

但是，杜聿明对于这一点可以卸除责任的，当蒋主席责备杜的时候，杜拿出一封龙氏亲信所给他的信，信上要求杜的军队维持昆明全城的秩序，他接受了云南“贤达”的要求！不知道这消息是否真确，假使是真的，那是不可解释的！

卢汉的新政

卢汉（永衡）和龙志舟之间的关系是非常微妙的，一般的传说都认定他们是同胞兄弟，因此，他们被认为是一个灵魂！

其实，他们之间亲谊的关系是，卢永衡夫人是龙的远房姊妹，然而仅用亲属血统关系来说明他们的感情是不够的，因为当他们在童年时便已经植下了同甘苦共患难的生活了。事实是这样的，龙院长很小就失去了双亲，于是他便寄养在卢府上。卢太夫人把他视若己子，教诲抚养都和自己的孩子一样，这位伟大的母亲不久前才恬静的死在她的家乡。她曾亲眼看见她教养的两个孩子相继领导云南，在近世中国史上这样福寿双全的母亲真不可多见，更难得的是两位主席对于太夫人的恭谨孝顺。卢永衡将军当然不用说了，龙院长也是一样，在云南只有她可以坐在椅子上指责站着的龙院长。每次龙氏回到家乡时就直接先到卢府请太夫人的安好。这位太夫人很厌烦城市的喧嚣，当她的孩子相继成为中国政治上有名人物时，她并没有一点骄矜，她仍然生活在那朴实的农村里！

龙、卢之间不可分的关系是由此树基的，尽管他们可以成为一个灵魂，但是他们之间政治上的见解和看法却有很大的距离。龙氏代表中国固有的、宗法的英雄式传统观念，在思想和生活上很倾向于保守，而卢氏却偏重于革新。譬如说龙氏在检阅或宴会上，总穿长衫马褂，但在卢氏却可能穿着一身美式猎装。他们就是这些作风上的悬殊，使他们中间有了鸿沟。

卢永衡并不太为龙的左右所欢迎，因此他长时间被摒弃在他异姓哥哥的政治圈外，要不是抗战需要云南出兵，而云南又找不出比卢更恰当的带兵官的话，卢氏也许甚至根本不会有今天。

但是，今天这位云南主席的苦闷仍然深厚，他面对着一个艰巨的前途，又要调和内部的分歧意见，甚至于还有一部份人以为他出卖老主席。在这经济干涸的云南，面对着如许错综复杂的纷扰，他的心情是不难想象的！

不过，云南需要他，事情确有些奇怪，自他奉命治理云南以后，曾发生过三件大事：第一件是昆明学潮，第二件是李、闻被殂，第三件是火烧光复楼。这一连串不可思议的事，都相继发生在他离开云南的时候。

其实，无论是中央和地方，大家都有这种想法，在今天要想找一个更比卢还适合的人来治理云南，是困难的！

霍揆彰走了以后，云南军政事实上已经一元化了，这止是加强卢氏治理云南的机会，也是蒋主席进一步信任卢氏的表示。在这样一个新局面里，卢氏是可以放胆来做一番的。

现在，他不再顾虑中央是否对他存有不信任或者猜疑了，他已经使以前中央存有的猜疑进到信任的阶段，倘若他能继续认真，开诚心布公道的做下去，将来代替信任的，应该是中央对地方的依赖。在今天内乱不止、烽火不已的中国，中央的确需要依赖一个安定的、郅治的云南。

对于云南本身来说，云南已经从一个惊惶不定的局面下慢慢的恢复原来的社会秩序，在可以安定的情况中，展开吏治的整饬。现在云南当局对于肃清贪污、禁绝烟毒，是下了最大的决心的。凡是这些都是新云南开始建设的先决条件。

建设云南是艰巨的，概括的说来，云南今天不仅止经济贫乏，人才也极贫乏，并且人才的需要尤重于经济。许多年来的云南人，都愿意向经济（说得实在点，就是走私和投机）上发展，大约一般所公认的人才也不过是这方面的人物，这实在是可叹息的。抗战前云南被隔绝在山国里，要不是战争，从内地流入的新文化，恐怕要走五十年才能到达云南。幸运的（也可以说不幸），云南经过抗战突进得令人难以想像。但是当胜利以后，云南得到了些什么？多了洋房和汽车，多了暴发户，年轻的一代学会了跳舞和开吉普，这真是可耻的！

所以在云南来说，人才是最宝贵的，云南应该能够大胆的尝试新人才的培植和提携，没有新的人才，如何可以建设新的云南呢？

不久以前，那幢有四十多年历史的云南政治神经中枢的光复楼遇火全毁了，新的正在计划重建中，这是富有意义的，正和新云南的建设一样。（完）

《新闻天地》第 21 期，1947 年，第 4～7 页

龙云闷寓京华

华封

蛰处首都的要人之中，有一位最为苦闷，你道是谁？便是军事参议院院长龙云。

龙云在以前是个炙手可热的人物，在他全盛时代，掌握过三十三师的兵符，如今他老骥伏枥，大概有终老林泉之意了。

据熟悉南京政界人物的谈起，龙云到了首都，公开场合从来也没有见过他的踪迹，有人知道他很是富有，凡是慈善事业或者公益事业，都想动他脑筋，叫他破费一点。来客把这个意思向龙氏陈述之后，他总紧蹙了双眉对来客道：“你不知道，我所有的都是不动产，而且远在西南，这里靠军事参议院的薪俸过活，哪里来的钱捐助呀？”

上月间，卢汉晋京述职，住在龙云的家里。他们二人本是弟兄，不过姓了两个姓。龙云以前的旧部，如今都在东北作战，所以卢汉代表到东北去劳军了。闻卢汉此次到京，由飞机上运来大批火腿，还有大头菜、普洱茶等云南土产，计有数千斤之多。京中朋友闻说此事，都向卢主席索取，以为他做小货。卢含笑向友人说：“这些食品，预备带去东北送给滇军，作为慰劳品，绝将非‘黄鱼’也。”

一般滇省同乡闻讯，非但不再取笑，反而肃然起敬。闻此一批云南火腿，业已由专机浩浩荡荡，送运出关去了。

《雷达》第 77 期，1947 年，第 7 页

龙云与卢汉

夷明

现在云南省主席卢汉，不仅在职位上继承了龙云，而在一生中同龙云也有着密切的关系。他们原是姑表兄弟，小时就生长在一处，长大后又结为拜把兄弟，受着龙云的领导。那时，他们在昭通做着一些侠客的举动，发泄了平日积压在心里的民族间的仇恨，给了那些大汉族主义者以无情打击，昭通成了他们的自由天下，这是他们年青时代英雄的行径。

在唐继尧进攻四川时，因为挽救了滇军的失败，而打垮了川军，一鼓而占领重庆，唐继尧便很垂青龙云。在龙云从云南讲武堂毕业后，卢汉也跟着入了讲武堂第十四期。龙云在唐继尧的刺〔佽〕飞军里当大队长时，卢汉也在里面当了一名小队长。唐继尧被顾品端〔珍〕从云南赶出去后，龙云拉着队伍到广西边界上，招兵买马，自称为独立旅，卢汉任着团长。等唐继尧再回云南赶走顾品端〔珍〕，再坐上五华山（省政府的所在地）的宝座时，龙云当起了第五军的军长，而卢汉也升为该军的旅长了。

到最后，龙云由军长一跃而为省主席时，卢汉便成了龙氏手下的四大师长之一。

卢汉从开始似乎便是龙云的一颗卫星，他的一生便是云南的一部内战史。从胡子嘉笼囚龙云，放逐到安南之日起，直到龙云卷土重来，平定云南，卢汉都是龙云的一根重要台柱。没有这根台柱，龙氏是不能坐上这宝座的；没有龙氏，也没有今日的卢汉。

卢汉身体魁伟，面目紫黑，真是一副典型的军人相貌。前半生在内战的战斗中，他的性格似乎显得有些可怕，因为他以可怕的杀戳〔戮〕来维持那时的军纪和社会秩序。

在龙云初任省主席时，真是云南的一个多事之秋，龙云的敌人不仅一个胡子嘉，而且还有一个孟友文〔闻〕，一个张汝骥，一个唐三。但靠着卢汉、张冲和朱晓东的努力（都是那时的师长），慢慢的把他们平定了。

后来朱晓东进攻贵州，占领贵阳，做了贵州的省主席。民国十九年，龙云以卢汉为总司令，率三个师，奉中央令进兵广西，同时，广东省主席陈济棠也奉命进兵夹击。等滇军围攻着南宁时，陈济棠的军队在广西边界上老不动手，滇军久攻不下，便引兵西退，不料给李、白调动大军在马鞍山上加以截击，尸骸遍野，滇军足足损失了三分之一，这是内战给云南当局的一个大教训。

经过数年的息养，卢汉在修养上、性格上都跟以前大不同，他已变得有些文质彬彬，同以前好像成了两个人，这似乎是时代使然。七七抗战爆发，他被编为六十军军长，统率着三迤健儿，奉命出省抗日。他们走过千山万水，当敌人的板垣师团浩浩荡荡，沿津浦铁路南下，直攻台儿庄时，他们便出现在台儿庄的原野里，用血肉在保卫着祖国的土地。因为从敌人占领下把马王山夺过来，以致造成了台儿庄的伟大胜利！他因而得到了统帅部的嘉奖！

经过徐州突围，在保卫大武汉的战斗中，卢汉统率的滇军又出现在富水流域了，他们在这里坚强的阻止着从江西沿江西窜的敌人，一面掩护着江西的大军向西撤退，一直到长江北岸的敌人快要进入武汉了，才慢慢的向后撤退。这时，滇军又源源不断的从云南开出来增援，卢汉升任了第一集团军总司令，统率滇军转战江西、湖南。当敌人在海防登陆后，卢汉率着六十军转回云南来了。敌人投降时，卢汉奉命率领所有滇军，到越南去接收。就在此时，龙云从五华山的宝座上下来了，“云南从此成为中央的云南”（李宗黄语），但云南人却感到失去什么，因而不免激愤。于是，卢汉便被作为缓和剂，继承龙云当了省主席。然而，在今天的情况下，云南人民又那能对卢主席寄予过多的期望呢？

《人物杂志》第2卷第4期，1947年，第24~25页；《卢汉是龙云的卫星》，《工商日报》（天津版）1948年3月23日，第3版

龙云宴何应钦　邀蒋鼎文等作陪

【中央社南京三日电】 战略顾问委员会代主任委员龙云，今下午七时

在该会设宴为何应钦洗尘，由在京各委员蒋鼎文、张发奎、熊式辉、鹿钟麟等作陪。席散后，由办公室主任裴存藩介绍各高级战员谒见后，将该会成立经过及工作概况拟具报告呈阅，按何氏为该会主委。

《中央日报》（贵阳版）1948 年 4 月 4 日，第 2 版；《龙云昨设宴欢迎何应钦》，《革命日报》1948 年 4 月 4 日，第 2 版

龙夫人在昆声明　龙云不是巨富

谓产业已分与七子女

【本报昆明三十日专电】龙云夫人顾映秋，顷向新闻界就外传龙氏为国内巨富一事，加以声明称：龙氏产业多系房产，总值不过战前百万元。以龙氏从事军政三十余年之辛苦，按年计算，每年存储不过三万余元。渠深知龙氏决无国外存款，国内亦未经营企业，且其产业已于二年前全部分与子女七人，所谓“巨富”，实无稽。夫人称，龙氏在京面谒总统，已经请辞战略委［员］会代主委之职。又夫人当选监委，定六月二日赴京出席监院会议。

《大刚报》（汉口版）1948 年 5 月 31 日，第 1 版

何应钦、龙云昨欢宴白崇禧

〈前略〉

【中央社南京十七日电】新任战略顾问委［员］会主委白崇禧，自沪回京后，前主委何应钦及代主委龙云，特于十七日晚七时设宴欢迎，并邀在京各委员于学忠、何键、贺耀祖、傅作义、万耀煌等作陪，至九时许始散。〈后略〉

《华北日报》1948 年 6 月 18 日，第 2 版

孙科、龙云联袂飞牯岭　蒋昨晤司徒雷登

【本报十五日南京专电】孙科、龙云十三日晨专机飞牯，据龙云称：

此行系奉总统电召，在牯或有旬日逗留。又华中剿匪总司令张轸，偕秘书李庚白自今晨飞牯谒见总统，有所请示。

【本报十五日南京专电】翁文灏及政府要员数人，定十七日赴牯晋谒总统，有所报告。又孙科、龙云已于今飞牯，至邵力子须延至十八日始可成行。

【中央十五日南京电】立法院长孙科与秘书长张肇元奉总统召，十五日晨十时四十分，乘"美龄"号机飞浔转牯岭。又总统战略顾问龙云，亦同机前往。〈后略〉

《宁波日报》1948年8月16日，第1版；《翁院长与政院高级长官会商新经济方案　对物价高涨苦思解决办法　孙科龙云昨应召飞达牯岭》，《甘肃民国日报》1948年8月16日，第1版；《孙科龙云昨登牯岭》，《西北文化日报》1948年8月16日，第1版；《政府要员纷纷赴牯　孙科龙云昨已起行》，《国风日报》1948年8月16日，第1版；《孙科龙云奉召赴牯　翁文灏官邸有集会　传对某项重要问题交换意见》，《新疆日报》1948年8月16日，第1版；《总统在庐山　访问司徒大使　孙科龙云赴牯》，《商业日报》1948年8月16日，第1版；《孙科龙云两氏　奉召联袂飞牯》，《平民日报》1948年8月16日，第1版；《总统昨访晤司徒　孙科龙云昨由京抵牯》，《华北日报》1948年8月16日，第2版；《昨晚月色迷朦下　总统再作郊游野餐　孙科及龙云等一行昨飞抵牯　沪金融界领袖多人奉召上山》，《中央日报》（永安版）1948年8月16日，第2版

奉蒋电召　孙科、龙云、张肇元登牯岭

【中央社南京十五日电】立法院长孙科与秘书长张肇元奉总统召，十五日晨十时四十分乘"美龄"号机飞浔转牯岭。又总统府战略顾问龙云，亦同机前往。

《北平小报》1948年8月16日，第1版；《孙科龙云　联袂赴牯》，《贵州商报》1948年8月16日，第2版

蒋夫妇昨在牯岭邀司徒雷登等游天池寺

午间设便餐在寓宴请张君劢，并邀孙科、龙云、陈布雷等作陪

【中央社驻牯岭十六日电】 蒋总统夫妇十六日午在官邸便餐，邀请张君劢，由孙科、龙云、陈布雷、张肇元、胡家凤、俞济时等作陪，席间宾主交谈至欢。饭毕，并曾在庭栏拍照多帧。〈后略〉

《平民日报》1948 年 8 月 17 日，第 1 版

龙云返京

【中央社牯岭二十二日电】 龙云二十二日下午离牯转浔，搭中航机返京，方治及公了〔子〕纯祖、纯勋、纯洛等同行。

《平民日报》1948 年 8 月 23 日，第 1 版；《龙云离牯返京》，《中央日报》（贵阳版）1948 年 8 月 23 日，第 2 版；《龙云返京》，《西北文化日报》1948 年 8 月 23 日，第 1 版；《龙云方治　离牯返京》，《北平小报》1948 年 8 月 23 日，第 1 版

党员特捐踊跃　龙云认捐一千元

【本报南京十九日专电】 募集卅七年度党员特别捐，日来响应中央号召者极踊跃，因中央劝募委会已收到认捐款，有行政院翁院长文灏认捐金圆五百元，军事参议院龙院长云认捐金圆一千元，徐佛观认捐金圆二百元，其他捐款同志人数亦甚多。

《中央日报》（昆明版）1948 年 10 月 20 日，第 2 版

龙云赴香港疗养

【南京中央社十一日电】 战略顾问委员会代主任委员龙云，因健康关

系，须易地疗养，已奉准病假二月，于本月八日由京飞广州，转香港就医。〈后略〉

《中央日报》（永安版）1948年12月12日，第2版；《龙云飞港疗养》，《中央日报》（贵阳版）1948年12月12日，第3版；《龙云飞穗　转港就医》，《西北文化日报》1948年12月12日，第1版；《龙云飞香港》，《西京日报》1948年12月12日，第2版；《龙云飞港疗疾》，《革命日报》1948年12月12日，第2版；《龙云飞港疗病》，《新疆日报》1948年12月12日，第1版；《龙云因病请假　飞穗转港就医》，《华北日报》1948年12月12日，第2版

龙云秘密飞港　经过曲折微妙

【南京十一日航讯】战略顾问委员会代表主任委员龙云离京赴港经过，曲折微妙。龙云于八日午夜秘密离京飞港，龙离京时系化装为一老太婆，由一副官陪乘三轮车赴明故宫机场。当时有一预先以巨金治安之美国人驾驶之飞机已升火待□〔发〕，乃匆匆登机飞沪，沪机场则另有一机等待直飞香港。

龙氏一生惊险中得脱，此已为其第三次。第一次在廿年前，其时云南前任统治者唐继尧甫逝世，龙云与其他二人相等地位之军长，逐鹿云南宝座，龙当时为其政敌胡若愚捕获，胡乃以铁笼载之至郊外数十里。龙巧施计得逃脱，乃与滇主席卢汉合兵击溃胡军，取得云南政权。其第二次为卅五年十月三日，蒋总统解除龙氏所有云南职务，是日午夜由杜聿明指挥昆明全市戒严，市面满布杜之军队。龙氏于其私邸获悉其职务解除，默然悄无声息，自其后门出走，径至五华山龙之大本营，而街上士兵因未识龙氏庐山真面目，竟任其安然抵达其安全地。

迨龙至渝，由渝至京后，思乡倍切。其时龙已无意政治，亟盼返故乡安憩，数度要求，均未获准。今夏某日，龙送其夫人、监委顾映秋赴沪，在火车上离开车三分钟时，忽有便衣□人，礼貌如仪。龙返寓邸时，京中即盛传龙将离京。蒋总统适在庐山，当即电请龙全家至庐山，并派“美龄”号专机迎送。山间小居，款待殷勤，仅大轿即有四乘备用。蒋夫人时

与龙幼子下棋为娱，甚欢洽。此次龙出走，布置费时两周，即完成英雄式之出奔。

龙离京后第二日，蒋总统始获悉，首都卫戍司令张耀明乃被传询。其时京中知此项消息者，仅极少数高级人士，均极震动。当时有数项推测，但大多数则以为龙氏乡意甚浓也。

另据接近何应钦部长之人士传出消息，例亦十日接龙函，告赴港事，并请致意顾墨三氏，后会有期。

《南侨日报》1948 年 12 月 13 日，第 1 版

龙云电告赴港养疴

【本报讯】战略顾问委员会代主委龙志舟氏，日昨电省府卢主席称：因京中气候不佳，已奉准假，由粤赴港养疴。电文词句简洁，未提及其他事。

《中央日报》（昆明版）1948 年 12 月 18 日，第 6 版

龙云逃掉了！

冯由达

十二月十二日全国各报上登载了一条中央社发布的小新闻："战略顾问委员会代主任委员龙云，因健康关系，须易地疗养，已奉准病假二月，于本月八日由京飞广州转香港就医。"

在目前时局极度紧张之际，明了时局内情的人，对于这条虽占极小篇幅的新闻，少不得要为政府捏一把冷汗。

龙云毕竟逃出了南京，而且是逃往香港去的。今后他是否要飞回云南与中央唱对台戏，没有人敢逆料。谁都知道，中央曾经利用抗战胜利后的机会，把龙云推倒，弄到重庆给一名军事参议院院长的闲差事，实际上却是暗地软禁，使他永不得翻身。

谁也料不到，而今龙云居然在监视人员三年长时间的严密监视之下，

逃出了南京，逃到了香港。

据熟习各方关系的人说，龙云是这样逃掉的：十二月八日，一个星月无辉的晚上，当监视龙云的人员正在南京中央路龙公馆附近雀战正酣的时候，龙化装成一个老太婆，由一个副官陪同坐了三轮车，一股劲溜到明故宫机场。在那儿，早有事前包定下来的专机，由美国人驾驶，急飞上海而去。

到了上海，另外换一飞机，还是由美国人驾驶，直飞香港。据说除掉化去约合一万美金的专机费，还化去两个星期的准备时间。

龙在走之前，写了两封信，一封给蒋总统，一封给何应钦。给总统的信，根据“公事公办”的做法，表示“请假两月，赴港疗养”；给何应钦的信，因为出于友谊，所以直截表示惜别之意。

俞大维主持下的邮电事业是向以迅速服务为标榜的，而偏偏龙云八日写给蒋总统的信，到十日正午方才见到。这当然对于蒋总统是一个绝大的打击，所以，接着传出来的消息，是被派监视龙云的监视人员，全部被拘，追究失职之罪了。

三年前，抗战刚刚结束，龙云丢掉了“云南王”的宝座，在一种无可奈何的情况下，坐上中央派到昆明去的专机，由宋子文迎接到重庆去“荣任”军事参议院院长。从那时候起，龙云在表面上虽显得恬淡无为，并且鸦片烟抽得比过去更厉害，其实呢，他内心上无时不在筹划出走，逃回云南，东山再起，甚至于问鼎中原。

胜利还都，龙云又被迎送到南京。战略顾问委员会由军事参议院改组成立之后，虽然新院长发表的是何应钦，而实际上仍由龙云以代主任委员的地位，主持院务，以至后来连白健生将军以“小诸葛”的声望接掌此事，仍不好意思就职，而到华中专心一致去对付共党的军事。

蒋总统明白龙云的心情，也了解他和卢汉的私谊，为了臻西南于磐石，一方面尽量怀柔卢汉，另方面对龙云也百般敷衍，使他在失意后也不至于过于难堪。比如说在南京，蒋总统对龙氏较其他任何人都要殷勤，而日本冈村宁次大将的房子，也交由龙云居住，其他人休想问津。

后来，中央为了重建军制，除了蒋总统一个人是特级五星上将之外，一级四星上将只计画给何应钦、李宗仁、白崇禧、阎锡山、程潜、陈诚六人，但蒋总统一看到了名单，马上加上了龙云的名字。

可是，这一些恩宠，绝不能使龙云忘掉云南，也更不能使他忘掉中央干掉他“云南王”宝座的仇恨。因此，他有时在他的心腹面前，便表示不报昆明事件之仇，誓不为人。

今年夏天，龙的夫人顾映秋，以云南选出的监察委员的资格到南京出席监院大会，在她会毕离京返滇，由京乘夜车去沪的时候，龙云以送别夫人为名，曾经希望来一个神不知鬼不觉的出走。不幸在火车将开动的五分钟之前，就被监视人员请回公馆了，接着龙云被请到庐山消暑，于是又沉默了下来。

在今天大局紧张，政府有向西南迁移的准备的当儿，他以一种戏剧式的英雄姿态，逃奔流亡政客大本营的香港去了。南京政治圈中为此而起的震动，决非外人所能想像的。大家都互相询问：“由于龙云的逃走，云南会独立吗?”

这里我们想一提现任云南省主席卢汉。据说，卢汉过去曾表示，只要龙云能回云南，他就让位。这句话自是基于龙云绝回不了云南的认识。而今，只要再来一架飞机，龙云就可以大摇大摆地回去了，难道真的要来一个猛虎归山吗?

《新闻天地》第 54 期，1948 年，第 11 页；《龙云逃掉了!》，《宁波日报》1948 年 12 月 24 日，第 4 版

宋子文访龙云

【本报香港专电】宋子文夫妇昨晚访龙云移驾回京，谈话内容未详。龙氏拟最近返滇一行，宋定于周末后返穗。

《宁波日报》1948 年 12 月 24 日，第 4 版

云南情势不稳定　龙云回滇不可能

【昆明通讯】云南的情势，近来外间许多人都纷纷猜测，云南将如何

如［何］，但何种□传说不是没有根据的。比方卢［濬］泉的滇籍六〔九〕十三军，在锦州四面受敌时发生变故，锦州的防御战受了影响，有人说这是“拆台”之举，此其一；守长春的曾泽生的六十军，听说曾掉转枪口指向李鸿的新七军，致使郑洞国将军被俘，长春也随之易手，此其二。

不错，这是事实，然而并不能一口咬定九十三和六十军的变故，就是云南“不稳”的证明，至少目前没有反的迹象，并不如外间所传的那样。不论在昆明或是在乡间，谁也看不出有什么“不稳”的举动。张冲之悄然只身出走投降哈尔滨，是他个人的行动；他的反政府言论之于云南，也无普遍的反响，他说的写的，云南人压根儿无机会耳闻或目睹。

统治了云南十八年的龙云返滇说，不只一次了。先在重庆复而南京，当了三年战略顾问主委的龙云，照目前的情势观察，绝不会回来云南做事的。昆明的龙公馆是冷清清的。他的三个公子——龙大（绳祖〔武〕）、龙二（绳武〔祖〕）、龙三（绳曾）都远在京沪；龙夫人顾映秋女士，月前曾经回昆明来住了一段时期，因为闹罢课的原故，她所创办的□□〔南菁〕中学，给弄得稀烂，校长也被打得半死半活，以“匪谍”之嫌被捕。龙夫人不免有点痛心，费了好些气力才把这贵族学校恢复原状。

《大刚报》（汉口版）1948 年 12 月 31 日，第 4 版

龙云“翻云覆雨”

徐正芬

【香港航讯】“云南王”龙云于十二日从南京逃到香港，住在自己的别墅里，记者一概不见，引起政治中人密切注视，左翼尤为激奋！滇省人士则认为，龙氏将努力恢复曩日推倒洪宪帝制之西南联盟，如果这样，则广东将由宋子文、云南将由龙云、广西大约将由白崇禧、黔川将由李宗仁主持，且信如联盟成立，则龙云与白崇禧将凭险设防，以对付毛泽东。龙云来此，一为筹款计，一为政治目标计。

《群言》第 22 期，1948 年，第 10 页

龙云飞港之谜

派克

若干关心时局变化、素来敏感的人士，对龙云悄然离京飞港的消息，是感觉非常有趣的，都认为这里面一定有研究的“必要和价值”，理由是很单纯的：第一，龙云和其他一般地位不重要的富商巨贾带着姨太太、哈巴狗、黄金、美钞、银圆，逃难香港、台湾、广州、福建的情形不同，那些富商巨贾只是为了保全自己的生命、财产，以及为了一切自私的行为和目的而高飞远走！他们并不实际过问政治和负责实际政治事务，他们之走对于局势似乎不致发生任何直接的影响，只是间接的影响社会人心，使之“不宁和惶恐”而已。但龙云却是总统府战略顾问委会的主任委员，地位非常重要，“职权”也很大，尤其在这个战时状态下，他没有理由和一斑〔班〕狼心狗肺的豪门奸商“同流合污，一走了之”可以了了的。第二，奸商们和中枢若干大员的“宝眷”们的逃难行为，是大摇大摆的、气势凌人的包了飞机，带着阿猫阿狗，连墙壁上的钉子都拔了，用汽车装向机场出发而“正式”走了的。

但龙云之走是“悄然”而且“机密”的，同时他没有奉到中枢任何“特使”的名义，或者说，他没有衔着中枢任何命令和港政府或其他方面去接洽公事或私事的。因此，仅凭这两点就足以说明，龙云之走一定出了什么“毛病”了！然而，龙云究竟怎么走的？为什么要走？外面的谣传很多，都很难引以为据。记者为了这一点——使人们对龙云走的消息和观念获得一个比较正确的报导，不惜东奔西跑，花费了许多的时间，终于得到了要领。现在，请听我说来：

十一月七日的清晨，四点钟还没有敲过，这位龙云将军便偷偷摸摸的起了床，向窗外探视笼罩在南京城四方八面的大雾。这时，外面的空气自然是很冷的，龙将军耐不住冷的威胁，于是带着睡意懒洋洋的又钻进被窝里。约莫十五分光景，龙将军一看手表，“时候已经到了”，便又起身，了了〔潦潦〕草草的换上了一套便装，马马虎虎的洗了个脸，牙都没有来得及刷，就穿上了皮鞋，将简单的行李包弄好了之后，一再的探望四周的动静。因为他的官邸——中央路一六五号附近的某地产公司里是经常驻扎着一些穿便衣的“保护者”，他生怕惊动了他们，打扰他们的瞌睡。这时，龙将军习惯地、轻轻巧巧地在斗室内踱着方步，两个亮晶晶的眼睛仍不断向窗外凝视。他很了解这是当时最重要的工作——注意，如果外面风声不对，马上爬上床，还来得及的。他在这种不自然的动作下，几次想脱门而出，不过，当时的情形是不容许他这样做的。五点钟了，天将黎明，戒严的“解放警报”也快要拉了，龙将军却急得要命，深恐贻误机宜，便冒着危险，将行李包搬上汽车，命司机向明故宫机场疾驶而去，忙忙乱乱的登了机，乘长风破万里浪，几个钟头便到了香港。

“白云朵朵生足下，红日皎皎当胸前”，当龙将军突破中央路，翱翔在云□深处，心情是如何的愉快、轻松，是可以想见的。

这里有个值得研究的问题：汽车和飞机的问题。一般人都认为“保护者”对龙将军的汽车一向是“表示关怀”，从不肯轻易离开他们的“视线”的，然而龙将军对这一层是看得很准的，他终于没有留恋坐那辆“林肯式”的车子，他偏偏换了他的第三个公子龙绳曾的车子。因此，“保护者”对绳曾的车子并没有注意，以为绳曾的车子素来冲进冲出，从来没有问题，万万料不到由于这一疏忽，使龙云获得了“全面的胜利”。其次是飞机的问题，有人说龙云是坐轰炸机跑掉的，也有人说龙云是坐中航公司的飞机偷跑的，这个问题，到现在官方还不能证实。总而言之，这件事与机场的关系太大，如果查出来是要受处罚的。但据记者获悉，这架飞机到了香港以后，一直还没有飞回来，由这点判断，飞机是包的。毫无疑问，并且有理由相信，一定花费了许多“条子”的代价，也是毫无疑问的。

记者附带声明的一点，最近这期《新闻天地》说“保护者”全被拘了，还受了惩罚，这是因为他们“疏忽职守”的结果。记者认为这是可能的。

龙云逃走之前，亲自写好了五封“密启”信，分致蒋总统、总统府吴鼎昌秘书长、国防部何应钦部长、总统府俞济时局长、新行政院孙科院长。这五封亲笔信都是由战略顾问委员会办公厅主任李达，在龙云走了以后亲自呈送的，内容方面大致说明请给假二月，到香港去就医，并表示此行匆匆，不及辞行。另闻，□〔信〕中泛论当前局势，词句委婉，但认为不太乐观，希望能够尽可能促成“和平谈判”。当李达把这信送达，听说总统大为震怒，其他吴、何、俞、孙四人，则啼笑皆非。

据中央社十一月十二日发布的消息，说龙云业已请准病假两月，于八日晨离京专机飞穗转港就医，此项消息似有出入：第一，龙云是七号早晨六时一刻直飞香港的，听说在广州并没有“歇脚”；第二，龙云清〔请〕假并未获准，他是自己准自己的假的；第三，龙云年来心广体胖，根本没有病，更用不着医；第四，平常中枢要人飞来飞去，总是迎来送往的，独一级上将龙云登机时连招待都没有一个，悄悄然便飞去了，因此，可以证明龙云确是逃走的，“开小差”走的。在中国，一级上将在后方“开小差”的，龙云算是第一个，过去和现在，都还没有例外。

根据观察所得，龙云这一走，可能是“政治性”的走，和普通富商显要因逃难的“经济性”的走，显然不同。这里，让我简要分析一下“走的意义”吧，读者据此推断，自然头头是道，不难知其底蕴的。

一、因为龙云自抗战胜利后被中枢解职以来已经三年，这三年他一直很沉闷的做着“空头支票”的参军院长，之后参军院改组为战略顾问委员会，他又做了战略顾问委员会的主任委员。谁都知道，无论是参军院或者战略顾问委员会，只是一个光拿薪津并不办事的机关，所有委员尽是当年风云人物，如今因不得志或是“退休性质”的挤进了这个“元老院”来的。问良心，天晓得他们倒〔到〕底是否顾问过战略问题。独霸云南十四年之久的龙云，想起早年威风一世，握云南党政军大权，如今闹得这个下场，其实也够凄凉的了。从心理学上来分析，他可能早就患上神经病了。因此，一有机会，尽管钻营，何况住在南京一切都由“保护者”支配！人人都爱好自由，龙云那能例外？法国革命的口号不是说“不自由，毋宁死”么？龙云毕竟冒险犯难地逃了，这便是龙云所以走的主要原因。

二、龙云当年在云南做省长的时候，和“民主同盟”那般人混得很熟，也还谈得来，尤其被刺殒命的李公朴、闻一多等人，曾经全是龙云的朋友。当他们还活着的时候，无论直接或间接都有些“勾结”，很受了一些影响。现在“民盟”许多主脑人物，早就都到香港去了，听说平常在暗中和龙云保持密切联系，这次走便是由香港方面决定的，从意义上讲是“营救”，而不一定是“提拔”，这是龙云所以走的唯一原因。

三、听说香港共党新华广播电台时常广播“关怀”龙云健康的稿子，龙云在公馆闲着无聊，便也常常亲自收听过，认为“前途”尚有可为，这是龙云所以走的另一原因。

有了上面这些原因，因此龙云便高飞远走了，不再飞回南京了。

（记者附注：本文对龙云飞港不作任何评论，只报导事实，希读者原谅）

《新闻杂志》第 2 卷第 4 期，1948 年，第 10～11 页

龙云患思乡症

张寒光

秋风又起了，南国的山城，更显得肃静而美丽！

报载“龙云倦勤，思乡心切”，拟再上辞呈，重温家园休养。因为龙云自离滇后，已是秋风三度了，虽然是在祖国战乱的烽火漫延中出长军参院，继而战略顾委会副主委等军机要职，但终因含着抗日胜利的笑脸，不想再嗅到多余的火药味。何况戎马半生，年愈〔逾〕花甲，对这伟大的重任总是不够欢欣而过免〔勉〕强的事。

“英雄暮年，故园情长！”而今，他在怀念着云层里的滇南。

水是故乡的绿，人是故乡的亲，吴山楚水，倒〔到〕底是异地风光。尤其在这秋风落叶声中，南飞的鸿雁，像诉不尽他地天涯落魄的凄清；萧瑟的暮年，更怕听玄武湖上寒波的低泣，“是离愁，别是一般滋味在心头”。

人总是有情感的，今天他极目异乡的一草一木，星斗斜月，莫不激动他失志、伤时、怀归的心情。他怀念昆明的云，怀念昆明的湖山，更怀念云南一千三百万朴实善良的人民。

主政云南十八年，像一场有血有泪的梦，也像一篇无尾声的生命底断章。今天，干戈云扰，烽火处处，在他思乡的心灵上，是找不出“他薄生白发，旧国见青山”的话句了。

《群言》第 16 期，1948 年，第 9 页

龙云与陈玉科

鲍锦穗

云南的许多政客官僚，都是以党起家，陈玉科即是其中的一个皎皎〔佼佼〕者。

陈玉科，字振之，云南屏边县人，现年四十六岁。有人曾说他是龙云将军的“干殿下”，这话固属不足信，但陈之得由一名清寒的师范生而荣任省党部委员、昆华民教馆长、留英学生、日报社长、行政督察专员，却完全是龙云一手栽培成功的。

在龙云的心目中，原认陈氏为其忠实部下，但陈氏却始终只视龙云为其进身的跳板。当他办党而到南京中央党务训练班之后，便与某一集团结下不解之缘，这便栽下了民国三十四年龙氏垮台之后，陈氏倒戈的根苗。

陈氏晋京归来，饱尝人世坎坷风味：有些党员攻击他受贿，有些学生攻击他无行，他奉委省立昆华中学校长，也被学生反对而不得接事，乃转而去充昆华民众教育馆长。龙云为了安慰他，特破例地供给他到英国留学——虽则在当日以他的学识和英文程度而言，是不配享受此项宠遇的。

抗战前夜，陈学成归来，论理应该径返云南服务的，但他却趦趄于金陵皇都，企图荣任京官。所谋不遂之后，又才函请龙云寄款回滇，旋即派他接充省政府机关报——《云南日报》的社长。

热中〔衷〕名利的陈氏，自然不安于文化岗位的。他终日汲汲皇皇，钻营禄位，因为他是留英“专攻市政”的人，所以做梦也想出任云南第一个优缺——昆明市长。某些省委、厅长被其烦扰不已，乃意含讽刺地委他为昆明县长，自然，陈是不愿“屈就”的。后来，他又承龙氏“有恩”而畀予河口对汛督办，他总算吃着一嘴了。

河口位于滇南边徼，为滇越铁路的交通孔道，时值日寇侵越，滇南不安。走私的油水固属不菲，但胆小的陈氏却惴惴其慄〔栗〕，不可终日，一天几个急电的向龙云请示何时撤退，曾经引起龙民〔氏〕的反感而拍案大骂他“妈×！”

对汛督办交卸后，龙云又委他为蒙化的行政督察专员，所属各县，尽系“黑货”之乡，所以他的收入颇丰，但他依旧未能忘情于昆明市长的旧梦。这时，适值抗战胜利，龙云垮台，接任云南省主席的恰巧是李宗黄，彼此志同道合，陈氏遂得偿十年宿愿而抓到昆明市长这一块肥肉。

陈任市长以后，重新又掌握《云南日报》的实权，每天大事宣传李代主席宗黄的“三原则”“六纲领”“建设中华民国的新云南”……同时，对于龙云所吐露的言谈，则不惟只字不登，而且连转载重庆《大公报》的《龙院长访问记》，也把龙氏的“愤慨”之语全部删去。

出乎李宗黄、陈玉科他们意料之外的是，中央不久又派卢汉将军从关外飞回云南，接省府主席事。陈玉科便丢了官，而且在卸任之前，卢氏一再公开发表不满意于陈的市政措施的言论，而且一一公诸报端。《云南日报》的大权也不再操于陈氏之手。当时昆明小报，纷传陈市长所受的种种打击，都系出自龙云将军的授意。龙、卢两氏，不但是袍泽，且复至亲，小报的推测，也许不尽是捕风捉影之谈吧。

“钓者负鱼，鱼何负于钓？猎者负兽，兽何负于猎？……”观察了龙、陈恩怨关系之后，不禁令人想起吕东莱的这两个比喻，但由此也可窥见，大人先生们垂青器重的人物，不一定就是他们的十足的忠实信徒，而在利欲薰心的投机官僚的字典上，却没有“道义”两个字的。（七月十六日于昆明）

《人物杂志》第 3 年第 10 期，1948 年，第 41 ~ 42 页

龙云“舅子团”

南人

女人，女人，令人头疼！

不知道李子厚先生对“算命”一道是否感兴趣？如果“八字”的生成真是不假，那么李先生夫妇的贵造，一定是坤刚乾柔。事实说明，李夫人杨女士，确乎御夫有术，多少年来都维持着阃令的森严于〔与〕不堕，小自家事的办理，大至乃夫政治方面的活动，无事不在狮威的震慑下，甚至许多足以影响他的名誉的事件，也都是太座专横的结果。古云：“不是冤

家不聚头。”好在太座的“能干”行动，多半是对自己方面有利，也就落得睁只眼闭只眼，感概〔慨〕一番命中注定，“无法可治”了事。如果真想“开左腿”“走小路”的话，那就得十二万分的慎重，否则一旦被夫人查出实据，就要大吃不消。女人给他的威胁，真是太大了。

不仅自己的太太可怕，连其他的女人，似乎也时时在与李先生为难。不久以前，立委罗衡女士就曾抓着他因竞选心切，不择手段私改文书的疮疤，给他一个下不了台。打了官司，昆明各报不断的有新闻广告出现，哄传一时，幸几经转圜，才以认错赔小心勉强了事。他对这一位不平凡女人的遭遇战，可惜竟没有听见过李太太挺身出马迎敌，来替夫解围的消息。大约李太太是要让子厚先生澈底知道女人不是好惹的。

我们这种想法似乎又不大对，因为在九月五日那天，昆明又出现了一位，在李先生驾下，追随了好些年，曾三易机关服务（民厅、财厅、长江银行），始终为李先生所信任的小女职员鲍先瑞，因被突然撤职，且遭李氏夫妇殴辱致伤，乃聘请律师，招待记者，向社会呼冤，向司法机关控诉。这件轰动昆明的小事，却又是因李夫人大扬雌威，揍了人家，还说此女与乃夫有暧昧情事，才引出来的。本来这些小事故，在她的眼中看来，如果退回去六七年，就是活活打死，也不成什么问题。偏偏天下事要分个此一时也，彼一时也，李先生目前虽还没有到了“时衰鬼弄人”的地步，大约又是命中真已注定了要受女人的气，这位小职员鲍小姐，竟又难甘缄默，为了他的名誉与身体的受损伤，硬作了个小鳅翻大浪，拿出《绿牡丹》小说上女英雄“鲍金花”的身段来，准备闯了这一座现在立法委员及夫人所摆的擂台。第一个回合虽然他是被打负伤，但“知耻近乎勇”，“舍得一身剐，敢把皇帝打”，第二个回合的拼斗，少不了总有“土碗碰瓷碗”的精彩场面。尤其是鲍小姐将以他所握有李氏在民、财两厅任内及现在长江实业银行一切舞弊贪污的有力证据，及私营黄金外汇等的秘密证件，以进行对李之黑幕大揭露一点，更为人所渴望。

对于这一件公案的曲直，我们不拟去过问，好在过去和未来的事实，将给人们一个公正的说明，不过对李先生方面，确乎又有些辣手。为什么素来被称为“弱者”的女子，会屡屡向他施行攻击呢？想到这里，李委员抚今思昔，必将喟然叹曰：“女人，女人，令人头疼！”

话虽可如此说，女人真是处处给李先生拆台吗？不然，的确不然！看官不信，听愚下慢慢道来。

一身富贵来自罗裙边

李培天，字子厚，滇西宾川人。为人精敏干练，曾在北京读了几年书，日本也去过一趟，写得一笔好字，又在南京某巨公门下教了一些时候的专馆，并曾办过一个什么研习班之类的东西（渠自称乃专门学院）。回滇后，大约因为素喜附庸风雅之故，也干了一阵文化活动，还吃了两年粉笔灰后，仍然寂寂无闻，空有满腹牢骚。幸有姊培莲，嫁了龙云将军为继室，龙氏荡平三迤，登台之后，少不了裙带风薰，大小舅子都平步青云，各有地位。当时的云南政治圈中，即有所谓“舅子团”的声威。后其姊虽死，而龙深感其赉，对一干“舅子”仍宠信不衰。

李为人颇具野心，不甘下位，乃多方设谋，甚至不惜污人名节，生方想法，将当时的省委兼民政厅长好好先生丁兆冠（又秋）老夫子推下台来，彼遂取而代之。这个秘密，知者固多，然“国舅”势大，谁也奈何不得，只是背地议论指摘而已。

他爬上这把交椅之后，虽应资历关系，没有获得中央铨叙认可，只是一个暂代厅长，但实权既已在手，自应痛痛快快的干他一番。第一步，便是设立省训团，以制造派系，由县长班而科秘班、乡保长班，自带队长班，把基层组织的大小重要人员，一齐纳入他的“染缸”，准备使厅长万世，全滇一家，让“舅子团”的势力遍及云南。当时由各县受训回去的人员所组成的“小组”，确也搞得来有声有色，如不是和他们一条路上来的人，连当县长也颇为“受罪”。那时就有很多人讥讽说：“看样子，收发班、管狱员班（这两种职位是县政府里最能敲竹杠的）等，也将招收学员了。”

就凭着他这样赶造出来的这个大班底，和对上的特殊关系，云南老百姓已成了他网中之鱼、笼内之鸡。接着来的，就是卖官鬻爵，贿赂公行，给龙云的滇政史上，涂了几大笔污点。

有人也许会替他担心，到这一个售官职的“民政公司”，进出庞大，业务浩繁，那里去找这一个合适的经理？正所谓“不是那个人，不进那家门”，一向统治着李先生的那位杨氏太座，就有这种出色的本领，一手抓着，做得来财源滚滚，奠定了他后来云南豪门的基础。这里请略举数例，以证明李先生的怕老婆，绝不是属于心理上的病态，而是太太实际的事实表现，不由他不戒慎恐惧，敬之唯恐不诚了。

有女嫁得金龟婿

李太太力主中馈，把县级各种职位的价格，定得来洽当无比，而且还顾虑到币值日跌，影响收入，曾有实物付现办法之规定。略举一例如次。

有刘某者（姑隐其名），经多方之正面活动，终得发表为某县县长（肥缺），并经省务会议通过，民厅牌示各在案，唯久候亦未见任状颁下，打听之后，原来该员任状已由监印校对宝，内送而达太座上房。这一惊就非同小可，既感侯门似海，更兼香闺隔山！仍想功名到手，势同登天！一急之下，决定牺牲先前花消的那一部份（少数），不再妄想会去上任了。讵知香风一阵，喜讯传来，所谓深闺者，前面虽难通风，后门却是金吾不禁，为了前程和避免损失，该刘某遂冒死直趋内院。且喜谈得投机，签了足够购买一辆轿车的支票后，任状也轻轻到手。临别之时，小少爷还赶出来相送，并说了几句很天真的“内场话”：“刘老伯，妈妈的皮旗袍，今年不能再混下去了，去年买的鹿茸，也不够今年用，而且还不好。”这位“刘老伯”只得连连答应“我知道了”，又不忍让小少爷空手回去，便在袋里取出云南唐继尧特所铸之金币三枚，作为点心钱，才兴辞而出，放大胆的走马上任去了。据说事后结算，“刘老伯”确实赔了大本（产业变后即未复原），但是太座面前还得说“没有关系，我还可以替厅长效几年力的，只望下次提拔提拔”（闻刘某已是五十六七高龄的人了）。此公卸任后不久，气得大病一场，几乎寿终正寝，自然力也无法再去替厅长效了。这不过是若干件交易中之一，因太吃亏了顾客，才被传扬出来。

太座更为体恤清寒而有志做官者，特与厅长商订一种“职位贷放”的好办法，其“施行细则”有一项重要的规定，就是在偿付代价时，须付现品，限定黄（金）、白（云南半开银币）、黑（鸦片）三种之一，且受“贷”者必须觅具殷实妥保（多为假书因某政之定期见条，一纸存查，并由号铺乃至银行负担保责，且闻曾有两面收之事件发生)，并经审核，确系“良心”(对厅长) 不坏，无特殊势力及背景易于控制者。其任期有一定限度，任职地则多在沿滇西公路一带，交通方便，或则接近厅长家乡，容易查知其活动成绩的地方，既便催收，又可径将应交之赃品交解家乡老公馆。

就因有了这一大抵贷放“生意”的存在，那一年四月间（鸦片收浆时)，太座便作了一度世上稀有的盛大归宁，虽没有“贾元妃省亲”那样的阔绰，也抵得上武则天的御驾巡狩。专车两部，新购空皮箱十余只，人员方面有特派委员一人（等于保镳〔镖〕兼稽核)、扈从武装亲信六人，一律新式快枪，浩浩荡荡直往应行收取各县，沿途少不了又有地方连堂护送之兵队。那些蒙恩赊得大小官位的人物，无不如数或加戌〔成〕奉偿，纳出不同的货色，其收获之丰硕，不言可喻。

这也倒罢了，最想得周到，也是最使人不敢相信的，还有除收讨旧欠外，又进行的新交易：原来太座临发之时，身边早已准备好许多空白任状，(职位较小者) 分类酌量定价，付现后，即可领委到差，太座即负责转知厅方“备案”、发表。这一来，到底给龙云知道风声了，当即下令严缉“冒充”委员的不肖份子，这就使太座非真的要跑回娘家一趟了。之后又溜到婆家，多少是捏着一把汗，安置下那些财喜。一时又不敢回昆明，心中少不了还要担心着厅长独自留昆的行动是否“越轨”，真是难为了贤能的李夫人！

这一幕“回娘家”的精彩演出，昆明及有关各县已是物议腾沸了。惜乎厅长与主席原就有一个“关系不同”，而且树大根深，小百姓只好仍旧止于说说罢了！

以后厅长却又对于办实业、置产业、办银行之类感特殊兴趣了。

对联两付寄民怨

人民对贪污压迫的容忍，也有一个限度，到了接近极限时，多少总要有些表现。那时明有一个销路还好的周报，甘冒不讳〔韪〕，先后刊出了两付对李先生的讽刺对联：

其一：家富身荣，斯谓“厚”矣；民穷财尽，于汝安乎？

其二：不“培天”良，卖官鬻爵脸何“厚”！框从仁政，横征暴敛心岂安？

这对联，巧妙的用了嵌字格，把他的官篆、台甫与及所任职务，齐都抬上去了，一时哄传远近。这一针多少刺得他有些痒痛，当然更大伤尊严，一怒之下，便找了一个另外的题目，将那周报停了刊，但它也算多少尽到了一部份天职。

他的这一些搞法，不仅人民切齿，就是同属权贵的一些人，也大不谓然，认为太过了。背地的责骂且不说，某权势者又随时掣肘，甚至当面的大钉子，他居然也连碰数次，威风为之大煞，接着才有了由民厅调任财厅事实（当时财厅政〔改〕制，权力有限了）。可是在兼办粮政的机会中，他仍又捞进了一大笔。

是谁给他碰钉子呢？那就是龙大公子（纯武，龙云之长子），他一向都是不满意“舅子团”的跋扈飞扬，惜乎父下为人，对这一位填空的舅父（就非李姊生者），没有适当的对付办法。可是他总不断的寻求合宜的机会。

有一次，他们一起在一个宴会中碰了头，席间有人说起做官的来历，大公子便不真不假的当众对李子厚先生说：“喂，我有一个部下，资格倒只是一个排长，可是家里确实有钱得很，他很想弄个把县长当一下，档档门面，过过官瘾，好不好请你（指李）帮他想想办法，要多少钱，由我先替他现在就付给你都可以。”

这一通话弄得李先生面红耳赤，坐不安席，开不出腔来。半边人心里大为舒畅，面子上却替他难堪万分。

这个钉子碰后，李没有想报复（因为不能也不敢），便决定采用软索可缚猛虎的善法，准备随时献些小殷勤，使龙消除敌意。一天，特别办了上等酒席，专诚奉邀，想收到杯酒言欢的效果，不料偏偏这位硬性公子，不受这一套。陪客早齐，一直等到天快要黑的时候，仍没有获得这一位晚辈上座贵宾莅止的讯息。这也是一个自讨没趣的难堪，正想不出自解之方，幸好同席还请了一位也是龙的长辈的陪客，便由那人另片专车恭迓，不一会司机返来，手中拿着头天送去的请柬，那位解交的老长辈接过去一看，上面有钢叉大字几个，文曰：“列席尽是皇亲国戚，本人何敢叨扰。”

这一来，连那位转圜的老先生，也只落得苦笑着说："纯武这个脾气，真是……"幸亏其他陪客，免〔勉〕强挣扎着，倒招呼了主人，解释说："以后机会还多。"大家抱着一种说不出的心情，马虎消耗了那一桌酒席。

尽管大公子这样的使他难堪，但厅长始终是具备了成功者应有的修养，"大丈夫"是能屈能伸的。这要一抓着机会，对这位贤外甥仍是无微不至的逢迎着。因之接着便产生了一个连现实官场也是绝无仅有的大笑话：

龙纯武时任第二旅旅长，对其所属政治部主任许××极表不满（因为许某无能而好哭）。又有一次机会使龙与李同了席，龙又类似开玩笑的对李说："好不好请你替许××找个机会，我看他只会去做一个县长。"（这明明讥刺他的县长都是与许同类）李却笑着一口答应下来说："好嘛。"

同席的都以为无非又是李有苦难言的应付而已，不料半个月后，硬是发表了那一位姓许的宝贝署理路南县。可见，今日代表人民的李氏"独断独行"了。

《春秋》第5年第6期，1948年，第39～43页

龙云要恢复"王位"！

本刊特约南京记者　任乌飞

新仇旧恨，"土皇帝"岂肯甘休，何况大局这样，香港民主人士又鼓励着他。

实际上，经过三年软禁之后，龙云终于逃出"囚笼"，插翅高飞，奔向距老家较近的香港。猛虎归山，岂止一跑了事？香港是中国民主人士自由行动的乐园，龙主席少不了又忙着应酬一番。当酒醉兴至的时光，难免不谈到往昔的伤心事。想想过去，看看现在。法国新闻，当龙云出走后，所发表的一段新闻，在龙主席看来，未曾不可尝试。自古英雄成败，决于一念。龙主席治滇数十年，谁都知道他和云南父老几乎有分不开的关系，他的存亡和离开，都直接影响着整个云南。

有人也许要问，龙主席离开边远的老家，身居都门，总统待为上宾，

把最好的房子让他住，最清闲、最有名誉的军事参议院长给他做，还有什么对不起他的地方？结果，偷偷摸摸，溜之乎也，岂不失去英雄本色，有点对不起上司？

这里我可以给大家分析一番其中妙处，仁者见仁，智者见智，作者本身又不是龙主席，当然不尽所说皆同，但这也是不可否认的事实，它伤了龙主席的心。

调虎离山　不幸中计

最聪明的人，难免一时糊涂，远者不谈，当抗战胜利的时光，美国人纷纷返国，抗战重要□〔地〕点的昆明，碧眼儿天天减少，留下来的，便是杜聿明领导下的第五军和沾益驻防的新六军，以及沿滇缅路守护的第二军，其他部队逐渐调开，有的奉命用飞机运赴广州、桂林、长沙以及南京、上海接收，有的正待命出发。云南人感觉到不少的轻松，龙云心中一块铅石取掉了，立刻下令让他的精锐部队独立旅从家乡昭通星夜南下，进驻昆明。独立旅是由龙公子率领着，父命在身，岂敢故违，到昆明后，原来该旅驻防旧地，都被异乡客军占据，他们便分散在昆明的周围。这时候，“请中央军退出云南”的口号出现了，闹的满城风雨，外乡人感到无限惶恐。正在紧张的关头，中央命令云南部队调往越南一军，接收越南北部（按，南部由英军负责），而且派龙云同母弟卢汉前往主持。龙云一听满心欢喜，以为如此一来，滇军可能凭空添增装备，捞下一批资本，不但同意，而且支持。于是，驻防昆明附近较有力量的六十军，空运赴越，卢汉接着也飞走了。龙云统领下的军队，不过两个军一个独立旅，接着中央军下令改编云南部队，原来是如此一回事呵！这一下正中了计。龙主席虽然明白了，但可惜迟了一步。

春城恶梦　萦绕未已

龙云身边立感空虚，留着的一点力量，又被迫分散开来，明知不妙，只恨无法。龙云这时候才清醒了，请中央军退出云南，却怎么是我自己的力量退出了。唉！糟糕！英雄顿足摇头，一时糊涂，铸成大错。

和梦一样，暴风雨袭击着云南，也袭击着龙云。

距胜利不到两月（一九四五・十・三）的一个清晨，四季如春的昆明城，沉静里被尖锐的枪声振动着。外乡客相顾失色，“不对了，龙云以武力请我们退出云南，怎么办呢?”“不是的！大概是中央军缴云南部队的械。”为什么呢，不知道；究竟是怎么一会〔回〕事，不晓得。

那时作者正在战事最紧张的昆明北郊新营房，这里是中央军的阵地，由梁华盛指挥着战事，二百米达〔远〕以外，便是老营房，云南独立旅的一个营便驻扎该地。双方弹如雨落，我们也不敢离开房子一步，所听到的，都是断断续续的消息。

激战进行了整一天一夜，杜聿明坐在山头上的司令部，向云南部队提出最后□〔的〕警告：“你们还是缴械吧，否则不得已用大炮轰，用坦克冲了。”法国装备的龙云部队，在炮火连天的当儿，答应不可能，但是又恐后果更险恶，于□〔是〕死中挣扎。杜聿明气急了，八二迫击炮弹，开始对准敌人的阵地轰击，坦克车隆隆碾过平坦的农田，就这样尽情的杀呀，打呀！到第二天拂晓，枪声稀疏，恶战停止，郊外的云南士兵放下武器，第五军获得决定性的胜利。

胜利的进军，是骄傲的，他们肩着枪，枪上架起血亮的刺刀，步伐整齐，走向云南独立旅驻扎的营地。投诚者的枪枝被举起，枪机完全卸下，摆在每一个失败者的面前。第五军一个个把他们手中的枪取下来，如赶着一群绵羊一样，把投诚者全部关进一个黑色的大房子内。

事后，云南的父老们凭吊新战场的时候，一个个被炸死、被打死、被震死的滇儿，血迹掩盖着青黄的脸，愤怒的模样，使每一位云南人看后酸鼻，内心交织着旧仇与新恨。

此一战，云南的命运被决定了。龙云的奋斗史上涂染着浓厚的耻辱，不但过去，相信到现在，这幅血的图画，依旧萦绕着龙云的脑际。

事后，聪明的杜将军，表面做的很漂亮，因措置不当，向中央引咎请辞。实际上，杜聿明又暗中记大功一次。

是做官？还是坐监？

十余年的宝座，就这样毫不客气的一轰而掉，龙云离开乡土的心情，是不难想像的。

当“缴械战争”结束后，龙云准备着与省府五华山共存亡，他想，否则怎么对得着云南父老？就在这时候，从越南飞来何敬之，从重庆飞来宋子文。这两位不速之客，在军队保护下，接近了抱着必死决心的龙主席，用一切可能安慰的话，把国家民族的利益摆在前面，终于说服了这位“土皇帝”，他答应走下十余年经营的五华山。

一架双引擎专机，从巫家坝机场在降落伞部队掩护下，载走何应钦、宋子文扶持下的龙主席。飞机马达转动，龙云眼角老泪纵横，再会吧，昆明！再会吧，云南的父老们！

到了山城，一片灰色的雾笼罩着，报童手里拿着“龙云抵渝就任军事参议院院长”的惊人消息，连龙主席也感到哭笑不得。

军事参议院，这个失意军人的养老机关，究竟做什么呢？谁都不知道。除遇纪念周，龙院长佩着胸章，无精打彩的参加而外，从没听过龙院长对外说过一句话。表面上，他的行动时刻被特派的副官们小心谨慎的关照着；实际上，在他觉得，做官等于坐监。

滇儿不堪塞外冷！

接收任务完成后，卢汉独自飞回昆明。军队呢？曾泽生领导下的六十军，奉命调赴东北，从海防一船一船把这些西南健儿载运到中国的东北角。云南气候，一年如春，在这里生长惯了的人民，一下被零下二十多度的寒流侵袭着，云南健儿们骚动了，怨声载道。看着人家新一军、新七军，御寒衣物应有尽有，同是中华男儿，执干戈卫社稷，任务等量，为什么我们却被另眼看待？一股不平之气，从东北很快的传到南京。蒋总统着急了，赶忙电招卢汉晋京，请他到东北去“宣慰”。龙云呢？装着听不见，等到卢汉北行归来，和龙云相晤之时，据说心中隐痛，简直难得说出，弟兄俩相对痛哭了一场。

卢汉亲眼看到云南健儿的苦状，带着怏怏不乐的心情，飞回昆明，有很多人士问到东北之行的感想，他不愿发表一个字。

那么，东北云南健儿们的生活，是否因卢汉之行予以改善呢？可惜卢汉带去的只有“同情”，只有“热诚”，只有“西南乡土的气息”。

曾泽生丢了面子？

曾泽生，是云南的部队，也是龙云的心腹，他以希望的心情离开昆明，却以失望的心情走到东北。

六十军一到东北，虽然装备很差，军人争胜的心理却是一样，实实在在，打过几次硬仗，以后驻扎在国防最前线吉林附近。

等到梁华盛被任命为吉林主席时，杜聿明早替熊式辉统管东北兵权，六十军在东北最高的上司是负责逼走龙主席的老杜，直接上司又遇上与黄埔学生关系较深的梁华盛，六十军虽然没在云南易手中和这两位兵刃相接，但所受到的刺激是一样的。

仇人相见，余恨难消。当共军渡过松花江攻打吉林时，曾、梁二者之间，大敌当前，反露出很大的漏洞，情形危殆万分，官司打到总统面前，总统一想，这怎么了得，立刻手令曾部移防长春。那时长春警备司令由新七军李鸿担任，曾、李两人，私情尚笃，尽管如此，论起公事来：第一，他不能忍受在摧毁云南的老杜及梁华盛指挥之下，任其驱使；第二，看到兄弟们被歧视，自己于心何忍？于是一念之差，终于在长春保卫战中，离开了岗位。

曾泽生固然失去了面子，身处南京的龙院长，何曾又觉得光荣？虽然曾军长之背叛，在龙云看来也许有其不得已的苦衷，但抹在龙云脸上的灰底，确是洗不掉的。

有家归不得！

再说，龙云在家乡居惯了，骤然离开，能不快快？自己又有点小嗜好，在云两〔南〕，个人为王，行动完全在乎自己，谁也干涉不上。无论吃饭穿衣，即或细微的生活，都早有人安排的妥妥贴贴，这在一个上了年岁的人看来，才是所谓老来幸福。然而离开昆明，就感到不便。一家人分散开来，只有一个幼女随侍身旁，不时给他烧烧烟，说说乡情解解闷。大儿子被调到东北，书信来往都不方便，结果沈阳退却，又不幸被俘了；二儿子自从独立旅被解决之后，一直抑郁寡欢，等待着一个自己所希冀的梦——父亲回来，大哥从东北带领着滇儿们重莅乡土，全家也可说全〔在〕云南重度一种理想中的生活。龙云的太太顾映秋，是昆明妇女界的领袖，和李副总统夫人有同样的魄力，但就是在丈夫被囚的这一着上，无法施展自己的抱负，她恨，她怨自己。一个本来平安无事的家，从龙云出走后，有了大的变动，眼巴巴望穿秋水，欲归归不得。

一连串不愉快、不幸的事实，接二连三的袭击着这位老人家残破的心，夜深人静的时光，他坐在冷冰冰的卧室里，扪心自问，究竟为了什么？连自己也答复不出。回想过去的家，过去的“王位”，过去的云南，过去的自己，今天，都付于流水落花，几乎有天上人间之别。

“就这样结束了自己吧！”龙云自己问着自己，他的答复是“不能”，他要走！他从到重庆那天便打算归去，结果他又不得已游历了南京，然而金陵虽美，难留英雄，“归心似箭”，龙云终于悄悄的离开了。

在他想，这不但是离开南京的时机，真是应该离开南京的时候了。

龙云的两条路

龙主席现留香岛，何时返昆，迄无报导。听说云南早在筹备欢迎这□〔位〕流浪归来的“皇帝”。

龙院长回去之后的动向，是直〔值〕得注意的。有人说他要恢复“王位”，有人说他要组织什么大同盟，更谣传云南要独立。

不论如何，以目前的情势来衡量云南，对外对内都有着几种特殊关系。据作者所知，龙院长和川康某要人是亲戚，秦晋之好，这种力量是不可侮的。龙院长留港，迟不作归期，和香港民主人士的接触至少是有的，当然受到不少鼓励和支持。世局又是这样动荡，乱世出英雄，龙云是怎样打出天下，又是如何丢了江山，到今天他最明白，也受了教训。卢汉和他的关系，又不同别人，忆当年龙云出走后，卢汉曾向人表示，一旦龙云返滇，军政大权立刻移交。今天，龙院长真的回来了，卢汉诺言不会落空的。

那么有人一定要问，中央用血肉争来的云南，是否允许重入龙院长的掌握？这问题在今天，事实摆在面前，要看中央留在云南的力量和如何运用其政治的智力了。固然军事秘密我们不明白，但表面上的情形，瞒不过龙云。记得抗战胜利后，中央留在云南的直系部队，只有第二军、第五军。第二军系沿滇缅路驻防，从西南国门畹町，一直拉到昆明附近，千里之遥，摆着不到二万人，其任务艰巨，可想而知。第五军围绕着昆明的城区，装备虽然优良，但也无力远调。这时候的云南部队呢？据说，还有四个整师，两个独立旅。事过三年，云南的表面上很平静，骨子里在蜕变些什么，谁也不知道。即以目前实力而论，霍揆彰、何绍周分任云南警备总、副司令，但是他们的部队呢？霍将军滇西战线中曾做过二十一集团军总司令，统领五十三、五十四等军，现在五十三军军长周福成带着他的部队在陷后沈阳做了共党的警备司令，五十四军还在华北。何绍周的第八军，就是正在津浦南线浴血戡乱的李弥兵团，第二军则早在豫中战场上骋驰来去。以第五军为骨干的邱兵团，还在永城东面被包围着。我们真想不出，现在昆明的中央实力，除一二高级人员外，还留着什么？

相反的，龙云部队数年来养精蓄锐，暗中补充，再加上龙云潜伏的号召力，以纯武力的眼光来看，云南人有着相当的把握。

问题又说回来了，龙云可能恢复“王位”吗？我的答复是，摆在龙云眼前的，有两条路：第一，龙院长年迈力衰，终年有点小恙，完全靠鸦片支持着自己，情理上应该息影乡间，一切都想开些，千古风流人物，也不过和大江东去一样结果，能落些什么呢？还是明哲保身的好。第二，黄忠八十不服老，龙云可能有这种勇气，再尝试一番英雄滋味，重新戴上“云南王”的皇冠。

两条路，从环境上说，对龙院长都很成熟，恐怕他最感兴趣的，还是“前途充满辉煌”的第二条。

《钮司》第 1 期，1948 年，第 14 ~ 16 页

龙云想复辟“西南王”

杨召

云南匪患问题，无形也成了政府的盲肠，逐渐发炎，弄到非开刀不可，冷落多时的龙云，又将风云际会抬头了，但他还要捏扭一番，以之讨价还价。

〈前略〉

自从龙云在“昆明事变”后起，他的旧属便纷纷不安起来。远的如东

北之战中哗变的曾泽生，在长春攻防战中，竟效法吴化文，投到中共的阵营里；近的则是滇西的匪患，接连攻占了十几个县城，甚至逼到昆明的外围来。中央在滇的部队，过去有一个时期确有不少，但经过几次调动，现在连镇压匪患都嫌不足，于是坐看匪势日大，尤其在近几月来，湘西匪患一发而不可收拾，滇西的豪杰们当不甘后人，风起云涌，结果云南问题无形中也成为政府的一个盲肠，逐渐发炎，弄到非开刀不可的地步了。

中央对滇的政策，一向是软硬兼施，去了龙云，而仍用卢汉，便是以“滇人治滇”的一个策略。照一般的传说，龙云和卢汉还是同母异父的兄弟，可是卢汉在“云南事变”中完全出卖了龙云，虽然他做了一省之长，云南人对他仍不谅解，他在这几年中，可说根本是中央的傀儡，毫无作用可言。以言政治，他是个老粗；以言军事，则他的军队所胜无几，大权操诸于何绍周的手中，他没有一点自由。这种情形，云南人何尝没看在眼里。因此，经不住外面的诱惑，“反中央”的怒气便一鼓脑儿发在“反卢”的身上。

昆明的一些街道上，经常会发现“反卢”的标语，有人骂卢汉是余汉谋，也有人骂他是刘建绪，不管怎样说法，卢汉都没有余汉谋或者刘建绪在陈济棠和何键下台后的优越情势。陈济棠当年正式打出“南面王”的旗帜，王梦既难圆，政治生命便也完结；何键更是一个土头土脑的军阀，没有一点政治根基。

龙云却和他们不同，龙云在云南人的心目中就是一个偶像，他们永远不会忘记他，因为在他治理云南的时候，尽管他专横无道，而中央的势力根本达不到，这样造成云南的特殊地位，云南人也就以特殊人物自居，至今他们怀念那种特殊人物的味道。

最近的匪患频频，虽然未必和已逃到香港作寓公的龙云有关，不过也不能说毫无关连。龙云到港以后，他的几位公子便纷纷跑回云南。龙大公子绳武，更仆仆港昆道上，他每一次来昆明，昆明便有一次骚动，连卢汉也奈何他不得。有一个时候，传说龙云已在港与中共发生联系，中共不会要龙云，不待赘言，但为了达到捣乱政府阵脚的作用，龙云自然还可以暂时利用一番。滇越边境上的那些“土共”，究竟怎样养成，就是个谜，当然这本账只有龙云清楚，他也许一则没脱离他自己那个封建思想的范畴，管他国也好，共也好，他能再为“云南王”，便什么也做得出来。

究其实，龙云会不会和中共合作呢？事实上，这是不可能的。他不过由于中央不能容身，彷徨歧途而已。假若中央肯让他“复辟”，他又何乐而不为？所以在国共之间，他犹豫着，不知怎样“倒”才好。上个月底，何应钦做了行政院长以后，他认为机会已至，便派了大公子龙绳武去南京，要何支持，条件是他负责清除“匪患”。这件事据说中央经过熟思深虑，原则上已表同意，但仅仅准许他“政治复辟”，军事上他仍得听命中央，而且，中央的军队已在源源开往云南的途中。

和四川一样，云南父老们也在反对胡宗南的军队开入云南，可是中央自然顾不了这许多。假若云南有事，西南便将不保，胡宗南的军队在陕西不能立足，南入四川以后，西南俨然又是胡氏的新垦地，云南岂能放过？听说李代总统在张群上次去京的时候，便决定采纳张氏建议，把西南的军权交给胡宗南，政权交给张群，而云南则还给龙云。龙云的返滇，其实和卢汉并无两样，但名义上龙云是“复辟”了，云南的匪患和滇越边境的土共自可不肃而清。

何院长这次去广州，特别携龙大公子同行，目的就是要他向龙云说项。龙大公子和何院长关系很深，他做这个拉线人，可算最适合不过。一个外国通讯的记者报导说，“不久以后，云南的政治局势可能有大的转变”，大概就是指此而发。反正云南早已经是政府的盲肠，开刀也好，缝口也好，少不了龙云这位六十多岁的军人，多分〔半〕会再回云南做他的王国梦的。

但最近报载龙云于十一日晨曾函李代总统，拒绝回云南工作，略谓：“日前接奉敬之兄电邀，入京共商国是，盛意殷勤，当嘱小儿绳武晋京候教，并略抒鄙怀。归说厚情高见，并关垂滇局，感纫无任。窃以国是一日不定，滇局绝无安定之可能，非个人出处所能为力。而今之所谓‘国是’，一言可决，即须兄等毅然决然，勇敢接受毛主席所提八项原则，电嘱北上代表，依照原则具体决定，克日签字，付之实施……反动者正诡谋布置，欲于和谈破裂后，即以残余窜入滇省，弟虽疲惫，亦或将有以从吾父老昆季之后矣……”

从这封信里行间可以看出，龙云对政府是怀恨的，并且还准备在和谈破裂之后，“以从吾父老昆季之后”，当然是要从事于反政府的活动了。从这可以看出，他将准备在“联合政府”成立后偷一次机，□□□□□□□□□另一作用，也许是□□□□□□□□□。

《新闻纪事》第1卷第2期，1949年，第16页

龙云如何离京的

在《新闻天地》五十四期上，有一篇《龙云逃掉了》，其中说龙云出京，是化妆一个老太婆去的。据香港传出消息，不是这样。原来龙云在京，经常派有“专门人员”监视，关防严密。这些“专门人员”与龙云相处既久，不免也有情感，所以当此风雨飘摇、各觅荫处的时候，龙云便利用这种心理，在一段时间内，说服了一二“专门人员”，乘隙一同搭车来沪，在沪下车后，即径乘预先包好的飞机飞港。据说现在这一二“专门人员”，在港非常逍遥自在。

《建设》第1卷第5期，1949年，第12页

龙云“出逃”的前后

习门

战火迫近京畿，局势已临到大变的前夕了，最近京中突然传出龙云“出逃”抵港的消息。这位一向被软禁在南京的“云南王”，究竟凭了什么天大的本领，居然在军警林立、禁卫森严的都城，只身出走，逃避了监视人的耳目？更奇怪的是，龙云“出逃”以后，政府方面没有任何表示，使人看了实在感到讳莫如深，不知道究竟玩的是什么把戏？

一年以来，关于龙云的消息是极其沉默的。推想起来，他老先生这几年在南京与世隔绝，一定是过着悠哉游哉的寓公生活。可是自从大局直转急下，起了突变以后，他突然开口说话了。十一月初，京沪的报纸上发表了一则不大为人注意的消息，就是龙云的谈话，他说希望政府在云南收兑的金银外币，用于地方建设。当时有许多敏感的人，就从这段消息的字里行间得

到一个印象，看出龙云大概感到自己髀肉复生，不甘从此缄默下去了。果然，仅仅一个多月的工夫，龙云就表演了一出惊人的传奇性的“出逃”。

龙云甫抵香港不久，十七日粤省主席 TV 宋就乘了专机也赶到香港来。据说宋此行的主要目的，就在看看他的“老友”龙云。当日（十七日）宋的秘书的秘书陆文澜，就打了一个电话给龙云的秘书刘宗岳，约好会晤的时间。次日（十八日）星期六的晚上，宋便从他的公馆走下数十步的斜坡，到了一七二号的“龙公馆”，于是“老友”重逢，“畅谈”了一番。这次会谈的内容，自然是没有公布的，可是消息灵通人士说，宋、龙在浅水湾的谈话，主要题目就是“南方联防”。

提起所谓“南方联防”来，香港的人几乎尽人皆知了。最先唱起这支曲子的，是广东和湖南，宋自然成了这一运动的中心人物。远在十月十三日的时候，长沙绥署副主任黄杰和参谋长王天鸣到了广州，和广州的绥署副主任举行了一个联防会议，讨论粤湘赣三省的“联防”。粤湘赣三省联防有了眉目，宋又发动四省和五省的联防。十一月七日，桂主席黄旭初到广州和宋会商；十二月十一日，提倡“微服出访”的闽主席李良荣也来五羊城见过 TV 宋。作为一连串的拜访会商的总结，就是 TV 宋于十一月中旬赴京，无疑的他的专机里面已有一分“五省联防”的计划。

这时候打起“南方联防”的旗帜来，也不是没有缘故的。此间有一家报纸分析“联防”的用意说：“眼看着‘总店’有些问题了，老板大概已答应给少爷们最大的权力，来□一家‘支店’。”除了这层原因之外，还有一个更主要的原因，就是美国也想利用一下“联防”这枚最后的棋子，作为抵抗一面倒式的对方攻势的最后一张王牌。

自从龙云抵港后，“南方联防”的好梦就达到了最高潮。另一方面，骇人听闻的龙云“出逃”的谜团，也随之烟消云散。尤其是法国新闻社公布了一段消息，说龙云的“出逃”，原来他并没有什么天大的本领，而是乘了陈纳德的飞机抵广州的，再由广州搭轮转港。法新社另一则消息也颇令人值得注意的，它说：“据说‘南方联防’运动在财政上发生了问题，法国是很可能予以帮助的，因为他们不想中共走到越南的大门，把军火供给胡志明。”此外，法国新闻社又说，英美当局也会为这幻想中的“南朝”而伸出援手。证诸事实，法新社的报道也不无可信之处。最近，法驻港领事饶伯泽曾访过李济琛，同时他还用清楚的国语，答复记者的询问道：“我将来是要访龙云的。”

龙云“出逃”的这一谜团打破后，“南方联防”的问题逐渐为此间人士所关心了。二十一日的《大公报》曾有一篇痛哭流涕的、慷慨陈词的社论，题目是《国是前途的几个暗流》，里面说：“法新社传说龙云、宋子文之间有组织‘南方联盟’的酝酿……因此使我们想起国是前途有几个暗流。首先一个最大的问题，是企图分裂中国，造成割据的形势。”现在各省出现的地方主义，大河北、大湖南、大四川等已见于报端，这种封建主义还有更大集团在酝酿运动中，大西北、大西南属之。他们不但可能对南京抗命，也可能作新的投机，妨害将来中国的统一。自然，上面的一些传说，还有待事实作最后的证明。

总之，龙云面前已临到最严重的考验。他的旧部曾泽生、张冲、卢濬泉等，会不会给他思想上一些影响？当年的教训他是不是会忘记？为了自己的利益，他是否犯得上不顾一切的投身“南方联防”中去作一次赌博似的冒险？他究竟选择那一条道路？要看他自己作最后的决定了。

《展望》第 3 卷第 9 期，1949 年，第 7 ~ 8 页

龙云在香港

诸葛黛

他说：“放心，我现在是休息第一。”

龙云到了香港以后，深居简出，除秘密地会见了宋子文，公开地会见了胡文虎以外，再没有会见什么人。当然，云南老乡是被经常约晤的。

龙氏离开南京之前，曾向本社的一位同人发表了他对今后整个国家政治方向的主张，就是：国家制度化，制度民主化，民主社会化。

一定有人奇怪，以龙氏过去无论得意或失意时的深居简出看，他是不会有这种时代思想的。但，我们知道，求知是龙氏平日的最大嗜好，在昆明、在重庆、在南京的生活，都差不多以阅读书报和接见宾客为其中心。尤其难得的是，他不厌求详的发问，任何一个事件、一个问题或一个国

家，必得深刻了解而后已。

龙氏“国家制度化，制度民主化，民主社会化”主张的提出，也完全是根据他的政治经验与政治认识。他感觉中国的政治，向来都是以人治为中心，而这里面的危险太大，因为每个人都有他的思想，他的好恶，假定当政者虚怀若谷，还可以接受外来的善良影响，万一是一个专横暴戾的人，国事就很可忧虑了。而且，纵令当政者极其英明，人活百年，终有一死，所以，最可靠的莫过于制度。

世界潮流所趋，任何人都不会反对，制度□该民主化。不过，民主必须有一种社会安全制度来充实它，不使之演变成资本主义社会的民主，结果使民主成为少数人御用的法宝，而大多数人仍终年为面包忙碌。所以龙氏主张的民主，不是单纯的资本主义国家的政治民主，而且兼具社会主义国家的经济民主。

在国内事务上，龙氏固有上面所说的主张；在国际事务上，他也有一套想法。最急切也是最实际的，就是帮助所有弱小民族求得自由独立，而与各大国在经济上做到平等互惠。过去，当他主持云南省政的时候，对越南、对法国的态度，刚刚就是这个想法的实验。他一面与法国人做生意，一面不断鼓励越南人独立。胜利初期，龙氏所以肯让滇军开入越南受降，也是得到了蒋先生扶植越南独立的保证的。

不幸，龙氏本人在滇军入越后不久，就失去了自由。而越南人的自由呢？也跟着白白葬送了！

而今，在浅水湾的别墅中，龙氏一直保持如在南京的缄默。有人附会着说他将回云南，在故里去实现他的政治美梦，甚至谣传社会贤达缪云台和专曾利用龙卢之间矛盾的裴存藩，将衔卢汉之命飞港谒龙；也有人说他将在港与李济琛合流，鲜明地树起民主革命的大旗。不过据记者所了解的，龙云当前最需要的，还是休息。因为一个久久失掉自由的人，一旦重新投进一个自由天地中，在初期，除了为自由而陶醉，是不会具体地考虑其他行动的。

听说在龙云抵港的次日，龙的大公子绳武，曾拍了一个电告诉宋子文说：“家父已抵港。”本月廿日，香港报纸上就载出宋访龙的消息。这一次宋、龙的会见，宋只要求一点：“暂时不要反政府。”龙的答复很妙：“放心，我现在是休息第一。”

《新闻天地》第 55 期，1949 年，第 11 页；诸葛黛：《龙云逃到香港以后》，《宁波日报》1949 年 1 月 9 日，第 4 版

龙云蹓到香港以后

瞿伦

引起一场神经战

龙云坐在南京太闷，蹓到香港来换换空气。他出走之时，一般传说他穿了老太婆衣服偷上飞机的，他身边的人替他否承说，他并没有化装，而且还由一个副官、秘书一名，着平常的便装，上了一架由京飞粤的军用飞机。飞到广州，原想马上搭上飞机，班机已飞走，他只好搭由穗赴港晚间开行的轮船，十日早上到港。

龙云一到港，“神经战”马上展开，一是新闻记者，一是政治人物，由龙氏之来而引起的政治风波与新闻，常有很大的转变，使人们堕入五里雾中。政治斗争再配上新闻竞争，政治斗争利用新闻竞争，这一来，更为神秘而多样化了。

龙云来此，先获得消息的是《文汇报》，消息末尾还这样说，“龙氏远道来此，为休养身心，短时内不接近任何宾客”云云，这好像是代龙云谢客，从这种语气看，这条消息一定是接近龙氏方面的人探索得来的。第二天，《星岛日报》就来了一套生意经，把龙云来港之一切动人场面写得似侦探小说，政府方面认为有问题，弄得该报在广州不能卖，同日《大公报》却有一条相反消息，说龙云来港，并非外传之甚，他们前曾报告当局。这就怪了，一说是在严密监视下逃走的，一说是报告了走的，而这条“龙”却静静的躲在浅水湾。

另有值得注意的一件事，香港人都感到龙云这次从南京蹓出来，香港的反政府报纸在文字上对他态度很好，这里大有文章，是否龙云要从此对政府唱反调，甚至回到正是内部发生武力冲突的云南，去登高一呼呢?

在龙云来后的第二天，《华商报》的“新闻窗”上刊了一篇长文，叙述龙云如何为杜聿明发动事变打下宝座，在宋子文、何应钦之坚邀下惨然离开云南，到重庆坐了军参院的冷板凳等等，字里行间，对龙没有用一个坏字，但也并没有好字，取一种保留态度，但这种保留态度已显示龙在反政府人士眼中的看法了。另一方面，一些趋向民主的报刊对龙云态度较接近了，褒多于贬，而且把卢汉大骂一通。这样，香港人有理由解释，龙云来港要接近民主人士，他也要站到“民主阵线”中去了，最少，也可以认为“民主阵营”要敦促龙云走向另一个方向。

而且，龙云一到，首先获得消息的是李济琛方面人士。龙在港，只有一个曾由云南去京时被新闻记者写作“下榻宪兵司令部”的龙师长（大儿子），他没有其他的人。在龙之政治关系上、生活上，他可能与李济琛较为知己。可〔所〕以龙来之后，李、龙两氏就会面，谈些什么，外界无从知道。

这其间，新闻记者就开始以坚硬的鼻子去碰近新闻了，结果是龙氏闭门休养，不接见任何新闻记者，共党报纸、“民主阵容〔营〕”报纸、中间偏左报纸、亲政府报纸记者，一视同仁。正如《文汇报》第一条新闻所说，不见任何宾客。

如果事情发展，正如香港人看法，龙云要“向左转”，那也许就简单了，不能构成新闻记者的神经战了，但奇迹来了，说龙云要与宋子文搞什么“华南五省联防”了。

先是《华商报》说，华南最近有个酝酿，由霍普曼之去穗，龙云由京来港，先经过广州等迹象看来，其中约可看到眉目。这话，爱刺激的香港人不会去深思，大概只有最近制造“共军占领北平”的法国新闻社记者的超人敏感注意到了这“政治暗流”，且看下文。

宋子文在星期五来港，据说他是常在假日来港玩的，这次星期五来，说是为了医牙。他下榻之处，是香港浅水湾私邸，与龙云“养病”之处甚近，当晚即访这位当年老友。他们之间私交据说很好的，宋任外交部长之时，他们已建立了友谊，可说是老朋友了。宋氏第二天又去看他。

在宋氏来之时，“左派”报纸就说：“宋氏此来，闻邀某巨公返国。”此说倒也近情理，其后比较接近政府报纸的消息，也证实宋氏确来邀龙云回国。龙云认为国内空气不好才跑出来，岂肯回去，宋氏据说邀龙氏到广州去作客，当年宋氏去云南，下榻龙氏之处，今日龙氏环境如此，宋氏也想尽地主之谊吧，邀老友到他省座家中去作客了。龙氏肯不肯呢？当然不会肯去的，但这里却有一个传说，如果可保证他的环境安全，龙氏可以考虑去作座上客。到十二月十九日，宋氏于上午去访他，这是三顾了，龙氏表示，他不去广州，决心暂时留在香港养病，香港环境好，医药设备完全。宋氏看老朋友不赏光，也只好作罢，据说提出了“君子协定”，说“那末你在香港休养，希望不要从事与政府利益相反之事”，据说龙云是同意了。

就在第二天，法国新闻社来了条“大新闻”，是分析性、观察性的，不是报导性，说宋与龙最近可能计划要领导“华南联盟”，包括粤、桂、滇、川、黔五省，消息来源是因宋氏来港，引起了滇省人士及前旅滇外籍人士之谣言，声明是谣言。

这“谣言”在各报登出，反应绝对不同。《大公报》肯定他是谣言，《文汇报》则当做谣言处理，《华商报》却不是这样说，他们同意法新社的看法。依逻辑，这件事这三个报看法如此不同，足见这件事微妙了。究竟龙云是要站到反政府的“民主阵营”中去，还是要与宋子文弄“华南联盟”呢？如果这二件事中一件是确实的，这三个报的看法不会有如此大的距离，因为他们消息都是绝对灵通的，这三个报都有很好的、足够获得这里微妙新闻的力量，或用政治关系，或用情报，但摆在读者面前的看法，天上地下，这个神经战是可怕极了。

龙云在左顾右盼

为什么如此微妙，很简单，龙云自己没有一定的决策，他正在左顾右盼，为自己找条出路。他的部下中，可能有走极端的，一部份拉他搞“华南联盟”，一部份拉他参加“民主阵营”，因为他还有些本钱可以投资也，而且他这笔本钱投下来，对半壁江山着实有决定作用哩！不过到现在为止，他的赌注要押在那一边，尚没有决定，双方在“沙蟹”，作历史性的赌博。龙云也面临一个历史性的决择，龙自离开云南，自己的赌本已经仅存的了，下在那里，有关今后的世代子孙，可以说只许成功，不许失败。

龙氏来后，表面静养，但环绕于龙氏而发生的事，可能已发展得多方面。有个时期说龙要回云南，而且已派了人。龙想回云南吗？这可能是他所想的，这也许是他一切行动之基础，谁帮助他回云南，他倾向谁，这是比较合理的想法。香港不是他久居之地，云南是他一切的基础，而且与卢汉之间，多少还存在着一些关系，这并不像一般弄哲学的人那么认为势不两立，卢汉自知坐省主席宝座不易，已有轻松一番打算。

龙云是陷在悲剧中的命运里，但别人把他当作王牌，今天手里还有一些赌本的人，多少总想打主意，怎样在这一百八十度大变的时候，投一笔资，在未来可以保存他的赌本，但今天赌博的双方的任何一方，都不是好说的人。

龙云之来，他可能是来观察的，一时不能想决定他走那一边。香港是远东政治上最敏感的一点，他以登高望远自己的命运，但各位都知道，龙云只有一只眼，而且以他过去的生活环境，他的观念、视线，没有办法替他自己解决这个彷徨问题。你说他要跑到宋子文那里弄联防吗？这是没有把握的桥戏。你说他要一大步跨上“民主阵线”中去吗？他也不能的。从他的表现中可以看到，他离京之日，仍写信报告总统；抵港之后，仍有电报告“平安抵港”。一面与李济琛见面，一面又与宋子文见面，左派人士拉他，右派人士拉他，他自己来到香港尚未得定，想观望一番，尚未来得及将黑眼镜擦一擦，已被左拉右来，弄得不知如何是好。

龙云的赌本在那里呢？云南近来已开始动荡。越共的得势，滇共力量在抬头，在比较安定的大后方，云南的“革命”气氛较浓，政府现在保存半壁江山，云南是后门，所以这次龙云的举动，引起了这样大的波澜，他倾向那一面，那一面在华南就占优势。

《新政治家》第 1 卷第 7 期，1949 年，第 18 ~ 19 页

龙云与西南

章台椿

华南和西南成为两个政治性的集团的时候，住在香港的龙云将军，重又为人注意了。盛传他有再度出山，重任滇省主席的可能，尤其最近一二

天来，龙云将军的公子龙绳武，不断与中枢接触，李夫人又飞香港，显示龙云在短期间内，将有新的任命发表。

李代总统前些日子曾在南京一度召见龙绳武，询及龙云的出处以后，据可靠方面传出的消息，李代总统曾有亲笔信交龙绳武带回给龙云。当何应钦院长从南京飞来广州的时候，龙绳武的名字和许多欢迎者的大员的名字排列在一起，寂寞已久的龙云和政府关系，已由局势的转变而日趋密切。

西南滇、黔、川三省，在大战时是大后方，现在依旧是政府控制下的粮源、兵源地区。中共一方面在川边窥探机会，企图渗入川境，一方面在越北结集重兵，与法共携手，也随时随地有可能渗入云南，这是西南隐忧。尤其在昆明伪钞案发生之后，一般人对省当局的施措不满，为加强西南的防务和滇、黔、川三省的联系，以及争取人民的支持和拥戴，政府重又看上龙云了，于是考虑到了他的出处问题，这是大局演变的自然结果。

此外，龙云本人在云南有甚深的潜势力，他在香港，某方也曾“争取”。政府在西南有了隐忧之后，自然特别注意这些事情，也是李代总统“询及”龙云出处的第二个原因。

西南集团和华南集团，是互相配合、呼应的。龙云如重返云南，西南集团的力量将加强。以目前各方面的迹象来看，龙云将军东山再起的传说，可能成为事实了。

《权威》第 6 期，1949 年，第 13 页

卢汉不欢迎龙云回云南

天空

正在纷纷议论龙云去港后次一步行动的时候，现任云南省主席卢汉“奉召”飞抵沪滨，在上海他曾作吴市长上宾，引起好奇的上海人一番注视。第二天的上午，卢主席接着飞南京，吴市长、潘议长等海上达官显要，亲自到机场欢送。

总统府卅日的午宴上，便出现这位边远之客，卢主席首先报告云南的“匪情”，然后谈到戡剿的办法，尤其是当他叙述到云南匪患与禁毒两要政

息息相关、不可分离的时候，总统大加赞许，认为卢主席的看法，真是一针见血，搔到云南问题的痒处。“国家需要云南”，总统把他一贯的主张和希望，寄托在卢汉身上，卢汉也特别能体会总统的关切。

那么，尤其在现在，大西南联盟正在暗中组织□当儿，卢汉更是这个组织的核心人物了。他有力量，他有在云南的悠久历史，他和龙志舟将军有深切的关系。

于是，我们便联想到，在这种情形下，如果龙志舟将军回到乡土，卢汉呢？是否要放弃他的宝座，让给自己的这位“哥哥”？问题据说不在卢汉本身，而在政府与卢汉的关系上。

这也便是卢汉之所匆匆“奉召”来京的最大意义，按目前情形看，政府想借重卢汉，殆无异议。如果幸而“光荣的和平”实现，那么云南这块土地和人民，将是政府力量的重要一环。否则，政府不得已再与共党“周旋到底”，云南的“稳”与“健”，更是政府希望的了。所以，云南无论在任何情形之下，政府是要抓牢它，也就是说它要和政府处的更密切，更和谐。卢汉，以政府的眼光看，无疑的，是担当云南和政府间的理想桥梁。

卢汉正在与南京各官员频频接触、交换意见的时候，香港方面，传来有关龙云之消息，港方民主人士虽曾几度“友谊性”的访问，胡文虎老财神，也亲自到龙主席的寓邸作半小时以上的叙谈。龙云对于目前情形，看得很透澈，并且表示对政治的兴趣特别淡漠，而且身体这么坏，也不堪再自己摧残自己。等到病体恢复，还想照旧到南京担任他那不关重要战略顾问主委。

龙云真的是这样想吗？只有龙云一个人心里明白。

记得四个月前，张群曾以“巡视”为名，在昆明一住月余，闲情逸致，游兴特浓，张先生曾到怒江对岸腾冲看望政学系的元老李根源，对云南有了更深的了解和希望。这次，卢汉之来，是总统的电召，同时张群也用老朋友的身份促驾过。

龙云飞到香港后，港滇间航程只需两个钟头，卢汉明知其兄长病了，但公务太忙，忙到连去港探望的功夫都抽不出。一直到南京以前，未曾和龙云亲自见面。

孤独、寂寞，怎能使蛰居岛上龙将军不感到苦闷呢？龙云本多病，这样一来，恐怕他需要休养的时间更要拉长了。

龙云究竟是怎么一个人呢?

他生长在云南东北角上的昭通县，四面都是荒山，从小便养成一个喜斗好动的个性。他的祖先是属于云南少数民族的倮倮族。家庭环境逼着他，十八岁的时候，便只身离开乡井，到昆明后，参加滇军，作一名二等兵，经历了千万风险与大大小小不断的战斗，才慢慢上爬，终于掌□了云南全省军政大权。

有一则小故事可以说明龙云的善战与勇敢，那是在五华山云南省府外侧发生的，他的敌人布下一群刺客来狙击他，枪声一响，龙云在千钧一发间，以他的机动与敏捷，立刻亲自还击，而且弹无虚发，最后他并拿起部下的机枪扫射，敌人立刻被他的火力压倒击退，而龙却安若泰山，屹然无恙。他的骁勇精神，由是一直为他部下所折服。很少人能看出龙云在战争中所受的创伤。实际上，龙云曾在战斗中夫〔失〕去了他的一只眼睛，这只眼睛后来经过精确的伪装，人们很难看出他是假的。

由于这个“独眼将军”的事实，使人不禁联想起共军中那位“独眼龙”——骁将刘伯承。奇妙的是，龙云将军的外貌，竟与刘伯承酷肖，而且他们一样都从来不除掉黑眼镜。

抗日战争开始，龙氏即动员他的精锐滇军参加作战，曾在台儿庄和武汉二次会战中写下光辉的一页。在抗战之前，云南与南京是若接若离的，这是众所周知的事实。云南位于东南亚的十字通路，抗战后期其地位愈益重要，而龙氏的滇军却大部已在抗战中拖垮。一九四〇年日军登陆越南，关麟征率部增援滇南，是为中央军开入云南之始，以后滇缅路发生战事，陈纳德十四航空队入驻昆明，滇省与中央的隔阂由是打开，而龙氏旧部卢汉、孙渡等，亦一一向中央靠拢。

抗战胜利初期，龙氏受中央之命，将留省滇军受卢汉统率入越南受降，就在一个昏黑的夜晚，宁静的滇池之滨响起了紧密的枪声，当时后悔已经迟了，这就是有名的“昆明事变”，他的主事者就是现在徐淮前线的大将杜聿明，时间是在三十四年冬天。

从三十四年冬到卅七年冬，龙云下五华山到重庆，后又随都移京，以至如今又“易地疗养”，飞到香港，为时是整整三个年头了。三年中，历任军事参议院院长、战略设计委员会委员，但这些头衔对他自然都无兴趣，他是一直在静居之中，即使中山陵的景色再好，也少赏览的机会。他的生活是闭户读书，正与十几年来的张学良一般。前年钱塘江观潮，龙氏颇想一偿宿愿，前往一游，后来竟未能如愿。

蛰伏的蛟龙终于又翻云出岫了，他这次神秘地南飞，今后将何去何从，为中外所注视，因为在他多变的一身中，这类紧张的戏剧，往往有奇峰突起的风格。

据说，龙氏在京时，对于他的若干部属的动向，及几位公子的近况，一直很关心。龙有三个公子，长子龙纯武早在香港半山区做寓公，他的三公子今还在昭通原籍带兵，龙素来对三公子感情最坏，因为沉缅歌乐，不务正业，他最近对此带兵的三公子却最为关切。至于龙的旧属，一个是潘翔〔朔〕端将军，已在东北树起什么“民主联军”的旗帜了；另一个张冲，是龙部猛将，两年前也已间道出关；另一个曾泽生，也已在长春之役中转变了方向。

本来，张冲是龙云部下的师长，且与龙云是同乡（亦是昭通人）①，当杜聿明在昆明发动了缴云南士兵枪械的事件以后，张冲知道大势已去，留在昆明恐怕只有更坏，于是不得已只好实行三十六着走为上策，竟在那时忍痛将全部财产抛弃不要，带着女人星夜逃出昆明，离开云南。中间曾一□〔度〕没有消息，直到一年前始听说他□逃到东北了，归附在林彪的部下，正式当了共产党员。龙云的旧部归附共产［党］，是□有不同的方式：张冲为投奔，曾泽生是公然叛变，潘翔〔朔〕端的作风，虽与曾不同出一辙，但也没有什么二致。据说，龙〔潘〕、曾两人的所以投降于共党，完全受的是张冲所诱引。张与龙两人过去的情感极佳，在龙云的部下时候，他们是一个头磕在地上的拜弟兄，他们虽没有“但愿同日死”，可是没有想到，这三个人现在都成了共党在东北的干部。

从东北望西南，棋局上正散置着棋子，龙云在三年静居之中，也许已暗自盘算好下一着应下的棋子了吧！

《钮司》第 1 期，1949 年，第 10 ~ 11 页

---

① 张冲应为泸西县人。——编者注

龙云何处去?

左派报纸极力攻击，据说他将组西南联盟凭险设防御共

【香港航讯】“云南王”龙云在上月十二日由南京飞到香港了，中央社说他是“因健康关系，奉准病假两月”，飞到香港就医的。其他的报章杂志呢，比方《新闻天地》却说他是秘密逃出来的，据说经过情形是这样：十二月八日，一个星月无辉的晚上，当监视龙云的人员正在南京中央路龙公馆附近雀战正酣的时候，龙化装成一个老太婆，由一个副官陪同坐了三轮车，一股劲溜到明故宫机场。在那儿，早□〔有〕事前包定下来的专机，由美国人驾驶，急飞上海而去。

到了上海，另外换一飞机，还是由美国人驾驶，直飞香港。据说除掉化去约合一万元美金的专机费，还化去两个星期的准备时间。而事实上呢，或者观最近传出来的消息呢，龙云的走出并没有这么神秘，他仅是坐包了陈纳德空运大队一架专机，颇为公开的飞往香港。

龙云飞港之值得注意，有两点理由：一是抗战结束时他丢掉了“云南王”□宝座，在无可奈何情况下，由宋子文迎到重庆，荣任军事参议院院长。因此谣传他心理不高兴，常常表示“昆明之仇，非报不可”。二是在大局这么紧张，他突然走到政客集聚的香港去，此后将会以什么姿态出现？换句话，正当曾泽生等云南部队叛变之后，他在军事上会发生什么影响？对大后方的云南，又将有什么刺激？甚且，由于中国是个人事关系决定一切的国家，他不会不知《新闻天地》所报导：“将与李济琛合流?”

这自然都是一个谜。这个谜非要等到一个时间过去了才可以答复。不过，有几点事情却是值得注意的：第一，他到了香港后，华南方面便出了西南联防的计划。第二，宋子［文］确实专程访问过他一次。第三，自他到港后，则深居简出，除经常约晤云南老乡外，并没有接见或拜会过什么另有背景的人。第四，宋、龙会谈时，宋曾要求龙暂时不要“反政府”，龙说“放心！我现在休息第一”。因此，难怪《群言》杂志说：“龙在努力恢复曩日推倒洪宪制的西南联盟了。”据说事态的发展将是这样，广东将由宋子文，云南将由龙云，广西大约将由白崇禧，黔川将由李宗仁主持。且信如联盟成立，则龙云与白崇禧将凭险设防〈……〉龙云来□〔此〕一为筹款计，一为政治目标计，更难怪香港的左派的报纸，对龙云的态度是攻击而不是煽动了。

《中央日报》（永安版）1949 年 1 月 17 日，第 3 版

孙科、吴铁城飞奉化说不确

龙云次公子抵沪候船赴穗

【本报上海三日电】 孙科及吴铁城等定今由沪返京，外传孙、吴两人昨曾飞浙江奉化谒蒋总统说不确。

【上海中央社三日电】 龙云将军次公子龙绳祖三日由京来沪，候船赴穗，此行系随政府南迁。

《中央日报》（永安版）1949 年 2 月 4 日，第 2 版

龙云次子抵沪

【中央社上海三日电】 龙云将军次公子龙绍相〔绳祖〕，三日由京来沪，候船赴穗。此行系随政府南迁。

《西京日报》1949 年 2 月 4 日，第 2 版

龙云夫人已赴香港

【本报昆明十日专电】 云南籍监委顾影〔映〕秋女士（龙云夫人）已离昆飞往香港。她离昆前曾发生了一件不愉快的事，她主持的南青〔菁〕中学全体教职员联合大“罢教”，要求改善待遇，听说龙夫人因此愤□〔而〕辞去校长职务。他这次□□〔来港〕，据说是因龙云患小病，电嘱他前去照料。龙云的私人医师说香港的气候欠佳，不适宜龙云养病，曾经劝告龙氏易地休养，闻龙云将于下月间返昆。不过许多人都说事不可能，现在尚非其时，若然真的话，势必再闹的满城风雨，有如他到香港

初时一样。

《大刚报》（汉口版）1949 年 2 月 11 日，第 1 版

下台闻人在香港

王云五、龙云、许世英、吴鼎昌、黄琪翔，以及魏道明都跑到香港来了。

【香港通讯】 香港在过去是各反对政府党的"大本营"，惟最近因国内局势的逆变与和谈空气□幻灭，故香港现在已成为中国"下台闻人"的"避难所"了。凡是到香港来的要人们，都各有各的名目，也各有各的理由，但综合起来，即不外是避避风头，做做生意，恋恋戏台。惟其终极的目的，即是两个大字"逃难"，惟有少数人是负有某项的"秘密使命"。

在最近两三个月内，来香港的"下台闻人"真是多极了，如卸任财政部长王云五，在两个多月以前，便已阖家南返。他本说是到广州以后，即回其中山县原籍还乡扫墓的，而且还声称，撰写其出任财长的经过，但想不到他却悄悄地逃到香港来了，而且还带了一家老小。

又如曾任中国驻德军事代表团团长的黄琪翔将军，也于去年十一月间飘然来港。他是广东番禺人，□年才五十四岁，过去读书时，是专攻政治经济的，但他却是一个军事家，兼搞政治，他曾做过军长、远征军副司令长官、滇缅公路警备司令，还一度做过第三党方面的主要负责人。在民国二十二年时，也曾以政务委员的身份，参加过李济琛、蔡廷楷〔锴〕等所组织的"福建人民政府"，故其与李、蔡的关系相当密切。当他由南京初到香港，确曾一度极为活跃，而敏感的人士，亦均认为他这次来港，实为南京方面派来与济琛打交道的"和平人物"之一，借以试探李、蔡方面的条件。以他过去与李济琛、蔡廷楷〔锴〕等的关系，这种推测与揣想，也不无道理。惟一经其与李接触之后，方知对方已远非当年"福建人民政府"时代的人物，故今年入春以来，他便一反常态，突然变得沉默起来，就是偶尔遇见新闻记者时，也顶多"哈啰"一声，或者"你好呀"的招呼一句，此外便什么废话也不愿说了，样子显得很颓丧。尤其自从李济琛突

然“北上”以后，这对于他□平像更是一个非常之大的刺激。

月前龙云悄然来港，外界对于其谣言很多，如有些小报刊物，便活灵活现的说他这次离开南京时，是化装了一个老太婆，躲过了监视人员的注意，终于侥幸乘了一架预备的专机，才能逃出虎口，飞到香港这□自由乐土上来的，而且还硬说那些监视龙云的人因此被撤职记过。□□绘形，就好像亲眼看见一样，因而便以讹传讹，说他这次飞□香港将与李济琛□合流，实现西南五省联盟的梦；或者假道回滇，企图与规〔现〕政府唱对台戏。关于后一段的传说，因为尚有待而来的事实证明，我不愿妄加批评；惟关于前一段的传说，即的的确确是一个相当夸大的“谣言”。

当龙云抵港以后，我确曾想去看看他，预备跟他谈谈天。惟当我几次驱车到浅水湾龙氏的别墅中去看他时，司□〔阍〕的人不是说他出去了，就是说他不在家，故仅仅跟他的侍从武官们碰了几次头。据龙氏某一不愿宣布姓名的侍从武官说：“这次龙先生离开南京，确曾事前向蒋总统请假，并□蒋总统亲自批准以后才离开的。至于龙先生所乘的飞机，绝不是秘密承包，更没有化装潜逃。外界所传，纯系子虚。至于说他化装一个老太婆，更是荒唐滑稽。至少在我本人看起来，认为这是一个非常有趣的新闻。”至于这位侍从龙云将军副官的话是否可靠，我今天只好姑妄听之，愿将留待以后的历史家来证明。

龙氏抵港以后，深居简出，除了宋子［文］曾专程来港看过他一次，而胡文虎也曾去看过一次，亦与胡氏在其私邸内合拍了一张照片外，的确未与任何方面接触过。据其左右人士向记者谈，龙氏现在已经年逾花甲，身体健康很不好，急需长时期休养，对于任何政治活动都极淡薄，那里还有什样闲情逸致再来“造反”？他在说这话时，态度非常严肃。然则，真耶假耶？我也只好姑妄言之。〈后略〉

《广西日报》（柳州版）1949 年 2 月 23 日，第 3 版

龙云、黄琪翔、黄绍雄在香港

心安

尝在中国军政场合中负有盛名的龙云、黄琪翔、黄绍雄诸将军，到了

香港，住得颇久。

国家在动乱中，闻鼙鼓而思将帅，他们都是军政界的良材，及锋而试，亦有静极思动的意向否？这里再追述他们过去的史实。

龙云是云南人，当过自己老家云南省主席许久，握有军政大权。复员之初，龙氏调职中枢，任军事参议院院长，徐蚌之战，南京局面紧张，始来香港作寓公。〈中略〉现国家仍在内争继续进行，人民处水深火热之中，亟待拯救。不知曾经政海风浪、舍己为人的龙、黄诸将军，对时局作何看法？亦肯一举手以救这芸芸众生否耶？

《南洋周报》第25期，1949年，第3页

滇南民变

口号是“反对征兵征粮”；传龙云回滇指挥说不确

【本报南京二十一日专电】云南南部现正展开激励〔烈〕地反政府运动，由龙云旧部九十八军特务团长赵曾□领导，响应的有双江、景□〔洪〕、陵江、浪〔澜〕沧等十余县，今日国防部已经证实了这个消息，他们的口号是“反对征兵征粮”。外传龙云已经回□〔来〕指挥他们的活动，但十九日法国新闻社记者曾在香港访晤龙云，龙说：“他们的行为与我无关，但我很同情他们。现在这个民变，仍在扩大中，响应的县份□发出通电，痛□政府错误，如不及时抑止，可能形成‘燎原’。”

《大刚报》（汉口版）1949年3月22日，第1版

滇西叛变扩大　龙云拟返滇

【联合社广州二十七日电】报载滇西叛变扩大，叛军也占据祥云、景东、顺宁与云县等地。叛军于惠民部，已开始自南方西进，云县县长已被俘。又息：龙云拟自港返滇。

《中央日报》（永安版）1949年3月28日，第2版

湘滇变乱扩大

〈前略〉

【本报上海廿七日专电】联合社广州讯：滇西叛军扩大，叛军也占据祥云、景东、顺宁、广通与云县等地。叛军于二十五日全部已开始自南方各县西进，云县县长也被俘。又悉：龙云近期内将返滇。

《大刚报》（汉口版）1949 年 3 月 28 日，第 1 版

滇西叛变扩大　龙云拟自港返滇

【联合社廿七日广州电】报载滇西叛变扩大，叛军已占据祥云、景东、云县等地，叛军于惠民部，已开始自南方西进，云县县长已被俘。又悉：龙云拟自港返滇。

《宁波日报》1949 年 3 月 28 日，第 2 版

代总统召见龙云之子　探询伊父出处

【本报南京三日专电】李代总统今晨在官邸，召见龙云第三公子[①]绳武谈话，闻系探询伊父未来出处意见。

《西京日报》1949 年 4 月 4 日，第 2 版

李代总统探询龙云出处

【本报南京四日专电】据政府方面透露，李代总统昨日曾在官邸召见龙云之第三公子谈话，闻系探询伊父未来出处意见。

《阵中日报》（太原版）1949 年 4 月 5 日，第 1 版

---

① 应为长公子。——编者注

卢汉代表杨文清　仆仆京港穗道上

谒晤代总统何院长及龙云

【广州中央社六日电】云南省主席卢汉之代表杨文清，飞京谒□〔见〕李代总统、何院长，聆取中央对云南之指示后，于三日飞抵香港，访谒龙云将军，有所商谈。杨氏六日来穗，访晤友好，将于八日转香港再访龙云后，即飞返昆明。又龙云长公子绳武，在京谒见李代总统、何院长后，于六日飞穗，勾留一二日即去港。

《中央日报》（永安版）1949年4月7日，第2版；《杨文清代表卢汉曾访龙云商谈　拟再度赴港后即返昆》，《新疆日报》1949年4月7日，第1版；《卢汉派代表赴港访龙云》，《革命日报》1949年4月7日，第2版；《滇政情趋明朗　卢汉代表往来京港穗滇　谒代总统后曾两访龙云》，《大刚报》（汉口版）1949年4月7日，第1版；《滇代表飞港访龙云　转抵广州谒何院长》，《甘肃民国日报》1949年4月7日，第1版；《卢汉代表飞港访龙云》，《贵州商报》1949年4月7日，第2版

中枢邀龙云晋京　协助处理省政

郭德洁赴港访晤亦有商及；龙氏与法方商未来滇越关系

【本报香港十日电】联合社讯：前云南省政府主席龙云，今日在此宣称，李代总统与何院长一再电询滇省局势，邀余晋京，协助中央处理省政，但因健康欠佳，已派长子绳武代表前往。另据报载，龙氏正与法国官员，会商未来滇越关系，政府观察家佥信殆系讨论滇越边境抵抗共军之联防工作。李代总统夫人郭德洁，闻曾访龙氏谈及此事。

《中央日报》（永安版）1949年4月11日，第2版

龙云主滇说实属无稽

杨文清返滇谈

【中央社昆明十一日电】 滇省委杨文清，上月代表滇主席卢汉赴京，向李代总统陈述政情。杨氏曾转道穗港，于十一日返昆，据语记者：李代总统对滇省情形备极关怀，中枢并决予卢主席最大权力，应付地方上各项困难。龙前院长云返滇主政传说，实属无稽。本人在港时，仅以旧部资格前往拜访，并无重大意义及神秘使命。又胡宗南部调滇协助剿匪事，在京并无所闻，且中央亦无此一措施。至今后省财政方面，将采自给办法，国税中除盐税外，一律归还地方；而中央对地方财政，亦不再补助。

《阵中日报》（太原版）1949 年 4 月 12 日，第 1 版；《龙云返滇主政说　绝对不确》，《贵州商报》1949 年 4 月 12 日，第 2 版；《杨文清返抵昆明　龙云返滇主政说不确　中枢予卢汉全权应付困难》，《西京日报》1949 年 4 月 12 日，第 2 版；《杨文清返昆　称龙云返滇说无稽》，《新疆日报》1949 年 4 月 13 日，第 1 版

龙云电李宗仁提出国是意见

主张毅然接受中共条件　渠将坚拒反动部队入滇

【本报南京十二日电讯】 龙云十一日自港致电李代总统与何院长，电中略谓：“日前接□敬之兄电报，邀我入京共商国是。我因身体不好，乃派小儿绳武代表前来领教。我尝以为国事一天不能安定，则云南现局亦将无法安定，非我个人之出处所能为力。至目前形势，千言万语，总归一句，即兄等应毅然决然勇敢接受中共所提出之八项条件，电知政府和平代表团速作具体决定，立予签字。又闻有若干反动派系之残余部队拟退入云南为根据地，要图东山再起。果若如是，我虽百病缠身，亦将代表云南父老起而拒绝。”

《大刚报》（汉口版）1949 年 4 月 13 日，第 1 版

论龙云给李宗仁、何应钦的复信

在人民革命空前胜利，与国民党反动统治急剧崩溃的总形势之下，云南人民也和两广、浙江等反动统治区的人民一样，为了实际生活所逼，不得不奋起革命自救，建立人民武装，要求解放家乡，并即以此迎接人民解放大军南渡。在此形势之下，杀人犯卢汉已经无力应付，而反革命统治不会自己下台，必然要妄图挣扎，于是在三年前以武力逼迫龙云出走的南京反动政府，如今想利用龙云去对付人民革命，这就是李宗仁、何应钦电邀龙云回滇，与杨文清、郭德洁先后来港的真实内幕。当时，龙云为要明白李、何的真意，曾派其长子龙绳武去南京一行，这不能不引起外界的揣测，一时谣言四起，其间大半由于对龙云的关怀，龙云觉得再不能缄默，乃于本月十一日招待中外记者，并将他给李、何的复信公开发表，从此不仅澄清了外界的揣测，而且公开表明了他对大局的态度。

龙云给李、何的复信中，包含了三个重要内容。

第一，龙云在这复信中，表明了他对中国人民革命信念，并阐明了真和平与假和平的区别："吾人须知，中国共产党与民主人士，所艰难英勇斗争，以求实现之和平，为外除帝国主义之压迫，内除封建制度之剥削，其和平为根本之和平，为永久真正之和平，为大多数人所渴望之和平，其前途为正大，为光明；而独裁者所欲操纵之和平，则为保存自己残余力量，以供帝国主义者之利用，以维持封建制度之剥削，以继续残杀人民而肆其凶焰，其前途为黑暗，为死亡。"陈义明确，界限分明，足见真理是在人民这边，能够靠近人民，就能拥抱真理。

第二，龙云在这复信中，明白对李、何指出："今之所为国是，一言可决，即毅然决然，勇敢接受中共毛泽东主席所提八项原则，电嘱北上代表，依照原则作出具体决定，克日签字，付之实施，将为吾民族开万世永久太平，岂独吾滇一省一时受赐?""如明乎此义，服从真理，接受和平，共入光明之途，亦绝无投降屈辱之义。"这对于那些口唱和平而投靠美、蒋之徒，不啻为暮鼓晨钟，即对于那些高谈国是而不敢面向真理之辈，亦不啻为一当头棒喝。

第三，龙云在这复信中，说明了云南问题是整个中国问题的一部分，决非个人的进退出处所能为力，“国是一日不定，滇局绝无全定之可能”，“全国真正和平实现，则滇省一隅动乱，自必不复存在”。这对于李宗仁、何应钦等想利用龙氏云对付云南人民的反动企图，是一个深重的打击。

此外，龙云在招待记者谈话中，还曾着重指明民国三十四年十二月三日杜聿明、李宗黄等在昆明所掀起的反动政变，是蒋介石在抗日战争胜利后蓄意发动内战的信号，更在复信中郑重指明：“反动者正诡谋布置，欲于和谈破坏之后，即以残余军力窜入滇省，不惜以吾滇昔年民主之堡垒，为将来反动最后之根据，以图死灰复燃，此在吾滇为奇耻，为大祸，亦民族解放大业垂成之际之隐忧，则弟（龙自称）虽疲惫，亦或将有以从吾父老昆季之后矣！”这是极可敬佩的。根据近日消息，龙氏之言，竟不幸而中，且在和谈尚未破裂之时，南京反动政府第六编练司令兼第八军长李弥，即已奉伪国防部的命令，率军入滇镇压，胡宗南残部亦将空运入滇。现在云南人民已经奋起斗争，拒绝蒋军入境，云南政局将因此进入严重斗争时期。但只要龙氏坚持自己的正义立场，真正与云南人民密切合作，我们相信真理与人民将战胜一切，云南解放，将与全国解放一样，必然有它的光明前途。

《群众》（香港版）第 3 卷第 17 期，1949 年，第 11 页

龙云能回云南吗？

云南几月来的动乱，使卢汉面临了严重的考验，尤其是匪多如毛的现在，如何才能安定，各方的看法都是如此，这样便又酝酿着龙云回滇的声浪！

云南问题，确实使卢汉惶惑，当龙云由京出走的时□，一般人对云南的看法，都应该是急转直下的局面，那里知道龙云如果贸然回滇，在卢汉方面以老大哥的资格，未尝不可，硬要从卢汉手里表演一出“完璧归赵”的好戏，卢汉与龙云虽然是弟兄，也颇不愿。

龙云的化妆出走，在龙云方向看，是得意杰作，可是他抵达香港的时候，而不能回到云南，你说他的愤慨，能够避免么？最近云南的匪患日盛，在蒙自、大理山区，攻城掠地；而山区公路交通，为了匪患，非有大队人马，不能畅行无阻。加之省财政枯竭，生活的鞭策，使人们不满现实，对原主席龙云的怀念，自然而然有所憧憬！卢许多的原因，不考虑现实的情况，还有一个长远的□□，谁能保证龙云没有在后□发号□令。

龙云是所谓割据英雄，在他主政的若干年，中央势力参入云南。从外表上看，无孔不入，实际中央与地方，显然有一种界限存在。尤其在抗战时，龙云是举足轻重的人物，所以中央极力培植卢汉，使卢汉的政治生命滋长，使他军事力量成熟，而用以代替龙云。当［然］，这种作风在龙云的小我方面看，总觉得有些失望，但从中央方面看来，这是根据地方势力滋长的作风，也是未可厚非的。龙云与卢汉之间是兄弟，在政治立场上面看，显然也有不少矛盾。因为那是龙云是“滇南王”，而卢汉则是中央的一着棋子。

云南数月来的动乱，使卢汉面临了严重考验，尤其是匪多如毛的现在，要如何才能够使他安定，在卢汉方面似乎有坚强的自信。只要中央在经济方面，使云南安定，军事方面予以加强，他具有决然的自信，在短时期可以使云南一切动乱清除。然而这只是一个自信而已。云南的一切，不是单纯的，而且有微妙的因果关系。中央的看法如此，云南人的眼光中，也未尝不如此。当卢汉的代表朱〔杨〕文清飞京，向李代总统报告的时候，以客观的环境看云南，也是如此。这□便又酝酿着龙云回滇的声浪！

据说，卢汉的代表朱〔杨〕文清到京后，李代总统即电龙云派遣代表来京。这样龙大公子绳武，便就近代表他父亲，阐述有关云南的问题。此次何院长飞穗之中，便中途解决了云南问题。

安定是政府的目的，是人民的希望。据说，最后的一个决定还需要卢汉的同意，但你说卢汉会同意么？这倒还是一个极大的问题呢！

《革命日报》1949 年 4 月 23 日，第 4 版

香港而今成乐土　贵官定居浅水湾

龙云心在五华山；街头出现秧歌舞

【香港航讯】时代转变得真快，今日的香港，变成了十年前的上海租界，成为官僚们避难的地方。浅水湾畔，更汇集了昔日的大亨们，都在那儿休养。在街头闲逛，偶然也能在热闹的皇宫一带，碰见那批大亨们。前日，记者到长洲（香港附近的一个小岛，轮行约一小时可达）去旅行，在归途上遇见司法总长王宠惠，□□沙滩，购得海鲜回去。前总统府秘书长吴鼎昌，则带着他的女儿，一起离港飞台，去享受天伦之乐。最深居演〔简〕出的，却是那位当年显赫一时的云南省主席龙云，从不外出，也不愿接见记者。据关系方面传出的可靠消息，目前滇省民变的风起云涌，与龙氏离京来港后的种种部署，颇有密切的关系。龙云虽身处香港，可是他的心早回到昆明的五华山了。〈后略〉

《中央日报》（永安版）1949 年 4 月 24 日，第 3 版

龙云抛弃沉默

这位不发表新闻的新闻人物，居然公开招待记者了……

【本报驻港记者朱兴山香港航讯】龙云这位一向将自己关在神秘中的传奇人物，“告假”来港“养疴”已有四月之久，四月中浅水湾畔龙公馆的客厅里，虽然有许多怀有各种不同使命的人物和他细谈密语，从来没有冷落过，但在新闻记者面前，他是一直称病，不是“牙痛不能说话”，就是“伤风不能吹风”，从未发表过片言只字的。

可是这位一向不发表新闻的新闻人物，昨天下午居然公开招待记者了，而且一谈谈了一个半钟头之久，这当然是条惊人的消息。果然龙云不曾使人失望，不但他自己发表了“惊人”的时局意见，他的五公子龙绳勋先生也帮助他合演了精彩的一幕，香港的记者和全国的百姓今后对他有了深刻的认识，这位神秘人物再也不能以“神秘”来隐

藏一切了。

四月前龙云来港时，正□阴霾一片，晴雪难测的隆冬，龙云先生匆匆离京来港，目的既在息养“疲惫”的病躯，在这样的气候中，自然以保重身体第一，说话是有碍息养的，何况患的又正是“牙痛”“伤风”最不宜讲话的病症。但是经过了四个月的休养等待，南国的香港固然早已春光明媚，北方的南京也已冻解冰开，换了另一种气象，浅水湾畔的访客也随春的来临而更见活跃。在这种种有利气氛之下，龙云先生的健康自然有了极大的进步，看看香港，望望南京，听听北平，自然而然使他想起那可爱的云南，于是龙云先生开口了。

《中央日报》（永安版）1949 年 4 月 28 日，第 3 版

浅水湾困不住龙云

本刊香港特派员　凌菱

他拒绝会客，表面上相当寂寞，暗中蠢蠢欲动，准备重温“云南王”的旧梦。

浪击浅水湾

将靠近雨季的香港气候，多半是阴沉的，浅水湾这时分更显得冷清了。浓雾迷漫，一阵阵的海浪，轻轻的打来又消失了，间或挟着单调的汽车声，很快又远去了，浅水湾静寂得简直有些怕人。

在这个滩头上，一幢红色小洋房，这就是有名的香岛道一七七号龙公馆，主人龙云困在里面，已经有四个多月。一个搞惯政治的人怎样会耐得起这份寂寞，近来许多事迹，部〔都〕说明他是在蠢蠢欲动。外边关于他的传说很多，记者想在龙云嘴里，套出一些东西，看看他自己的态度如何，昨天是跑了龙公馆一趟，结果是碰了一个软钉子。

龙云对新闻记者具有二重优良作风：一是他代表了中国官场躲避记者的传统；一是他接受了“民主人士”不轻易见记者的民主作风，这件是在香港的报界已闹得很厉害，神龙见头不见尾，他不见你也没有办法。有个同业，前些日子与他副官吵，差一点被扣在浅水湾了。

龙云不见客，他派了他第五个儿子龙纯勋出来说：“家父病了，对不起，他不能接见客人。”

龙云的政治病

“你父亲什么病？”

“害的感冒。”他答。

龙云确实是病了，他害的是政治病。今天，他是彷徨无措，苦闷焦急，拿不稳主意，南京政府频频有电报邀他晋京，商谈国事，他打发自己的儿子龙纯武去南京折转广州一趟，据说龙纯武传达他父亲的意思给何阁揆：“家父对政治已经不感兴趣了，他不愿意谈什么责任，对家乡，他却十分关切。”

目前，云南的情形实在令当政者伤透了脑筋，卢汉两手空空，自己没有实力，而云南各县处处闹事，弄得他空着急。中央有部队在那里，数目也不太多，治安不太好的地方，连中央军也缠足不前。这样情形下，卢汉不能不请龙云想法了。卢氏代表杨文清，除匆匆晋京报告云南情形外，并三番两次来港，与龙云深谈，说得很彻底。在三个星期以前，龙就派了夫人与秘书飞昆明，直到现在没有回来。另外，龙云与在港的宋子文来往甚密，又曾赴过法国领事馆的邀宴，这些很清楚的显露，他已经耐不住那份清闲了，在不久，他将离开他的浅水湾别墅了。

龙给李济琛一信

最令人寻味的，是他取巧圆滑的做法。据说，他托了最近北上的一位民主人士，带给李济琛先生一封亲笔信，据说，这信内容说明他今后可能的动态，自然这是一个讨好的做法。据说，有人曾劝过龙，要他北上，他拒绝了。

据一位接近他的人说，龙云很可能回到云南去，他的夫人已经先回去同他布置了一番，他将要重温“云南王”之梦了。

当龙云由南京逃到香港之时，所有报纸说他要弄什么华南联防，又说他如何的反对政府，独有香港《大公报》发了一条消息，说龙云可能回云南去，而且已派了二个高级人员返昆明去了。这话并没有引人注意，因为龙云搁浅在浅水湾，沉默地不发一语，成为神秘人物，任何公共场所均不出现，大家也就把他淡忘了。

但龙云心中底牌，在香港政治圈中跑跑的大概都已洞悉，他不再会与政府合作，他和黄琪翔（福建人民政府时代人物李济深之同志，抗战后曾任驻德军事代表团长）一样，决心离开政府，另走一条路，但眼看这条路不容易走，于是在政治舞台的边缘上彷徨着了。神情紧张的唯一表现是他怕说错话，固此，怕见新闻记者，龙云的心情是可想而知的了。

龙云的道路，可以说和黄琪翔差不多，所以他们二人也最谈得来。龙云很早就向黄表示了他的真正态度，他特别强调他对“民主事业”的信心，要在现政权以外找道路，但他民主到什么程度，恐怕连李济深也摸不清。直到最近，因为李宗仁拉他回云南，他怕被拖下水，就决然发表公开信，与政府采不合作态度，同时投到“新民主主义”里去，他的底牌全部摊出。

龙云飞港后二个月，果然云南全省骚动，这是否与他派回去的人有关，也就无从下断语，不过事实摆在前面，反叛者过去都是官方人士，都与龙云有关系，这也就是为什么政府要派人请龙云返滇，而逼得卢汉也不得不派人请他回朝的理由了。

照说，龙云可以回去收拾了，只要他登高一呼，战事自会停下来，但他实有所待，时机□不够成熟。同时，政府要他回去，这条路他要考虑，何况现在和战未定，他要等待云南糜滥到差不多成熟时期，等得中共或李济深支持他回去，领导他的旧部来打起“人民解放军”的大旗，继续他世袭的王朝，把云南弄成高度自治的政治圈，保住他的江山，在这种微妙夹缝中获得一线生机，说来也不过三五年小康局面，够英雄末路的了。

所以，李宗仁近次要他回云南去绥靖地方，缓和战事，以配合整个和谈，他却不下手，认为这卖买太少，而且要赔本。

〈后略〉

《新闻杂志》新 3 卷第 2 期，1949 年，第 16 页；《浅水湾困不住龙云》，《中央日报》（永安版）1949 年 5 月 12 日，第 3 版

龙云据说回昆明

做过云南省主席的龙云，因为与中央政府意见不合，在香港住了限〔很〕久。最近有人说，他已悄悄回昆明去了。

《儿童日报》1949 年 9 月 5 日，第 1 版

院会通过专案通缉黄绍竑、龙云等逆

其余附逆叛国罪魁一体缉拿

【广州十四日中央社电】 行政院以黄绍竑等五十人，公然发表宣言，附逆叛国，罪大恶极，特于十四日第八十九次政务会议□决议通过，通缉黄绍竑等五十五人，归案究办，兹将决议案及附逆名单录后。

通缉黄绍竑等附逆人员案，决议：（一）黄绍竑等四十四人，暨邓绍荫等十一人，在报章发表宣言，附逆叛□，应予并案通缉，归案□〔究〕办；（二）龙云历任中枢及地方要职，竟公开勾结云南匪共份子，图谋叛乱，罪大恶极，应予专案通缉究办，并没收其财产，以上两项并呈请总统明令通缉；（三）《惩治叛乱条例》对于附逆叛乱份子应加没收财产之规定，交司法行政部拟办呈核；（四）所有文武官员，及国营事业高级人员，应由各机关速即分别详细查明，报院核定后，另案通缉。

附逆人员名单：黄绍竑、贺耀祖、龙云（专案通缉）、罗翼群、刘斐、刘建绪、李任仁、胡庶华、舒宗鎏、李觉、周一志、李默庵、潘裕昆、贾〔覃〕异之、张潜华、谌小岑、李荐廷、朱惠清、黄统、金绍先、高宗禺〔禹〕、陈汝贞、李宗理、杨玉清、唐鸿烈、杨德昭、麦朝枢、李式增、黄翔、骆介子、毛健吾、祝平、骆美轮、李炯、朱敬、崔绥如、罗大凡、郭汉鸣、徐天深、刘绍武、王慧民、郭威白、黄权、彭觉之、邓绍荫、陈剑修、李黎洲、黄祖培、陈明仙、李翰园、朱紫朝、姚忠华、赖希如、王逸庆、李达九。

《革命日报》1949 年 9 月 15 日，第 2 版；《龙云图谋叛乱　予专案通缉　附逆者陈明仙等五十五人》，《贵州商报》1949 年 9 月 15 日，第 2 版

从龙云逃港说到昆明事件的前因后果

麒麟

十二月十日下午，一个突如其来的严重消息刺激了首都的政治圈，使这个圈中的关系人士引起了极大的震动，什么消息？原来是“昔日的云南王龙云突然于十二月八日夜晚逃离南京，飞往香港了”。

最先知道这个消息的有两个人，一是蒋总统，一是何应钦，他们都在十二月十日中午接到龙云离京前发出的二封信。致蒋总统的信是冠冕堂皇的“请假两月，赴港疗养”，致何应钦的信则直截了当说明此去是不会返京了，并致惜别之意。当中枢方面知道这事，当然龙云早已身在港岛了。事实既已如此，于是十二月十二日全国各报上都登出一条中央社发布的小新闻：“战略顾问委员会代主任委员龙云，因健康关系须易地疗养，已奉准病假二月，于本月八日由京飞穗，转香港就医。”这条新闻虽小，却引起多少人的注意，由这条新闻中更可以看出中枢不得已而准龙云“病假”的苦衷。

中枢当真会准许龙云去香港吗？谈何容易！休说龙云要去港，就是他要离开南京一步也不行。可是他怎样走的呢？据关系方面人士的透露，这里且抄一段某杂志所载龙云逃港经过如下：“十二月八日一个星月无光的晚上，当监视龙云的人是正在南京中央路龙公馆雀战正酣的时候，龙云化装成一个老太婆，由一个副官陪同，坐了三轮车，一股劲溜到明故宫机场。在那儿早有事前包定下来的专机，由美国人驾驶急飞上海而去。到了上海，另外换一架飞机，还是由美国人驾驶，直飞香港。据说龙云除化掉约合一万多元美金的专机费外，还费了两个星期的准备时间，于是这个当年的云南王便身在香港了。而那些被派往监视龙云的‘工作人员’却都全部被拘，追究失职的责任。”

龙云此番逃到香港，有人把他好有一比，譬如猛虎入山、飞鸟出笼，他今后的动态是更值得令人注意的了。说到龙云，大概没有人不知道这个当年叱咤风云、威镇西南的云南王吧。当他统一滇省，掌握全省的军政经济大权后，那声势简直不亚于当年称雄粤南的“岭南王”陈济棠，而后来陈济棠垮了，龙云还稳坐在“云南王”的宝座上丝毫未动，直至抗战胜利伊始，才在不得已的情形下离开云南，出任军事参议院院长，同时也就受到监视和软禁了。龙云是怎样下台的呢？这的确是许多人认为疑问的事，我们在这里不得不再回忆到那一幕推翻龙云政权的“昆明事件”了。“昆明事件”乃是由杜聿明导演下逼走龙云的一幕精彩演出。龙云就因这个事件而被送到了陪都重庆，这其间正有着许许多多的前因后果。

我们先从廿六年抗战开始说起吧！这个时候的云南，还是在龙云手里把持得铁桶相似，外来势力休想插足一步，中央军也从未踏入滇省一步。“八一三”全面抗战爆发，政府一面将重心西迁，一面调遣川滇桂等省军队出省参加对日抗战。这时政府在大后方已注意到了两个地方，一是四川，一是云南。至当时牵〔率〕滇军出省参加抗战的，就是现任云南主席卢汉。廿六年秋，卢汉身任第六十军军长，牵〔率〕一军人转战苏鲁豫一带。廿七年武汉保卫战展开，滇军又调出一个军作战，这时云南省内的军力已相当空虚，政府看中这个时机，曾派了二军人准备进驻云南，不料当时竟遭龙云坚拒，不得进入滇省一步。于是那两军人便停留在滇边待命，直到廿九年日寇登陆越南，滇南吃紧，龙云才无可奈何地允诺中央军进驻滇省。这时政府派了杜聿明和关麟征分率大军数万驰抵滇南和滇西驻防。可是那两个由卢汉指挥出省作战的滇军，却也以滇省告紧借口，奉龙云电召，星夜调回了滇省。这样，滇省的形势便表面告稳了，而实际上却是互相以兵力牵制着，暂安一时。

迨到卅四军〔年〕秋，日寇投降全面接收时，那个“昆明事件”的时机才告来临。据说这一着棋政府中枢真是布置了二三年之久了。当一声日寇宣布投降，中枢就布下一个调虎离山之计，将越南日军的缴械及受降工作交给卢汉，命卢汉牵〔率〕领滇军二个军开赴越南接收日军之物资军械。时卢汉任第一集团军总司令，他奉到最高统帅部的命令，当然不敢怠慢，乃立即率领滇军二军向越南进发。

卢汉在龙云麾下是个怎样的人物呢？他和龙云原是姑表兄弟，当年二人一同投军，也一同落过草。龙云对他非常信任，滇军大权全部掌握在卢汉手里，故将卢汉及滇军主力调离滇省后，不啻斩去了龙云的两臂。卢汉既去越南接收，而那时身任昆明警备司令、率领中央军劲旅坐镇滇南的杜聿明，便立刻接到密令，部署行事。据闻当卢汉的滇军才告离开滇省进入越南的时候，杜聿明的部队便马上从后面尾随着将进入滇省的一段滇越铁路路轨全部拆卸，一面就在滇越边境布防，严防滇军回头。而昆明方面就在此时发动了那个“昆明事件”。

昆明是云南的省垣，也是全省政治、文化的中心。这是一个山城，城内也有一座很高的五华山，滇省府和龙云的公馆就在这座五华山上。至于身任昆明警备司令的杜聿明，却和龙云一向有约法三章的规定，是杜的部队只准驻在昆明城外，不得到龙云的许可不准入城，连宪兵都不能进入城内一步。当卢汉的滇军开赴越南后，昆明的形势如下：龙云留有卫队一个团，警备省府及城垣；一营人驻在五华山上，另二营驻在城外，监视着杜聿明的部队；而杜部当时驻在昆明附近的则有中央军一个军，这个军便是发动“昆明事件”的主力。卅四年十月下旬①，卢汉的滇军到达越南完成受降工作后，一天下午杜聿明便送了一纸政府的命令给龙云，内称“调龙云为军事参议院院长，并要他即刻离开昆明，到重庆就职”。这一纸命令不啻是一个晴天霹雳，龙云一见之下大为吃惊，当然他是坚决拒绝离开昆明，于是杜聿明的全军人马就立刻突入了昆明城内，包围五华山的省政府及龙云公馆。而驻在城外的龙云的卫队二个营，闻讯之下也就立刻向城内猛冲，企图卫护龙云。这样，双方就在昆明市内展开了一幕空前猛烈的巷战，造成“昆明事件”的最高潮。

当龙云被围困在五华山上时，他曾急电越南受降的卢汉，命他火速率军回滇，驰援昆明。可是卢汉部的滇军待要回师，而滇越铁路进入滇省的一段已被拆卸，杜聿明大军严阵以待，传话卢汉说是奉命监督卢部滇军受降，命令卢汉未奉中央命令，不得擅自行动。卢汉无奈，只得停留在滇越边境上了。而昆明方面呢？因龙云的卫队一团，当然不是杜聿明的劲旅一军人的对手，结果龙云的卫队全部被杜部缴械，龙云也就立刻成了俘虏。

事情弄僵后，总算又由宋子文出面打圆场，他飞到昆明来“迎接”龙

---

① 此处时间有误。——编者注

氏去渝。最后龙云终于在一种无可奈何的情形下，坐了中央派来的专机去重庆“荣任”军事参议院院长了。

至于那个在越南的卢汉又怎样办呢？他率有滇军二军之众，又接收了许多日军的物资军械，这也是个大问题，中央绝不放心让他率这些滇军再回入滇省，某中枢要员便衔命与卢汉开始作了一个政治谈判，中央要卢汉放弃军权，并要这二个军不再回到滇省，由海道开往东北作战；而交换条件是由卢汉出任云南省主席。这个条件经卢汉考虑了几昼夜后，他终于接受了。这样就在卢汉回到昆明就任滇主席的时候，他的兵符便同时宣告解除，而那二个滇军也就由海道北上，在东北战场上出现了。

说到这二个滇军之在东北之作战，则还有许多后闻。据闻这二个滇军倒是颇能打硬仗的，在几次吉林、松北会战中，都打得很出色，可是现在他们却没有消息了。滇军中的一个军，便是不久前在长春叛变的曾泽生军，曾部现已投共；另一个则在沈阳陷落时，也就此下落不明。

至于龙云，他在一串漫长的岁月里，却沉默得一无声息。他最初是住在重庆，胜利还都后又被“迎”到了南京。后来军事参议院改组为战略顾问委员会后，仍由龙云代理主任委员。他一方面固然是享尽清福，可是另一方面他的行动当然也是受到监视，这样三年以来，终于给他候着了这个机会，一溜烟逃到香港去了。

龙云会不会再由香港回到云南去呢？这话很难说。不过龙云这一出去，使云南问题的严重性突然增加了不少，这确是事实。

《海晶小说周报》第 3 卷第 5 期，1949 年，第 4 ~6 页

包围龙云的一群

本刊香港特约通讯　吴士华

今日的龙云虽在香港浅水湾作寓公，但远非南京的浅水可比了。民盟人物是龙府的嘉宾，陆子安与李子厚，也是药中甘草，与龙寸步不离的，陆是龙的表弟，李是他的内弟。

民盟人物每天盘桓于龙府的为李一平。李是一介书生，为龙引为知己，并且肝胆相照。过去段英在云南变乱，幕后的牵线人就是李一平，所以李也是云南民盟的负责人。龙经过李的介绍，于抗战之际，即已加入民盟，惟以其不公然活动，大部份的人都不知道龙是民盟中的重要份子。

民国卅六年春季，龙被羁拌〔绊〕于南京时，尚拟发展民盟组织，借以发泄心中郁火。当时曾找一张姓印刷厂，为之印刷标语及传单，当为张所拒绝。张与龙固旧友，斯际方悉龙为民盟人物且具有敢干的作风，处在低檐下，还想不低头，也许是云南人的特性。

龙的秘书刘宗岳及参谋朱致高，也都在香港，伴龙逃出南京的，就是朱参谋。他胆大心细，精明干练，龙手下的人以朱办事最漂亮，但刘、朱两人对于李一平皆不十分满意，惟敢怒而不敢言，对李的态度是一味敷衍。

乌烟瘴气闹了一阵，至今龙云的私寓，还是闹哄哄的。虽然他近来患剧烈的牙痛，不大见客，可是李一平等民盟人物，每天仍川流不息的往来，好像是一群抬轿子的，时时刻刻在伺候着他的主人。

《钮司》第 1 期，1949 年，第 5 页

龙云何时回云南？

孤芳自赏，度着漫长岁月，骂过卢汉，湎怀于云南的小康江山……现在他期待着——

【本刊香港通信】“八党龙头”李济琛离了香港之后，使香港的政治气氛，为之减低了不少。从去年圣诞节到现在，三个星期左右，只有二三级民盟份子，仍然在活动，但这些活动，似乎在长江以南的都门，与在华北的石家庄，都起不了重大作用。

在香港，眼前所使人注意者，只有前“云南王”龙云，这位被总统“准假二月”的龙老先生，不时发现他用那郑重步子，踯躅在皇后大道，孤单单的，大有“孤芳自赏”之慨。

龙云抵港后的第三日，曾经访过港督葛量宏，翌日葛量宏回拜龙氏，这是国际上的礼节往来，算不了一回事。数天前，有一位自广州来的怪客访龙云，记者虽口穷碧绿下黄泉，而似不知此客为谁，但无疑的是前粤主席宋子文的说客。

许多外国记者，曾经有个时期把新闻目光集中在龙的身上。然而，龙很怕见新闻记者，记者们往访，时常遭到了“不在家”“龙先生睡觉”的挡驾。

新闻记者是耳闻八面、眼观四方的，关于龙云在香港干些什么，始终是一个迷〔谜〕。因为有一个时期，云南主席卢汉曾经有过不甚公开的表示，强调龙云要是回滇，他可以把云南政权完全交给龙氏。可是，龙云始终依依留恋于香港。实际，龙云也有龙云的苦闷，他和卢汉虽然是姑表弟兄，但再要好的弟兄，也不过于利害的冲突。卢汉肯把一个小康局面的云南江山交给龙云吗？

据说龙云最近几天曾经皱着双眉，终日叹声叹气，骂过卢汉不够交情，因为卢汉到了一次南京后，兴高彩烈的回到云南，翌日即与云南警备司令何绍周闭门终日会谈。何绍周是何应钦将军的侄少爷，纯粹是一个中央系人物，结果决定下来，把云南全省的军权，都由卢汉自行责掌。何绍周担任新军训练的专职，并且最近成立一个新军，由何绍周任军长，副军长由龙译〔泽〕汇担任，从这里看来，卢汉的今后动向，是颇使龙云不太满意的。

这位李济琛身后的龙云先生，他虽在香港有他的期待，然而期待只是期待，何时回得了云南，那是一个很渺茫的希望。龙云就这样在香港，无聊的渡着岁月。

《新闻内幕》第1卷第2期，1949年，第16页

龙云倒蒋亲共

英智

他劝李代总统接受共党八项和平条件，以开民族万世永久之太平。他这回的突变，并非偶然，他反蒋甚于亲共，这是公报私仇！

前云南省主席龙云，由南京潜抵香港后，一般人深知他不会从此罢

休，必当俟机而动，因此最近盛传龙氏会重返滇主政。这消息经滇省委杨文清（现滇主席卢汉的代表）否认过，说是无稽之谈。但龙云自己却说“现在云南是被蒋介石的势力所控制，我赤手空拳，自然做不出甚么事情来，所以我现在决不离开香港。听说国民党想利用云南为反共的根据地，假如是真的话，我当然回滇，去参加人民阵线反抗。”

李代总统及何揆，曾电请他晋京协助中央处理省政，但龙氏以健康欠佳为辞，只派其子绳武代表晋京而已，岂知龙别有用心呢！他突于本月十一日下午四时邀请香港《星岛日报》《大公报》《文汇报》《华商报》《德臣西报》，及外国几家通讯社的记者，到他的浅水湾寓所发表谈话，当场公布给李宗仁、何应钦的回信，并劝请李代总统接受毛泽东八项和平条件。兹将他复李宗仁并转何应钦函如下：“日前接奉敬之兄电邀晋京共商国是，盛情可感，当嘱大小儿绳武前往问候，并聆高见。窃以国事一日不定，贱躯决无安定之可能；而今之所谓国是，一言可决，即兄等毅然决然接受中共毛泽东主席所提八项原则，电嘱北上代表，依照原则，具体决定，克日签字，付诸实施，将为吾民族开万世永久之太平，岂独吾滇一省一时受赐也。惟弟欲再进一言，今日之事，幕后操纵、怙恶不悛者，正大有人在，虽遭惨败，犹图挣扎，作困兽斗，吾人必须洞鉴。顷读吾兄致毛泽东主席七日电，具见英勇。惟今日之事必须决断，始能免除战祸，实现和平；如稍犹疑，必中操纵者鬼蜮之计，江南浩劫，亦不能免，而兄等亦必同归于尽。吾人须知中共与民主人士所艰苦奋斗之和平，为取消帝国主义之压榨与封建制度之剥削之和平；而独裁操纵者之和平，为保障残余势力为帝国主义工具之和平。弟过去因反对剿共，主张民主，遭独裁者之忌，以致发生昆明事变。去岁脱险南下，海隅养疴，或有人询及滇中民变事，实则此为反抗压迫、争取民主之洪流，决非绥靖力剿所能平息。如能因兄等英断，和平实现，弟以垂老余生，纵览山川之胜；如和平不能实现，亦或有以从吾滇父老昆季也。”

龙云此次的突变，并非偶然，他反蒋亲共，是公报私仇。闻说当抗战开始后，龙云出席二中全会，蒋总统召集高级将领开会，席间蒋提出反共计划，当时龙云即起来质问：“既然要抗战，何以要反共?”即席便不欢而散，蒋龙之间遂生了裂痕。及云南事变，龙被调京任战略顾问委员会主任委员，这个职位是一张空头支票，没有实权的，因此龙恨蒋益深，后以病几次请辞，均不获准，于是有一天，他便化装潜至机场，上了机，一直飞抵香港，从此他的野心无时或已，等候时机报复，因此有这一次的反动。

关于他这次在港招待记者会中，曾发生一件很不愉快的事，据说当天他招待记者是有计划的，他不是招待全港的记者，而只是几家左倾的报馆记者。可是那天来参加的中西记者有数十人，都站在门外等候赴会。龙的第三子绳勋拒绝彼等入屋，他说“单纯是招待左倾份子的报馆记者，其余不准入内”。这时候门外有状似“打手”者多名，站着监视记者们的行动。当时香港《华侨日报》记者陈治华代表上前交涉，竟被推倒地上，并困□在屋内密室。时各记者们哗然呼救，港当局即派员前往解围，强令开门，始救陈出。这一次的事件，给予新闻界极不良的反应，认为是极不民主的举动。他发表谈话，志在宣传，何必轻此重彼，引起事端，这是极不智的行为，殊为遗憾！

《时事新闻》第 17 期，1949 年，第 15 页

龙云谈云南起义

云南起义经过很久的酝酿，可是卢汉顾虑太多，以使九月间进退失据，真是可惜！

【香港十二月十三日讯】 留港中央人民政府委员龙云，昨天为云南起义事接见记者，发表谈话如下：

我今天以熟悉云南情形的云南人的地位和大家讲话，云南起义的经过是这样的：四年前蒋介石种了因，今天的起义就是果。过去四年当中，云南人在黑暗中过日子，除了少数吃党饭的和官僚外，不论农人学生，早就普遍的想起义。因此这几年云南成了很□□〔动荡〕的局面，有起义的，有暴动的，也有挺〔铤〕而走险的。年来云南青年掀起的外间人所说的“学潮”，实际上就是革命思潮，反动统治对青年肆意摧残，民主人士牺牲不少，如李公朴、闻一多都是，其他遇害的不知名的民主人士更不计其数。云南人为什么有这种思想和行动呢？袁世凯称帝时，云南在唐继尧领导下起义，后又得蔡松坡讨袁，各省响应，袁世凯便取消了筹安会，取消

了帝制，羞愧而死。护国之役，云南人牺牲不少，但共和因此挽回，云南一般青年幼时就富民族思想。

等到蒋介石执政后，他的作风更有甚于袁世凯，袁世凯称帝只是自私，想家天下，他的内政并没有蒋介石那么暴虐，所以云南青年认为若果容忍蒋介石下去，则护国的鲜血等于白流，云南人早就要求产生民主宪法，消灭法西斯。四年前的昆明事变，是蒋介石打内战的序幕。蒋介石的内战从云南始，今天他在大陆的生命从云南终，这不是偶然的。

目前的起义，当然经过很久的酝酿。我早就希望他们早点起义，可是卢汉顾虑太多，以至九月间进退失据。这真可惜!

现卢汉已经起义，云南人站起来，全省解放了。不论将来卢汉负责不负责滇省事务，但现在他已起义，把自己的环境、自己的观念、自己的习惯改变，不过份重视自己的利害，绝不忽略人民的利益，以完成革命大业，这总是好的。从今天起，要忠忠实实执行人民政府的命令，对云南人尤其是青年要特别爱护，这是他们起义后我的希望。

记者问：据昆明电台消息，余程万和李弥都已下令所属听候改编，余、李的兵力各有多少?

龙氏答：卢汉原有保安团一团，后加四团，共有五团。余程万一军共有三师，李弥号称一军，实际只有二师，可是他们的兵力分散，地方力量和他们的力量是相等的，若把人民力量加进去，则地方势力就强大得多了。起义时余程万和李弥被扣，但他们对起义并不反对，因此改编顺利，假如在改编当中有一些小阻碍发生，也是不关重要的。

龙氏又说：抗战期间美籍官兵在滇的共七万多，为期两年，美国人对云南特别感兴趣，这次起义对国际间的视听影响最大。蒋介石已再没有办法引诱“老美”了，美金的幻梦也破灭了。

《大刚报》（汉口版）1950年1月11日，第5版

龙云过汉去京

苏大使馆参赞齐赫文同行

【本报消息】 中央人民政府委员龙云将军偕夫人及高参李一平等一行，

于日前自广州专车来汉转京，刻已离汉。苏联驻中华人民共和国大使馆参赞齐赫文（译名）及馆员亦同车抵达。专车驶入武东车站时，湖北省主席李先念将军，副主席聂洪钧、王任重，省委统战部邝林部长，各厅处及省军区各首长，民主人士耿伯钊、周杰等三十余人，均往欢迎。龙氏下车后与欢迎人员一一握手，面额微笑，状甚愉快。

稍事寒暄，李主席等陪送至汉阳门码头始别。龙氏一行乘专轮过江，中南区军政委员会主席林彪将军，副主席张难先先生，第四野战军谭政副政委，萧克、赵尔陆二参谋长，中南局李雪峰部长、赵毅敏部长、卜盛□部长、张执一部长、杜润生副秘书长、熊复副部长等首长，均亲至江干迎接。上岸后，即赴军管会交□处憩息。次日，林彪将军盛宴招待，并举行晚会欢迎，宾主交谈甚为欢洽。

记者于龙氏下车，同船过江时，曾作短时访问。记者问及龙将军回至解放区观感如何时，龙氏含笑频频点头说："很好！很好！"并告诉记者，广州秩序恢复安定，粤汉路迅速通车，连称："这真是解放区新气象！"龙氏以极为关切口吻询及记者折实公债在武汉发行情况，当记者告以武汉各界均正以热烈心情争取完成认购六百五十万分任务时，龙氏即以兴奋神色表示："好！这是很好的现象，大家认购折实公债，一定可以把国家经济搞好，国家也一定可以建设好起来！"

《大刚报》（汉口版）1950年1月17日，第4版

龙云抵京

【中央人民电台广播】北京十九日消息：中央人民政府委员、人民革命军事委员会委员龙云，在十八日从香港到达北京。

《大刚报》（汉口版）1950年1月20日，第1版

图书在版编目(CIP)数据

近代报刊有关龙云资料汇编：全3卷 / 唐靖主编
. -- 北京：社会科学文献出版社，2023.11
（“近现代名人与地方治理”研究丛书）
ISBN 978 -7 -5228 -1251 -9

Ⅰ.①近… Ⅱ.①唐… Ⅲ.①龙云（1884 -1962）-人物研究 -研究资料 -汇编 -中国 -近代 Ⅳ.①K827 =7

中国版本图书馆 CIP 数据核字（2022）第 254707 号

·“近现代名人与地方治理”研究丛书·
近代报刊有关龙云资料汇编（全3卷）

主　　编 / 唐　靖

出 版 人 / 冀祥德
责任编辑 / 李丽丽　陈肖寒
文稿编辑 / 李蓉蓉　徐　花 等
责任印制 / 王京美

出　　版 / 社会科学文献出版社 · 历史学分社（010）59367256
　　　　　地址：北京市北三环中路甲29号院华龙大厦　邮编：100029
　　　　　网址：www.ssap.com.cn
发　　行 / 社会科学文献出版社（010）59367028
印　　装 / 三河市东方印刷有限公司

规　　格 / 开　本：787mm×1092mm　1/16
　　　　　印　张：71.5　字　数：1130千字
版　　次 / 2023年11月第1版　2023年11月第1次印刷
书　　号 / ISBN 978 -7 -5228 -1251 -9
定　　价 / 398.00元（全3卷）

读者服务电话：4008918866